企业架构与绕不开的微服务

樊超 ◎ 著

电子工业出版社
Publishing House of Electronics Industry
北京·BEIJING

内 容 简 介

本书分析了当今企业架构面临的挑战，介绍了如何使用微服务架构来应对这些挑战。企业在应用微服务时面临许多痛点，本书对痛点出现的原因和场景进行了深入的分析，提出了可用于消除或缓解痛点影响的模式。

本书内容注重理论和实践的结合。在理论方面，介绍了企业架构标准、云原生思想和相关技术、微服务的前世今生，以及领域驱动设计等；在实践方面，介绍了用于拆分微服务的"五步法"、包含 4 个维度的"企业云原生成熟度模型"，以及衡量企业变革成果的"效果收益评估方法"等。

本书的核心内容包括：企业架构的定义与企业架构师的职责；企业架构是否设计良好的评判依据；云原生的相关思想和技术；微服务的起源、演化、特性、拆分方法和落地指南；云原生为企业带来的机遇与变革等。

本书可以帮助企业明确痛点、制定原则、规划路径、建设能力和评估成效，最终实现微服务架构在企业中的持续运营和持续演化，从而应对日益增多的业务挑战。

本书适合的读者包括企业 IT 决策者、架构师、高级研发人员，以及对企业架构、云原生、微服务感兴趣的相关人员。

图书在版编目（CIP）数据

企业架构与绕不开的微服务 / 樊超著. —北京：电子工业出版社，2022.3

ISBN 978-7-121-43016-9

Ⅰ．①企… Ⅱ．①樊… Ⅲ．①企业管理系统－研究 Ⅳ．①F272.7

中国版本图书馆 CIP 数据核字（2022）第 031204 号

责任编辑：吴宏伟　　　特约编辑：田学清
印　　刷：北京雁林吉兆印刷有限公司
装　　订：北京雁林吉兆印刷有限公司
出版发行：电子工业出版社
　　　　　北京市海淀区万寿路 173 信箱　　　邮编：100036
开　　本：720×1000　　1/16　　印张：26.5　　字数：508.8 千字
版　　次：2022 年 3 月第 1 版
印　　次：2022 年 3 月第 1 次印刷
定　　价：119.00 元

凡所购买电子工业出版社图书有缺损问题，请向购买书店调换。若书店售缺，请与本社发行部联系。联系及邮购电话：（010）88254888，88258888。
质量投诉请发邮件至 zlts@phei.com.cn，盗版侵权举报请发邮件至 dbqq@phei.com.cn。
本书咨询联系方式：010-51260888-819，faq@phei.com.cn。

前 言
Foreword

　　记得那是小学 6 年级,一部《黑客帝国》的电影让我对 0 和 1 的世界无比向往,也让那时爱做白日梦的我放弃了原有的不现实的梦想,励志要成为优秀的程序员。

　　转眼间,毕业已有 10 余年,我作为程序员在软件开发领域也努力拼搏了 10 余年,期间在互联网企业和上市公司中担任过技术总监和首席架构师。

　　现在的我,已是两个孩子的父亲。大宝出生时没有通过听力测试,医生嘱咐一段时间后去复测。陪产假结束后的第一天,赶上公司提倡参加且即将截止报名的软考,我报考了"系统架构设计师"。在离开大学校园时,我曾发誓再也不参加考试,不过此时,想到大宝正在接受他人生中的第一次考试,因此想用这种方式陪他一起努力。幸运的是,我俩都通过了各自的考试,虽然过程有些坎坷。

　　从这次软考开始,我意识到了理论知识对突破架构师瓶颈的重要性。同一时期,微服务架构似乎在一瞬间火遍整个 IT 领域,我开始从理论和实践两个方面对微服务进行深入的研究,因为有幸被中国信息通信研究院聘为可信云标准专家,参与编写了《微服务拆分规范指南》《云原生成熟度模型》《微服务应用架构白皮书》等多个行业规范和标准,并作为评审专家参与了多个大型企业架构的评级工作,所以对微服务有了更加深刻的认识。

　　微服务诞生于互联网领域,这是一个极具创新性的领域,速度是其中关键的制胜法宝。为了加快速度,互联网企业的管理通常是较为松散和扁平的,与其他行业相比,互联网企业中没有那么多的层级,也没有那么多的审批流程。

　　随着互联网时代的到来,各行各业都开始了互联网数字化的转型,微服务架构在互联网企业的成功案例被越来越多的企业决策者听见和看见,微服务化似乎成了企业 IT 转型中的必经之路。

同时，互联网时代促进了云计算的蓬勃发展，企业从原本的自建机房、托管主机和租用主机等自有资源的建设中解放出来，开始使用云上环境。由于国内企业的特点，在这个过程中，私有云和混合云得到了极大的发展。当企业享受着资源上云所带来的计算、存储和网络等方面的弹性和高可用性后，自然而然地开始将关注点转移到了应用系统的弹性和高可用性之上。

为了让云上运行的应用系统可以具备和资源相同的弹性和高可用性，云原生诞生了。微服务成为云原生的代表技术之一，这似乎进一步地印证了微服务是企业 IT 转型绕不开的必经之路。

然而，当下信息技术的快速变化和发展让微服务在眨眼间度过了概念阶段，直接进入了实战期。诞生于互联网的云原生和微服务一直都是在实战中且行且演化的，这让习惯了传统瀑布式 IT 建设的非互联网企业头疼不已。

并未正确认识相关思想的企业架构师和高层决策者们一方面认定微服务就是企业当下所必需的能力；另一方面将微服务化看作一次技术平台的升级。决策者们常常希望通过开发框架、引入平台、采购产品和外包等方式，在保证对已有系统影响最小的前提下，短时间内完成企业 IT 微服务化的改造。但这并不现实，人们小看了微服务与企业之间的影响程度。

在为许多企业级客户提供微服务化改造和落地的过程中，我发现，传统的一步一个脚印、重视早期决策、厌恶变更及流程众多的企业架构的建设和演化路径，与追求速度、延迟决策、拥抱变化和去中心管理的微服务架构之间矛盾重重。如果用技术手段强行将二者糅合在一起，那么结果是"它们别别扭扭地在一起"，这不仅不会形成合力，还会相互牵制。

本书就是在这样的背景下写作的。

微服务已经发展了数年，相关概念和技术已不再新鲜，不过，包括服务拆分方法、治理原则和在企业中的最佳实践在内的实现细节仍旧缺乏指引，尤其是如何在已经拥有大量 IT 资产的非互联网企业中落地微服务，十分缺乏系统性的资料。

本书系统性地介绍了企业架构和微服务，在理论层面将二者进行融合，同时提出了用于建设可持续演化的、基于微服务的企业架构的实践指南。希望读者能全面学习理论知识，也能在落地实践中获得切实的帮助和指引。

感谢我的父母、妻子和孩子们，感谢他们在写作过程中给予我的理解与支持，一直以来，他们都是我努力前行的动力来源。最后，感谢为我提供写作机会的编辑老师，感谢他在写作过程中的耐心指导和富有建设性的建议。

樊超

2021 年 12 月

读者服务

微信扫码回复：43016

● 加入本书读者交流群，与更多读者互动
● 获取【百场业界大咖直播合集】（持续更新），仅需 1 元

目 录
Contents

第 1 篇　企业中的架构和架构师

第 1 章　被轻视的企业架构 / 2

1.1　被滥用的架构 / 2

1.1.1　来源于建筑却不同于建筑 / 2

1.1.2　难以统一的定义 / 3

1.1.3　架构与架构风格 / 4

1.2　常见的架构风格 / 5

1.2.1　三层架构 / 5

1.2.2　SOA 架构 / 8

1.2.3　单体架构 / 12

1.2.4　微服务架构 / 13

1.3　与众不同的企业架构 / 14

1.3.1　更大的范围 / 14

1.3.2　更大的风险 / 15

1.3.3　更大的收益 / 15

1.3.4　支撑企业数字化转型 / 16

1.4　举步维艰的企业架构 / 18

1.4.1　企业内的重视程度不足 / 18

1.4.2　系统间的壁垒和代沟 / 20

1.4.3　简单粗暴的集成方式 / 22

1.4.4　尴尬的 IT 部门 / 24

1.4.5　难以量化的生产力 / 26

1.4.6　快速变化的外部环境 / 27

1.5　企业架构反模式 / 28

1.5.1　采用"双速 IT" / 28

1.5.2　视 IT 部门为成本中心 / 31

1.5.3　以为"买买买"可以解决一切问题 / 33

1.5.4　主数据管理与微服务思想矛盾 / 34

1.5.5　以技术驱动架构设计 / 37

1.6　企业架构标准来拯救 / 38

1.6.1　TOGAF 简介 / 39

1.6.2　首先要有愿景 / 42

1.6.3　一切都围绕着需求 / 46

1.6.4　4 种架构 / 48

1.6.5　架构开发方法 / 50

1.6.6　迁移要被规划 / 51

1.6.7　实施要被治理 / 54

1.6.8　变更要被管理 / 56

1.6.9　TOGAF 的能力框架 / 59

1.6.10　企业架构标准小结 / 63

1.7　本章小结 / 64

第 2 章　不一样的 EA 架构师 / 65

2.1　谁是架构师 / 65

2.2　不一样的 EA 架构师 / 68

2.2.1　与建筑师不一样 / 68
2.2.2　与技术架构师不一样 / 70
2.2.3　与业务架构师不一样 / 73
2.2.4　与敏捷架构师不一样 / 75
2.2.5　这才是 EA 架构师 / 79

2.3　EA 架构师工作反模式 / 81

2.3.1　独立的架构组 / 82
2.3.2　中央集权和独裁 / 86
2.3.3　以有"技术洁癖"为荣 / 89
2.3.4　妄想"技术改变世界" / 92

2.4　做好一个 EA 架构师 / 94

2.4.1　成为漩涡的中心 / 95
2.4.2　成为导师：为他人转身 / 98
2.4.3　搭上"架构师电梯" / 102

2.5　本章小结 / 107

第 3 章　企业架构的目标 / 108

3.1　评估架构的 4 个维度 / 108

3.2　为企业"松绑" / 109

3.2.1　不可避免的绑定 / 109
3.2.2　8 种绑定类型 / 110
3.2.3　绑定有害 / 113
3.2.4　松绑模式 / 120
3.2.5　绑定依然不可避免 / 127

3.3　让功能尽快面世 / 127

3.3.1　好与快，一个都不能少 / 128
3.3.2　为飞行中的飞机更换零件 / 130
3.3.3　让人月不再是神话 / 132

3.4　不再被半夜的电话惊醒 / 133

3.4.1　抵御安全事件 / 134
3.4.2　让性能不再是空话 / 137
3.4.3　让系统变成"打不死的小强" / 139
3.4.4　自动化系统的韧性 / 142

3.5　生生不息地持续演化 / 143

3.6　本章小结 / 145

第 2 篇　云原生来拯救

第 4 章　云原生 / 147

4.1　云原生的定义 / 147

4.1.1　云原生应用 / 147
4.1.2　云原生技术 / 148
4.1.3　云原生架构 / 148

4.2　云原生的代表技术 / 149

4.2.1　新一代虚拟化技术：容器 / 149
4.2.2　细粒度分布式架构：微服务 / 150
4.2.3　第三代微服务架构：服务网格 / 151
4.2.4　只能重建不能修改：不可变基础
　　　设施 / 152
4.2.5　关注目的而非过程：声明式 API / 154

4.3 再谈容器 / 156

4.3.1 容器 VS 虚拟机 / 156

4.3.2 容器与镜像 / 157

4.3.3 容器编排技术 / 159

4.3.4 容器与微服务 / 161

4.4 再谈服务网格 / 161

4.4.1 服务网格的实现 / 161

4.4.2 与 API 网关的关系 / 163

4.4.3 服务网格与微服务 / 165

4.4.4 适用场景 / 167

4.4.5 不适用场景 / 168

4.5 云原生技术改变企业架构 / 169

4.5.1 云原生技术带来的改变 / 169

4.5.2 新的架构原则 / 172

4.5.3 新的架构模式 / 173

4.6 云原生架构的评判标准 / 176

4.6.1 是否符合"12 因素" / 176

4.6.2 是否使用了微服务架构 / 182

4.6.3 是否使用了 DevOps / 184

4.7 不是"银弹",也不免费 / 186

4.7.1 终极架构谬误 / 186

4.7.2 比想象中更高的成本 / 187

4.8 本章小结 / 190

第 3 篇　云原生的核心：微服务

第 5 章　微服务的前世今生 / 192

5.1 前世与今生 / 192

5.2 从单体到微服务 / 193

5.2.1 微服务的反面：单体 / 193

5.2.2 微服务的前世：SOA / 195

5.2.3 微服务架构的定义 / 195

5.3 微服务架构原则 / 197

5.3.1 业务驱动原则 / 197

5.3.2 单一职责原则 / 199

5.3.3 信息隐藏原则 / 199

5.3.4 去中心化原则 / 200

5.3.5 独立部署原则 / 200

5.3.6 隔离失败原则 / 201

5.3.7 可视化原则 / 201

5.3.8 技术无关原则 / 202

5.4 解读微服务架构九大特性 / 202

5.4.1 组件化与多服务 / 203

5.4.2 围绕业务功能组织团队 / 204

5.4.3 做产品而不是做项目 / 205

5.4.4 智能端点与傻瓜通道 / 206

5.4.5 去中心化的治理技术 / 207

5.4.6 去中心化的数据管理 / 209

5.4.7 基础设施自动化 / 209

5.4.8 容错设计 / 210

5.4.9 演化式设计 / 211

5.5 原则和特性带来的优势 / 212

5.5.1 组件可由不同技术栈实现 / 213

5.5.2 细粒度地按需扩缩容 / 213

5.5.3 局部不可用不会拖累整体 / 214

5.5.4 缩短功能面试时间 / 214

5.5.5 适合大规模团队并行工作 / 215

5.5.6　一个服务可支持多种终端 / 215

5.5.7　服务可由开发团队自治 / 216

5.6　微服务架构不是"银弹" / 216

5.6.1　开发、部署、运维困难 / 216

5.6.2　存在网络延迟 / 219

5.6.3　相比单体架构更加脆弱 / 220

5.6.4　可能出现"孤儿服务" / 220

5.6.5　可被黑客攻击的点多 / 221

5.7　在这些时候请不要使用微服务 / 222

5.7.1　无法忍受增加的成本 / 222

5.7.2　无法忍受架构复杂度 / 224

5.7.3　无法忍受网络延迟 / 225

5.7.4　无法建立有效的基础设施 / 225

5.7.5　需要强事务一致性 / 226

5.7.6　需要频繁变更接口 / 226

5.7.7　团队规模较小 / 227

5.7.8　初创团队 / 228

5.7.9　缺乏业务知识 / 228

5.7.10　由客户自行安装和管理的软件 / 229

5.8　本章小结 / 229

第 6 章　领域驱动设计与微服务拆分 / 231

6.1　DDD 可以用于微服务拆分吗 / 231

6.2　拆分中必用的领域概念 / 233

6.2.1　有效沟通模式：统一语言 / 233

6.2.2　要沟通的对象：实体 / 234

6.2.3　粗粒度的拆分：子域 / 236

6.2.4　中粒度的拆分：限界上下文 / 238

6.2.5　细粒度的拆分：聚合 / 240

6.2.6　避免循环依赖：限界上下文映射图 / 243

6.3　拆分中可用的领域概念 / 244

6.3.1　交互模式 / 244

6.3.2　模块单体的基础：模块 / 246

6.4　拆分中不用的领域概念 / 247

6.4.1　指导编码的值对象 / 247

6.4.2　与微服务中的"服务"不同含义的
　　　　"服务" / 248

6.5　拆分中可用的设计模式 / 249

6.5.1　分层架构 / 249

6.5.2　六边形架构 / 250

6.5.3　柔性设计 / 252

6.6　再谈 DDD 中的边界 / 252

6.7　本章小结 / 253

第 7 章　微服务拆分方法 / 254

7.1　领域分析法 / 254

7.1.1　四色建模法 / 255

7.1.2　四色建模法拆分步骤 / 255

7.1.3　事件风暴法 / 256

7.1.4　事件风暴法拆分步骤 / 256

7.1.5　领域分析法的不足 / 257

7.2　笔者总结的微服务拆分五步法 / 258

7.3　第一步：预备 / 258

7.3.1　组建架构开发团队 / 259

7.3.2　评估企业能力成熟度 / 259

7.3.3　界定架构范围及识别相关方 / 260

7.3.4　识别和定义架构原则 / 261

7.4 第二步：开发业务架构 / 262

7.4.1 粗粒度地拆分业务子域 / 262

7.4.2 选择一个核心子域并遍历其中的
场景 / 263

7.4.3 分析每个场景中的用例 / 264

7.4.4 为不同的视角建立相应的视图 / 266

7.5 第三步：领域分析 / 266

7.5.1 识别领域事件 / 267

7.5.2 识别决策命令 / 268

7.5.3 识别领域名词 / 268

7.5.4 根据领域名词识别聚合 / 268

7.5.5 拆分限界上下文 / 268

7.6 第四步：开发非业务架构 / 269

7.6.1 开发数据架构 / 269

7.6.2 开发应用架构 / 270

7.6.3 开发技术架构 / 270

7.7 第五步：用非业务架构审查拆分结果 / 270

7.7.1 消除循环依赖 / 271

7.7.2 审查是否满足非业务架构 / 271

7.8 案例及内容模板 / 272

7.8.1 案例背景介绍 / 272

7.8.2 案例拆分第一步：预备 / 272

7.8.3 案例拆分第二步：开发业务架构 / 276

7.8.4 案例拆分第三步：领域分析 / 281

7.8.5 案例拆分第四步：开发非业务架构 / 285

7.8.6 案例拆分第五步：用非业务架构审查
拆分结果 / 286

7.8.7 案例小结 / 288

7.9 本章小结 / 289

第 8 章 微服务治理实践指南 / 291

8.1 基础设施治理 / 291

8.1.1 资源治理 / 291

8.1.2 运行环境治理 / 293

8.1.3 容量治理 / 294

8.1.4 安全治理 / 295

8.2 微服务基础能力治理 / 295

8.2.1 服务注册 / 295

8.2.2 服务发现 / 301

8.2.3 服务通信 / 304

8.2.4 负载均衡 / 305

8.3 微服务一般能力治理 / 305

8.3.1 服务鉴权 / 306

8.3.2 流量控制 / 308

8.3.3 服务路由 / 311

8.3.4 熔断隔离 / 312

8.3.5 服务容错 / 314

8.4 微服务高级能力治理 / 314

8.4.1 单元化 / 315

8.4.2 滚动更新 / 316

8.4.3 优雅下线 / 317

8.4.4 健康检查 / 317

8.4.5 自动伸缩 / 318

8.4.6 故障注入 / 319

8.5 本章小结 / 320

第 9 章 微服务架构实践指南 / 321

9.1 微服务应该如何开始 / 321

9.1.1 正确认识微服务 / 321

9.1.2　调整组织架构 / 323

9.1.3　充分授权 / 324

9.1.4　提升团队技能 / 325

9.1.5　建设基础设施 / 326

9.1.6　从试点开始 / 327

9.2　如何应用微服务 / 329

9.2.1　坚守原则 / 329

9.2.2　管理例外 / 330

9.2.3　避免过早拆分 / 332

9.2.4　建立开发环境 / 333

9.2.5　适时地偿还"技术债务" / 335

9.2.6　信息隐藏 / 336

9.2.7　保持接口稳定 / 337

9.2.8　管理代码所有权 / 338

9.2.9　内部开源 / 340

9.3　如何上线微服务 / 341

9.3.1　测试左移 / 341

9.3.2　自动化必不可少 / 344

9.3.3　拥抱云原生 / 344

9.3.4　应用 DevOps / 344

9.3.5　不断提升系统的可观测性 / 345

9.4　如何管理微服务 / 346

9.4.1　应用企业架构标准 / 346

9.4.2　安装"架构师电梯" / 346

9.4.3　拥抱敏捷 / 347

9.4.4　建立服务看板 / 349

9.4.5　建立技术委员会 / 350

9.4.6　建立团队分类机制 / 350

9.5　如何迁移单体应用 / 351

9.5.1　明确迁移的目的 / 352

9.5.2　评估是否可以迁移 / 352

9.5.3　不要忘记数据库 / 353

9.5.4　逐步迁移的重要性 / 354

9.5.5　模式：模块化单体 / 354

9.5.6　模式：扼杀无花果 / 355

9.5.7　模式：根据抽象建立分支 / 356

9.5.8　模式：并行运行 / 357

9.5.9　模式：装饰者 / 357

9.5.10　模式：扼杀数据库 / 358

9.5.11　模式：数据视图 / 359

9.5.12　模式：数据服务 / 359

9.5.13　模式：接口数据库 / 360

9.5.14　模式：在应用中同步数据 / 360

9.6　常见问题解答 / 361

Q：什么时候应该使用微服务 / 361

Q：微服务应该有多大 / 361

Q：从新系统还是旧系统开始 / 363

Q：前端如何处理 / 364

Q：先拆代码还是先拆数据库 / 365

Q：整体优化还是局部优化 / 365

Q：如何处理一致性 / 367

Q：该不该用分布式事务 / 368

Q：如何跨服务查询 / 369

Q：是否应以服务复用为重 / 371

Q：是否应该购买微服务平台 / 371

Q：如何技术选型 / 372

Q：系统安全如何保障 / 373

Q：接口需要幂等设计吗 / 373

Q：服务应该是无状态的吗 / 373

Q：异构系统如何管理 / 374

Q：如何管理服务集 / 374

9.7　本章小结 / 376

第 4 篇　企业云原生变革

第 10 章　企业云原生实践指南 / 378

10.1　企业头上的"云" / 378

10.1.1　云计算的定义 / 378

10.1.2　是否要上云 / 380

10.1.3　一朵又一朵的"云" / 383

10.1.4　企业多云 / 386

10.2　混合云的划分方法 / 387

10.2.1　以前后端为界 / 387

10.2.2　以新旧程度为界 / 388

10.2.3　以关键程度为界 / 389

10.2.4　以生命周期为界 / 389

10.2.5　以数据类型为界 / 390

10.2.6　以数据新鲜度为界 / 390

10.2.7　以运营状态为界 / 391

10.2.8　以工作负载为界 / 391

10.3　推动变革的"领导变革八步法" / 392

10.3.1　领导变革 / 392

10.3.2　建立紧迫感 / 393

10.3.3　建立领导团队 / 395

10.3.4　设定愿景战略 / 397

10.3.5　沟通变革愿景 / 399

10.3.6　善于授权赋能 / 401

10.3.7　积累短期胜利 / 402

10.3.8　促进变革深入 / 403

10.3.9　成果融入文化 / 403

10.4　企业云原生成熟度模型 / 404

10.4.1　技术成熟度模型 / 405

10.4.2　组织成熟度模型 / 406

10.4.3　应用成熟度模型 / 406

10.4.4　微服务成熟度模型 / 407

10.5　效果收益评估方法 / 408

10.5.1　评估方法 / 409

10.5.2　设置检查点 / 409

10.5.3　避免沉默成本 / 409

10.6　本章小结 / 410

结束语 / 411

第 1 篇

企业中的架构和架构师

在 IT 领域，架构和架构师几乎是每天都会被提及的名词。每当这两个名词出现时，要么谈论的事情很重要，要么谈论的人很重要，要么我们希望别人认为我们要表达的事情很重要。不过大家是否想过，架构和架构师究竟意味着什么？这两个被广泛使用的名词在不同的场合、不同的人群中，含义是否一致呢？本篇将会回答这两个问题。

本篇由 3 章组成。

- 第 1 章：首先引用多个标准中对架构定义的描述，然后给出笔者对架构的含义的理解。虽然架构一词经常出现，但实际上，在大多数时候，我们所谈论的架构指的都是架构风格，本章将介绍常见的架构风格。最后介绍企业架构和企业架构标准，这是第 1 章的重点。

- 第 2 章：架构需要人来设计和治理，架构师当仁不让地承担了这个重要职责。实际上，现实中存在着不同类型的架构师，本章的重点是讨论架构师的本质，以及与众不同的企业级架构师。本章的最后将讨论如何做好一个企业级架构师，希望架构师可以以导师的身份，搭乘"架构师的电梯"，成为漩涡的中心。

- 第 3 章：介绍企业架构的目标，即什么样的企业架构可以被称为一个好的架构。本章会介绍架构的评估维度，以及良好架构应具备的特征。

第 1 章　被轻视的企业架构

1.1　被滥用的架构

在 IT 领域，我们每天都在谈论架构，但什么是架构呢？希望本节的介绍可以让读者对这个问题的答案有更深刻的认识。

1.1.1　来源于建筑却不同于建筑

架构这个名词来源于建筑学，指的是建筑物的设计或样式。在软件领域中，借用建筑领域中的名词是很常见的，如软件设计模式中的许多模式，其灵感都是来源于建筑领域的。但是，在架构这个名词上，两个领域有着本质的区别。

- 建筑架构一旦确定了就不可变，改变建筑架构通常意味着推倒重建。
- 软件架构的目的之一是减少系统中的不可变性，保证系统可以持续的演化。

在 IT 领域，架构这个名词被大量地滥用——每当我们需要寻找一个听上去"高大上"的名词时，我们就会想起架构。

> 在 IT 世界中，有两种人，一种是懂 IT 技术的，另一种是不懂 IT 技术的。
> 　　对于不懂 IT 技术的人来说，当他听到架构这个词时，首先想到的可能是建筑架构。那是一个非常专业且非常细致的体系结构，所有细节都是已知的，如水、电、气等。
> 　　而对于懂 IT 技术的人来说，由于对技术的认知水平不一样，他们对架构的理解会相差很多。

也许我们很难说清架构是什么，但在实际的工作过程中可以发现，架构具备以下作用。

1. 帮助我们在较早的时间点完成一些决策

每当需要开发一个系统时，传统的做法：首先绘制一个系统的架构图，然后确定组件之间的关系。在系统没有开发出来时，架构图似乎是唯一能帮助我们进行早期决策的输入。我们可能会用它进行可行性分析、技术选型、预算评估等。

虽然用架构辅助早期决策的做法在 IT 领域非常常见，但实际上，这种决策方式并不严谨，因为我们无法在短期内得知决策是否有效。这也是在传统瀑布式软件开发模式中常遇到的问题：前期花费了大量的时间进行架构设计，但设计阶段产生的实际影响要经过几个月甚至更长的时间才能显现。因此，架构虽然可以帮助我们在早期制定一些决策，但应仅作为参考而不能完全依赖。

2. 帮助相关方达成共识

通常架构设计由架构师或架构师团队完成。在设计过程中，架构师之间、架构师和业务团队之间需要一个工具来表达和统一双方的认知，这一点是非常重要的。架构是一个非常好的工具，其中体现了组件与组件之间的关系，可以将各方在交流过程中使用的名词限定在一个统一的理解上。

> 在现实中，有时两个人在讨论一个事情，虽然使用相同的名词，但双方想要表达的含义并不相同，笔者戏称之为"串台"。更糟糕的是，往往双方并没有意识到"串台"的发生，甚至交流的结果竟然达成了"共识"。当最终结果呈现出来时才发现执行错误，接着双方开始互相指责对方没有按照之前沟通好的方式实施。

3. 可以作为技术人员和非技术人员之间沟通的桥梁

技术人员和非技术人员存在认知差异，在双方的沟通过程中，充满了对相同名词的不同理解，以及双方领域内独有的名词。架构图可以作为桥梁，通过一种可视化的方式，让双方发现对方理解有误的地方，进而沟通到双方都能理解的程度。

1.1.2　难以统一的定义

接下来聊聊架构的定义。对于"架构是什么"这个问题，相信每个人的理解都是不尽相同的，这里探讨几个国际标准中对架构这个名词的定义。

1. ISO/IEC 42010—2007 的定义

> 一个系统的正式描述，或者指导系统实施的组件层级的详细计划。

从这个定义中可以看出，架构涉及两方面内容：①对系统进行了正式的描述，这里强调了"正式"；②架构可以作为指导系统实施的详细计划。

前者不用多说。对于后者，笔者的理解：使用可视化的方法将系统中的组件以架构图的形式展示出来，这样就可以根据架构图中的依赖和支撑关系，确定哪些组件应该优先被实施。

该标准对架构的定义描述得过于简洁，因此笔者认为其并没有突出架构的真正含义。

2．IEEE 的定义

在系统存在的环境内，关于系统的最高级概念。软件系统架构是软件系统（在一个给定时间点）的构造，或者重要组件的结构。这些组件通过接口交互，由后续的更小组件和接口组成。

IEEE 对架构的定义，从文字上来看要比 ISO/IEC 42010—2007 的定义丰富许多，但 IEEE 标准审阅人之一的 Ralph Johnson 认为上述表述依然不够精确，他给出自己对架构的定义：在大部分成功的软件项目中，专家级的开发人员需要分享系统的设计，这种共享的理解就是架构。

3．TOGAF 9.2 的定义

组件结构、组件之间相互关系，以及对这些组件的设计和随时间演化进行治理的原则和指南。

企业架构标准 TOGAF 为架构这个名词加入了对系统演化和治理的职责。

可见，对架构一词的定义，不仅仅是我们，不同的组织和不同的标准也有着各自的理解。但总体上来看，不管架构是什么，它都包含了系统中的一些非常重要的东西。这些东西有助于我们理解系统，有助于我们相互沟通，有助于我们进行决策。

1.1.3　架构与架构风格

在实际中，人们口中所说的"架构"在大多数场景中指的是架构风格，那么架构风格又是什么呢？

架构风格又被称作架构模式。从字面含义上来说，"风格"和"模式"的本义是一套被人反复使用、多数人知晓、经过分类的经验总结。

为了说清架构和架构风格之间的关系，下面使用代码结构和设计模式来做一个类比。如果读者从事过软件开发，相信会从这个类比中秒懂架构和架构风格的关系。

- 代码结构：描述了程序中的代码组织，以及这些代码之间的关系。
- 设计模式：在大量实践经验中积累的一些良好代码结构的模板，并且针对这些模板详细研究其适用场景和优缺点。

再来看架构和架构风格。

- 架构：针对某一特定系统而设计的各类组件，以及它们之间的关系。
- 架构风格：在行业中，通过对大量架构的分析，得出的一些良好架构的特点，将其归纳总结，最终形成可以指引我们为某个特定系统设计良好架构的模板。

可见，"风格"即对大量的经验进行总结和归纳后得出的可复用的"套路"，是已被验证的成功路径。

1.2　常见的架构风格

经过长期在实践中的经验积累，行业内诞生了非常多的架构风格，每一种风格都有着突出的特点和适用的场景，可以为具体的架构实现提供指引。本节将介绍常见的 4 种架构风格。

1.2.1　三层架构

三层架构是一个比较古老的架构风格，虽然诞生年代久远，但至今依然有广泛的应用，并且为后来诞生的其他架构风格提供了基础。

1. 三层架构的表现形式

三层架构将一个系统水平切分为 3 个层次，从下到上分别是数据访问层、业务逻辑层和表示层。

（1）数据访问层。

数据访问层（Data Access Layer，DAL）的作用：与数据源进行交互，完成对数据的增、删、改、查（常说的 CRUD）功能。

> 这里所说的数据源不仅可以是数据库，还可以是文件等任何存放数据的介质。
>
> 在 Java 中，由于在这一层内通常放置的是被称为"数据访问对象"的类，因此数据访问层也被称为"DAO"层。很多人使用拼音的发音方式称之为"稻"（音）层。笔者刚开始学习软件开发时，笔者的老师说过这种拼音的发音方式是不正确的，因为它丢失了"DAO"原本的含义。不过从现实中的使用情况来看，这种使用拼音发音的读法非常普遍。
>
> 仔细想想，这种情况的发生对笔者在后面讲解领域驱动设计时要讨论的"统一语言"有一定的启发性——名词的目的是让双方统一认识，而不是纠结于其在各自专业领域中的术语含义。当我们就一个业务进行讨论时，语言中会有非常多的名词出现，由于讨论双方的知识背景不同，因此同一个名词对于不同的人含义可能是不同的。因此，在进行架构设计时，需要首先对这些名词进行统一，保证我们对名词含义的理解是一致的。

数据源的类型有很多，即使同为数据库，其种类和厂商也有很多。在现实场景中，常常需要从一个数据源变更为另一个数据源，甚至同时支持多个数据源——好的架构应具备易于变更的能力。在第 3 章介绍如何设计良好的架构时，会重点讨论架构易于变更的能力。

为了能够在不同数据源之间切换，通常的做法：首先对数据访问层的能力进行抽象，然后针对不同的数据源编写不同的实现代码。随着多数据源需求的普遍，行业内出现了很多通用技术。例如，Java 语言中的 Hibernate 就可以处理不同类型的关系型数据库之间的兼容性。

> 对程序员来说，所有的软件功能似乎都只是对数据源的 CRUD 操作。如果一个软件系统是给程序员用的，那么似乎只要有数据访问层就足够了。
>
> 例如，当你购买一个游戏装备时，对游戏系统而言，仅仅是通过数据访问层使用对应的 SQL 语句，数据源将装备表中对应装备的 ID 关联到你的账户 ID 上。
>
> 当然，如果一个游戏系统只有数据访问层，相信不会有太多玩家有兴趣，因为能吸引玩家的是绚丽的游戏效果和玩法，而这些需要数据访问层之上的层次处理。

数据访问层在执行 CRUD 操作时需要考虑的事情很多。例如，使用连接池来管理程序与数据源的连接。但这部分的处理方式相对固定，因此行业中有许多通用技术可以直接拿来使用。

（2）业务逻辑层。

在数据访问层之上是业务逻辑层（Business Logic Layer，BLL）。

从数据访问层的介绍中不难看出，其仅仅对数据源中的数据进行 CURD 操作，针对的是一条一条的数据。而程序的功能是针对某一需求，根据预定的操作步骤，自动执行一组计算机指令。因此，程序本身就是执行不同的逻辑操作的过程，这个过程会涉及条件分支、循环等逻辑操作。数据是这个逻辑运算过程的输入和输出结果。

> 为了便于理解，可以将逻辑过程看作一个暂态的操作（这些逻辑过程都是为了实现某一个业务需求的），将数据操作看作为了反映逻辑过程的持久态操作。于是，业务逻辑层的作用就不难理解了：业务逻辑层就是为了将这些暂态的逻辑过程封装在一起的。

业务逻辑层需要关注事务一致性问题。例如，网购了一个商品，假设程序首先扣减库存，然后生成订单。如果库存已经扣减，但订单生成失败，则需要将整个过程中的数据操作进行回滚，还原到业务逻辑执行之前的数据持久化状态。使用三层架构的软件会将所有代码打包在一起（这是一种架构风格，被称为单体架构，稍后就会介绍），数据源通常只有一个，此时，事务一致性可以借助数据源自身的事务能力来实现（这在几乎所有的关系型数据库中是标配）。

虽然事务一致性需要在业务逻辑层中处理，但在现实中，开发人员在编写业务逻辑层代码时很少对其特殊处理，这是因为：行业中有很多通用类库和技术可以解决这个问题——Java 中用得比较多的是 Spring Framework 的 Transaction Management。但在分布式的架构风格中，一个业务逻辑涉及的系统和数据源有很多，这时就不能仅仅使用通用技术了，处理起来会变得更加棘手，不过处理的职责依然落在业务逻辑层上。

（3）表示层。

三层架构的顶层被称为表示层，也被称为用户界面层（User Interface，UI）。在三层架构中，层次越高，距离实际用户越近。因此，表示层包含了和用户完成实际的交互动作的代码，即表示层提供了用户可通过视觉、触觉等感知器官操作系统完成业务逻辑的界面和输入设备。

说回之前游戏系统的例子，如果没有界面，对于玩家来说，只会看到数据本身，不会有酷炫的效果，也不会有感官的刺激，就好像电影《黑客帝国》里的那样：一群人盯着一块黑色屏幕，里面滚动着无数的 0 和 1。当然，电影终归是电影，我们绝对不会像电影中的人物那样盯着无数的 0 和 1 还看得津津有味，这体现了表示层对于整个系统的重要性。

表示层是用户操作系统的界面，同时担负着数据转换的责任。当用户在界面上进行相关操作时，用户输入的数据会发送给表示层中的处理器，这些处理器首先将用户数据转换成业务逻辑层能够识别的格式，然后交给业务逻辑层进行处理，最后交给业务逻辑层将系统的输出结果转换成用户可以看懂的形式展示在交互界面上。

2. 三层架构的影响

三层架构作为一个重要的软件风格，在行业中应用的历史非常悠久。在三层架构诞生之前，通常会将每个功能的三层代码写在一起，这引起了相当大的混乱：编码困难，难以维护（每个人都有自己的编码习惯，往往换一个人后连这段程序是做什么的都需要分析很长的时间）。

> 如今诞生了一些更复杂的架构（如在后面章节介绍的六边形架构和前些年热度非常高的中台架构），虽然它们比三层架构更加复杂，但从本质上来说，它们都属于分层架构，因此，历史更加悠久的三层架构是其他分层架构的基础。

3. 三层架构的不足

三层架构不是完美的，其主要问题：系统的分层是按照技术角度划分而非业务划分的，而企业的组织架构是以职能划分的（职能型组织），这使得每个业务功能都会涉及多个部门，在沟通协调上存在较大的成本消耗。各个部门通常是串行协作的，从而开发效率相对比较低下。

1.2.2　SOA 架构

不同于身为软件架构的"三层架构"，SOA 架构是一种系统架构。

系统架构的范围更加广一些，其所描述的是系统与系统之间的关系。随着企业数字化进程的不断推进，系统不再通过独善其身的方式为用户提供价值，企业中的各个系统开始集成和相互协同，以此来突破一个又一个的信息孤岛。

1. 不同类型企业中的系统架构

可以将系统架构分为两种：①软件开发企业中的系统架构——对自身产品族中的系统进行架构设计；②非软件开发企业中的系统架构——对已采购的各个商业系统进行架构设计。

由于企业对架构中的系统的控制力不同，在设计这两种架构类型时会有较大差异，具体如下。

（1）软件开发企业中的系统架构。

一方面，因为是自己开发的产品，所以在对它们进行系统架构设计时，一般会先从战略角度制定各系统统一的战略目标和设计原则。这使得系统架构中的各个组件可以有机结合，并且避免"重复造轮子"。

另一方面，因为架构中的系统同属一家企业，所以在实现上所使用的技术比较类似，即使使用的技术栈不同，也可以通过团队之间的高效沟通快速地达成交互协议。这对系统间集成起到了非常积极的作用。

因此，软件开发企业利用自身产品所建设的系统架构的效果通常都是非常好的。但如果在非软件开发企业中进行系统架构设计，情况截然不同。

（2）非软件开发企业中的系统架构。

非软件开发企业中的系统架构很难像软件开发企业那样使所有系统形成一个有机的整体，主要是因为：非软件开发企业中所使用的软件产品都是通过采购的方式获得的，各个厂商的产品有着不同的产品设计和技术栈，这让架构设计工作困难了许多。

非软件开发企业中的 IT 部门的软件开发能力往往非常有限，并且其在企业中通常被视为成本中心，因此架构设计的目标是"以最低的资源和成本消耗完成对业务的支撑"。这使得在进行系统集成时，非软件开发企业更加倾向于简单粗暴的集成方式，如在数据库层面进行数据集成。

但在系统架构中，并不是做到数据集成就可以对业务形成支撑的，很多时候需要引入新的逻辑。资源和技能均缺乏的 IT 部门，尽管他们竭尽全力，也很难获得业务部门的满意，被戏称为"挨踢部门"。

SOA 架构的诞生，可以说为非软件开发企业带来了新的机遇。当然，对软件开发企业来说也是如此。

2. SOA 架构风格

SOA 架构的全称是面向服务的架构。SOA 架构将所有系统当作不同的功能单元，称其为"服务"，并且通过定义服务之间统一的接口协议和数据格式，将各个服务联系起来。通常 SOA 架构使用 Web Service 技术，通过 SOAP 协议，以 XML 的数据形式来实现系统间的交互。

为了维护系统间的调用关系，以及处理数据格式转换，SOA 架构使用被称作"企业服务总线（ESB）"的中心化组件。之所以称之为"中心化"，是因为 ESB 就像一个中枢，所有的系统都需要通过 ESB 来实现与其他系统的交互。

> 正所谓"成也萧何，败也萧何"，中心化的 ESB 成为人们支持 SOA 架构和反对 SOA 架构的根本原因，这催生了去中心化的微服务架构的诞生。

通过 ESB 中的相关配置，企业可以重造业务流程实现系统的复用目的。同时，ESB 可以进行交互协议和数据格式的转换，这使得企业可以比较简单地将各个系统集成在一起。

随着去中心化思想的提出和微服务架构的出现，SOA 架构在逐渐地淡出。

3. 交互模式

SOA 架构通常提供两种交互模式：编配（Orchestration）与编排（Choreography）。这两个概念对当下的系统交互设计影响非常深远，一直以来业内都在讨论两者的优劣。首先来看一下两者的概念及区别。

（1）编配（Orchestration）。

编配可以被简单地理解为一个预先安排好的工作流程，通过在 ESB 中构建一个工作流来调用各个系统的能力，最终完成一项业务。编配模式充分体现了 ESB 中心化的特性——通过位于系统中心的 ESB 来安排执行过程，系统的能力可以得到复用。在理想情况下，不对任何一个系统进行修改，仅通过在 ESB 中编配工作流，即可完成对业务能力的扩展和再造。但理想终归是理想，从若干年、若干项目的实际应用情况来看，这种想法是不切实际的。

（2）编排（Choreography）。

编配模式需要预先知道工作流的处理过程和涉及的具体系统，而编排模式要松散得多。编排模式不需要中心化的工作流，而是针对一个业务目标，点对点地完成调用过程的，调用关系由各个系统自行维护。编排模式可以使用异步消息来进一步提升整体的松耦合性。在异步消息模式中，系统 A 处理完事件 E 会发出一个消息，所有关注事件 E 的系统都会被通知，然后执行各自的业务逻辑。这样一来，整个系统完全去中心化了。

因为没有预定的工作流，因此编排模式不能直观地了解每个业务是如何执行的，以及这个业务的执行过程涉及哪些系统。

4．编配 VS 编排

介绍完编配和编排两种交互模式后，相信读者会有这样的疑问——哪一种模式好呢？这个问题行业内一直有着激烈的讨论，但笔者认为这种孰好孰坏的讨论并没有意义。实际上，编排和编配有着各自的适用场景，即使在相同的场景下，不同的设计理念和关注点也会导致使用不同的模式。

> 孰好孰坏也经常出现在讨论架构的时候。随着微服务架构的出现，越来越多的人觉得微服务架构一定比单体架构好，笔者认为这种观点是很危险的。架构风格和交互模式一样，没有谁好谁不好，只有适合。至于什么是适合，每个人都有自己的理解，进而有自己的选择，甚至可以将多种方案混合使用。

5．逐渐被淘汰的 SOA 架构

上文借助编配和编排模式，简单讨论了中心化的问题。现在行业主流的架构设计思想是去中心化的，以便解耦整个系统，提升系统的可用性、独立部署性、扩展性和容错性等。这使得 SOA 架构慢慢地开始淡出人们的视线。

中心化的问题会在后面介绍微服务架构时重点讨论。不过细心的读者此时可以发现一个很有趣的现象：中心化架构的优点在去中心化架构中变成了缺点，反之亦然。

1.2.3 单体架构

单体架构这个术语似乎是在有了微服务架构之后才出现的。

在没有使用微服务架构之前，大部分系统使用的都是单体架构，其特征：系统中的所有功能都包含在一个唯一的部署单元中，系统对外呈现为一个单一的程序包，并且运行在一个单一的进程中，系统的部署、扩展和运维都是针对这个程序包整体操作的。

从单体架构的特征中可以看出，过去的大部分的软件架构都是单体架构风格的。

单体架构的应用系统通常存在如下一些劣势。

（1）功能交付周期长。

在规模较大的项目工程中，一个迭代涉及的功能点会比较多，开发团队会由多个开发小组组成。在开发过程中会有很多突发情况，因此每个开发小组的进度很难保持一致，这样就会出现内部等待的情况，进而整体进度发生延迟。

（2）测试工作介入晚。

开发人员为了减少代码丢失的风险，在开发过程中会不断地提交自己的代码，这些代码很多都是未经验证的，或者是不完整的，因此，只有当所有开发人员的任务都完成后，才可以对系统进行测试。

（3）系统启动慢。

在程序的启动过程中需要加载程序包中的各种文件。因为单体应用将所有功能的代码和资源文件打包在一起，所以最终形成的程序包会比较大，启动的时间会比较长。有的系统的启动时间甚至超过半小时。

（4）自动化测试执行耗时长。

自动化测试会出现在开发流程中的各个阶段，如开发阶段的单元测试、Mock测试，测试阶段的集成测试和系统测试等。由于需要对一个单体应用中所有的功能的测试用例进行执行，所以这些自动化测试执行的时间会比较长。

（5）缺陷修复慢。

当非开发人员本机上运行的程序存在缺陷时（如测试环境、生产环境等），每次修复一个缺陷都需要进行全面的测试和整体重新打包发布，这个过程是很长的。以笔者之前的工作经历为例，在进行系统测试时，为了不让频繁且耗时的打包发布占用开发人员大量的时间，在开发流程中会为缺陷定义精确的等级，只有在缺陷等级很高的情况下才允许开发人员立刻修复并完成发布，否则就等到下一轮系统测试时再统一发布。

（6）对变更不友好。

在单体应用中，每个开发人员都拥有全部代码的读写权限，因此任何人都可以修改任何一段代码，这会造成一些混乱。另外，代码的变更会影响整个系统范围内调用该段代码的其他部分代码。例如，在单体应用中可能存在多个相对独立的模块，每个模块由一个开发小组负责，模块间的方法调用是比较普遍的，但如果因为需求变更或其他原因修改了一个被多个模块调用的方法签名，则系统将无法启动，这种情况的有害程度还算可控。如果变更的是方法内部的逻辑，则没人知道会发生什么。

（7）扩展方式不灵活。

当系统的负载压力大时，单体应用的扩展是基于一个部署包的，即如果需要扩容一个实例，则只能再部署一个完整的程序包；而如果系统中的压力都来自少量特定功能，则这种扩展方式显然不够灵活。

（8）数据库瓶颈难消除。

单体应用通常只有一个唯一的数据源，所有功能的数据都存储在一个数据库中，当系统复杂压力上升时，虽然可以通过部署多个应用实例的方式缓解应用程序的压力，但对于数据库的压力来说没有任何帮助，甚至会导致数据库的连接数不断增加。虽然有一些方法可以缓解数据库的压力，不过总的来说，针对数据库的瓶颈，单体架构可用的方法不多，实现起来也比较复杂。

1.2.4　微服务架构

单体架构有着诸多劣势，分布式的 SOA 架构又因为中心化的特点而逐渐被抛弃，于是，微服务架构诞生了。

很多人认为微服务架构脱胎于 SOA 架构，本质上是一种去中心化的、细粒度的 SOA 架构。

随着互联网时代的到来，软件系统面临着负载压力大、需求变更频繁、系统可用性要求高，以及软件规模巨大等挑战。面对这些挑战，通过互联网企业的不断探索与验证，微服务架构在大流量、高并发的场景下取得了令人瞩目的应用效果。

相比互联网企业，传统企业接触微服务架构的时间较晚。但在企业数字化转型进程中，传统企业面临了内外双重压力：对内而言，压力来源于业务的创新和发展；对外而言，压力来源于近些年来互联网企业对传统业务的快速变革。内外压力促使传统企业开始借鉴互联网企业的成功经验，在技术上，微服务架构成为传统企业关注的重点。

有报告显示，截至 2021 年，已有 54.81%的企业正在使用微服务架构进行系统开发。这个数字相比 2019 年的 28.9%增长了将近一倍。

> 在本书的第 3 篇"云原生的核心：微服务"中，会用 5 章对微服务进行全面、深度地介绍，内容涉及理论和实践，是本书的重点内容。本节仅是架构风格的一个引子。

1.3　与众不同的企业架构

企业架构与之前介绍的架构风格不同，是从另一个维度对架构的划分。在这个维度中，三层架构是一个软件架构，而 SOA 架构是一个系统架构。

与软件架构和系统架构不同，企业架构并不十分关注单个系统的实现细节，而站在更高的层次为实现企业的战略目标进行一系列 IT 优化。企业架构为企业 IT 系统中具有体系的、普遍性的问题提供通用的解决方案。当企业中拥有大量各式各样的系统时，对这些系统的集成通常不是简单的基于组件的系统架构能够处理的，而需要更加复杂的架构，这是企业架构相较于其他两个架构更加复杂的原因。

企业架构之所以更加复杂，是因为企业架构拥有更大的范围、更大的风险和更大的收益。另外，企业架构是支撑企业数字化转型的重要抓手。本节将对这几点进行进一步的讨论。

1.3.1　更大的范围

> 企业架构的目的：在整个企业范围内，将通常碎片化的已有流程（手动或自动）优化为一个对变化做出响应并支持业务战略达成的综合环境。
>
> ——TOGAF9

　　从企业架构的应用范围来说，并不是只有企业才能使用企业架构的。企业架构框架 TOGAF 对企业的定义是具有一系列共同目标的任何组织的集合。基于这个定义，企业可以是政府机构、整个公司、公司的一个分部或一个部门，甚至是由共同所有权联系在一起的地理位置相距甚远的组织。加上企业架构是以业务为导向的，因此企业架构将会跨越多个系统和多个职能组织。

1.3.2　更大的风险

　　在企业架构中，系统或组件间的关系会上升到组织战略层面，而不再局限于某个特定的需求。对企业架构而言，确定系统间的关系和交互协议仅仅是冰山一角，更多的精力会放在架构愿景、架构原则、迁移规划、实施治理、变更管理等方面。

> 系统架构的设计不再是单一的技术问题，而是一个涉及整个企业所有部门的系统工程。

　　较高的决策层次使得企业架构带来的风险随之上升。每个企业在应用企业架构时，目的都是为业务提供更有利的支撑。但如果企业架构设计不良或实现不合规，则其风险的影响范围和影响程度都会远远大于一个失败的软件架构和系统架构，甚至会对企业的生存带来重大影响。

1.3.3　更大的收益

　　不良的企业架构会为企业带来巨大的风险。与之相对的是，良好的企业架构会为企业带来不可估量的收益。收益通常来源于以下 3 个方面。

1．支撑业务目标

　　企业架构的设计围绕业务需求是其基本的设计原则，即业务需求是架构设计的驱动因素之一。因此，企业架构从本质上来说，就是以支撑业务能力为目标的。而这些业务能力正是企业的竞争力所在。

2．优化组织架构

> 任何组织在设计一套系统（广义概念上的系统）时，所交付的设计方案在结构上都与该组织的沟通结构保持一致。
>
> ——康威定律

经过多年的实践检验，康威定律的正确性已经被充分证明。在此基础上，康威逆定律被提出，其含义为组织中的沟通结构会和系统的架构设计结构保持一致。从康威逆定律可以看出，架构在一定程度上是可以促使企业组织结构的优化的，而架构的演化给组织架构调整提供了契机。

3．可持续的架构演化

企业的 IT 建设方式在过去很长一段时间里都是相对比较简单的，通常就是购买第三方厂商的商业产品，当某个产品因为过时或其他原因而不能达到企业预期的要求时，最常用最简单的办法是重新购买一个新的产品取代旧产品。

不过对于企业架构而言，用替换的方式升级架构往往会带来巨大的风险和资源消耗。良好的企业架构应该以企业 IT 战略为背景，以相关方的期望为目标，在一个长期的过程中，提供完整的治理能力，为架构的升级提供可持续的演化路径。

1.3.4 支撑企业数字化转型

近些年来，企业数字化转型成为热门词汇，这充分说明，越来越多的企业管理者意识到通过 IT 对信息的有效管理和利用将会成为业务成功的关键因素。

1．数字化转型中的挑战

在搜索引擎中搜索关键字"企业数字化转型"，出现的大多数是转型过程中遇到的困难和挑战。知乎上有篇文章，标题是《传统企业数字化转型为什么这么难？》，文章的作者将原因归结为 3 点：①互联网技术观念慢一拍；②缺乏技术专业的互联网技术队伍；③丢不掉的老式营销思维。

从其列举原因中可以推测出，这篇文章的作者认为企业的数字化转型就是互联网化——使用互联网的技术和思维来取代传统的做法。

　　笔者认为该作者的观点确实有一定的道理，但仍然有些片面，原因在于，企业的数字化转型和互联网化是两个概念。的确，互联网的飞速发展让企业对数字化转型的意愿越来越大，甚至可以说，互联网企业倒逼传统企业不得不开始数字化转型，否则传统企业将在这个互联网时代遇到极大的挑战。

　　但是，笔者并不认同只有传统企业才需要数字化转型，包括 IT 企业在内的高新企业同样需要数字化转型，甚至大部分互联网企业自身的数字化建设程度有进一步提高的空间。为了可持续地使用数字化手段支撑业务能力的发展，是否拥有成熟的企业架构设计能力成为企业数字化转型的关键所在。

2. 企业架构支撑数字化转型

　　企业架构的设计是一个系统工程，无论是开发还是维护一个企业架构，从技术角度来说都是一个相当复杂的过程，其所涉及的利益相关方非常多，因此，专业的人才使用专业的方法论，执行专业的标准，才有可能达到预期的目标。

　　从技术之外的角度来看，企业架构涉及大量的沟通协调工作，跨系统和跨组织的特点会为企业架构设计增添非常多的困难，因此，对于企业而言（尤其是对于身处数字化转型的企业而言），企业架构的设计与实施是非常重要的，原因如下。

- 当企业架构设计良好且正确实施后，业务运行会更加高效。IT 不再被当作成本中心，而作为利润中心为企业业务提供支撑，这会降低业务运行本身的成本，提高业务的生产效率。
- 更高效的 IT 运行会让企业内的软件在开发、支持和维护方面的成本更低。系统与系统之间的能力可以有机地结合，并且根据企业架构所设计的愿景、目标和原则统一地自我演化。
- 在架构的迁移和治理过程中，良好的设计会降低企业的投资风险。对企业采购而言，在企业架构设计完成后，对当前的架构全景和未来的架构愿景都有了全面的了解，根据架构迁移规划，企业可以有的放矢地完成相关的采购过程，相比之前各个部门自己需要什么就买什么的采购方式，有架构指引的采购过程将会更快、更简单和更便宜。

【举例】
下面举一个例子来展示下企业架构可以带来的价值。
2015 年左右，某家企业的管理层开始意识到当前的 IT 战略已经无法支撑公司的业务发展，大量的人力和物力消耗在了业务之外的地方，因此开始了自己的数字化转型之路。当时在设计企业架构愿景时，他提出，企业 IT 需要解放业务人员，帮他们减轻业务之外的工作，使业务人员可以将精力全部放在业务之上。

在实施过程中，比较典型的例子是差旅报销流程的数字化。相信每个企业都会有差旅报销的流程。当时，该企业内部有多个差旅报销相关系统，需要先在工作流系统中提交出差申请，再在差旅系统提交出差计划，当出差结束时需要在财务系统上完成报销。这个过程中还包括很多繁杂的事务，如需要通知 HR 修改考勤记录、将发票拿到财务那里进行审核、审核后进行贴票提交。在改造之前，这几个系统都是由各相关部门采购且负责的，系统间的数据不互通，这就使得销售人员一半的时间在跑业务，另一半的时间在贴票走流程。经常出现"出差时忘记通知 HR 修改考勤记录，最后出现缺勤"的情况。

经过企业架构的设计和最终的实施，打通了系统间的数据共享，优化了现有的各个系统，并且引入了新的系统。现在，销售人员可以在手机上提交出差申请，在审批通过后即可继续通过手机预订酒店和机票，相应的发票会直接送至公司。这种方式不仅省去了发票查验和贴票的过程，还可以将约束规则写入程序，极大地节省了销售人员的时间，也避免了人为错误的发生。

这个例子可以说明，使用良好的企业架构，可以节约大量的人力和物力，为业务发展提供更多的资源、促进业务创新，为企业在当今不断变化的环境中提供竞争力。

1.4 举步维艰的企业架构

不同于解决某一特定问题的架构风格，企业架构会复杂许多。在一个企业架构中，可能存在不止一种的架构风格，需要管理众多的利益攸关方，还需要考虑架构的治理和演化。整个架构的设计、开发、实施和演化过程可以说是举步维艰。

1.4.1 企业内的重视程度不足

企业架构在国内似乎并不十分流行，很多人甚至都没有听说过，但它已经过数十年的发展，并且为 IT 领域带来了许多技术上的变革，可以说是新技术诞生背后的基石。但这似乎并不能解释我们为何对它感到陌生。

企业架构不但在传统企业中没有得到足够的重视，甚至一些高新企业的软件公司内部的 IT 系统都没有应用企业架构进行设计。

【举例】

某家大型软件公司，员工总数超过 6000 人，为客户提供各种产品及解决方案，但内部员工使用的 IT 系统是比较混乱的。

A 君当时在这个公司中负责一个项目，该项目主要是服务外部客户的。A 君觉得既然要让客户用，自己就应该先用起来，于是开始在公司内部部署系统。为了内部员工可以使用统一的账户体系登录，需要和公司的单点登录系统对接，但在进行移动端对接时，A 君发现公司的单点登录系统老旧，并不提供移动端的对接方式。

不过 A 君注意到，公司内部提供移动端的办公系统却可以使用统一账号登录。经过不断地询问，终于得知移动办公系统的维护部门是公司的 IT 部门。因为企业内所有 IT 系统和数据库都是他们维护的，因此他们是通过直接让移动办公系统读取企业人员数据库实现统一账号登录的，而作为业务部门，A 君无权访问企业内部数据。

最终这个事情因为无法对接而不了了之，严重打击了团队成员的积极性。

企业架构源自 20 世纪 80 年代，相比很多人们熟知的 IT 技术而言，企业架构虽然有着足够长的历史，但至今在国内仍旧没有得到普及。究其原因，笔者认为有以下几点。

（1）IT 部门被视为成本中心。

大多数企业对 IT 部门的要求仍停留在"花小钱、办大事"的阶段。相比于企业中的业务部门，IT 部门和其他后勤保障部门一样，都被当作"花钱"的部门，不具备为企业盈利的能力，这导致 IT 部门在企业内的关注程度一直不高。缺关注和缺资源，自然就不会投入大量的精力在企业架构的设计上了。

（2）企业信息化程度不高。

国内的传统企业在很长一段时间内，信息化的程度都是不太高的，大量企业的业务都没有系统的支撑，即使有支撑个别业务的 IT 系统，系统间也通常不存在任何交互，数据也不互通。企业内少量且相对独立的系统让企业架构无用武之地。

（3）行业内竞争程度不足。

在互联网热潮来临之前，非互联网行业内的竞争程度普遍不高，一些行业中的优质企业长期处于领先地位，而这些企业并没有在 IT 建设上投入太多的资源。这使得其对自身 IT 建设的驱动力不强，毕竟，IT 已经被打上了"花钱"的标签。

1.4.2 系统间的壁垒和代沟

当我们将视角转移到企业内的现实情况时，会发现企业架构的设计并不像我们想象得那么简单。

1. 系统中的"老、破、小"

通常，在开始进行企业架构开发时，企业中已经存在了大量的系统，这些系统由不同部门在不同时期采购。从时间维度来看，一些系统可能较旧，另一些则较新。

软件行业的发展是非常迅速的，因此不同时期的系统在设计理念和使用技术上会千差万别。常常出现的一个情况：需要对一个系统进行分析，却发现，在当前的企业能力模型中早已不具备这个系统所使用的技术，即我们找不到能够理解和改造这个系统的人。

对系统的改造和迁移势必需要投入大量的资源，而对于习惯将 IT 视为成本中心的大多数企业而言，这是难以接受的。这些企业往往会选择回避企业架构。但回避并不会让问题消失。

2. 终要偿还的"债务"

当遇到困难时，选择回避问题的解决方案来实现短期的目标，这些被回避的问题就称作技术债务。由于这些问题并没有被根本性地解决，只是将解决的时间点向后推移，因此从长远来看，技术债务终究是要偿还的。

就像经济上的债务一样，如果只是不停地借贷，而不主动偿还，那么债务金额会越来越大，最终大量的收入都会用于偿还这些贷款的利息，甚至出现入不敷出的情况。技术债务同样如此。

技术债务通常出现在需要平衡速度和质量的时候，这时，大部分企业会优先选择速度，因为速度提升的结果可以直观地看到。例如，原本需要一个月上线的功能现在只需要两周，这种速度带来的效果是显而易见的。相对的，质量是难以衡量的，因此大部分企业都会追求速度而忽视质量，技术债务不断增加。不过，技术债务终究是会让速度的提升越来越慢的，这个问题可能需要一段时间才会显现，不过这段时间并不会太长，通常只是几周而已。

【举例】

这里有一个技术债务的实际例子。

某软件公司受困于交付速度，有一年，几乎所有的交付最终都是延迟的，当时没有专职的运维人员，交付后的运维工作都是由开发人员兼任的。虽然在交付进度上有延迟，但是在质量上并没有放松，因此交付后的运维工作并没有占用开发人员太多的时间和精力。

第二年，公司决定一定要解决交付延迟的问题，结果却陷入了更深的泥潭之中。为了能够按时交付，一方面开发团队不断压缩产品的测试时间，甚至有时在发版前的一两天才开始测试，发版当天还有数不清的缺陷。为了让新上线的系统不至于存在太多缺陷，团队人员不得不在每个发版的夜晚通宵工作。结果如何呢？当通宵结束，所有人都回家休息时，客户现场不断爆雷。往往在发版后的一周时间内，大家都在处理各种现场问题。

为了不影响开发人员下一个迭代的正常工作，公司成立了专职的运维部门，但由于软件本身的质量问题，运维部门同样承受了大量的压力。人员的不断流失让公司决定给运维人员减负，办法则是让开发人员分担运维工作。开发人员渐渐地无法专注于本职工作，整个团队战斗力降低，团队成员的抱怨和相互指责问题变得越来越突出。

当企业需要对已存在的"老、破、小"系统进行变更，或者将它们集成在一起时，系统间的技术差异和不同时期的系统设计使得技术债务开始源源不断地涌现出来。加上 IT 部门在变更系统的过程中一味地追求"少花钱、办大事"，所采用的方式通常都比较简单粗暴，技术债务不断积累，却得不到解决。

3. 系统改造的误区

对于这些遗留系统，回避显然是一种不正确的处理方式，相反的极端则是对遗留系统进行重写，使用符合企业架构要求的新系统进行替换，即完全舍弃原有的老系统。

> 笔者认为，这种颠覆式的决策是企业 IT 建设中的一个误区。这样做的结果通常是投入了大量的资源，最终却收效甚微，甚至新系统不如原有的系统好用。

企业架构的演化一定是循序渐进的过程，每次变更通常只向目标迈进一小步，而这一小步会作为下一步变更的坚实基础。这样不仅可以控制每一次变更的成本，将企业承担的风险降到最低，还可以快速确认变更的效果，以得到相关方的充分支持。

更重要的是，循序渐进地逐步实施可以对过程进行快速的反馈。企业架构在实施过程中困难重重，如果可以经常获得反馈，享受一次又一次小胜利带来的喜悦，则对于企业中的所有人来说都是一种激励。

4．处理技术债务的误区

技术债务通常不可能一次性地全部得到解决，应与系统改造的节奏保持一致，逐步地、一点点地处理，每次选择少量可以在短期内为业务带来价值的变更进行实施。每个架构上的变更在为业务带来价值的同时，可能意味着技术债务的降低。一些变更可能看上去并不能立刻减少技术债务，但换个角度来想，至少它在没有增加技术债务的前提下为业务提供了价值，并且这可能是未来可以降低技术债务的基础。

> 当然，在某些特定场景下，企业可以集中对技术债务进行处理，但这通常意味着，企业将面临更大的风险，并且即使这样做了，技术债务也不是全部被解决的，新技术债务仍然会不断地出现。

1.4.3　简单粗暴的集成方式

企业的各个系统间所使用的集成方式各式各样，传统 IT 部门在面对系统集成的需求时，为了节省成本，往往会使用一些简单粗暴的方式进行集成。同时，各个部门之间会使用自己的方式和其他部门的系统进行对接。

1．系统安全无法保障

这些各不相同的集成方式，不仅为系统的统一管理和维护制造了麻烦，还带来了极大的安全隐患。

大部分简单粗暴的集成方式都很少考虑安全问题。曾经有报道称，某公司的一个非核心系统受到入侵，最终核心数据泄露，其原因就是非核心系统与核心系统之间的集成方式未考虑安全问题。

2．数据失真

混乱的系统集成可能导致企业获得的经营数据失真。

某企业中就出现了这个问题：由于缺乏对架构全景的了解，大量数据通过不同的集成方式在多个系统之间进行传递。这会带来两个问题：①很难追溯数据来源；

②不成熟的集成方式在数据传递的过程中经常出现数据丢失的问题。最终在需要数据辅助决策时就会发现，各个部门上报的数据相互存在矛盾，并且无法确定数据的来源，这样的数据对于企业而言完全不具备价值。

3. 脆弱的数据库集成

> 如果要应对脆弱性，首先要认识到脆弱性的存在。
>
> ——《反脆弱》

在缺乏设计的集成方式中，最常被使用的就是直接操作对方的数据库。这样的集成方式是非常脆弱的，但人们经常为了速度而忽视脆弱性。

本书在讨论三层架构时说过，软件系统的本质是对数据源的 CURD 操作。数据源中的数据是持久化的，这些持久化的数据是系统执行的结果和证据，因此，应该只有管理数据源的业务逻辑层代码才能够对其进行操作，即只有这个数据源的业务应用程序能够操作这个数据源。

在系统集成时，为了简便，很多时候会让一个系统直接去操作另一个系统的数据库。例如，企业中有新入职的财务部门的员工，HR 通过人员管理系统添加该员工的信息，为了这名员工能够使用财务系统，人员管理系统可能会直接向财务系统的数据库中插入该员工的数据。

笔者曾经也经常使用这种方式来实现系统间的集成，但后来认识到，直连数据库的方式除实现起来简单和快速外，几乎一无是处，原因有以下几点。

- 可能出现数据不可用的情况。在软件开发时，会将大量的数据校验逻辑放入业务逻辑层中处理，这些信息从数据库视角看是隐藏的。直接向另一个系统的数据库中插入数据，可能让对方系统由于无法正确解析这些数据而发生异常甚至崩溃。
- 无法保证数据的一致性。以人员信息为例，我们称一条人员信息为一个实体，当人员管理系统将人员信息通过数据库的方式同步给其他系统后，其他系统就可以对这个实体进行修改，当其中一个系统修改了实体却没有通知其他系统时，数据就会变得不一致。这是在系统间传递数据，最终却发现各个系统内的数据结果相互矛盾的原因之一。
- 分布式带来的巨大挑战。上一点的问题在于系统修改了一个同步的实体却没有通知其他相关系统进行同步，这个问题是否可以被解决呢？笔者认为极其困难，因为企业内的系统众多，最终会形成一个关系网，而要想协调各个系统的同步，将涉及分布式系统的设计方法，在没有统一的数据治理方案的情况下，分布式只会让系统更加脆弱。

- 削弱原有系统的独立性。在集成前，每个系统都是独自演化的，但集成后往往难以独善其身。例如，人员管理系统和财务系统在通过数据库集成之后，财务系统很可能会在今后的升级中对数据结构进行调整，这种调整很可能并未通知人员管理系统，即使负责的财务系统在变更时有通知相关系统的打算，也无法清楚地知道有哪些系统在操作自己的数据库，这使得每次系统变更都可能会成为一个"黑天鹅"。
- 目标数据库中的字段可能与自身需求不相符。虽然可以通过数据库直连的方式来操作其他系统的数据，但目标数据库中的数据结构很可能是和自身系统不匹配的，这时就需要进行映射或转换，而这部分处理并不具备通用性。

1.4.4　尴尬的 IT 部门

提起 IT 部门的尴尬，相信会引起多数 IT 人的共鸣，这是 IT 被戏称为"挨踢"的根本原因。很多传统企业将 IT 部门看作成本中心，认为它只会"花钱"，因此 IT 部门能够申请到的资源是非常有限的。

然而，作为 IT 部门的后勤保障，业务部门会给 IT 部门提出非常多的需求，这样的矛盾使得 IT 人在企业中始终处于出力不讨好的境地。

1．企业惯性令 IT 部门尴尬

随着企业对数字化转型的需求越来越迫切，IT 部门作为转型的执行者，作用越来越凸显。这一点，企业的决策者已经有所认识，但是企业管理中的惯性依然会在实际工作中阻碍转型过程。

转型过程中的技术性变革确实很困难，但是思想观念上的变革是起决定性作用的。今天，数字化转型似乎在各行各业中都被当作提升自身竞争力的有效途径，各个企业开始着手构建自己的信息化战略。但是，战略是需要执行的，如果不转变观念，依然使用传统思维看待 IT 部门，那么战略将永远停留在战略层面。

真正的战略，无论是在公司中还是在生活中，都是从大量与资源分配有关的日常决定中产生的。

【举例】

亚马逊公司的核心战略是节俭。为了实现该战略，亚马逊公司将其融入日常工作之中。亚马逊公司为了节约用电，将公司食堂里的自动售货机的灯泡全部拆除，因为它们除了能够增加美观度，没有其他实用价值。据说亚马逊公司中的书架都是用丢弃的包装箱制作的，甚至贝佐斯的办公桌是用从宜家购买的三合板支起来的。

勤俭节约是中华民族的优良传统，很多企业也都提出节俭的口号，但向亚马逊公司这样将战略融入日常经营，并且"无所不用其极"地贯彻的应该并不多。虽然这些看起来细微的举措可能只能为公司节省数万美元，但当这种节俭的态度和执行力成为企业文化后，一点一滴地日积月累，总额将是相当可观的。

亚马逊公司将这些节省下来的资金用于降低维护终端客户的成本，这成为了亚马逊公司成功的基石。

企业数字化转型战略的执行，需要企业向 IT 部门投入足够的资源，并且对其在转型过程中扮演的角色的重要性有清楚的认识。即使认为转型已经卓有成效，也应继续维持 IT 部门的资源投入，使用演化的思维不断推动企业架构的持续演化。

【举例】

很多企业都喜欢发卫衣，这其实是一种对企业战略的推广行动。

笔者在想，企业是否可以在卫衣上印上提高 IT 地位的口号？例如，IT 推动我们前行。

2. IT 人自己要努力

只要我不尴尬，尴尬的就是别人。

作为数字化转型核心的 IT 部门，应正视自己的价值，应做出自己的努力。用一句小品中的台词来说就是"吃面放辣根是一种新的时尚，我要引领"。

《领导变革》一书介绍了如何通过自身的努力来引领组织的变革，共分为 8 个步骤，分别是：创造变革的紧迫感；组建强有力的变革领导团队；创建变革愿景；传递变革愿景；移除变革中的障碍；创造短期成效；巩固成果并进一步推进变革；将新方法融入企业文化。

IT 部门应想尽一切办法为业务方提供价值。这样一来，结合领导变革的 8 个步骤，相信一定可以让 IT 部门在企业中的地位得到提升，甚至成为企业发展的核心部门，从此扬眉吐气。

关于"领导变革八步法"的内容，会在第 10 章中进一步介绍。

1.4.5　难以量化的生产力

什么是生产力？

生产力就是创造财富的速度，生产力的衡量需要对投入和产出进行评估。

那么，如何量化企业架构的生产力呢？由于企业架构主要涉及软件系统的开发工作，可能很多人会使用软件开发时的生产力评估办法进行量化，如计算单位时间内编写的代码行数，这种方法被广泛用来衡量程序员的生产力。不过，当你阅读完本节的内容后会发现，包括软件开发在内的所有 IT 活动的生产力都是不可衡量的。

例如，若某个业务人员的计算机出现故障，IT 人员经过一段时间的处理后解除了这个故障，这时，如何衡量这个 IT 人员的生产力？按照定义，生产力是创造财富的速度，那么，IT 人员这次的故障处理为企业带来了多少财富呢？实际上，这很难衡量。

说回单位时间内编写的代码行数的例子，这似乎确实可以衡量一个开发人员的工作成果，但再回到生产力的定义上，这种代码行数的成果给企业带来了多少财富呢？而且，代码行数与代码质量没有必然的联系，不能说代码行数越多，功能就实现得越好。因此，用代码行数衡量程序员的生产力是不靠谱的。

有时我们会通过"衡量工程是否如期交"来衡量生产力水平。例如，认为提前交付就是生产力高，提前的时间越多，生产力就越高；相反，延期交付则意味着生产力低。听起来这似乎有些道理，但当我们再回归到生产力的定义上时，就会发现这是一个美好的假象。项目管理认证（PMP）认为，质量受到范围、成本和进度的共同约束，交付时间提前说明进度加快，在其他两个条件不变的情况下，质量势必会随之下降。在之前的章节中介绍过，一味地追求速度而不顾质量，会导致技术债务不断积累，最终会让速度越来越慢。另外，现实中有很多经典的案例都证明了，虽然进度落后，但从产生的财富这个角度来说，生产力是极高的，如悉尼歌剧院案例和 Windows 95 案例。

【举例】

在项目管理中，经常会用悉尼歌剧院的案例来作为项目管理中的反面教材，因为其进度延迟 10 年，花费超支 14 倍。但如果从生产力的角度来说，悉尼歌剧院作为 20 世纪十大建筑奇迹之一，在投入使用后两年内就收回了投资成本。这样看来，这个项目的生产力绝对不低。

虽然 Windows 95 的上市时间推迟了几个月，但是取得了非常大的成功。

从上面的例子中可以看出，IT 活动的生产力的确是很难衡量的。难以衡量的生产力是企业将 IT 部门看作成本中心的根本原因。但是，不能因为无法衡量就不对其进行管理，尤其是当需要 IT 部门承担企业信息化战略这一重要职责时。

那应该如何评价 IT 部门的投入与产出呢？笔者认为应该根据取得的业务成果来全面分析，对比 IT 部门变更前后的业务能力变化，评估业务能力是否为企业带来了更多的价值，进而评估业务能力的变化是否是由 IT 部门变更激发或支撑的。

这种评估有时可以量化，有时则需要依靠感性的判断。但无论如何，生产力的评估都应关注价值的交付，这是生产力的定义所在。

1.4.6　快速变化的外部环境

在互联网热潮之前，企业进行数字化转型的驱动力并不太足。尤其是处在行业领先地位的传统企业，它们拥有大量的资源，几十年如一日地按照传统的套路执行着自己的业务。

> 【举例】
> 　　笔者的母亲在一个大型国企中做采购员，笔者很小时就看到她使用 Excel 来编辑需要采购的物料信息。在还使用软盘存储资料的年代，一个 Excel 通常需要好几张软盘来存储。无数行与列的数据让人看一眼就头晕目眩，其中还包含各种公式和宏命令，即使笔者现在是一个专业的程序员，也很难想象可以像母亲那样将 Excel 使用得炉火纯青。
> 　　直到退休的前几年，母亲才通过使用企业供应链系统逐步从 Excel 中解放出来。巧合的是，笔者做了很长一段时间的企业供应链系统的设计与开发。

在互联网流行的早期，对于企业而言，似乎仍然看不到信息化带来的好处。当在生活上，我们已经开始使用台式计算机进行网上购物、即时通信、信息共享等活动时，在工作上依然少见信息化的身影。

直到智能手机的到来，移动互联网在短短几年内，让互联网的热潮席卷各行各业。经过台式计算机互联网时代对用户习惯的培养后，人手一部智能手机让互联网的用户基数瞬间增长数倍。智能手机上的应用充分利用了碎片化的时间，不仅增加了人们在互联网上的时长，还极大地扩展了人们对互联网的使用时段。

互联网热潮使得用户信息化素质不断提升，对产品的功能和使用有了更高的要求。层出不穷的互联网产品利用"短、平、快"的自身优势，一个接一个地颠覆传统行业。当互联网公司不断蚕食传统企业的市场份额，用户变得越来越挑剔时，传统企业才开始进行如火如荼的数字化转型。

> 不少企业长期缺乏系统性的企业架构的设计，意图通过花费重金引入先进的技术手段，在不改变企业原有工作模式、经营理念的前提下，做到像互联网产品一样的高可用性、高扩展性和灵活多变，笔者认为这种思想从根本上是不成立的。笔者最近的工作经历就是为企业提供云原生架构的支持，看到了太多企业抱有这种思想。不过，就像后面要讨论的"双速 IT"和"中台战略"一样，这些思想都是站不住脚的。

互联网的确给了传统企业一个充分且必要的理由开始数字化转型之路，但是如果企业仅仅想通过引入新的技术，将原本没有经过良好设计的企业架构迁移到新的架构之上，以技术来驱动数字化转型这条路的话，其结果可能是引发更大的混乱。

1.5　企业架构反模式

模式是在对经验教训总结后得出的最佳方案，反模式则是反向使用模式得出的方案。模式和反模式就像一对反义词，通常并无优劣之分，只是适用场景不同而已。模式的适用场景要远远大于反模式。本节讨论了企业架构中常见的反模式，在大多数场景下，应尽量避免陷入这些反模式之中。

1.5.1　采用"双速 IT"

"双速 IT"又被称作"双模 IT"，是 2014 年麦肯锡和高德纳两家非常具有权威性的 IT 研究和顾问公司提出的概念。

1. 提出背景与含义

"双速 IT"的提出，主要是为了解决当今企业 IT 所面临的如下挑战的。

- 企业需要传统的 IT 模式来满足传统业务对于稳定性、安全性的要求。
- 企业面向互联网的应用需要快速的迭代和响应，为了加快速度，可能需要对稳定性和安全性进行权衡。

以上两种模式是相互矛盾的。于是"双速 IT"的概念被提出。笔者将上述的两种模式比喻成侠客和游侠。

- 传统 IT 模式就像侠客,武林中的正统思想为侠客规定了非常规范的行为准则,侠客在日常活动中都受到正统思想的束缚,甚至为了维护正统思想甘愿牺牲。
- 互联网模式就像游侠,行为无拘无束,常常使用创新的方法获得意想不到的成果,为了达到目的可以使用一些特殊手段,也可以执行一些秘密行动。

"双速 IT"的提出者认为,要在当下信息化程度高速发展的互联网时代取得胜利,就需要在企业中将两种模式的 IT 区别开来:一方面,利用传统 IT 模式厌恶变更的特征,保证内部系统的稳定性和安全性;另一方面,使用互联网模式拥抱变更的特征来快速满足用户需求。

"双速 IT"在提出之初就得到了广泛的认可。在此基础上,诞生了著名的"中台架构"——"大中台、小前端"。随着"双速 IT"的实际应用,越来越多的证据表明,"双速 IT"从根本上是有缺陷的,这是笔者认为最近"中台架构"的热度逐渐降低的原因之一。

2. 问题出现了

"双速 IT"将软件系统分为如下两类分别进行管理和控制。

- 前端系统。前端系统是有用户直接参与的系统。为了特性能够尽早地交付用户使用,会将前端系统中的缺陷看作成本,只要成本不超支,就将大部分精力放在提升交付速度上。
- 后端系统。后端系统通常需要很高的可靠性和安全性,存在缺陷是损害企业利益的。为了保证系统的稳定性,后端系统的变更需要更多的审批流程,因此变更的频率较低。

一开始,企业认为"双速 IT"可以解决当前企业架构中所面临的挑战,主要的原因:一方面企业不想变更自身已存在的组织架构、工作流程和 IT 成果;另一方面企业想利用互联网等信息化手段快速应对市场变化。"双速 IT"恰好满足了企业的这种思想,但从根本上来说,这种思想是不成立的。

下面从 3 个方面来进一步说明"双速 IT"从根本上并不成立的原因。

3. "双速 IT"从根本上并不成立的原因

（1）技术而非业务分割。

"双速 IT"相当于一种分层架构，其前后端的分割是根据技术而非业务驱动的。根据讨论过的三层架构，可以进行一个大致的类比：将与用户直接交互的界面层比作"双速 IT"中的前端系统，将业务逻辑层比作"双速 IT"中的后端系统。

> 这个类比虽然不是非常精确的，但笔者认为有助于说明问题。相信一些读者已经能够想到这样做带来的问题了。
>
> 在前面的三层架构中提到过，三层架构风格作为一个在行业内长期流行且影响深远的架构风格，会促使企业使用职能型的组织架构。但是一个独立的业务通常不仅需要修改界面层，还需要对其他层次进行相应的修改，这会涉及多个职能部门。

"双速 IT"面临相同的问题。在大量的实践中可以看到，单纯地想在不修改后端系统的情况下，仅通过创建新的前端系统或修改已有的前端系统，是很难实现一个业务变更的。由于两种模式的划分是基于技术角度的，所以，在实现一个业务能力时，通常不但需要变更前端，而且需要对后端进行相应的调整。这一点就从根本上对"双速 IT"发起了挑战。

（2）前后端速度与质量的矛盾。

在前面讨论技术债务时说过，单纯地追求速度而忽视质量，会让之后的速度越来越慢。然而，"双速 IT"认为前端系统可以为了速度舍弃质量，后端系统则可以为了质量降低变更频率。为了速度舍弃质量，势必会让前端的敏捷性越来越差，那么，有没有可能在保证质量的前提下执行快速的变更呢？

答案是肯定的。

> 这里通常存在一个误区——认为"速度"就是指开发速度。实际上，"速度"应该指的是"从需求出现到功能被用户使用"整个过程所花费的总时间，开发仅仅是这个过程中的一小部分而已。
>
> 在传统的软件生命周期中，充满了大量的等待与协调工作，如一个部门的功能开发完成，但需要等待其他所有部门的功能都完成才能发布，用户才能使用到这些早已开发好的功能。

目前业内有更好的方案，既可以保证质量，又可以提高功能交付速度——云原生的相关技术，这是本书的重点内容。因此，"双速 IT"认为的前端和后端在变更速度上的差异从本质上来说并不存在。

【举例】

有报道称，亚马逊公司 1 年可以完成 5 千万次的部署，即每一个工作日每隔 11 s 就有一个新版本部署上去。在如此高速发布的情况下，亚马逊公司依然保证了极高的可用性和可靠性。

（3）出发点是"偷懒"。

"双速 IT"迎合了企业在面临转型时的惰性。

前几年，"大中台、小前端"的概念非常火热，许多的传统企业都提出自己的"中台战略"，甚至很多公司在采购软件系统时，明确要求开发商提供中台建设方案。

【举例】

笔者也遇到过一些以采购为手段来建立中台的企业。这些企业通常的目标都是建立一个健壮和稳定的中台，将自身已有的业务能力放到中台上，保持中台应用的稳定，通过开发小而快的前端系统来复用中台的能力、重建中台的能力。

企业希望在不改变企业现有的 IT 模式、组织结构、工作流程的前提下，既可以充分利用现有 IT 资产，又可以应对当前快速变化的市场环境，这是一个典型的"双速 IT"思想。

笔者经历过几个这样的中台建设，最终都没有达到预期的目标。因为企业终会发现，如果不改变传统的模式，则无法达到预期的效果。

1.5.2　视 IT 部门为成本中心

将 IT 部门看作成本中心，在传统企业中是非常普遍的现象。在前面的内容里表达过这样做不合时宜，下面就具体来讨论下这个问题。

1. 企业中的幕后英雄

企业的组织机构一般可以分为业务部门和支撑部门。通常情况下，支撑部门不会给企业带来直接的收益，其存在的意义是保证企业的正常运营，如人力资源部门、行政部门及 IT 部门等。这些部门的工作不会给企业带来直接的收益，因此被当作成本中心进行管理，管理的重点则是想尽一切办法节省开支。

这样的管理使得成本中心在企业中的存在感较低，通常的表现是人数较少、士气较低。作为对业务部门的支撑，加上缺乏可用资源，支撑部门经常受到来自业务部门的压力。

随着信息化和企业管理水平的发展，企业逐渐意识到，成本中心的思维会阻碍企业发展。业务部门为了应对变化日益频繁的市场环境，不断地向前飞速奔跑，如果支撑部门仍然用成本中心的思路运营，无异于会成为业务发展的累赘。大量的企业开始使用新的经营理念改变这种情况，其中被很多人推崇的是"阿米巴"经营。

2. "阿米巴"经营带来的启示

被称作日本"经营四圣"之一的稻盛和夫，为了保证企业的发展活力，独创了名为"阿米巴"的经营模式。这种经营方式将组织划分为一个个小团体，每个小团体被称为一个"阿米巴"；每个"阿米巴"都是一个利润中心，利润中心会存在销售额、成本和利润；对每个"阿米巴"进行独立的核算，以实现全员参与的经营。京瓷公司使用这种经营方式成为了管理界的神话。

可以看出，在这种经营模式下，企业中不存在成本中心了，所有部门都是利润中心，这看起来是非常棒的一件事情。但除京瓷公司外，成功应用"阿米巴"的企业并不多见。

【举例】
　　笔者曾见证过某公司的"阿米巴"应用之路。公司将每个部门都作为一个"阿米巴"进行独立核算。例如，某个部门需要招聘新员工，需要给人力资源部门支付招聘费用；员工需要办公场地，需要向行政部门支付办公用品的租赁费。
　　经过两年多的执行，结果并不是很好，冲突似乎比之前更多了。
　　当业务部门需要支撑部门协助时会发现，这也要收费那也要收费，每个部门似乎更加关注自己的成本了，因为他们都想赚取更多的利润，业务部门之间的"部门墙"越来越高，甚至陷入很多不良竞争之中。

3. 成本中心还是利润中心

是否应当将 IT 部门作为利润中心来运营呢？"阿米巴"的这条路似乎不通啊？

的确，应将 IT 部门看作成本中心还是利润中心，业内的讨论依然很多。很多人认为作为利润中心是行不通的，因为大量的实践经验表明，这样做最终的效果只是部门内部资金的左手倒右手，不仅没有实际的意义，还会造成上述案例中的问题。

不过笔者仍然认为，如果企业想在信息化道路上走得更快和更远，是应当按照利润中心的理念来管理 IT 部门的。笔者认为大部分企业没有成功实现"阿米巴"经营的原因是在执行"阿米巴"时，并没有拿捏到其精髓，只一味地要求每个部门自负盈亏、扩大利润。

实施"阿米巴"经营需要企业具备如下两个前提条件。

- 企业的经营者具备人格魅力，能够调动员工的积极性。
- 每个人在为自己所在的"阿米巴"的业绩考虑时，也应为别人着想，不能为了私利而损害企业的利益，也就是常说的"双赢"。

大部分企业都忽略了这两个前提条件，单纯地将每个"阿米巴"经营的核算结果作为员工的考核依据，这违背了"阿米巴"经营的核心思想。

另外，笔者认为，企业使用已存在的部门来作为"阿米巴"经营的划分粒度是不太合适的，正如之前所说的三层架构，根据职能划分的方式往往会造成不同部门间的内耗过大，而这是每个部门的职责和目标不同造成的，是一个很难改变的现实情况。现在，有很多的管理和技术手段都提出了构建跨职能、自治的组织结构（微服务架构也基于这个思想），这些团队的目标一致且以交付价值为目标，完全可以避免上述的问题。

> 笔者认为，让 IT 部门成为利润中心是可行的，并且相比将其视为成本中心，利润中心更能发挥 IT 部门的作用，提升其地位，让其在企业数字化转型过程中交付更大的价值。

1.5.3　以为"买买买"可以解决一切问题

这里需要首先澄清的是，虽然这一节是讨论反模式的，但笔者并不否认采购和外包对于企业 IT 建设的价值，而认为，企业如果希望仅通过采购和外包就达成自身的信息化战略是不切实际的。

根据研发能力，可以将企业分为如下两类。

- 自己有研发能力的企业，如软件公司，其自身就拥有开发 IT 系统的能力。

- 自己没有研发能力的企业，大部分企业归于这一类。

然而，所有的企业都有 IT 建设的需求。以往，这种需求更多的是支撑企业内部的日常运营，如今这种需求则越来越向外延伸，直到终端客户。但无论哪一类企业，在构建内部 IT 系统时，往往都会优先使用采购和外包的方式。

虽然软件开发企业中有大量专业的软件研发人员，但企业内所使用的内部 IT 系统，如 OA、ERP 等，几乎都是采购的。同时，很多人可能会觉得，像软件公司这样的 IT 企业自身的信息化水平应该是很高的，而事实上，不一定如此。

【举例】
某家研发 OA 系统的软件公司，其使用的 OA 系统是企业之前外采的老旧系统，因为采购之时企业还没有开展 OA 业务。后来研发人员开发了自有的 OA 系统。当企业想用新系统替换之前的系统时发现，研发部门的所有人都在服务客户，如果为自己的企业提供支持，则需要使用原本服务外部客户的资源。

不言而喻的是，服务外部客户有收益，而服务内部客户的收益很难衡量。于是一个为客户提供先进 OA 软件的公司自己却使用着过时的外采系统。

上述的例子并不是说企业一定要使用自己开发的产品，只是想表达：无论何种企业，采购第三方商业软件的行为都是非常普遍的。但问题在于，企业没有站在自身数字化战略的高度上来治理这些软件。

> 无论企业自身是否拥有研发能力，也无论企业处于哪种行业，都应该正确地认识企业架构的重要性，建立专业的企业架构团队。采购和外包只能作为架构的实现方式，而不应将自身的信息化建设都托付给采购和外包。
>
> 也许在企业过去的实践经验中，确实通过简单的采购和外包获得了企业所期的结果。但是，现在越来越多的企业开始将架构向云原生迁移，而在云原生时代，简单的"买买买"不仅不会给企业带来预期的结果，还会耗费巨大的资源，本书的后半部分会对此进行深入的讨论。

1.5.4　主数据管理与微服务思想矛盾

在企业传统的信息化建设过程中，主数据管理是非常重要的一个环节。当企业通过采购和外包拥有大量的 IT 系统后，这些 IT 系统服务于不同的业务部门，形成了一个个"信息孤岛"。

1.　主数据管理的价值

第三方提供的系统，为了保证完整性，都会提供类似的通用功能，如账户登录、组织管理、用户管理、权限管理等。一些系统在业务功能上可能存在重叠情况，如采购系统有发票管理功能，财务系统也有发票管理功能。企业信息化发展的必然阶段是消除"信息孤岛"，这时，主数据管理出现了。

> 主数据管理的目的是消除数据冗余，保证数据唯一性和准确性。

通过数据抽取工具（ETL）、文件传输、企业服务总线（ESB）等技术手段，将分散在各个"信息孤岛"系统中的数据采集到一起，经过去重和合并操作，形成具有唯一性的主数据，最后存入主数据库中为其他系统提供共享数据，这种方式在很长一段时间里极大地推动了企业信息化的发展，是过去常使用的系统集成方式之一。

2.　主数据管理的问题

作为数据管理的一部分，主数据管理有着完整和成熟的方法论与工具，这里不再展开讨论。归根结底，主数据管理是一种集中式的数据管理方法，但这会带来一些问题。

【举例】

假设有两个"信息孤岛"系统，一个是采购系统，另一个是物流系统，两个系统中都存在同一个实体——订单。采购系统首先会创建订单，然后交给物流系统完成配送工作。

使用主数据管理的方式，可能的做法：首先将这两个系统中的所有订单都抽取出来，根据订单编号进行去重、合并，然后将其放入主数据库中作为一个唯一的记录存储起来。

这时，问题出现了。虽然两个系统中都存在同一个订单实体，但这两个实体是属于不同的领域的，拥有着各自不同的属性和含义。

相比采购系统，物流系统中的订单可能会有很多额外的属性，如配送方式、承运人、物流单号等信息，而采购系统中会有物流系统中没有的属性。

更加棘手的问题：属性名称相同但是含义不同，如"订单状态"，在采购系统中，订单状态可能是"已创建""已取消"等，而物流系统的订单状态可能是"已出库""已发送""已送达"等。虽然同样是订单状态，但是其所表达的含义是属于不同的细分领域的。

主数据包含了所有系统中的属性，这会导致两方面的问题：①当一个系统获取某个实体时，会得到很多自己并不关注，甚至与自身系统中的概念冲突的属性；②为了管理主数据，需要大量的协调和处理工作。

3. 与微服务思想矛盾

随着微服务架构的普及，大量企业开始采用微服务架构。微服务架构的九大特性之一就是"去中心化的数据管理"，这与主数据的集中式管理产生了矛盾。

有人认为，可以通过对一个主数据库提供多个不同的微服务来将两种技术结合使用，但笔者对这种观点持反对意见。从理论角度出发，微服务架构通过将一个单体应用划分为不同的领域来进行服务拆分，划分的原则之一就是"同一个领域内的概念要统一"，因此每个服务所管理的数据在概念上必须消除二义性。同时，为了保证每个服务的自治性，服务需要对其管理的数据具有所有权和管理权，这样服务才可以决定哪些数据不能被外界访问，以及如何将外部可访问的数据暴露出去。

从实践角度来看，笔者以前在从单体架构向微服务架构迁移时，为了快速达成目标，就复用了原有的主数据管理，确实出现了很多问题。

- 由于多个微服务会针对同一个数据实体进行编辑，因此每个服务都很难处理缓存，因为数据可能会在任意时刻被另一个系统修改。
- 数据概念不统一。例如，用户管理服务要求用户实体中的唯一标识是身份证号，但是其他服务可能会向唯一标识字段中存入手机号。
- 对于用户界面来说，多个服务针对同一个数据实体提供的表单界面很难保证一致，有的属性需要在 A 服务中设置，而有些属性可能需要更换到 B 服务中编辑，这让用户在使用过程中非常困惑。
- 微服务架构的核心特点之一是"每个服务可以独立地发布"，但每个系统都会对主数据进行增/减字段等维护，这不仅需要大量的主数据管理工作，还极易导致数据不兼容进而宕机。
- 主数据的维护势必需要引入管理流程和工具，这会极大地减慢服务的发布速度，这与微服务有着根本上的矛盾。

因此笔者认为，当使用去中心化的架构后，主数据管理将被从根本上颠覆，一个数据实体会根据其所处的不同领域被分布在不同的服务系统之中，由与其领域匹配的唯一的服务系统全权控制和管理。在一个领域内，实体的属性概念唯一、无二义性。

1.5.5 以技术驱动架构设计

以技术驱动架构设计，是笔者在职业生涯中看到的最多，也是造成影响最大的反模式之一。

1. 脱离业务，技术毫无用处

笔者刚入行时，给自己的定位是"完全不关注业务，只做最纯粹的技术"。这个思想一直伴随了笔者 4、5 年，当时的目标就是为开发人员编写框架和工具。在那几年的时间里，笔者将自己约束在一个技术的小圈子里，但是自从开始接触真正的架构设计，才发现之前的思想是多么的单纯。

《目标》一书中说，企业的目标就是赚钱，因为只有企业赚钱了，才能做更多的事情来造福员工和回馈社会。在一个商业公司中，只有业务成功才能为企业带来利润，因此，脱离了业务，技术将毫无用处。

可能有读者会用开源项目来反驳笔者的观点——难道维护开源项目的技术公司做的不是纯粹的技术吗？的确，笔者认为他们做的不是纯粹的技术。每个开源项目都是为了解决一个实际问题而诞生的，而这些问题都发生在真实的业务之中。除此之外，开源项目提供的解决方案是来源于对业务场景的抽象的。例如，Java 社区中著名的开源项目之一 Spring Framework，它的业务场景来源于程序员的日常工作，其目的就是帮助程序员快速地集成其他第三方的类库；再如，Spring Boot，其目的是减少程序员的工作量。

> 对于这些开源项目而言，日常的软件开发工作就是它们的业务场景，程序员就是它们的用户。换一个角度来看，帮助程序员加快软件交付速度，实际上在帮助程序员快速交付功能，以支撑其所在公司的业务能力。

2. 妄想用技术推动变革

有时，因为业务变革太难推动，希望通过用技术手段改变架构的方式来推动业务变革，是企业中的一种常见情况。但业务变革绝不是通过简单的采购或外包一些系统就能实现的。

本书之前提到过康威定律：

任何组织在设计一套系统（广义概念上的系统）时，所交付的设计方案在结构上都与该组织的沟通结构保持一致。

即架构中各个系统之间的交互方式，应该和组织中的沟通模式保持一致。

当前大型系统的架构发展方向是去中心化和分布式，其交互模式为点对点。而在传统企业的组织中，依然沿用集中化的管理和逐级汇报的沟通机制，如果只采购先进的系统，而不管企业自身的实际情况，则违反了康威定律，不会达到预期的效果。

3. 追求新技术

以技术驱动架构设计的一个常见原因是对新技术的追求，认为"只要是最新的技术，就是最先进、最好的"。这种想法相当普遍，很多专业人士也会陷入这个误区当中。

> 技术永远是为了支撑业务的，因此，技术应符合业务形态，专注于解决业务痛点。我们是为了解决这些业务痛点、提升企业竞争力，才针对性地应用特定技术的，而不是为了追求技术的新颖性和流行程度的。一味地追求技术却没有为业务带来更多价值，这种做法是不可持续的。

1.6　企业架构标准来拯救

通过本章之前的内容，相信读者在了解企业架构的同时，对企业架构设计的困难有了一定的认识。的确，在进行企业架构设计的过程中，需要关注的方面很多。如果仅凭经验进行开发，风险是很大的，因此需要使用专业的、体系化的开发方法。

企业架构的思想自 20 世纪 80 年代提出至今，经过了不断的完善和实践，拥有了大量项目的经验教训。一些组织对这些经验教训进行了整理，并且提出了系统性的设计方法。这些方法基于一系列代表业务、IT 或架构能力的组件，通过设计如何将这些组件有机地结合在一起，来设计企业的目标状态，这就形成了架构标准。

> 架构标准不仅提供了开发企业架构的系统性方法，还提供了一系列的工具和词汇表，以及用于最终需要实现的组件的推荐标准。总的来说，架构标准包含了我们在进行架构设计时所需的方法、工具和标准。

行业内的企业架构标准很多，如 TOGAF、FEAF、Zachman、DoDAF 等，这些框架由不同的组织提出和维护。以笔者的经验来看，TOGAF 是在企业中应用比较广的标准，笔者已取得"TOGAF 鉴定级"的认证。下面对 TOGAF 进行简单的介绍，帮助读者对架构开发有一个初步的认识。

1.6.1　TOGAF 简介

TOGAF 由 The Open Group 组织提出并维护。该组织是一个厂商中立和技术中立的联合体，其愿景是使用"无边界信息流"基于开放标准和全球互通性来实现企业内，以及企业间的信息访问。

TOGAF 标准为企业架构制定了一个开发框架，The Open Group 组织为这个框架提供了专门的培训和认证体系。TOGAF 认证从低到高，分为标准级和鉴定级。

TOGAF 主要分为如下 7 个部分。

第一部分：引言。

这部分主要介绍了企业架构的一些关键概念，以及一些术语的定义。

第二部分：架构开发方法，缩写为 ADM。

这部分是整个 TOGAF 的核心。TOGAF 中的 ADM 是一种循序渐进的开发企业架构的实施途径。ADM 将架构的设计过程分为 9 个阶段，这 9 个阶段都是围绕需求管理开展工作的。

- 第一阶段：预备。描述了创建架构所需的准备和启动活动，包括 TOGAF 的定制化和架构原则的定义。
- 第二阶段：架构愿景。描述了架构开发初始阶段的工作，包括定义架构开发的范围、识别利益攸关方、创建架构愿景并获得继续推进架构开发的批准。
- 第三阶段：业务架构设计。描述了如何支持被认同的架构愿景的业务架构的开发。
- 第四阶段：信息系统架构分为数据架构和应用架构。在该阶段中，对如何支持被认同的架构愿景中的数据架构和应用架构进行了描述。
- 第五阶段：技术架构。与第三阶段和第四阶段类似，描述了如何支持被认同的架构愿景的技术架构的开发。

- 第六阶段：机会和解决方案。引导初始的实施规划，并且为之前阶段定义的架构进行交付载体的识别。
- 第七阶段：迁移规划。描述了如何通过最终确定的详细实施和迁移计划来实现从当前架构向目标架构的转移。
- 第八阶段：实施治理。为架构实施过程提供治理和监管。
- 第九阶段：架构变更管理。为架构实施过程建立变更程序。

> 业务架构、信息系统架构和技术架构这 3 个阶段，分别涵盖了 TOGAF 框架中的 4 个架构领域：业务架构、数据架构、应用架构和技术架构。因此，这 3 个阶段的执行通常是同步进行、反复确认的过程。

第三部分：ADM 指南和技巧。

这部分包含了在应用 TOGAF 和 TOGAF ADM 时可供使用的指南和技巧。这部分通过 3 个方面来帮助使用者应用 TOGAF ADM。

- ADM 的适应性问题。ADM 是一个通用的架构开发方法，但是其中的各个阶段并不能匹配现实中的所有场景，因此，需要结合实际情况对 ADM 进行适当的调整。
- 针对架构开发过程中的特定点给出开发技巧。例如，如何开发架构原则、如何管理利益攸关方、如何描述业务场景、如何制定迁移规划，以及如何进行风险管理等。
- 如何在不同的架构风格下使用 TOGAF。通过使用 TOGAF 定义和治理 SOA 的案例，将 TOGAF 和特定的架构风格联系起来，并强调在架构开发和实现过程中架构风格是可以变化的：有些风格是暂时的，有些风格将在某种环境下持续使用，有些风格则会成为主流。

第四部分：架构内容框架。

这部分列举了 ADM 中涉及的一些输入输出文档的编写要点和框架。例如，在执行架构开发过程中，架构师会输出过程流、架构需求、项目计划、项目合规性评估等文档。架构内容框架的目的：为这些架构内容提供一种结构化的模型，帮助相关方对主要的工作产物保持一致的理解，便于沟通和分享。

TOGAF 将架构工作当中的产物分为 3 类。

- **交付物**：交付物的特点是依据合约，需要由相关方审视、统一和签发的产物。这类产物非常正式，会作为架构工作的正式输出。
- **制品**：针对某一特定领域的架构工作产物。制品通常可以分为列表、表格和图片。需求分析时的用例图、工作分解时的 WBS 表格等都属于制品。
- **构建块**：一个可复用的组件。构建块可以是一个通用功能，也可以是一个通用架构。针对构建块所处的不同场景，可以进一步将构建块分为架构构建块和解决方案构建块。从名称上不难看出，前者是一个具体的能力，而后者是解决某一类问题的通用方法。

> 在实际的架构开发过程中，可以用本章介绍的各种内容框架作为模板，根据框架中给出的要素来完成实际工作中的各类工作产物。

第五部分：企业的连续统一体和工具。

相信很多初学 TOGAF 的人都会对企业的连续统一体这个概念感到迷惑，不知其所指。笔者对其的理解：一个特定的企业架构可以逐步形成一个通用的架构风格，形成的这个架构风格在不同的企业场景下会进行相应的定制，而这些同宗的架构就被称作连续统一体。

> 和构建块一样，在企业架构开发过程中存在架构构建块和解决方案构建块两种类型，因此连续统一体分为架构连续统一体和解决方案连续统一体，这两者统称企业的连续统一体。

创建一个"永远满足所有相关方的所有需求的统一架构"是几乎不可能的，因此，针对不同的范围，企业架构师需要处理不止一个的企业架构，还需要管理这些目的不同但彼此相关联的企业架构之间的复杂关系。

> 没有企业的连续统一体，就像没有架构风格的架构设计、没有设计模式的系统设计一样，很可能陷入混乱的泥潭之中不可自拔。
>
> 如同架构风格一样，企业连续统一体的开发，也是"从一般到通用"的抽象，并且使用相应的分类方法，对这些抽象出来的通用企业架构模式进行分类。

当需要使用一个企业架构模式时，可根据组织当前的实际情况进行定制。因此，TOGAF 将企业连续统一体描述为"从基础到公共，再到行业，最后到组织特定"的过程。

第六部分：TOGAF 参考模型。

TOGAF 参考模型的作用是纳管基础架构，并且为其提供分类方法和描述手段。

TOGAF ADM 描述了开发企业特定架构和企业特定解决方案的方法和过程，这些被开发出来的架构可能会经过演化形成企业的连续统一体。在演化过程中，会形成基础架构、公共架构、行业架构等。

基础架构通常由企业自身开发和维护，涉及对通用服务和功能的设计。企业在具体场景中可用基础架构作为构建场景特定架构的基础。

第七部分：架构能力框架。

这部分描述了在企业内建立和运行架构功能时所需的组织、流程、技能、角色和职责。

在使用 TOGAF ADM 开发出企业的特定架构后，需要对架构内容进行落实。为了在企业内成功地运行架构，需要对组织的执行能力落实到位。TOGAF 的架构能力框架提供了一系列关于如何建立上述实现组织架构的能力的参考资料，同时定义了架构成熟度模型和架构技能框架。

通过使用架构成熟度模型和架构技能框架，企业可以清楚地认识到自身在落实架构能力时是否有需要提升的能力和当前不具备的能力。

> TOGAF 作为一个成熟的企业架构标准，提供了"从架构开发到架构治理，再到架构演化"的一系列方法和工具，并且提供了相应的内容框架、参考模型和能力框架来帮助企业落实架构能力，是一套非常全面的方法论和工具体系。
>
> 企业架构的开发和维护是一个系统性的工程，具备极强的专业性，并不是一项简单的工作，也不是单凭个人经验就可以设计和维护的。

下面几节将针对 TOGAF 中的几个重点概念进行进一步的讨论。

1.6.2 首先要有愿景

架构愿景的开发紧随预备阶段。

1．开发愿景前的准备

在预备阶段中，已经根据企业当前的实际情况，识别出了在当前组织背景下，进行企业架构开发的关键驱动因素，即企业需要在现阶段进行架构开发的动机。这些动机通常来源于业务。在分析架构开发的动机时，需要重点关注业务目标和驱动业务发展的因素，通过对企业当前业务和技术能力的评估，了解企业当前水平和目标之间的差距，为架构开发工作提供背景环境。

在动机明确后，需要评估和界定企业架构的开发工作的影响范围，并且成立架构开发团队，明确团队角色和职责，提供预算支持。这时，架构开发的发起人可能会提出一些高层级的架构原则，目的是"传达和支持架构开发工作的一般规则"。这些原则通常是很少被修改的，需要在整个架构开发过程中严格遵循。但由于预备阶段是整个过程非常初始的时期，所以此时的架构原则通常不会很多，具体原则的制定会在架构愿景的开发过程中由企业架构师团队进行细化。

在预备阶段的工作完成后，就可以将上述信息编写入《架构工作要求书》，并将其下发给架构开发团队。这样就可以进入架构愿景的开发阶段了。

2．愿景的 3 个要素

TOGAF 对架构愿景的定义如下。

架构愿景描述目标架构的业务价值，以及企业因目标架构的成功部署而出现的变化。架构愿景是详细架构开发的强烈渴望的愿景和边界。

从这个定义中不难看出，架构愿景有如下 3 个核心要素。

- 目标。
- 预期效果。
- 范围。

这 3 个要素需要在架构开发的初始阶段确定下来，并且保证在开发具体的各个架构领域时满足 3 个要素的约束。

3．开发愿景的方法

（1）识别利益攸关方。

在预备阶段输入的《架构工作要求书》中，为愿景开发提供了很多输入信息，如业务原则、业务目标、驱动因素、初步的企业能力评估和受影响的范围等。愿景开发阶段需要利用这些信息搞清楚当前企业中的愿景要素。

从具体的实施方法来看，首先要根据受影响的范围识别利益攸关方，然后要针对这些利益攸关方制定沟通计划。

企业架构中包含了大量复杂且相互依赖的组织和系统等信息，是否可以在适当时机与恰当的利益攸关方进行有效的沟通，成为企业架构成功与否的关键因素之一。

（2）基于场景分析愿景要素。

在识别利益攸关方后，接下来要做的是，对预备阶段提供的业务原则、业务目标和驱动因素进行确认和详细分析，评估业务能力及业务转型的准备度情况，以此来确定架构开发的目标、预期效果和范围。

在实际分析过程中，常用的分析方法是基于场景的方法。这种方法在架构开发过程中的很多阶段都会用到，但在"架构愿景"和"业务架构设计"这两个阶段的使用最为关键，对场景的分析有助于识别和理解业务需求，从而推导出哪些业务需求是架构开发过程中需要关注的。

在架构开发过程中，如果对需求理解得不透彻或有遗漏，则可能会误导架构开发工作，带来业务价值的不确定性，也可能会误导潜在解决方案的选择。

在分析业务场景时，建议遵循以下步骤。

①对该场景所要解决的问题进行识别，并且排定优先级。

②对场景中的业务和技术环境进行建模。

③描述预期的目标。

④对场景中的角色进行识别，尤其需要识别出触发该场景的角色，这个角色可能是用户，也可能是其他系统。识别后，需要对这些角色在场景中所承担的职责及成功的衡量标准进行分析。

⑤对分析过程进行适用性检查，对必要的部分进行细化。

> 一个良好的业务场景分析应该满足 SMART 法则，即：
> ● 具体的。定义业务中需要完成什么。

- 可衡量的。明确成功的衡量标准。
- 可付诸行动的。明确地划分问题，为确定解决方案的元素和计划提供基础。
- 切实可行的。确保目标是在当前物理现实、时间和成本的约束下能够得到解决的。
- 有时限的。规定一个完成时间。

（3）架构师要深入业务中。

在实际操作过程中，业务场景的信息可以从与该场景相关的利益攸关方处获得，架构师需要且必须不断地理解业务。有时利益攸关方不知道如何表达业务场景，这时就需要架构师花时间观察，并记录他们每天是如何工作的，然后和该领域的专家共同发现和分析关键的业务规则。这项工作为从业务需求到技术解决方案提供了桥梁，因此至关重要。

4．完善和细化原则

通过业务场景的分析，目标、预期效果和范围就可以基本确定了。架构愿景阶段的一项重要工作是进一步细化和完善业务原则和架构原则。

在预备阶段可能已经输入了一些原则。但这些原则相对比较上层，在架构愿景阶段制定的原则应该更加具体，应该是满足意图的定性申明（至少具备一个支持的理由和一个重要性的标准）。

原则是具有层级的，通常最上层的是企业原则。企业原则是为整个企业的决策提供基础的，并且为组织如何着手履行任务提供依据，是协调贯穿组织进行决策的一种手段。企业原则可以根据应用领域进行分类，如 IT 原则、HR 原则等。

在企业原则之下，不同的细分领域可以有业务原则、架构原则等。在企业架构的开发中，我们更多关注的应该是架构原则。架构原则反映了贯穿企业的对架构工作的共识程度，因此需要体现企业原则的精髓和思维方式。

一套良好的原则需要满足以下特点。

- 可理解。基本宗旨可被所有人迅速掌握并理解。因此，原则应目的清晰，减少被违反的可能性。
- 健壮。依据原则，可以在架构开发过程中做出高质量的决策。每个原则的表述应足够精确，消除潜在争议。
- 完整。原则应覆盖架构开发过程中的各个领域，涵盖已知的每一种情况。

- **一致**。在一套原则中，可能存在满足一个就会违反另一个的情况，因此应尽量消除原则之间的矛盾，避免满足一个原则会违反另一个原则的现象，必要时设置优先级。
- **稳定**。原则应是持久的，但需要适应变化。因此，在保证原则稳定的同时，需要为原则变更建立修正流程。

架构原则通常由企业架构师和利益攸关方共同制定。在制定时，应充分考虑企业战略、架构愿景、外部条件、当前系统和技术，以及技术发展趋势等。

5．风险评估

当架构愿景和架构原则开发完成后，需要对风险进行评估。TOGAF 要求，不仅需要完成对风险的评估，还需要进一步对风险缓解活动进行开发。

6．输出架构定义文件

在架构愿景开发的最后，架构师可以根据当前已经掌握的信息，为 4 种架构草拟架构定义文件，作为架构开发过程中所创建的核心架构制品和重要相关信息的汇总交付物。

> 架构定义文件提供的是解决方案的定性视图，可以精确表达架构师的真实意图，作为实施阶段的重要参考。

1.6.3 一切都围绕着需求

TOGAF 的架构开发的整个过程中的所有阶段，都是围绕需求管理进行的。这体现在：从架构愿景阶段，就开始使用场景分析的方法对需求进行挖掘；之后的每个阶段都会不断对需求进行完善和补充。

> 强调一下，技术是为业务需求服务的。架构开发的驱动因素是由业务变更的驱动因素触发的，因此对需求的管理成为了贯穿 TOGAF 的要素。

1．需求管理的目的与本质

需求管理的目的：确保需求管理的相关流程在架构开发过程中的所有阶段都运行良好。

由于架构开发是一个不断迭代的过程，每个周期都会识别出新的架构需求，因此需求管理是一个动态的过程。识别、存储企业架构开发过程中分析出的需求，以及其后续的变更，并且在相关的架构开发阶段和迭代周期之间，在输入和输出中进行引用，这充分体现了"架构开发方法是由需求管理持续驱动的"。

> 从本质上来说，架构就是用来处理不确定性的活动，而这些不确定性是变革的基础。
>
> 架构是连接"利益攸关方所渴望的业务价值"与"解决方案"的桥梁，因此，架构需求总是来源于现实场景下的变更意图。

通常，架构需求的产生是不可预见的。架构的开发涉及因素和约束两个方面，而很多因素实际上并非企业所能控制的（如市场的发展、法律法规的变更等），这就是说"需求管理是一个动态过程"的原因。

虽然名为需求管理，但其在实际中并不处理和应对具体的需求，也不会对需求的优先级进行排序。这些工作是在架构开发方法的各个阶段中完成的，需求管理仅提出贯穿架构开发方法的管理需求的流程。

2．无处不在的需求管理

在架构开发方法的各个阶段，都必须先从已经批准的需求中选择当前阶段需要处理的需求。在完成该阶段后，需要更新这些需求的最新状态。

如果在执行过程中产生新的需求，则需要先分析该新需求的影响范围。

- 如果该需求已经存在于后续阶段的处理中，则将它记录在对应阶段的《架构需求规范》中。
- 如果该需求是一个全新的需求，则根据需求管理的相关流程对其进行进一步的处理。

3．需求的创建

架构中的需求可以分为功能性需求和非功能性需求。新增用户、创建订单这类都属于功能性需求，而非功能性需求通常包括性能、安全性、可靠性等。

在定义一个具体的需求时，应遵循以下步骤。

（1）考虑该需求是否真实存在，即需求中所提到的假设是否成立。

（2）确定该需求所受到的相关约束有哪些。

（3）根据该需求所处的架构领域，审查其相关的原则，分析影响需求的各种因素，确认需求应满足的标准。

（4）根据需求管理的相关要求，形成需求规范。

如果在架构开发过程发现需求出现变更，则需要再次对其分析并确认优先级，还需要评估变更对当前阶段及其他阶段的影响，确认变更是否可执行，按照需求管理中的变更流程对需求库中的该需求实施变更，更新相关架构制品。

4．可用的管理工具

在实际执行时，架构师团队可以使用任何企业允许的流程和工具来实现需求管理。TOGAF 本身并不提供，也未建议任何流程和工具，这给了企业架构很大的灵活性。好处是自由度高，但架构师团队可能会因为能力不足等原因，无法很好地完成需求管理。

为了帮助架构师管理需求，TOGAF 给出了一些可供架构师团队用于需求管理的资源，如业务场景。业务场景是一种适当且有用的技术，可以发现并记录业务需求，并且可以将业务场景需求和架构愿景联系起来。

除此之外，还可以使用商业厂商提供的需求管理工具。虽然它们可能不是为企业架构开发而专门设计的，但并不妨碍在企业架构中用这些工具来进行需求管理。因为 TOGAF 认为，需求管理在任何领域都有着较高的通用性。

1.6.4　4 种架构

在架构愿景开发完成、架构需求明确后，需要针对不同的架构进行各自的详细设计和开发。

TOGAF 将架构分为 4 种，分别是业务架构、数据架构、应用架构和技术架构。其中，数据架构和应用架构被统称为信息系统架构。下面对这 4 种架构进行讨论。

1．业务架构

业务架构是其他 3 种架构的基础，这体现了业务是驱动技术的关键因素。

业务架构的目标：①描述达到《架构工作要求书》要求的和利益攸关方关注的业务目标，并且响应架构愿景中设定好的战略驱动因素，即企业需要如何运行；②对比当前业务架构与目标业务架构，根据两者之间的差距，识别可用于迁移过程中的组件。

业务架构的输入主要是预备阶段产生的并经过架构愿景阶段确认的《架构工作要求书》，以及架构愿景阶段产生的《架构工作说明书》、企业和架构原则、企业能力评估、沟通计划、草拟的《业务架构定义文件》等。

2．其他架构

数据架构、应用架构和技术架构的开发工作，可以在业务架构初次开发完成后并行地开展。

- 数据架构的目的：①从数据模型的角度来实现业务架构和架构愿景的目标，并且满足《架构工作要求书》的要求和利益攸关方的关注点；②通过对企业当前数据架构和目标数据架构之间的差距分析，来识别可用于迁移过程中的组件。
- 应用架构的目标和数据架构比较类似，只是所站的角度不同，应用架构是站在"架构中涉及的应用系统"的角度来进行开发的。
- 技术架构是为了实现业务架构、应用架构和数据架构而开发的，涉及具体的物理应用和数据组件等。

3．架构之间的关系

由于业务架构是其他领域架构工作的前提条件，因此应先对业务架构进行开发。

> "先对业务架构进行开发"不是绝对的，如果企业的实际情况确实需要先对其他领域架构进行开发，也是可以的。但无论如何，应尽量先开始业务架构的开发。

在业务架构开发中体现出的业务价值，会让架构的开发工作比较顺畅，因为各阶段中的利益攸关方可以清楚地知道自己当前的工作为企业带来了哪些业务价值。他们明白自己工作的意义后，一方面自身的工作完成度会很高，另一方面从心理上会激励着自身前行。

在开发业务架构时，可以构建一张架构全景图，其内容主要是描述业务架构，并且对其他 3 种架构进行简单描述。在这张图中，无须关注非必要的细节。通过这种方式，我们可以直观地将整个企业架构全景描述出来，更加有利于今后的开发和沟通工作。

在 4 种架构的开发过程中，都应当尽量考虑复用已存在的资源和材料。可以参考行业内的成功经验，也可以使用通用的设计模式。

> 总的来说，在 4 种架构中，首先要通过对业务架构的开发，保证企业架构满足企业战略和架构愿景的要求；然后通过数据架构来实现业务架构所涉及的数据模型；接着通过应用架构实现业务架构所设计的功能及应用服务；最后通过技术架构来描述支持企业架构应用的基础设施和部署方式。

1.6.5　架构开发方法

业务架构开发使用的方法主要是业务建模法，可以将业务架构分为基线架构和目标架构分别进行开发。

- 基线架构：描述了当前企业内的实际情况，使用的是自下而上的分析方式。
- 目标架构：描述了系统的建设目标。目标架构中出现的组件可能当前并不存在，因此主要使用自上而下的分析方式。

业务建模可以使用 UML 中的活动图、用例图等来完成，也可以使用自定义的一些图形、表格来完成。

> 在业务建模过程中，可以参考一些行业标准或通用标准，以加快开发过程，这会使开发出的架构更加完善。

其他 3 种架构同样可分为基线架构和目标架构来进行开发，TOGAF 并没有限制开发过程中可以使用的方法，只提出了一些建议。

- 在开发数据架构时，需要考虑数据的管理、迁移和治理等因素，在架构中明确数据的来源、管理数据的组件、选择符合标准的数据管理方式、设计数据的交互方式和转换方式等。在应用企业架构的过程中，需要经过多个过渡阶段，因此数据的迁移方案非常重要。在数据治理方面，需要考虑组织的能力建设、应用的管理系统、数据结构等因素。
- 对于系统架构的开发，有大量可参考的架构风格和模式，如 SOA、微服务、组件化等。开发者应尽量使用这些已被证实在某一领域表现优良的架构风格。当然，企业也可以根据自身特定情况开发自己特有的系统架构。

- 技术架构的开发与系统架构类似，应优先考虑通用的技术模型。

从开发步骤上来说，4 种架构的开发步骤基本上是一致的。

（1）选择符合当前阶段的参考模型、视角和工具。视角是 TOGAF 中一个非常重要的概念，经常和另一个概念——视图混淆。视角是指从某一个利益攸关方的角度出发，对一个具体需求的特定描述；视图则是指视角所描述的具体内容。

（2）开发当前架构的基线架构。先通过自下而上的方式对企业当前架构的情况进行建模，再通过自上而下的方式对目标架构进行建模。

（3）对比基线架构和目标架构，进行差距分析。此时可以绘制一个矩阵，将当前已存在的架构构建块放在纵轴，将目标架构中需要的构建块放在横轴，逐一判断是否已存在，以及现有能力是否满足期望。构建块的矩阵可以很直观地展示出差距。

（4）对候选组件进行定义。到第（3）步我们已经分析清楚了差距，并且定义了一些候选组件，这时还需要结合架构全景看看是否对其他架构造成了影响，如果有，则进一步消除不利影响。

（5）交给利益攸关方进行正式的审查。审查通过，则意味着最终架构的确定，这时将开发好的架构维护到《架构定义文件》中即可完成本领域架构的开发工作。

4 种架构的开发都不是一蹴而就的，需要进行多轮的迭代，并且在架构的演化过程中，依然需要不断地修改、完善。在架构开发好后，要做的就是将当前的架构迁移到目标架构。虽然我们已经有了一些分散于各个架构领域内的候选组件，但还没有一个清晰的架构路线图，1.6.6 节就来讨论迁移规划。

1.6.6　迁移要被规划

在 4 种架构开发完成后，开发迁移规划前，进入了机会和解决方案阶段。这个阶段的目的是根据开发好的 4 种架构，生成架构路线图初始的完整版本。即根据每个架构领域中的候选架构路线组件，合并成一个完整的架构路线图，描绘在执行中的每个时期所要完成的工作。

1. 设计过渡架构

架构路线图完成后，应以基线架构为起点、以目标架构为终点，在中间设置多个过渡架构，以保证架构可以被逐步实现。

在设计过渡架构的数量和具体内容时，应进行以下工作。

- 确认企业变革的关键属性。过渡架构的工作内容必须是当前企业有能力做到的。
- 对 4 个架构领域内架构组件之间的相互依赖，进行细化和确认。
- 评估业务转型的准备程度和可能遇到的风险，制定实施和迁移策略，识别主要的工作包等。

机会和解决方案阶段是一个承上启下的阶段：总结之前所有阶段工作的成功，是为后续的迁移规划提供准备和创造条件。当该阶段开发完成后，架构开发工作就基本告一段落，接下来要做的就是开始规划和实施迁移了。

2. 欲速则不达

迁移规划阶段直接关系着开发好的架构是否能够落地，因此非常关键。笔者在实际工作过程中发现，很多企业在架构开发过程中都进展得比较顺利，能够比较好地完成架构愿景、架构原则、4 种架构的开发工作，但是往往会在迁移规划阶段遇到很大挑战，甚至"翻车"。

迁移规划阶段的目的：最终确定架构路线图和迁移规划，确保实施和迁移规划与企业在总体变革体系中相互协调，保证利益攸关方能够理解工作包的内容和过渡架构存在的意义、价值和成本。

> 很多时候，架构开发的发起方（通常是企业决策层）会有一个认知误区：当目标架构设计完成后，就需要以最快的速度通过采购、外包等手段达到目标架构的技术形态。有的企业甚至提出"壮士断腕"的口号和决心，花费重金购买先进的技术平台和软件产品。笔者认为，这样做并不会达到预期的效果。

企业架构的迁移是一个变革的过程。这个变革并不仅仅是技术上的，不是通过购买技术平台、软件产品，或者雇佣外包团队开发几个项目就能快速实现的，还要匹配企业的业务形态、组织架构、管理模式、企业文化等一系列的变革元素。另外，变革元素在不同时期会有不同的体现，这些变革元素共同满足同一个时期的变革要求，才能形成合力，达成变革。

因此，企业需要在机会和解决方案阶段清楚地认识到自身当前在能力、技术、管理等方面与目标架构的差距，开发符合企业总体变革步伐的过渡架构，用这些过渡架构形成架构路线图并对其进行规划和管理。这样才能够稳扎稳打地达成架构目标。

3．关注企业和相关方的利益

迁移规划阶段的输入材料包括之前各个阶段产生的架构工作要求书、能力评估、沟通计划、4 种架构的架构定义文件、差距分析等内容。

迁移规划阶段的重点是根据沟通计划，与各利益攸关方（尤其是各项目经理）大力合作，形成切实可行的迁移规划。

> 规划过程可能会非常困难，因为一旦到落地阶段，就会牵扯大量的利益攸关方，他们之间相互依赖又存在各自的利益问题。复杂关系可以通过方法和工具进行管理，但是利益问题往往难以协调。这时，企业高层应赋予架构开发部门必要的权力，而架构开发部门应以企业利益为主，尽量保证各方的利益不被侵害——这确实需要一些沟通方法和人格魅力来推动。

适当增加过渡架构的数量（"小步快跑"的方式），既可以降低对利益攸关方的影响程度，又可以及时得到反馈。当反馈是正面反馈时，短期的多个小胜利要比长期的一个大胜利更加能够激励人们前行。

> 频繁的小规模奖励，会比经过很长一段时间后的一次大规模奖励更有效。

4．规划步骤

迁移规划阶段的执行步骤如下。

（1）确认当前企业中的管理模式与实施和迁移规划之间的作用，迁移的过程一定要符合企业当前的管理模式。这时通常需要协调管理模式和过渡架构，让管理模式向前迈进一步，这一步的步长需要保证过渡架构能够与之匹配。如果发现规划好的过渡架构无法匹配管理模式，而管理模式的迈进步长又不如期望中那么大，则有效的做法是，调整过渡架构以适配管理模式迈进步长。

（2）为架构应用中的每一个项目指定业务价值。架构应用的目的是支撑业务，因此，必须保证每次向过渡架构的迁移都能产生足够的业务价值。这样不仅能够增加迁移的针对性，还可以作为架构应用成果的衡量标准。

（3）估算每次迁移所需要的资源、时间和工具，并且进行成本收益分析和风险评估，根据分析和评估结果对项目的优先级进行排序，最终生成完整的架构路线图和迁移规划。

> 因为外部环境变化很快，所以距今时间较短的过渡架构是比较容易确定的（通常都会如期执行）；但时间稍长一些的过渡架构，可能会在执行时发现一些外部因素已发生变化。因此，架构路线图和迁移规划不是一成不变的，需要使用演化的思想对其进行管理，不断记录过程中的经验教训，为之后的迁移规划提供参考和指引。

1.6.7 实施要被治理

在迁移规划阶段完成后，架构路线图就非常清晰了，可以进入实施阶段了。此时，虽然有了架构路线图，但是实施过程仍然需要进行严格的监管。这就好比在盖楼时，即使有了施工图，在施工过程中也需要进行全面的监管。

架构实施过程中的监管即实施治理。实施治理的目的是确保当前每一个在施项目都能够严格与当前阶段的目标架构保持一致。如果在实施过程中发现一些原有的规划设计无法落实，则需要对其进行治理。

> 实施治理阶段是非常有必要的，因为在前期的架构开发和规划设计过程中，我们都是以从上到下的视角去看整个架构全景内的组件的，但当真正落地地实施时，可能会存在低层级的实施部门对设计理解不到位，或者"只缘身在此山中"而导致行动路线的偏离等问题。

1. 实施治理的主体：架构委员会

实施治理需要一个特殊的部门来执行。这个特殊的部门在 TOGAF 中被称作架构委员会。

架构委员会不仅可以提供实施治理功能，还代表了与企业架构相关的所有利益攸关方，自身拥有一组负责审视和维护总体架构的专职治理人员。

架构委员会的职责如下。

- 在企业架构的整个生命周期中，需要做的决策非常多。架构委员会为这些决策的制定提供基础，根据一定的策略来保证决策符合各利益攸关方的利益。

- 在架构开发过程中，一个完整的企业架构被拆分成 4 种架构进行分别开发，这可能带来架构领域之间的不一致。这时需要架构委员会保证总体的一致性。

- 企业架构在开发和实施时，应尽量地使用可复用的组件，如一些通用标准组件和企业已存在的组件等。这需要架构委员会建立和监管组件复用的目标。

- 外部环境是不断变化的，市场的变化会引起业务能力的变更，新技术的诞生会影响现有架构的实施应用。因此，架构委员会需要关注这些变化，在为架构提供灵活性的同时，保证架构的稳定演化。

- 执行过程中的合规性是实施治理阶段的关键。架构委员会需要关注架构实施的方方面面，审查其执行是否合规，必要时进行纠偏。

- 提高企业架构的成熟度等级。因为企业架构需要不断地演化，所以需要建立一个成熟度标准，对企业架构当前的应用水平进行评估，为演化方向提供指引。

- 确保采用基于架构的开发规程。这是实施治理阶段的重要工作，需要保证架构本身是合规的。

- 当遇到一些未曾预料到的情况时，架构委员会需要提供决策方面的指引。

2. 实施步骤及治理方式

为了尽快实现业务价值和预期的收益，以及降低实施过程中的风险，迁移规划阶段已经将目标架构拆分为一系列的过渡架构。在对一个过渡架构进行实施时，继续将目标架构拆分为一系列的过渡架构。每一次都向目标推进一小步，并且带来相应的业务收益。

在实施时，首先建立一个和迁移规划相匹配的实施项目群；然后根据优先级，按照每一次都向目标推进一小步的思想，将项目群中的项目分阶段编排到进度表中进行治理，将采购合同等具体的实施材料与架构进行一一对应。

在治理时，应遵循不同层级的标准和原则（如公司层级的标准、IT 相关标准及架构治理相关的标准），对在施项目进行合规性审查。

合规是治理时的重点考量因素。TOGAF 将符合度分为如下 6 个等级。

- 不相关：实施与架构规范没有共同特征。在这个等级中，因为不相关，所以不涉及合规性问题。

- **相容**：实施与架构规范有一些共同特征，并且按照架构规范实施了这些共同特征，但是架构规范中的有些特征并未实施，可能还实施了架构规范未涵盖的其他特征。
- **合规**：有些存在于架构规范中的特征没有实施，但是实施的都是架构规范中要求的。
- **符合**：架构规范中的所有特征都被实施了，但是还实施了一些架构规范中没有的部分。
- **完全符合**：架构规范中的所有特征都被实施了，并且没有实施额外的特征。
- **不符合**：没有按照架构规范要求的特征进行实施。

> 在实际的合规性审查中，需要在整个流程中设置若干检查点。常用的检查点有两个。
> - 架构本身的开发工作（架构开发方法中的各个架构领域的开发）。应保证这些架构领域的开发符合企业各项原则和规范。
> - 实施过程。应确保每一个项目都符合企业架构的要求，并且完全按照迁移规划的节奏进行推进。

在时间点上，治理应重点关注项目启动、初始设计、主要变更和突发事件发生时。

3. 监控业务转型准备度

实施治理阶段需要重点关注的一项工作是对业务转型准备度进行持续的监控。

在机会和解决方案阶段，会对业务转型准备度进行评估，以此来确认企业当前架构与目标架构之间的差距。业务转型准备度的评估会一直持续到迁移规划阶段。这个比较好理解：只有充分了解自身和目标之间的差距后，才能做出适当的迁移规划。

在实施治理阶段，需要对前两个阶段完成的准备度评估进行持续的监控，保证当前架构的实施及开展的项目是符合企业自身能力范围的。

1.6.8 变更要被管理

与项目管理类似的是，企业架构在"从开发到实施，再到治理和维护"这个过程中充满了变更。大部分变更来自业务能力的改变，因此，变更管理的主要目的是确保企业的架构能力满足当前的业务需求。

为了达到时刻匹配业务需求的目的，变更管理需要识别变更是否合理，并且为合理的变更制定一套完整的变更管理流程。下面来讨论哪些因素会引起变更（变更的驱动因素）。

1. 变更的驱动因素

在开发目标架构时，是自上而下进行的——从战略方向开始，到架构愿景，再到每个架构领域的开发。但这些自上而下的设计终归要落地，而企业中通常已经存在大量的基础设施和应用系统，这些 IT 资源正在为业务的运行提供支撑，因此它们有自身存在的价值。

> 在将开发好的架构进行落地实施时，涉及对现有基础设施和应用系统的修改和增强工作。当没有使用企业架构时，变更往往是由各个业务单元提出的，是为了满足某个业务需求而进行的更改。这些变更的提出是自下而上的。

在使用了企业架构后，情况发生了转变：企业架构从战略层面自上而下地对企业现存的 IT 资源提出了变更要求。与此同时，在实施过程中，为了考虑当前的现实情况和架构要求之间的差异，一线的实施单元可能会提出一些符合实际情况的变更请求，上层架构需要收集这些变更请求进行适当的校正。

项目进展过程中产生的经验教训是一种非常重要的变更驱动因素。

除业务能力、业务创新、战略变革等业务本身的驱动因素外，变更的提出还可能因为新技术的出现、资金的缺乏、新标准的颁布等技术相关的因素。

> 业务驱动的变更可能导致已开发的某个架构阶段的重新迭代，甚至导致整个架构体系的重新开发。
>
> 技术驱动的变更则通常温和许多，可以根据变更管理流程，以及架构治理流程进行管理。

2. 变更管理流程

企业架构中的变更管理流程确定了当变更出现时如何提出、识别、分析和处理变更的管理方法，也明确了对于变更的管理应使用什么技术和方法。

在企业架构应用的全流程中，每个阶段处理变更的方法可能存在差异。这就要求，在变更管理流程中，需要根据变更类型来识别可能受影响的阶段。例如，如果一条变更只影响迁移规划阶段，则这条变更不需要得到架构开发阶段的关注。

变更管理在业内有多种实现方式。例如，在 PMP 这类项目管理方法中，就重点介绍了变更管理的流程、方法和工具。另外，在 ITIL 的服务管理方法、Catalyst 的管理咨询方法中，都对变更管理进行了深度的介绍。

对于一些还没有接触过变更管理相关方法论的企业，TOGAF 提出了一套自己的管理途径。TOGAF 将变更分为如下 3 类。

- 简化的变更。这类变更往往希望能够实施架构要求的一个子集。这类变更的产生通常是因为一些功能在现阶段难以实现。
- 增量的变更。这类变更可能需要对部分已经开发好的架构进行重新开发。
- 重新开发架构的变更。从名字就可以看出，这类变更需要重新进入一个完整的架构开发周期，对整体架构进行开发。

在判断一个变更属于具体的哪一类时，TOGAF 建议可以通过以下步骤进行确认。

（1）识别可能影响架构的所有事件。

（2）确认为了实现变更而涉及的架构任务、所需的资源及需要进行的管理。

（3）评估变更实现需要完成怎样的工作。

（4）对变更带来的影响进行评估。在确定变更的类型后，要做的是推动变更的执行。

对于简化的变更，可以通过减少需求来进行应对；对于增量的变更，可以通过评估该变更能够带来的业务价值来驱动对其的实施；对于重新开发架构的变更，可以通过增加需求创造更多价值，以此作为执行变更的驱动因素。

可参考的变更处理步骤如下。

（1）对变更的必要性进行确认。这个过程主要的考虑因素是变更的业务价值。判断一个变更请求是否应该被批准是一个非常大的挑战。这个工作通常由架构委员会来执行。

（2）考虑变更的影响范围，以及可能出现的风险。

（3）为识别出的变更制定衡量指标，以及成功评判标准。

（4）审查变更的合规性。

（5）根据上述步骤的输出结果，决策是否批准变更请求。

（6）进入变更的实施过程，在这个过程中进行必要的治理。

3．重用与重写的抉择

很多变更是因为需要对现有系统进行调整而产生的。TOGAF 将组件的重用作为重点原则之一，这时就会出现一个决策难点：当一个变更出现时，我们如何决策是应该对已开发出的架构进行维护、修改，还是应该通过重新设计的方式提供新的架构呢？

TOGAF 给出了一个经验法则。

- 如果变更影响的利益攸关方较多，则需要对架构进行重新设计。
- 如果变更仅影响一个利益攸关方，则更加有效的方法是对其实施变更管理流程。
- 如果变更被架构团队、架构治理团队及相关的利益攸关方特许，则可以直接按照变更管理流程对其进行管理。

【举例】

如果变更对业务战略很重要，并且影响多个利益攸关方，则建议对企业架构进行重新开发；如果变更的产生仅是因为需要引入新的技术或新的标准，则这个变更可以作为增量的变更，可以考虑通过对现有架构的某个部分进行重新开发来实现；如果变更只影响具体的实现，不会影响上层架构，则可以通过变更管理流程对其进行管理。

无论是软件开发、架构设计、项目管理，还是信息化建设的任何领域，变更管理都是一个发生频率很高、影响范围多变，并且难以决策的工作。

> 变更管理是一个长期优化的过程，需要利用大量的历史经验和教训不断对其进行打磨，尽可能地避免错误的变更"历史重演"。
> 变更管理流程需要企业根据自身组织结构，以及已存在的流程，进行个性化的定制。

1.6.9　TOGAF 的能力框架

能力框架不属于 TOGAF 架构开发方法中的阶段，但笔者认为，其在企业架构中的位置是至关重要的。基本上所有架构开发阶段都会受到企业自身能力的约束。

架构的迁移过程实际上是伴随着企业能力成熟度进行不断完善的。

为了能够完成企业架构的开发、应用和演化，企业需要具备相应的架构能力，这些能力涉及组织结构、流程、角色、责任和技能等方面。TOGAF 提供的能力框架，就是为企业在这些方面的能力建设提供参考依据的。这个能力框架并不提供具体的标准，但可以作为各项关键活动的指南。

TOGAF 的能力框架包含以下 7 部分内容。

1. 架构能力建设

TOGAF 认为，任何一种能力都需要业务架构、数据架构、应用架构和技术架构的支持。这就将架构能力建设对应到了架构开发方法中的 4 个架构领域。

为了完成这些架构领域的开发和迁移，架构能力建设需要覆盖架构开发方法中的所有阶段。TOGAF 为每个阶段都定义了关键工作，以及相应的工作内容。

> 这些工作实际上是对每个阶段实施步骤的提炼和总结。对这部分内容有兴趣的读者可以自行查阅 TOGAF 的文档。

2. 架构委员会

架构委员会是所有利益攸关方的代表，在 TOGAF 的能力框架中，针对架构委员会的职责进行了更详细的阐述，并且为架构委员会的建立提供了参考。

在大部分企业中，架构开发工作的发起者通常是 CIO。但是，通常一个人的能力是有限的，于是成立了架构委员会，让其成为架构开发工作的赞助者，这会取得更大的成功。虽然架构委员会是所有利益攸关方的代表，但这并不意味着架构委员会的成员众多。

> TOGAF 建议，架构委员会中的常驻人员规模应该至少 4、5 人，但不宜超过 10 人。为了能够保证架构委员会的代表性，可以采用成员轮换制的方式，保证各高层决策者都有机会承担相关责任。

对于架构委员会的日常运营，TOGAF 给出了一些具体的参考指南。例如，如何召开架构委员会会议、如何处理争议、如何行动等。

3. 架构合规性

架构合规性的审查是架构治理的核心工作，是决定架构的应用能否成功的重要因素。TOGAF 对架构合规性审查提出了建议的方法和相关的流程。

在 1.6.7 节中，讨论了关于架构合规性审查的检查点和检查时间。本节对这两部分内容进行了更深入的阐述，并且提出了审查的 3 种情境。

- 对于小规模的项目，可以由项目架构师（或项目组长）根据历史上的经验教训或行业中的相关案例，制定一个检查清单。TOGAF 针对不同的领域，给出了参考的检查清单及检查项。在实施治理时，针对一个项目，逐一审查检查清单中的检查项，以此判断项目是否合规。
- 有时项目并没有一个全职的架构师，所以，企业需要一个有能力审查合规性的组织。该组织可能由各项目相关领域的专家组成。虽然这个组织不能完全替代架构师在项目中起到的作用，但在没有架构师时，这是一个比较有效的补充手段。
- 对于大多数场景（尤其是大型项目）而言，架构师需要组织一个包括业务和领域专家在内的团队，由这个团队来进行合规性审查。对于重点项目，这个团队还可以由架构委员会中的成员直接领导。

本节进一步提出了建议的架构合规性审查流程，定义了流程中的各节点，以及每个节点的工作内容、涉及的角色及人员的职责等。

4. 架构合同

架构合同是架构开发组织和架构开发发起方之间关于架构交付物、质量及目标的协议。架构开发方法的各个阶段都与架构合同紧密相关。例如，在架构愿景阶段输出的《架构工作说明书》就是一个架构合同。

TOGAF 的能力框架对架构合同存在的意义，以及合同中的关键要素提出了建议。例如，架构合同中应包含背景介绍、协议性质、架构范围、原则和需求等关键要素，但并未涉及具体的模板。

由于架构合同经常被用于驱动变更，因此 TOGAF 的能力框架将架构合同和架构治理进行了关联，提出了一些在治理过程中针对架构合同的效能而需要做的一些治理工作。

5．架构治理

TOGAF 对企业架构能力的定义是企业对 4 个架构领域的建设能力。这个建设能力不仅包括实现的能力，还包括该实现是否是在一个受控的环境中进行的。后者就是架构治理能力，是架构能力中极为核心的能力。

架构治理只是企业内各种治理中的一部分。通常，企业中的治理还包括公司治理、技术治理、IT 治理。这些治理不是单独存在的，它们彼此之间会有一些重叠部分。

> 对于 TOGAF 这个企业架构标准来说，重点是架构治理，但在过程中也需要考虑与其他治理的相互作用。TOGAF 的能力框架对这种治理间的相互作用提出了相关建议。

在重点关注的架构治理方面，TOGAF 的能力框架提出了架构治理框架，并且给出了该框架在实际应用过程中的实践指南。

6．架构能力成熟度模型

随着信息技术的不断发展，越来越多的企业认识到：为了管理不断产生的变化，必须对其 IT 相关的流程不断改进。但这个过程非常困难，企业通常不知道如何下手，因此在不同的领域内都诞生了很多能力成熟度模型，如在软件开发领域被人熟知的 CMMI 体系。这些能力成熟度模型可以为评测和改进企业架构的过程提供指引。

TOGAF 并没有专门提出自己的能力成熟度模型，而通过介绍业内已经存在的且影响广泛的能力成熟度模型来提出参考建议。CMMI 体系是其中之一。

7．架构技能框架

企业架构的开发是一个非常庞大和复杂的过程。为了实现这个过程，需要相关专业的人员相互协作。TOGAF 提出的架构技能框架的目的是评估人员的技能水平，为企业提供一份关于架构工作中涉及的所有岗位的角色，以及角色应具备的能力视图。

架构技能框架包含如下 3 个方面。

- **角色分类**：定义架构工作在各个领域中所需要的具体角色。
- **技能分类**：定义每个角色应具备的技术能力。

- **熟练度水平**：定义每个角色顺利完成工作时技能的掌握水平。

通过绘制角色技能矩阵，我们可以将每项架构工作涉及的角色及技能用可视化的方式展现出来，进而有效帮助企业建立合适的人才体系来完成企业架构工作。

虽然 TOGAF 的能力框架并未列出每一种能力在建设过程中的具体模板，但实际上，在 TOGAF 中有完整的架构内容框架章节。上面介绍了企业架构过程中涉及的大部分交付物的内容模板，企业可以根据自身情况对其进行裁剪使用。

1.6.10　企业架构标准小结

通过上面的介绍，相信读者此时会认识到：企业架构的建设是一项非常专业的工程，绝不是通过采购一些技术平台和系统，或者通过购买和外包建立一些 IT 资源就能快速完成的。

企业架构的开发与治理需要专业的人才、专业的方法论和长期的投入。从TOGAF 的介绍中可以看出，企业架构标准涉及企业架构建设的方方面面，并且经过了大量的实践和长期应用的考验。

企业在构建自己的企业架构时，采用一套符合自身特点的企业架构框架，是非常有必要的，笔者甚至认为这是一种必需的选择。

> 再次强调，企业架构是业务驱动的（在理想情况下应是业务导向的），并且是关注业务成果的。从架构的开发方法角度来看，应自上而下地从企业战略、架构愿景一直延伸到具体的架构领域的开发。

在实施和迁移的过程中，应逐步实施（可以称为"小步快跑"）。在本书后续多个章节中都会提到逐步实施。在节奏上，应充分考虑"企业应对业务能力及业务转型变革的准备度"。

整个企业架构的开发需要在一个治理体系的约束下开展；开发过程中的变更需要使用变更管理来应对；架构工作是否能够顺利地开展和成功地执行，则需要企业使用能力框架构建自身的能力模型并使其与企业架构匹配。

以上这些工作正确且有序地执行，是成功应用企业架构的关键且必备的因素，缺一不可！

1.7 本章小结

本章从架构的定义开始，介绍了多个架构风格，以及不同维度的架构分类，重点想要表达企业架构是一个专业的分类，而这一点很多人并没有认识到。

接下来，本章讨论了企业架构在开发过程中面临的挑战。这些挑战一部分来自客观环境，但更多的来自企业对待 IT 的传统思想的限制。

为了进一步阐述企业 IT 建设中存在的挑战，本章还讨论了几个比较常见的反模式。

最后，本章以企业架构标准 TOGAF 为例，介绍了如何使用专业的方法论和工具来开发企业架构。介绍了 TOGAF 的 7 个组成部分：引言、ADM、ADM 指南和技巧、架构内容框架、企业的连续统一体和工具、TOGAF 参考模型和架构能力框架。重点介绍了架构开发方法 9 个阶段中的部分阶段，以及其中非常重要的部分内容。

本章的核心是对企业架构的介绍。虽然企业架构开发方法已经经过几十年的发展，但了解它的人并不多。大多数企业的 IT 战略，都还是跟风或根据企业自身对 IT 建设的理解而做出的。这样做出的战略很难有效落地，也很难持续演化。本章的目的在于，让读者认识企业架构，并且清楚企业架构的开发有着专业且成熟的标准。

第 2 章　不一样的 EA 架构师

与架构一样，架构师从名词本身上来说含义比较多。这个词存在于各行各业，建筑行业中有架构师、城市规划中有架构师。在 IT 行业内，存在各种各样的架构师，如行业架构师、售前架构师、交付架构师、系统架构师、软件架构师等。这还不算完，针对不同的技术会有不同的架构师，如微服务架构师、云计算架构师、虚拟化架构师等。

2.1　谁是架构师

虽然在行业中被称为架构师的人很多，但是不同类型的架构师所具备的能力和涉足的领域是有很大差异的。

那么，架构师的定义是什么呢？他们有没有共同的特征呢？我们又如何评价架构师这个角色呢？

1．架构师的定义

要给架构师 3 个字下一个精确的定义是很困难的。在 Martin Fowler 的博客中，他是这样形容架构师的：

> 架构师就是关注那些重要事务的人。

这个定义说不上精确，但是能体现架构师的本质，就像笔者在第 1 章中讨论架构是什么时提到的，不管架构是什么，它都包含了非常重要的东西，而架构师是关注这些重要事务的人。

在信息化的领域内，有着众多子领域，每个子领域都有自身非常重要的关键点，这就解释了为什么行业中有那么多虽然都被称作架构师，但工作内容和知识体系截然不同的角色了。

2．架构师的类型

从架构师的工作方式上来看，笔者认为架构师可以分为两类。

（1）集权型架构师。

集权型架构师通常在某一领域内拥有出众的能力，是以"问题终结者"的角色出现在团队之中的，当出现其他团队成员无法处理的问题时，集权型架构师会成为团队的最后一道防线。

在常见的许多情况下，团队成员是有能力处理问题的，只是解决方案的执行可能超出团队成员所拥有的权限，因此，集权型架构师除拥有解决问题的技术能力外，还拥有决策权，能够调动更多的资源。

集权型架构师在业内比较普遍，其优点如下。

- 作为决策的唯一制定者，可以高效地统一团队内的思想，保证了团队内的一致性。
- 作为团队内的经验和技术方面的专家，会为其他成员带来安全感。

从另一个方面来说，这些优点往往也会成为缺点。

- 集权型架构师作为唯一的决策者可以高效地统一思想，但在实际工作中，架构师往往并非距离问题最近的人，架构师的误判也是比较常见的，由于集权型架构师是唯一的决策者，其他成员只能跟随，因此极有可能做出错误的决策。
- 集权型架构师自身强大的个人能力在为其他成员带来安全感的同时，会让其他成员对集权型架构师形成依赖，导致其他成员的积极性和主动性降低，集权型架构师自身的工作强度随之上升。

（2）连接型架构师。

连接型架构师就像黏合剂，他们更善于与他人合作。这类架构师可能不具备出众的个人技术能力，但他们拥有丰富的经验和沟通能力，通过和不同职能团队之间深度合作，协助团队解决问题，必要时可为团队提供相应的资源和授权。另外，连接型架构师会成为技术人员和非技术人员之间的桥梁，将业务部门和技术部门连接在一起。

连接型架构师的优点如下。

- 充分的合作和授权使得团队中的每个人都有很高的工作积极性，并且在连接型架构师的引导下，成员自身能力可以得到逐步的提升。
- 通过授权的方式将决策分散到最接近问题本身的团队成员，决策的正确性和实施的成功性得到一定的提升。
- 作为桥梁，一方面能够充分地理解业务需求，另一方面了解技术的实现机制，能够最大化技术为业务提供的价值。

连接型架构师的缺点同样源于其优点，具体如下。

- 连接型架构师从某种角度来说，效率可能远远低于集权型架构师，在实际工作中，也会出现比集权型架构师更多的冲突。
- 由于连接型架构师很少亲自处理问题，因此能力不足的团队成员可能会承受较大的压力。

> 集权型架构师 VS 连接型架构师。
>
> 集权型架构师和连接型架构师哪个更好呢？说实话，这是一个很难回答的问题。2017 年之前，笔者一直坚定地认为，架构师应该专制一些。因为笔者在工作中看到了大量由沟通问题导致的极大的内耗，加上技术人普遍的定式思维：架构师就是团队中技术最厉害的人。因此在那些年，笔者一直因自己是决策者和"问题终结者"而感到自豪。
>
> 不过笔者慢慢发觉，虽然自己在团队中是被成员尊敬的对象，但是每天大部分的时间都消耗在了疑难问题的处理上，对身边同事也没有起到任何能够帮助他们提升自身能力的作用。
>
> 笔者曾经的想法是不断地学习新的技术并成为每个技术领域的专家，不过，经过一段时间后，这种想法就被现实打败了。随着信息技术的发展，越来越多的新技术不断地涌现，想要全都学会基本是一件不可能完成的任务。
>
> 此外，每天处理具体的疑难问题，陷入一个又一个细节当中，这成为笔者作为架构师的瓶颈，因为架构师需要更开阔的眼界和更高层次的视角。
>
> 在笔者作为架构师的最初几年的时间里，对于业务笔者几乎没有沉淀。在第 1 章中笔者不止一次地提到，技术是用来支撑业务、实现业务价值的，对此，笔者显然做得不好。笔者深刻认识到一个人的能力是有限的，需要帮助其他同事提升自身能力来达到团队整体能力的提升。
>
> 通过阅读和参加专业的认证考试，笔者明白了，架构设计是一项非常专业和庞大的工程，而架构师的工作绝不是简单地作为"问题终结者"，这部分的内容相信读者看过第 1 章后已经非常了解了。

那么，是否可以说连接型架构师优于集权型架构师呢？笔者觉得不能这么说，在一些需要快速决断的场景下，集权型架构师显然要比连接型架构师的效率更高，同时责任更大。此外，在一个规模较大的企业中会有很多架构师，他们的类型、工作内容和在组织结构中的层次不尽相同，对于层次较低的以技术为主的架构师来说，成为"问题终结者"就是他们的主要工作。

综上所述，笔者的建议是，每个架构师都应该深刻地思考，首先想清楚自己是哪一类架构师，自己的工作职责是什么，然后确定是应该成为集权型架构师还是连接型架构师。不过，即使你的选择是成为集权型架构师，也应该明白，一个人的能力终归是有限的，应该在工作中尽量向连接型架构师发展，帮助身边的人成长起来。

2.2 不一样的 EA 架构师

架构师可以有非常多的前缀，如数据库架构师、存储架构师、应用程序架构师、行业架构师。笔者认为，架构师主要可分为三类。

- 技术架构师。
- 业务架构师。
- 敏捷架构师。

那么，EA 架构师应该属于其中哪一类呢？答案是 EA 架构师与上述三类架构师都不一样。在谈论他们之间的区别与联系之前，由于架构师这个名词来源于建筑学，因此笔者想先聊聊架构师和建筑师的那些事。

2.2.1 与建筑师不一样

IT 领域的"架构"这个名词来源于建筑学，并且在 IT 领域中，如设计模式等很多的方式方法，其灵感都来源于建筑学。因此很自然地就会想到，架构师是否可以类比建筑学中的建筑师呢？相信有这种想法的人不在少数。

笔者认为，在信息化发展的早期，这种类比确实是比较恰当的，但是在当今不断变化的大背景下，这种类比就不太合适了。

下面以软件开发中的架构师为例进行讨论。

1．瀑布模型令软件架构师有些像建筑师

在过去，曾被广泛用于软件开发的是瀑布模型，瀑布模型将软件生命周期按照顺序划分为几个阶段，在实际应用时从前到后按照顺序依次执行各个阶段的工作，这些阶段如下。

（1）制定计划。

（2）需求分析。

（3）软件设计。

（4）程序编写。

（5）软件测试。

（6）运行维护。

在瀑布模型中，架构师主要参与的阶段是软件设计。由于瀑布模型的特点，每当一个阶段完成，就不会再回头重新执行这个阶段的工作了，因此这个时候架构师的工作方式和建筑师是有些类似的，因为架构一旦设计完成就不会再修改了。这使得架构师和建筑师一样，需要进行大量前期的预测和决策，通过使用已存在的设计模式和历史的经验教训来完成设计。

不过，在当前的软件开发中，瀑布模型已经基本被淘汰了，虽然它可以让过程中的每个阶段专注于本阶段的工作，并且尽量确保不会返工——因为瀑布模型认为返工是极大的浪费，这点在建筑行业中很好理解。

瀑布模型带来了很多问题，最主要的一个问题：瀑布模型只有在整个过程的末期才能看到设计和开发的成果，如果过程的早期出现偏差，会带来灾难性的结果，即越进行到过程的后期，变更越困难。这在建筑领域是合理的，但在软件开发领域，并不合理，因为软件的整个生命周期中存在大量的变更，甚至前期采集的需求都可能在过程中发生颠覆性的变化。

2．架构师拥抱变化，而建筑师厌恶变化

变化是 IT 领域和建筑领域在架构设计上最大的区别：建筑师致力于使用专业的方法论保证设计出未来不会发生变更的架构；而架构师致力于如何构建灵活的架构以便应对无时无刻出现的变化。

> 在 IT 领域，唯一不变的就是变化。

由于历史原因，很多人都没有清楚地认识到架构师和建筑师的区别，总使用建筑师的标准和职责来要求架构师。一些企业的决策者在执行架构开发决策时，总希望一旦架构开发完成就不要再变了。这一方面给架构师带来了沉重的压力，另一方面可能会在项目早期花费大量的精力和资金去做一些不切实际的预测和决策。

归根结底，架构的变化来源于市场环境。在《反脆弱》一书中，作者提到了"事物的不可预测性"，市场中充斥着无数不可预测的"黑天鹅"——那些出现概率很小，但会对世界产生重大影响的事件。"黑天鹅"有正面和负面之分，如果能够及时抓住正面的"黑天鹅"，将会给企业带来无法想象的巨大价值。

在现实中，任何一个市场变化都可能是一个正面的"黑天鹅"，考虑到"黑天鹅"事件的发生频率很低，因此需要业务能够最大限度地把握住每一次市场的变化。这就需要架构师能够拥抱变化，设计出灵活多变的架构予以支撑，当发现架构无法应对变化时，及时做出调整，甚至重新设计。

对于架构师自身而言，应该清楚地认识到自身与建筑师的区别，但架构师还应注意架构的复杂度应与当前的业务需求匹配，不要一味地追求灵活性而为系统带来当前承受不了的复杂性。

> 如果企业承受不了微服务架构带来的复杂性，那就不要用它！

2.2.2　与技术架构师不一样

可以将系统架构师、软件架构师、数据库架构师等专注于某一特定技术领域的架构师归成一类，称为技术架构师。这类架构师通常都是所在领域的技术专家，拥有比其他人更强大的技术能力，因此他们更多时候是作为团队的核心和"问题终结者"出现的。

1. 应被称作"技术专家"的技术架构师

> 笔者的架构师生涯是从软件架构师开始的。那时候 Spring Framework 等优秀的开源框架还没有普及，因此在软件开发过程中，需要编写大量的基础设施，如数据源管理、SQL 执行、结果封装、类型转换等工作都需要深谙编程语言和设计模式的专业人士来编写。慢慢地，这些人从业务实现中脱离出来，成为专职为其他开发人员提供开发框架和技术支持的技术架构师。
>
> 技术架构师非常依赖个人能力，因此往往相互之间的差距比较明显。几个经验不足的技术架构师相加可能抵不上一个有经验的技术架构师，因此企业对技术架构师都是非常重视的。

当开源社区不断地发展和壮大后，Spring Framework、Hibernate、iBatis 等优秀的开源项目被广泛用于开发框架的搭建中。尤其是 Spring Framework，凭借优异的开放性，像黏合剂一样将其他开源项目快速地融合在了一起，架构的搭建工作变得越来越简单。过去，为了提供基础功能和解决类库冲突，一个有经验的架构师可能需要花费一周才能搭建出好的基础架构，在有了这些开源项目后，通常只需要一天就可以完成。后来出现的 Spring Boot 项目将基础架构搭建的工作简化到了极致，几分钟的配置就可以完成所有工作。这看似解放了技术架构师，实际上给技术架构师提出了更高的要求。

> 给技术专家的忠告：大部分技术专家都是集权型的，他们通常都有着不可一世的傲气（曾经笔者也是这样的）。不过，当前的技术发展确实已经远远超出一个人能够掌握、甚至了解的程度了，技术架构师们应该用更加开放的心态去听取别人的建议，对技术本身应怀有敬畏之心，因为技术在不断发展，你不可能永远站在浪尖之上。

2. 部分技术架构师迈向更高层

技术的发展日新月异，除不断涌现的新技术、新产品外，同一种能力往往由多种不同的产品提供。例如，原本为了数据能够持久化存储，我们使用关系型数据库，而现在，除关系型数据库外，还有文档型数据库、时序型数据库、键值型数据库等。技术架构师从原本只构建基础类库和维护框架，变得需要与更多系统和中间件打交道，需要考虑技术选型、交互方案、安全防护、高可用性等因素，开始从专注于开发的软件架构师向专注于组件关系的系统架构师进化。

进入系统层面后，技术架构师需要关注的领域变成了多个，虽然技术架构师不一定在每个领域中都是顶尖的专家，但通常会"一专多能"。

- 在一个领域拥有非常突出的个人技术能力，在其他各个领域都有着较为出色的能力。
- 架构师关注的领域更多，其视角会更高，而这一点实际上会让架构师的个人技术能力有所减弱。

人的精力是有限的，不可能既关注细节又关注整体，因此视角越高，所能看到的细节越少，但是笔者认为，拥有更高视角的架构师远比专注细节的架构师更应得到重视，但这绝不是说专注细节的架构师不重要。

> 专注细节的架构师 VS 拥有高视角的架构师。
>
> 先聊聊笔者去应聘架构师的经历。笔者有很多面试架构师的经历，这些经历曾经让笔者非常迷惑和迷茫。
>
> 入行的最初几年，笔者的理念是"技术第一"，当时笔者常挂在嘴边的是"只要别人能做出来，我就能做出来；没有人能做出来的，我有 50%的把握做出来"。那几年中，只要有笔者没见过的技术笔者就学，单单是编程语言就学过 Basic、Pascal、C、C++、Java、C#、VB、VC 等。
>
> 最初几年，只要是面试架构师，面试官提出的技术问题笔者都了解，可是慢慢地，一些面试官开始问到设计模式、开发流程、系统集成、高可用等问题。
>
> 后来，新技术就像雨后春笋一般，快到笔者根本无法全部了解。那段时间笔者非常迷茫，因为在面试过程中即使询问技术点，每个面试官所关注的点也各不相同。
>
> 面试的经历让笔者开始思索，架构师的发展途径究竟是应该向技术深度前进还是应该向技术广度和更高视角前进？这个问题困扰了笔者很长时间，最终笔者的答案：架构师应该站得更高、看得更远，而不要过分关注细节。因为在当下，架构师承担着用技术支撑业务，为企业创造价值的职责，这就要求架构师参与企业战略层面的高阶设计。
>
> 专注细节固然重要，但笔者认为这是技术专家的职责，针对具体技术问题的攻坚克难，专注细节的技术专家是不可或缺的，但如果为业务提供技术支撑、为企业提供价值，则视角更高的架构师更加重要。
>
> 于是笔者得出答案，架构师的发展途径有两个：一个是成为某个领域的技术专家，关注该领域的技术细节；另一个是成为拥有更高视角的架构师。
>
> 总的来说，专注细节和更高视角的两种架构师是不具备可比性的，但他们都非常重要。笔者希望大家可以意识到这一点，不要用技术专家的能力去要求架构师，反之亦然。

3．身处顶层的企业架构师

从第 1 章对企业架构的讨论中不难看出，企业架构并不是简单地开发几个软件系统，而是一个围绕企业业务能力建设的、支撑企业战略目标达成的系统性工程，包括从架构愿景、架构开发、迁移规划、实施治理、变更管理等方方面面，而这些工作，非工作在企业组织架构的高层不可，企业架构师则是关注大局而非细节的存在。

2.2.3　与业务架构师不一样

与技术架构师类似，可以把行业架构师、需求架构师和产品架构师归为一类，称为业务架构师。

通常，业务架构师不需要太强大的技术能力，他们关注于企业自身业务的设计和规划，但这些业务能力最终需要体现在软件系统之上，因此拥有一定技术能力的业务架构师通常更有可能设计出既符合业务要求又符合技术规范的功能架构。

1．应被称作"领域专家"的业务架构师

很多时候，人们仅仅将业务架构师看作需求分析人员，实际上两者的差别还是非常大的。

- 多数需求分析人员不懂技术，其系统设计能力普遍较弱，仅能作为与客户之间的沟通渠道来采集用户的需求，业务架构师则需要对需求进行系统层面的抽象。
- 需求分析人员通常很难挖掘出需求背后的驱动因素，而这些是业务架构师必备的能力。

早些年笔者做 OA 软件时，曾碰到这样一个客户，在他们决定采购 OA 系统之前，花了 3 个月的时间，将自己工作中所有的单据和工作流程都做了一一的梳理，可以说这样的客户是非常负责任的，也是非常难得的。我们的需求分析人员进场采集用户的需求，回来后告诉我们需要给他们定制化开发 40 多个功能，因为每种表单和流程都不一样，而且客户要求在 1 个月内完成。但是经过分析发现，虽然表单和流程都不一样，但它们有通用的特征，对特征进行抽象后，使用表单设计器和工作流引擎就可以快速完成，最终 40 多个功能，我们只花了 1 周多就完成了配置工作。

业务架构师善于从用户的需求描述中挖掘其背后的驱动因素，并且将需求进行抽象和提炼，这样一来，很多需求可以合并在一起，最终为客户提供一个他们没有想到的根本性解决方案，不仅解决了当前的问题，还有可能解决了该问题的衍生问题和未来可能发生的问题，这对于业务本身来说是最具有价值的。

业务架构师具有出色的领域建模能力，能够使用专业的建模工具对领域进行描述。他们擅长和业务专家一起工作，通过对业务所在市场背景等因素的分析，充分理解业务逻辑和业务价值，并且用技术人员能够理解的语言传递领域知识。业务架构师决定了需求是否能够为企业带来价值，以及价值是否最大化。

除专业的领域建模能力、一定的 IT 技术能力等"硬核能力"外，业务架构师还需要必备一些"软能力"，这些"软能力"包括创造能力、学习能力、商业头脑、行业知识、沟通能力、文档能力、人际交往和组织能力等。

> 技术架构师 VS 业务架构师。
>
> 又来到一个老生常谈的问题：技术架构师和业务架构师谁更重要呢？
>
> 笔者认为，类似"谁比谁强"的这种问题经常会在 IT 领域被提及，如哪种开发语言更强、哪种架构师更强等。这些都源自我们习惯使用"二分法"来考虑问题，即非黑即白、非对即错、总要分出优劣等，但这个世界是多元的，存在即合理。
>
> 说回技术架构师和业务架构师的问题，笔者认为一个好的架构师，一定既是技术架构师又是业务架构师，尤其当涉及企业架构这个层级时，单靠技术和单靠业务都是无法实现企业的愿景和战略目标的。笔者曾经所在的公司就明确地将架构师分为技术架构师和业务架构师两种，笔者在当时就认为是非常不合理的，这无疑从组织层面将业务和技术割裂开来。
>
> 总之，笔者认为，不懂业务的技术架构师无论技术能力多么强大，也无法给业务带来足够的支撑，也就无法为企业带来收益；不懂技术的业务架构师，可能会给企业创造一些价值，但是无法将价值最大化，这样会阻碍企业在变化如此之快的市场环境下拥有足够的竞争力。

2．企业架构师是各类架构师之间的桥梁

从一定程度上来看，企业架构师似乎和业务架构师有些相似，他们都是以业务需求为中心，并且在需求之上进行系统层面的抽象的，但他们之间是有本质区别的。

- 领域范围不同：作为领域专家的业务架构师，通常只关注于某个细分领域；而企业架构师需要关注企业所涉及的各个领域。

- **视角高度不同**：虽然业务架构师是以业务需求为中心的，但他们的视角通常未上升到企业战略层面，即他们对业务分析的高度尚未深入企业成功的驱动因素。
- **专业能力不同**：业务架构师专注于业务分析和建模；而企业架构师需要关注企业架构的方方面面（第 1 章的重点内容）。

总的来说，不管是技术架构师还是业务架构师，他们所关注的都是某一细分领域。企业架构师在进行各架构领域的开发和治理工作中，需要与技术架构师频繁且广泛地沟通，甚至包括领导。并且企业架构师应作为各类架构师之间的桥梁，确保架构师之间设计的一致性，以符合企业架构的合规性。

2.2.4　与敏捷架构师不一样

在敏捷思想盛行的近些年中，诞生了一种新型架构师，称为敏捷架构师。新型意味着非常符合当下对架构师的要求，这让敏捷架构师的工作方式与企业架构师有着非常多的相似之处，不过，他们不一样。

1. 应被称作"敏捷教练"的敏捷架构师

敏捷架构师都是连接型架构师，他们不再是决策的制定人，而通过帮助和引导，让团队自己做出正确的决策。现在，敏捷思想越来越多地被人们接受，但是对于架构师来说，处境变得越来越尴尬。

敏捷思想到来之前，架构师为了稳定性、安全性等一些特殊的目的，会采用保守的技术来实现系统，最终系统虽然可用，但通常来说不会太酷炫，这往往会让心高气傲的开发人员感到束手束脚，但当时的架构师几乎都是集权型的，企业赋予了架构师非常大的权限，通过使用这些权限，架构师可以保证所有人都能够按照自己的意图完成对设计的实现。

敏捷思想到来之后，企业高层通常都会被"敏捷"这个词吸引，加上铺天盖地对"敏捷"可以加快功能交付、激发团队活力的各种宣传，以及以大厂为主的各标杆案例的推广，越来越多的企业高层开始在企业内推行敏捷方法。高层领导会授权各小团队去做符合敏捷思想的改进措施，这时，原本集权型架构师的权力被极大削弱，没有了权限的约束，团队开始忽略架构师的存在，甚至认为架构师的思想是过时的。另外，企业仍然会按照原本对架构师的要求进行相关的考核，这使得架构师不得不改变自己的工作模式，向敏捷架构师转变。

2. 敏捷架构师的新能力

为了适应"敏捷"给架构师日常工作中的挑战，需要一些新能力，这些新能力用于匹配敏捷方法中的创造价值、减少浪费和快速反馈等核心理念，因此敏捷架构师应重点关注以下几个方面来帮助团队做出正确的决策。

（1）分享架构成果。

过去，架构师在完成架构的开发工作后，就会向团队指派任务来实现架构中的组件，但团队通常并不清楚架构全景，也不知道自己的工作在架构中所在的位置和所发挥的作用。敏捷架构师应成为架构的"布道者"，不断向团队成员宣贯架构的愿景和目标，清楚地为团队成员分析现状、描绘未来，并且通过架构开发中的各种产物向团队成员展示架构全景图和迁移路线图。

在实际工作中，架构师在分享过程中不需要引入太多的细节，只需要让团队成员明白架构的设计意图即可，和团队成员一起讨论实现方案并总结经验教训，整理出符合团队特点的模式。同时，根据团队成员的反馈，调整架构，让团队成员成为设计过程中的一分子，并且理解架构师这样设计的初衷和必要性，从而主动地接受架构，而不是通过行政命令去强制他们执行。

（2）成为开发团队的伙伴和资源。

架构的执行涉及多个团队，即使架构师通过分享的方式让各个团队理解了架构的愿景和目标，也明白了自身工作在架构中的位置，但在执行中仍然会存在问题。敏捷架构师本身并不会参与到各个团队的开发和管理工作当中，很难从执行过程中获得反馈，因此敏捷架构师应成为开发团队的伙伴和资源，深入团队之中，帮助开发团队开展实现工作，并且在各个团队之间共享信息和减少重复。

深入团队之中并不是说让架构师去插手团队的日常管理和工作，架构师也不应该插手团队的工作细节，决定权永远在开发团队手中。架构师关注的是架构层面的高阶目标和设计，其工作只是在团队做决策之前与团队讨论方案的可行性和优缺点，保证各个团队的最终交付成果满足架构要求。

（3）成为业务和技术之间的桥梁。

成为业务和技术之间的桥梁是任何一种架构师的必备能力，但这点在敏捷架构师身上尤其重要。作为连接型架构师，管理团队之间的联系是成功的关键因素之一，这里的团队并不单指开发团队，而指企业中与开发相关的所有团队。

敏捷的开发团队要想最大限度地交付价值，就离不开与业务部门的通力合作，业务部门负责需求的提出、开发团队负责实现，但双方的分歧在业内是显而易见的。相信读者看到过各种需求和开发之间的幽默段子，有些看似好笑，却是实际发生的故事。敏捷架构师的桥梁作用可以极大地减少双方的冲突，保证双方的信息同步和共享，并且以架构愿景为双方统一的目标，使双方能够良性合作。

（4）寻找变革的机会。

当架构开发完成后，当前企业内实际的 IT 状态可能与目标架构相距甚远，这时，架构师会开发多个过渡架构用来让迁移过程变得相对平滑，但无论多么用心地设计过渡架构，总会给企业的业务和技术带来重大的变革，这就需要架构师可以在关注技术的同时关注企业的业务状态，时刻关注可能的变革机会，尽量使用企业现有的资源和业务目标来完成架构的变革工作。

架构的变革往往关系到企业的管理、运营、组织架构等方方面面，过程困难重重，敏捷方法提倡"小步快跑"，通过较小的成本进行试错来快速响应业务变化。敏捷架构师在架构迁移的过程中应秉承这个思想，并且当一个小迁移尝试发挥作用时，应学会庆祝成功，无论成功有多小，都应该将它作为宣传材料，以此扩大架构的影响力和激励大家继续前行。

（5）提升团队成员能力。

敏捷团队通常人数较少——通常不超过 10 人，团队成员是跨职能的，拥有创建产品增量所需的全部技能，这就需要每个团队成员在自己的技术领域内拥有足够的能力，并且要持续学习以满足未来任务所要求的新技能。

在传统的职能型组织中，相同技能的人员属于同一个部门，他们之间可以互相交流，企业也会根据部门安排相应的培训计划。使用敏捷方法后，相同技能的人员被打散后加入各个敏捷团队中，由于团队中每个人的技能都存在差异，因此难以就一个技术问题进行相互交流，这时个人可能会陷入孤立无助的境地。此时，对敏捷架构师来说，帮助提升每个团队成员的能力成为了一项必需的工作。

"敏捷"能加快开发速度吗？

现在，"敏捷"几乎被所有业内人士知晓，大家都被"敏捷"这个词吸引。笔者在很多场都听到一些人对"敏捷"的理解就是可以加快开发速度，但笔者认为这种理解是比较片面的。项目管理认证（PMP）认为，范围、进度和成本三者决定了质量，很多人使用敏捷方法的初衷是认为敏捷方法可以在范围和成本不变的前提下加快进度，实际上他们忽视了质量问题。

敏捷方法中有很多流派，因速度快而闻名的是被称为"极限编程"的 XP 方法。不过，即使是 XP 方法，也是前期牺牲质量优先完成最小价值验证版本（简称 MVP），再将质量缺陷作为技术债务，在今后的每一个迭代中逐步解决技术债务的，并不是完全忽视质量的。

另外，"敏捷"的目的是优先快速地交付价值点，这和加快开发速度是有本质的区别。例如，我们开发一个拥有 10 个功能的软件，假设每个功能都需要一周的开发时间和一周的测试时间，那么在没有采用敏捷方法之前，这 10 个功能就需要 20 周才能交付给客户使用。采用敏捷方法后，我们首先和客户一起对这 10 个功能进行优先级排序，然后将全部的精力放在实现优先级最高的一个功能上：先用最快速度开发一个简易版本让客户使用，这可能需要 3 天；再快速收集客户反馈，用 3 天时间进行优化；最后用一周时间全面地测试后交付给客户正式使用。这样一来，原本需要 20 周客户才能使用的软件，现在 3 天客户就能看到，2 周就可以使用，不仅加快了功能的交付速度，还降低了返工的风险。但是从总时间上来看，可能仍然需要 20 周才能交付全部 10 个功能。

3. 敏捷架构师很像企业架构师？

相信阅读完对敏捷架构师介绍的内容后，大家会发现敏捷架构师似乎非常像企业架构师，因为敏捷架构师具备了如下能力。

- 拥抱变化。
- 关注整体而非细节。
- 是业务架构师，也是技术架构师之间的桥梁。

上述这些是 2.2.1 节、2.2.2 节、2.2.3 节中对企业架构师的描述，不但如此，敏捷架构师还具备如下能力。

- 像"布道者"一样宣贯架构愿景。
- 像"伙伴"一样为团队提供资源。

- 像"老师"一样提升团队成员能力。
- 通过"小步快跑"寻找变革机会。

通过第 1 章的讨论可以看出，这些能力与企业架构的设计和治理非常匹配。

那么，敏捷架构师就是企业架构师吗？

4. 敏捷架构师和企业架构师不一样！

虽然敏捷架构师的工作方式看起来很像企业架构师，但他们确实不太一样，这体现在如下方面。

- 敏捷架构师实际上应被称作"敏捷教练"，因为敏捷架构师的工作是推进敏捷方法在企业中落地。因此，可以说敏捷架构师是企业架构在战术上的一个执行者。
- 视角的高度不一样。敏捷架构师关注的是如何帮助团队高质量地完成任务；而企业架构师关注的是任务是否符合企业 IT 愿景，以及任务的完成是否合规。
- 在权限上是不同的。敏捷架构师本身的权限很小，大部分时候他只能以辅助的方式参与团队工作；而企业架构师的权限要大很多。

虽然二者不一样，但是，敏捷架构师的工作方式是非常值得企业架构师学习的，可以说，企业架构师应该是偏向敏捷架构师的。并且在本章后面讨论"架构师电梯"时，笔者会讨论企业架构师内部是分层级的，对于较低层级的企业架构师来说，让他们与敏捷架构师画上等号未必不是一个好的选择。

2.2.5　这才是 EA 架构师

前几节介绍的架构师都只关注某一个特定领域，企业架构师的层级会更高一些，是站在企业数字化战略和愿景的高度来对企业架构进行开发的。

在第 1 章介绍企业架构标准 TOGAF 时，相信大家都能理解到，企业架构的开发是一个非常复杂的工程，除需要对业务和技术架构进行开发外，还需要关注架构治理、架构变更等方方面面，这要求企业架构师具备更多的能力。

通常，一个企业架构师不可能拥有开发和维护企业架构的所有能力，因此企业中的架构师不止一人，而是一个架构师团队，可由一个首席架构师和多个特定领域架构师组成。

看过第 1 章企业架构的相关内容后，读者应对企业架构师的工作职责有了一定的认识，这里不再赘述。为了加深理解，笔者在这里总结了企业架构师应扮演的角色和应具备的能力。

1. 企业架构师应扮演的角色

TOGAF 在描述企业架构师所扮演的角色时，将其形容为有远见的人、教练、团队领袖、业务和技术的联络人、计算机科学家和行业专家，其职责如下。

- 确保架构的完整性足以满足所有利益攸关方的关注点。
- 决定选择何种视角来开发特定的架构领域。
- 相比建筑师，企业架构师更像城市规划师，重点在于有计划地逐步发展而不是不受控制的蔓延。
- 企业架构师的目的不是创建技术愿景，而是从企业管理层收集技术驱动因素，使用这些驱动因素建立架构愿景，最终向所有人阐明这个愿景、制定实现该愿景的战略计划。
- 编写和管理架构文档：企业架构师需要在抽象层关注架构全景，不要过多地陷入细节，但对于非常重要的关键细节还是有必要投入足够的精力的。

总的来说，企业架构师的角色如下。

- 理解和解释需求。
- 创建有用的模型。
- 验证、提炼和扩展模型。
- 管理架构。
- 负责架构全景、参考模型的设计和文档化。
- 特定领域的架构师需要关注组织和业务在该领域面临的问题。
- 在系统级别提出符合行业和企业标准的解决方案，如安全管理等。

2. 企业架构师应具备的能力

企业架构师应具备何种能力？对此并没有标准的答案，因为企业架构工作太过庞大，似乎所有能想到的能力对于企业架构来说都是非常有用的。不过，即使如此，笔者仍然尝试罗列了一些自认为比较重要的能力（这里罗列的并不是全部，仅是笔者认为比较重要的一部分，供大家参考）。

- 架构建模能力。能够使用正确的视角对业务架构、数据架构、应用架构和技术架构进行建模，基于现状和架构愿景分别构建基线架构和目标架构。
- 需求分析能力。能够识别和提炼利益攸关方的需求，识别需求之间的潜在冲突，协助企业理清各业务之间的关系及与目标之间的差距。
- 可视化能力。能够使用有效的方式将架构设计和当前状态通过可视化的方式展示出来，阐明架构是如何解决业务和技术问题的。
- 产品设计能力。评估企业当前的能力，制定迁移规划和策略，并且体现在产品设计之中。
- 复用能力。识别和建立企业的架构组件库，尽可能地复用企业现有的 IT 资源。
- 监管能力。确保架构在开发和实现过程中的合规性，对架构相关的合同进行审核。
- 足够的技术广度，并且在个别领域具备足够的技术深度。
- 能够熟练、灵活地使用各种方法论。
- 拥有大量项目经验，并且拥有一个或多个行业经验。
- 领导力。

　　总的来说，企业架构师相比其他专项架构师来说，面临的困难更多，更加需要通过内外部的合作来推动架构的开发和实施。由于架构会随着自身因素和业务驱动因素的变化而不断演化，因此企业架构师必须时刻关注市场和 IT 领域的最新动态，不断学习、不断提高，保证架构能够支撑企业当前的核心竞争力并为企业未来的战略目标打下坚实的基础。

2.3　EA 架构师工作反模式

　　模式是经过大量的实践和总结后形成的，可帮助我们正确处理问题，是我们需要遵循的方向；反模式同样来源于大量的实践和总结，不同的是，它是对教训的总结，是已被证实存在缺陷的模式。

　　下面几节所讨论的反模式，是笔者认为架构师在工作中常遇到的。

2.3.1 独立的架构组

在笔者遇到的大部分企业中，他们都有一个专门的架构师部门，企业内的所有架构师都在其中，这个部门的职责就是为企业制定各种 IT 决策。

这是一种很常见的组织方式，就像企业中的其他部门一样。相同职责的人员归在同一个部门之中，如财务部、人力资源部、行政部等，都是按照将相同职责的人员归为同一个部门来进行管理的。但对于架构师来说，这样会带来一些问题。

1. 架构师无法有效接收反馈

架构的开发过程和实施过程充满了变化，尤其是在实施过程中：一方面，市场在不断变化，业务变更会随之而来；另一方面，在实施过程中，存在因为能力、资金、技术等客观因素而无法按照架构师原本的设计进行实施的可能。

架构组作为一个独立运行的部门，通常是以开发团队的客户的身份出现的，他们只向开发团队提出需求，并且要求开发团队严格按照设计规范进行实施。当开发团队遇到执行方面的困难时，往往只能自行处理。此外，架构师团队很难收集到开发团队在执行过程中的反馈。

这时就可能出现如下情况。

（1）无法在过程中进行纠偏。

架构师在进行架构开发时不可能考虑到所有实际情况，很有可能一些设计本身是有缺陷的。无法有效地获得实施中的反馈，不但为开发团队带来了麻烦，而且对架构本身带来了极大的不确定性和风险。

> 有一个在业内传播很广的笑话：需求方画了一个图纸交给实施方进行实现，两个月后实现完成，需求方过来一看，看到的是一个十几米高的烟囱，但他们想要的实际上是一口十几米深的井——实施方将图纸拿反了。

（2）无法评估架构的实施给企业带来的影响。

架构的应用和实施会给企业带来巨大的影响，任何一个架构决策都可能影响到业务的运转、成本的产生、人员的流动等。这些影响有的是正面的，有的则是负面的。

对于身处架构组中的人来说，他们的关注点仅仅是完成架构的开发，并且将任务下发给开发团队，无法看到自己的决策会带来怎样的影响，因此无法评估自己设计出的架构是否为企业的业务带来了正面的效果。有可能他们的一个自认为成功的架构决策，实际上为企业带来了巨大的成本开支。

架构师不但无法评估负面影响，而且无法评估正面影响，这让他们缺乏来自成功的激励，这也慢慢地消磨掉架构师的工作热情。有些架构师可能将原本由业务驱动的架构设计变为了由技术驱动，因为在技术中，他们可以获得成功的喜悦。但笔者提到过，架构一定是由业务驱动的，技术驱动的结果是不太可能为企业带来成功的；另一些架构师则变得按部就班，缺乏创新。

对于企业本身来说，为架构的开发和实施投入了巨大的资源，却很可能没有得到应有的回报，因此企业对待架构师的态度会变得消极起来，很可能的一种情况是，企业会将以架构师为首的企业 IT 团队看作成本中心来管理，在第 1 章中的反模式中，笔者详细讨论了这种情况所产生的问题。因此，无论是对于架构师团队还是企业来说，上述情况都是不利的。

2．架构师无法成为团队间的桥梁

笔者曾说过，无论是集权型架构师还是连接型架构师，都应该尽量发挥其桥梁的作用。无论是作为业务和技术之间的桥梁，还是作为开发团队之间的桥梁，这些都有助于协调各方的权力和利益，保证架构符合企业内各利益攸关方的期望。

每个开发团队的目标仅仅是完成下发给自己的任务，而架构师——就像架构的定义那样："描述了组件之间的关系"，应关注于实现这些组件的开发团队之间的关系。

独立的架构组这种模式，似乎隐含着架构师团队和开发团队相互分割的关系，他们都只关注自己团队内部的事务。因此，架构师只关注如何完成架构的开发，这使得架构师几乎不具备桥梁的特性，整个架构实现过程可能充满了混乱、冲突和重复。

3．开发团队无法理解架构师的意图

架构师团队将需求、设计要求、规范指南等作为任务下发给开发团队后，对于开发团队来说，其接收的信息范围仅限于任务中提供的与当前工作紧密相关的信息，他们无法看到架构的全貌，也无法明白为什么架构师会用这种方式让他们进行实现。这样会带来如下两个比较严重的问题。

（1）优先级不一致。

这里说的优先级包括了两个方面的含义。

- 开发工作中对于每个任务项的优先级。开发团队收到的信息仅仅是关于当前任务的，因此他们会按照自己的理解进行优先级排序，有的团队可能会按照实现难度，有的团队可能会按照当前资源的匹配情况等。
- 当架构师给出的原则和规范互相冲突时，应优先使用哪一个。虽然，在开发架构时，架构师会极力避免原则之间及规范之间相互冲突的情况，但现实中无法完全避免。例如，如果要满足有关性能的原则，就要违背有关安全的原则。当这种情况出现时，开发团队只能根据自己的理解进行取舍。

（2）引发架构师和开发团队之间的矛盾。

架构师在考虑实现方式时，是站在架构全景的角度进行分析的，会选一个能够平衡各方需求的方式，但这种方式往往不是单个任务的最优解决方案。当分解后的任务下发给开发团队后，开发团队可能会认为架构师缺乏专业技术能力，尤其是当这种实现方式会给开发团队带来额外的工作量和风险时，开发团队的抵触情绪就会比较突出。这样一来，架构师在开发团队中的威信会不断降低，开发团队会不断尝试挑战架构师的决策，形成恶性循环。

> 一个真实的故事。
>
> 笔者曾在一个架构组中工作，架构师往往会追求性能，我们也不例外，之前我们发现开发团队在实现业务功能时，由于没有正确地使用 Hibernate，因此系统中有大量的"N+1 次查询"问题。于是我们就向开发团队指出这种问题可能带来的性能问题，并且要求开发团队在开发过程中考虑性能优化。实际上，我们的初衷只是希望他们尽量减少一个功能对数据库的查询次数，但开发团队花了极大的精力将代码中所有的"N+1 次查询"改成了只查询一次，不但造成了当期迭代延期、系统上线的不稳定，而且在一些场景下，性能出现了下降。

（3）开发团队无法理解合规的意义。

在介绍架构治理时，笔者说过，合规性审查是架构能否成功应用的重要因素之一。无论架构设计多么合理、开发团队技术能力多么突出，只要在实施阶段没有按照架构规范进行实现，那么一切将无从谈起。

开发团队通常会因为以下原因出现不合规现象。

- 意外地忽视了规范内容：这个原因笔者认为是最常见的。架构开发会输出大量的文档，因此开发团队接收到的任务中的文档数量会非常多，原则、规范、参考等可能会出现在多个文档中。在实际工作中，开发团队可能因为进度等原因没有充分地阅读这些文档，甚至很多情况就只是单纯地忘记了。这些都会导致他们开发出不合规的实现。

- **未能正确理解规范内容**：这一点有些类似笔者上面所说的"开发团队无法理解架构师的意图"。开发团队可能仅仅在语法层面没有正确地理解规范，也可能这些规范在描述上本身存在歧义，这导致开发团队使用了并不是架构师本意的方式进行实现。
- **开发团队挑战架构师**：这种情况通常发生在能力比较突出的开发团队身上，他们认为架构师的设计是不合理或是落后的，他们认为自己能够提供更好的实现方式。
- **发生变更**：在开发团队进行实现的过程中，架构师可能会对架构进行调整，这种调整包括对原有原则、规范、参考等的变更。信息传递的不及时或开发团队自身的惯性都是产生不合规的原因。

4．架构师无法看清问题的本质

架构的具体需求往往来自以下两个方面。

- 业务部门提出的。
- 开发团队提出的。

独立的架构组中的架构师都是听众，仅通过需求方对问题的叙述来进行分析，随后在架构层面提出解决方案。

但业务部门和开发团队对问题的叙述可能是不全面的，这主要因为需求方缺乏看清问题本质的能力，他们提出的问题往往是表象问题。即使这些表象问题被解决，今后也会遇到更多由本质引发的新问题。

架构师是具备挖掘需求背后的根本原因的能力的，但架构组使他们远离问题出现的位置，无法收集到足够的信息。通过听来的信息，架构师只能对需求的表象进行处理，治标而不治本。

综上所述，笔者认为，企业将架构师统一地归在一个架构组中是不合适的。笔者的建议是将架构组作为一个虚拟组织，让每个架构师都能够深入各个团队中，参与团队的日常工作。为了避免架构师陷入细节之中，并不需要他们处理具体事务，只需要他们作为观察员，收集必要的信息，同时为团队提供必要的答疑、指导、监管等。一个架构师可以负责多个团队，这样不仅有利于架构师收集到更加全面的信息，还有利于他们起到桥梁的作用。此外，架构师可以利用这个虚拟组织一起工作，方便架构师之间分享和制定决策。

2.3.2 中央集权和独裁

架构师分为集权型架构师和连接型架构师两类，这个笔者在之前的章节已经介绍过，并且对这两种类型的优缺点进行了简要的描述。这一节，笔者将重点讨论集权型架构师可能带来的不利影响。

我们简单回顾下什么是集权型架构师：集权型架构师负责企业中所有 IT 决策的制定，并且他们唯一地拥有着决策的权力，任何开发团队在需要决策时，都必须反馈给集权型架构师，由集权型架构师给出解决方案。

这是一种非常普遍的架构师工作模式，当企业中有独立的架构组时，更方便和鼓励了这种模式的实行。这种工作模式的优点如下。

- 高效地统一团队内的思想，保证了团队内的一致性。
- 让开发团队更有安全感，因为责任推在了架构师身上，开发团队只需要奉命行事就可以了。

但笔者认为，在当今 IT 技术百花齐放、市场环境瞬息万变的时代中，这种工作模式已不合时宜，其缺点越来越多且越来越突出，下面罗列一些笔者认为很关键的问题。

1. 决策速度慢

一开始，笔者是非常赞同架构师使用中央集权的工作模式的。当时笔者这样认为的原因之一是觉得集权式的工作模式会让决策非常快，便于快速地完成试错过程。

> 这可能和笔者的工作经历有关，笔者工作的最初几年都是在规模较小的软件公司中的，在没有架构师时，经常就一个问题应该如何解决，各方争论不休。那时笔者就在想，如果有一个能让大家都听他指挥的架构师就好了，无论他的决策是否正确，总归会有个行动方案。

不过，随着公司规模不断增长，以及架构复杂度不断上升，这种工作模式的决策速度将会越来越慢，主要原因有以下三点。

（1）回路太长。

当团队规模变大时，组织中的层级会变多，在一些企业中，架构师内部是有等级之分的。当一线团队遇到问题需要决策时，会层层向上反馈，到达架构师团队中时，会层层分派，当决策制定完成后，还需要架构师团队内部的各级审批，最终原路反馈给提出问题的团队。

有大量的实践消耗在信息传递上，在这个过程中，一线团队只能原地待命。这在变化如此之快的当今市场背景下，不但为企业带来了大量的额外成本，更严重的是极有可能使企业错失先机。

（2）信息爆炸。

企业架构越来越复杂，需要考虑的因素变多，架构师被各种信息包围。每一个决策，架构师都需要审视所有利益攸关方的关注点，以及所有的制约因素后，在这个基础之上提出决策方案。

实际上，对于大部分一线的问题而言，并不需要对这些信息进行全面的考量，因为已经将架构原则、规范和参考方案同步给了一线团队，已经将具体实现约束在一定的范围内了。但架构师的工作模式使得他们不得不进行完整的评估。

（3）害怕承担责任。

> 能力越大，责任越大。
>
> ——电影《蜘蛛侠》中的经典台词

团队规模和架构的复杂度都使得架构师背负了重大的责任，因此他们决策时面临的思想压力很大。也正是由于这个原因，在制定每一个决策时，架构师都需要深思熟虑，决策的速度自然就越来越慢了。

2. 自身成为制约因素

在当今 IT 技术日新月异的时代，一个架构师想要精通所有技术是不可能的（笔者曾尝试过，最终以失败告终，因此对于这一点非常确信）。当团队的规模变大时，开发团队中拥有非常多的、在某一领域非常优秀的人才，他们在自己领域内所遇到的问题常常已经超出了架构师的知识范围。如果全都交给架构师来决策，即使存在架构组，组内有各个领域的技术专家，所面临的挑战也会非常大，并且需要更多的沟通和协调的时间。

此时，架构师成为了木桶效应的短板，成为了企业 IT 发展的制约因素。

3. 容易误判

架构师的能力不足和距离问题发生的位置较远是造成误判的主要原因，这两个原因笔者在前面的讨论中都有所提及，这里就不再赘述了。

4. 打击开发团队的积极性

架构师就像一个非常强势的家长一样，把开发团队像孩子一样搂在自己的怀中，这导致开发团队非常依赖架构师，事无巨细地向架构师寻求指导。这让开发团队失去了积极性，他们会认为，反正有架构师在，自己只需要听命行事就可以了，出了问题也是架构师的责任，与自己无关。

丧失积极性的团队在战斗力和凝聚力上都会非常欠缺，而这往往是人才流失的根本原因。当优秀的人才流失，留下的大概率是安于现状、相对平庸的成员。

5. 开发团队成员成长受限

开发团队中的一些高级人才在一些特定专业领域中的能力是要强过架构师的，而中央集权的工作模式让这些人才无法发挥自己的优势，并且处处受制于架构师的决策。对于另一些团队成员，问题都被架构师解决了，他们没有迎接挑战的机会，这对他们自身的能力提升来说是非常不利的。

> 笔者刚入行时，在一个大型软件公司从事开发工作，公司是为某大型电力企业提供软件系统的。笔者入职的第一周工作是修改 Bug，其中一个 Bug 的修改让笔者记忆犹新。
>
> 页面上缺少一个滚动条导致信息无法完全展示，笔者很快修复了这个 Bug。后来，笔者的部门领导找到笔者，说笔者被投诉了，因为笔者改动了框架中的代码，这部分的代码只有架构组才能修改，虽然笔者的改动是正确的，没有产生任何负面影响，但是笔者还是受到了警告。这让笔者非常郁闷，没过多久，笔者就离职了。

现在，笔者从原本对中央集权的架构师工作模式的支持，变成认为它是一个反模式，是笔者不推荐的工作模式。笔者认为，与当前时代匹配的工作模式是去中心化的，应当将权力和责任下发，调动全员的工作热情，让有才华的团队成员尽可能地发挥自身能力。

不过，授权并不意味着缺乏管理。集权和去中心化需要企业和架构师团队进行权衡，笔者建议架构师尽可能地只提供原则和指引，并且对过程进行监管。这样，才能够让架构和架构实现时的变化赶上市场和业务的变化速度，成为企业成功的助推器。

2.3.3　以有"技术洁癖"为荣

笔者思索了很久，也没想到如何给"技术洁癖"下一个精确的定义，它似乎是一种强迫症的体现。笔者想用下面的故事来解释下什么是笔者认为的"技术洁癖"。

1．一个"技术洁癖"的故事

"技术洁癖"的故事。

这不是一个真实的故事，不过故事中的场景在笔者的工作经历中出现过无数次，很多架构师都出现过故事中的情况，因此，笔者决定用一个编造的故事来描述这种情况。虽然例子是编造的，但它确实来源于真实世界，其中的一些细节也是真实发生过的。

这是一个时间紧、任务重的迭代任务，团队中的成员经过不懈的努力，终于在迭代即将结束时准备好了所有功能，现在要做的只是加强测试和修复 Bug。又过了几天，Bug 越来越收敛了，大家终于松了一口气，安心地回家睡觉去了。第二天一早，测试人员反馈系统无法访问了，排查后发现，用于 CI 的 Jenkins 中的任务失败了，运维人员继续排查问题。过了一会儿，开发人员陆续来上班了，第一件事就是从代码仓库中同步代码，但他们发现，同步之后，代码多处"飘红"，编译都无法成功。

测试人员开始抱怨如果无法尽快修复系统，可能会造成发版时间的延误；运维人员开始叫喊，程序编译失败导致系统无法使用；开发人员这时被测试人员和运维人员催得满头大汗。大家都陷入了混乱之中。

终于，问题找到了。昨天晚上有人提交了大量的新代码，编译失败的原因就在其中，提交人是架构师，而此时，架构师因为昨晚加班，现在还在家中睡觉。当无数次的电话终于叫醒架构师后，询问他为什么提交了大量的新代码，他的回答是因为代码中有很多类、方法和变量的命名不符合规范，所以昨晚写了一个脚本统一替换了。

> 为了既能让系统运行起来，又能满足架构师提到的规范，开发人员用了一整天的时间处理代码冲突和语法错误，测试人员又用了一个通宵的时间对新代码进行了全量的测试，结果发现了更多的 Bug。无奈之下，开发人员只能通宵达旦地修改。
>
> 在上线截止日到来时，Bug 依然没有完全修复，甚至可能没有被完全发现，但架构师说交付时间不可延误。在强行上线后的一周内，开发人员、测试人员、运维人员因为系统的不稳定，一方面努力修复，另一方面受到了来自客户方的频繁投诉。
>
> 尽管如此，架构师觉得他的做法是完全正确的，因为他认为自己只是在进行自己职责范围内的合规性审查。

通过这个故事，相信大家对笔者想要表达的"技术洁癖"有了一定的体会。"技术洁癖"不仅针对命名方式，任何过于追求细节的方式都可以被称作"技术洁癖"。例如，代码结构、使用的类库的版本、URL 的定义、代码格式等。

很多人认为"技术洁癖"是对工作负责的体现，有"技术洁癖"的人追求完美，不放过任何细节，是应该被大家学习的榜样。这一点笔者也认可，但笔者觉得它应该发生在学习和研究领域，而不应在生产过程中过分追求，尤其是对于架构师来说，更加不能把"技术洁癖"作为优点去追求完美。

2. 学习和研究中提倡"技术洁癖"

在学习过程中，为了能够让自己形成符合规范的良好习惯，让自己拥有"技术洁癖"是一个不错的选择。习惯一旦形成就会一直伴随着我们，让我们今后在实际工作过程中，不需要额外的注意也会写出符合规范的代码。

> 笔者刚开始以架构师的身份编写框架时，会为每一个包、每一个类、甚至每一个变量的命名深思熟虑，经常翻来覆去地改。但是经过一段时间后，自己的思维模式就固定了下来，一切都变得顺理成章。

如果是做研究或那些被广泛应用的类库，是需要用"技术洁癖"来要求自己的。因为这些产出是会被他人广泛引用的，如果不追求实现上的细节，可能会给引用方造成非常大的麻烦。

3. 生产实践中不要过度追求"技术洁癖"

在实际工作当中，可以有些"技术洁癖"，因为它会让你的成长更加稳扎稳打，但是一定不能过度追求，绝不能单纯地认为"技术洁癖"是一个正面的词汇。

生产过程要关注的是价值，因此首先应当保证在最短的时间内交付价值，这是敏捷方法，尤其是敏捷方法中的极限编程（XP）所提倡的——XP 认为，不需要考虑今后可能遇到的问题，只需要用最简单的方法、最快的速度实现就可以了，今后当问题出现时，再用最简单、最快的方法解决问题就行了。

> 生产实践遵循的是商业法则，这一点需要有"技术洁癖"的朋友特别注意。

4．架构师应该避免"技术洁癖"

笔者不止一次地提到，架构师不应该关注不必要的细节，因为这极有可能令其忽视整体，而对于架构师来说，整体的重要性要远大于细节。把握住整体和大方向本身已经很难了，细节就交给负责实现的团队好了。但这并不是说架构师可以忽视一切细节，对于一些影响较大的细节，架构师还是需要重点关注的。

虽然架构师不关注细节，但应尽量引导大家向正确的方向发展，不是说不关注就可以任其混乱。一个好的方法是，将细节问题作为技术债务管理起来，帮助开发团队逐步向规范化前进。但绝不能像故事中那样，因为自己的"技术洁癖"一意孤行，引发混乱。

5．"技术洁癖"并不是褒义词

需要架构师关注的事情很多，其中有相当多的一部分都是存在矛盾的，如进度和质量、可用性和成本，只关注少数几个方面的细节，可能会让其他方面陷入困境。架构师需要站在一个高点上去权衡各方的利益，否则，很多架构决策都难以制定。例如，在考虑一个交易系统的容错性时，如果追求可用性这一细节，则会带来非常大的成本支出，这些支出是否可以抵消不可用时带来的实际影响，也就是支出是否值得，这是需要架构师跳出细节才能权衡出结论的。

总的来说，行业中普遍认为"技术洁癖"是一个褒义词，但笔者认为，人员的层级越高越不能有"技术洁癖"。追求完美没有错，但是真正的完美是不存在的，这个道理相信大家都懂。企业毕竟需要在市场竞争中生存，速度和质量永远是最重要的，而细节可以逐步改善，不可本末倒置。

2.3.4 妄想 "技术改变世界"

大部分架构师的成长之路都是首先从初级的程序员开始，然后通过学习和积累经验慢慢地成为程序员中的核心人员，接着接触框架设计、系统设计，最终成长为架构师。

1. 架构师的 3 个特征

技术出身的架构师通常都是某一个领域的顶尖高手。技术人才有 3 个共同的特征。

（1）追求新技术。

为了出色地完成任务，技术人才会深入钻研与自己工作相关的技术点，成为团队中的单项冠军。同时他们会时刻关注自己领域内的新技术、新方法，并且渴望在自己的工作中使用这些强大的新技术，这种对新技术的渴望由以下几个因素驱动。

- 求知欲。

出色的技术人才都有着超过常人的求知欲，这也是他们能够在各自领域出类拔萃的根本原因。求知欲并非源自企业支付的报酬，而是个人本身具备的素质。他们的好奇心极强，每当遇到一个自己没有见过的技术时，都会在内心中自然地产生一种学习它的强烈冲动。久而久之，求知欲融入了技术人才的血脉之中，成为支撑他们继续在技术道路上前进的原动力。

- 紧迫感。

所谓 "文无第一、武无第二"，技术人才都是争强好胜的，都希望成为团队中的技术领袖。但同时，成为技术领袖的他们害怕其他技术人才超越他们，这种紧迫感有时会变为一种焦虑。笔者经常听到员工离职的原因之一就是自己在团队中一段时间后，发现自己和来时没有太多的变化，而他们所说的变化，笔者认为通常就是指新的技术。

- 个人发展。

"良禽择木而栖"，任何人都希望去一个能够发挥自己强项的平台发展，技术人才也不例外。就目前的行业现状来说，发展较好的就是互联网企业，经过前些年的互联网热潮和各互联网大厂的割据后，现在的互联网公司都展示了强大的适应力和产品力。其中，新技术和新方法起到了非常大的作用，这些都是互联网公司赖以生存的能力。因此技术人才更加地渴望学习新的技术，希望有机会进入更大的平台上去发展。

（2）不善于沟通。

技术人才虽然在技术上非常出彩，但他们往往都不善于沟通。曾经有个同事用"狙击手"来形容技术人才，笔者觉得非常贴切。单兵作战都是一等一的高手，但是难以与他人沟通，默默地去做自己的事情。笔者曾经也是这样的，并且一度认为这样挺好的，直到开始理解架构师的意义，才发现这恰恰成为自己做好一个架构师的最大障碍。

（3）思想单纯。

技术人才将他的全部精力都放在了钻研技术上，他们在技术的海洋中乘风破浪，普遍没有什么心机和城府，为了效率高，他们习惯于就事论事、有话直说。当双方都是技术人才时，这种工作方式效率确实很高，即使双方因为某个问题争得面红耳赤，讨论结束后依然可以愉快地一起玩耍。但对方如果是非技术人才，就可能觉得受到了伤害。此外，技术人才通常不屑于人情世故，不喜欢的人和事会直接表现出来。

上述技术人才的 3 个特征是相当普遍的，而作为技术出身的架构师来说，骨子里也是携带这 3 个特征的，因此，当企业遇到困难时，他们首先会认为企业的困难是当前过时的架构引起的，寄希望于采用最新的架构来解决问题。当自己在工作中遇到问题时，首先想到的是通过技术手段来处理，而不是与其他部门展开合作。更有甚者，在企业业务和架构都运转良好时，只是因为新的架构和技术出现了，便迫不及待地变更当前的架构去采用新架构和新技术，这为企业带来了巨大的成本消耗和风险。

2．观点受阻即放弃合作——"不求人"

在架构开发和实施过程中，架构师需要包括业务部门在内的其他组织提供协助，但效果可能并非架构师期望的那样。技术出身的架构师不善于沟通、思想单纯，很难通过个人魅力得到企业内其他组织的信任和帮助。此时，心高气傲的架构师很可能拿出技术武器，以一种"不求人"的心态独自迎接挑战。

"不求人"看起来似乎是架构师能力的一种证明，但请大家相信，以笔者的实际经验来看，这是不会有好结果的。企业成功的驱动因素永远只有业务，对技术而言，脱离了业务只会为企业徒增成本。

3．同行之间的攀比技术

在技术领域中，经常会有一些技术交流，各大厂商的专家介绍自己所在的企业是如何通过技术实施弯道超车甚至飞跃的，或者各论坛中的大神展示自己的技术成果。

不可否认的是，技术确实为他们带来了极大的竞争力，但促使他们使用新技术的原因实则是过去的技术无法支撑他们现有的业务。

但这给技术出身的架构师带来了极大的自卑感，他们的关注点在于，同行的技术已经发展到如此先进的水平，而反观自己，还在使用陈旧的技术，这使他们产生了巨大的心理落差。虚荣心会促使他们在当前技术不足以支撑企业业务时就用技术驱动架构变革。

4．避免技术思维的几点建议

作为企业 IT 战略核心的架构师不能有"技术改变世界"的想法，应当将自己的目标永远对准让企业成功。下面笔者想为技术出身的架构师提几点建议。

- 在进行技术变革时，优先考虑的应是如何最大限度地利用企业现有的 IT 能力和资源，用最简单、最节约的方式来支撑业务，将业务变更作为技术变革的唯一驱动因素。
- 同行的经验可以拿来学习和参考，切不可将其作为自己追赶的目标，俗话说："鞋合不合适，只有穿上才知道"。
- 对待行业中的先进技术，可以小范围地尝试，在条件允许的情况下予以推广和实施。这里所说的条件有很多，但最重要的一个是业务需要。
- 架构师应该认识到自己技术思维的局限性，努力提高自身的个人魅力和沟通本领，联合企业内的各组织部门，与他们通力合作、相互理解，共同推动企业快速前进。

2.4　做好一个 EA 架构师

想成为被众人敬仰的架构师是一件非常困难的事情，但这对于专注一个领域的专业架构师来说，尚可以通过不断提升自身的专业知识去实现。然而，对于企业架构师来说，较大的组织规模、较多的利益攸关方及更加复杂的架构设计和治理，使得想要成为一个好的企业架构师非常困难，甚至不知该从何做起。本节的内容则是笔者对这个问题的一些思索。

2.4.1　成为漩涡的中心

> 仅凭自己一个人是做不好工作的，要与上级、部下及周围的人相互配合、齐心协力。因此，自己首先必须要积极主动地承担工作，一定要形成一种周围的人自然而然地前来协助工作的氛围。这就是所谓的"在漩涡的中心工作"。
>
> ——稻盛和夫

越高层级的架构师越需要得到别人的帮助，这是显而易见的。面对大型企业中大规模的企业架构，无论一个人的能力有多么强大，单凭他自己，能力还是远远不够的。此外，架构的成功取决于架构师能否正确地处理所有利益攸关方的关注点，沟通和协调是架构开发和实施过程中非常重要的一环，甚至笔者认为这一环要比架构师自己的技术能力还重要。

日本"经营四圣"之一的稻盛和夫在他的经营哲学中不止一次提到了优秀的人才在工作中应当"成为漩涡的中心"。在企业中存在无数的"漩涡"，笔者的理解是，任何需要与别人合作处理的事项都是一个"漩涡"，而架构师要做的，就是成为这些"漩涡"的中心，积极地带动周围人开展工作。

1．自燃型的架构师

在讨论架构师如何成为"漩涡"的中心之前，先来看下哪些人最容易成为"漩涡"的中心。稻盛和夫将人分为以下 3 种类型。

- 阻燃型：怎么都不会燃烧，就像陶瓷一样，这种人无论如何都不会有工作的激情，因此是会被淘汰的人。
- 可燃型：像火柴一样，只要别人点，他就会燃烧起来，这类人是企业重点培养的对象。
- 自燃型：无须借助外力，自己就可以燃烧起来，自驱力强，积极主动，是企业最需要的人才。

为了成为"漩涡"的中心，架构师应该努力让自己成为自燃型的人才，下面是笔者的一些建议。

2. 制造漩涡

要想成为"漩涡"的中心，首先要制造"漩涡"，它通常来自下面这些地方。

（1）权责不清之处。

企业中有很多权责不清的事项，说不清它究竟由哪个部门或团队负责，只要你发现一处，就可以作为"好事者"主动找相关方讨论，一旦你将大家组织在一起，"漩涡"就形成了。同时，因为这个"漩涡"是你组织起来的，只要你全身心地参与其中，那么你就会成为这个"漩涡"的中心。

（2）上级领导的批示和建议。

通常领导在讲话时大多会讲一些方针性的高阶建议，并且很多时候都没有具体的实施方案，这就是一个很好的契机，架构师可以作为"好事者"寻找相关方针对其中一点进行可落地的方案讨论，这会让你成为"漩涡"的中心。

（3）同事之间有关工作的闲聊。

无论是在工作中还是在生活中，同事之间经常会讨论工作，其中可能会有非常棒的想法，但通常仅仅停留在口头上。架构师应当时刻留意这些讨论，一旦发现有利于架构开发和实施的，就和大家深入讨论，带领大家一起寻找行动方案。

（4）客户的抱怨。

对于架构师来说，客户可以是企业内部的，也可以是企业外部的。这些客户通常都有非常多的不满，经常会抱怨，一些架构师可能会使用负面的情绪来看待这些抱怨，但自燃型的架构师应当和客户深入讨论，理解他们的真实意图，在客户中形成"漩涡"，并且成为其中心。

3. 主动寻求帮助

传统的架构师都是方案的制定者，这样往往会显得比较强势。非技术人员会觉得架构师比较霸道，难以沟通；技术人员则会因为信服架构师而不敢发表自己的建议，这为架构师"成为漩涡的中心"设置了障碍。

笔者建议架构师可以适当地主动"示弱"，主动地寻求帮助，让周围的人感觉出架构师也有很多不清楚的地方，也是需要得到他们的帮助的。即使有时架构师知道答案，笔者也建议尽量用提问题的方式引导周围的同事自己得出结果，实践方法可以参考"苏格拉底反诘法"。

4．频繁"制造"成功

当架构师在"漩涡"中获得可落地的行动方案后，应鼓励大家选择适合自己的部分进行执行，并且将执行状态在"漩涡"中快速同步，每当一个成员或一件任务取得正面成果后，无论成果的大小，都应及时与大家分享，这些小的成功会不断推动周围同事对架构师工作的支持。

即使成果是负面的，没有取得期望的结果，也应将其作为试错经验与大家分享，这些负面成果不但为成功提供了更多信息，而且让大家在这种工作模式中积累了更多的经验，相互之间的关系也会更加融洽。

5．培养"有趣的灵魂"

企业中的人员形形色色，如果架构师仅使用"公事公办"的行动方针与他人合作，一方面可能会让对方觉得被利用，另一方面极大地减少了形成"漩涡"的可能性。

为了各个部门的同事保持紧密的合作，建议架构师可以培养自己广泛的兴趣爱好，用兴趣爱好作为和他人沟通的桥梁，与他们保持良好且持久的"私交"。抽出时间和精力，经常游走在各个部门之间，这样一来，可以加快"漩涡"形成的速度。

6．学会感谢他人

架构师应当时刻提醒自己，任何成就都来自大家的共同努力，虽然自己作为"漩涡的中心"促成了成果的产出，但绝不能因此认为功劳都是自己的，或者觉得别人都离不开自己。如果没有大家的积极参与，"漩涡"根本不可能形成；如果没有大家的通力合作，思想就永远不能落地。

因此，架构师应当经常感谢帮助自己、帮助达成成果的人和组织。感谢的形式应当正式一些，并且通知对方的上级，让对方在感受到诚意的同时，能得到在工作上切实的利益。

至此，笔者罗列了一些自认为最可能让架构师"成为漩涡的中心"的方法，但说实话，笔者在这方面做得一直不是很好，甚至可以说比较不好。作为百分百技术出身的架构师，笔者拥有了技术型架构师的所有优缺点，虽然笔者对此深有体会也不断地自我反省，但依旧有很大的改进空间。所列的这些建议都是笔者自己的感悟，可能不够全面，希望可以给读者带去一些启发，也希望每个架构师都能"成为漩涡的中心"。

2.4.2 成为导师：为他人转身

架构师需要得到周围人的帮助，但如果周围人的能力不足以为架构师提供帮助，架构师的工作就变得非常困难。

1."让我来"有害

作为技术出身的架构师，笔者经常反思自己的工作方式。过去，当同事遇到问题时，笔者的做法通常都是"让我来"。有时候给一些开发人员分派任务后，如果他们不理解，笔者会仔细地给他们讲实现的步骤，如果他们还不太理解，笔者可能会失去耐心，再次一句"让我来"，随后把他们从座位上拉起来，自己坐下开始敲键盘。

但笔者现在深刻地认识到，对于架构师来说，这样是非常不正确的工作方式，原因如下。

（1）伤害了同事的感情。

技术出身的人神经都比较大条，常常在不自知的情况下伤害对方的自尊心。架构师的一句"让我来"，可能让开发人员备受打击，让他们开始质疑自己的能力，当架构师自己需要帮助时，结果可想而知。此外，这会让开发人员为了给别人留下好的印象而隐瞒自己在工作中遇到的问题，从而阻碍架构师收集反馈，为架构带来隐藏的风险。

（2）增加了自己的工作负担。

当开发团队人数较少时，架构师可能可以用这种方式照顾到所有成员，一旦团队规模扩大，架构师根本不可能自己去处理所有架构实现过程中遇到的问题。

（3）过于关注细节。

架构实现过程中的问题绝大部分都是细节问题。在之前的讨论中，笔者说明了架构师不应陷在细节当中，而应当关注企业战略、业务价值、架构开发、迁移规划等高阶事务，应当作为"桥梁"游走在各个组织当中，努力"成为漩涡的中心"。显而易见的是，花费宝贵的时间去处理细节问题，会让架构师没有精力去做真正重要的事情。

（4）限制了同事的创造力。

在工作中，有很多次，笔者发现自己给出的实现方案要么存在缺陷，要么根本不能实现，或者对方的方案比自己的更好，这种情况俗称"被打脸"。因此，笔者开始意识到，无论周围同事的能力如何，他们都会在某方面或某一时刻迸发出非常棒的主意，这些就是创造力。但架构师的那一句"让我来"，极大地限制了对方的创造力，最终只会让大家放弃创造，仅仅作为架构师的"不太灵活的手"。

基于上面几点原因，笔者认为，一个好的架构师一定是像导师一样的，能够帮助周围的人不断地成长，通过他们的能力来实现架构师的构思。曾经一家企业的企业文化中的一条给笔者留下了非常深刻的印象——使他人成功。

2. 使他人成功的 7 个建议

在讨论敏捷架构师的章节，笔者给出了一些架构师如何帮助开发团队的建议，在此，笔者认为，使他人成功并不单单指帮助开发团队取得成功，而指帮助身边的所有人取得成功。这里需要强调的是，成功的唯一评判标准是产生的业务价值。

下面是笔者对架构师如何能够做到使他人成功的一些建议。

（1）多种形式的言传身教。

大部分企业都有自己的培训机制，有些企业会为此成立专门的培训部门，甚至花费重金从外部请讲师来给员工进行授课，从实际的效果来看，笔者认为并不是非常好。

这种员工被动接受的培训方式一方面对很多人来说只作为任务来完成，另一方面能够用在工作中的确实不多，加上培训后通常都会进行相关的考核，很多人压力很大。

笔者认为，使用非正式的方式可能会更好。例如，让架构师在日常的沟通过程中渗透一些当前对方可以立刻使用的经验、工具和方法论。这种非正式的方式有助于员工放下思想负担，自主地参与进来，并且可以立刻应用，应用过程也会有架构师的从旁指导。

（2）设置课题并提供奖励。

这是笔者的一个经验之谈，笔者喜欢每隔一段时间就结合当前架构中所需要的能力提出一个课题，课题不是强制性的，大家可以根据自愿的原则认领课题，并且进行相关的学习研究，然后通过答辩和分享的方式，让相关成员为这些课题打分。其中，最重要的一个得分项是是否为当前的工作产生了价值，最后根据得分情况给予一定的奖励。

这种方式的好处如下。

- 作为架构师，为大家提供了符合当前企业架构要求的发展方向。
- 使用非强制的方式让大家在过程中更加轻松。
- 以价值为导向的课题，无论是否胜出，对企业来说，或多或少都会为当前的工作提供帮助。

通过这些具有针对性、成就感及乐趣的课题，参与其中的员工的个人能力会自然而然地得到提升。

（3）"你们上！"。

前面说了"让我来"引发的问题，因此笔者建议，无论如何，都不要代替别人去完成他应该做的工作。

这里说的"无论如何"可能有些读者会觉得太绝对了，是否应该在进度严重落后、人员能力严重不足时，放宽这个标准呢？笔者的答案是否定的，笔者认为"无论如何"这一点是需要坚守的，一旦开了口，就很难收住。架构师应该将进度、能力等因素作为风险进行关联，而不是自己去帮别人做具体的实现。

（4）分享架构中的能力模型。

架构师需要针对架构的不同阶段评估当前企业中的能力模型，并且与目标能力模型进行对比，寻找差距。每到一个阶段，架构师都应将当前阶段和之后阶段的能力模型分享出来，让所有人都能够评估自己在能力模型中的位置，为他们提供能力提升的方向性指引。

架构师在分享时，应利用所有可以利用的媒介、场合和资源，并且应当像"布道者"一样，频繁地向他人传递思想，并且收集反馈意见。

在笔者身边，希望通过学习提高自身能力的人是大多数的，但他们往往不知道应该学什么，因此，一些人停留在思考的阶段，另一些人则"东一榔头，西一棒槌"，学的东西在工作中用不上，慢慢地就淡忘了。因此，在组织中分享与架构匹配的能力模型是非常重要的事情。

（5）建立敢于提问的文化。

子入太庙，每事问。或曰："孰谓鄹人之子知礼乎？入太庙，每事问。"子闻之，曰："是礼也。"

——《论语》

简单解释下上面引自《论语》中的话。孔子到太庙去，凡事都要问别人。有人说："谁说孔子懂礼仪？他什么都要问"。孔子听了，说："这就是懂礼仪的表现"。

在现实生活中，每个人都有着自己的经验和见解，可能一些人懂得多一些，但他们无法把一件事百分之百弄懂，总会有些遗漏，这就需要大家一起讨论，互相补缺。但在工作中，大家往往会认为提问多的人能力差，这给提问者带来了巨大的心理压力和实际上的利益损害。

为了让成员的能力能够快速提升，架构师应当在团队中建立敢于提问的文化。要做到这一点，笔者认为最好的方法就是架构师自己成为一个"每事问"的人。同时，架构师应当清楚地评估自己的能力，对于不清楚的事情，虚心求教；对于自己了解得多一些的事情，使用"苏格拉底反诘法"来引导对方得出最佳的答案。

（6）识别团队中的自燃型人才。

要想让大家都能够在工作中自我成长，需要一个学习的风气，而自燃型人才是最有可能带动这个风气的人。因此，架构师应当时刻在团队中寻找在自我成长方面的自燃型人才，对他们进行重点关注，为他们制定合适的激励机制，将他们树立为团队中的"标杆"。让"自燃型"人才点燃"可燃型"人才，让"阻燃型"的人在周围同事的带领下转变为"可燃型"人才。这就形成了一个良性的、可持续的循环。

（7）融入团队。

架构师能够融入团队是实现上述 6 点的必要因素。因此，笔者建议，架构师应当将融入团队作为自己的本职工作之一，不管企业是否有相关的行政命令，架构师都应拿出足够的时间深入每个团队。架构师不需要为他们解决具体的问题，只需要和团队成员交谈，去宣贯上述 6 点中的内容，去了解大家的真实想法，去接受大家的反馈意见，以及从他们的工作中得到架构上的启发。

2.4.3 搭上"架构师电梯"

"架构师电梯"的思想由 Gregor Hohpe 提出，他曾经在谷歌和 ThoughtWorks 担任 IT 架构师。这个思想的主旨是建议当下的架构师应该在企业中的不同层级中发挥作用，促使架构成功。

1. 传统架构师在企业中的位置

在一个较大规模的企业中，组织层级是比较多的，而传统架构师的工作内容主要是制定技术决策、绘制架构图和领导开发人员等，这些工作基本上都是可以由开发人员和使用工具来处理的，正是因为这个原因，在很多企业中，甚至没有架构师这个岗位，而是以高级开发或技术领导的岗位进行工作的。即架构师通常所处的位置是企业组织架构中的较低层级，这带来了一些问题。

（1）难以了解企业战略。

在一个企业中，越接近上层，越贴近战略。企业的战略对于架构的发展有着至关重要的作用，这个我们在架构开发方法中已经有过系统的讨论。但是传统的 IT 部门或架构师，往往处在组织架构中的比较下层的位置，这不利于架构师了解企业战略。

（2）信息逐层丢失。

信息在这些层级之间传递，就像一场传话游戏，信息每经过一层就会丢失一些细节，这被称为信息在传递过程中的衰减。层级越多，衰减就越大，当传递到架构师时，可能已经与原始信息的真实含义相差甚远了。同时，这种传递的效率非常低，在传统的企业管理中，跨部门、跨层级的沟通往往有流程和制度的限制，因此每一次沟通的速度都比较慢，效果也比较差。

（3）架构师的建议难以被支持。

决策通常都是高层级人员进行制定的。一方面，架构师距离高层级人员很远，因此架构师的建议很难反馈到高层级人员那里，这让架构师难以开展工作，最终只能作为技术专家解决一些开发人员遇到的细节问题；另一方面，对于高层级人员来说，距离 IT 部门比较远，因此架构师和开发团队在工作中取得的一些对于业务非常有帮助的成果，高层级人员是难以察觉的，这可能导致他们决策错误、失去变革的机会等。

（4）技术和流程冲突。

这个问题在笔者近些年接触的企业中非常普遍。企业想通过信息化的能力来帮助业务变革，对此抱有非常大的决心，他们不惜重金组建技术团队、购买 IT 基础设施和软件系统，并且让技术团队学习当前先进的开发方法和工具，但在自身的运营管理和组织架构上没有任何的改进。例如，企业为了让开发团队能够通过目前流行的 DevOps 方法进行工作，购买了 Jenkins、容器管理平台、云服务等一系列工具。但在人员结构和工作职责上，所有的构建和发布操作都必须由一个运维团队进行，开发人员只负责用代码实现功能。每次发布时都需要多个审批单的层层审批，如需要发布审批、资源申请、安全评估等流程。这种传统的工作流程阻碍了使用新技术和新工具本应获得的收益。

2. "架构师电梯"的工作模式

针对当今在传统的企业管理中，架构师只负责较低层级的事务所带来的问题，为了解决这些问题，让架构师能够承担起开发企业架构并通过企业架构支撑业务变革的重任，Gregor Hohpe 提出了"架构师电梯"这一思想。

他认为，企业的管理和运营不可能在短时间内发生很大的变化，这需要一个较长的过程，为了能够在这些使用传统管理方式的企业中完成一个架构师应该做的事情，需要架构师能够快速地在不同层级之间移动。他对此进行了一个比喻：好像有一个专门给架构师乘坐的电梯，这个电梯可以快速地到达任意组织层级所在的楼层，架构师每天的工作就是坐上这个电梯去访问不同的楼层，以此来收集信息和反馈信息。

> 传统架构师的大部分工作都应该由开发人员和工具完成。
>
> ——Martin Fowler 和 Erik Doernenburg

架构师应该放下那些绘制类图、领导开发人员、解决技术难题等以前的工作，而去做一些更有意思的事情，这些事情包括以下 10 点。

（1）相比开发工作要更加关注系统的运行架构。

过去，对于软件系统的关注点更多的在于如何进行开发实现，然而，从近些年流行的技术及未来的趋势来看，关注点越来越向运行时转移。大家都在考虑如何通过对运行架构的设计来保证系统的稳定运行，希望系统拥有韧性、更高的服务级别协议（SLA）等。

正是由于这个原因，近些年一些有关运行时管理和监控的系统和工具非常火热，其中应用比较广的有 Docker、K8s、Prometheus、Hystrix、ELK 等。因此，架构师有必要花费精力在较低的"楼层"停留，去了解和使用这些技术，最终将它们应用在运行架构之中。

（2）通过自动化的手段来加速功能的上线。

很多年前，软件行业就开始学习工业领域了，在工业化的进程中，通过使用流水线的方式可以快速、大批量地制造标准化程度高的产品。

软件行业一直努力通过自己的方式来形成流水线，瀑布模型就是其中的最具代表性的产物，但在很多年的实践中，有成功的案例，也有大量失败的案例。

现在，人们逐渐认同编码工作是一种设计，工业化的方式解决不了设计问题，但流水线是可以解决代码的构建和发布问题的，持续构建（CI）和持续发布（CD）让这两项工作可以使用工业化的方式来处理，DevOps 更让自动化的构建和发布得到了广泛的重视。

架构师应在 DevOps 上下一些功夫，DevOps 对于重复的工作来说，不仅加快了速度，还避免了人为的失误，同时可以作为前往更高"楼层"的敲门砖。

> 人们通常认为 CI/CD 的目的是节约成本，但实际上，使用 CI/CD 的关键因素并不是经济性，而是对于重复工作的敏捷性和可靠性。

（3）尽量避免前期决策。

贝佐斯曾经说过，决策分为两种：一种是"单向门"决策，做出之后就不可逆了；另一种是"双向门"决策，如果错了，还可以重来一遍。

传统架构师一直面临着在系统还未实现时就要做出"单向门"决策的挑战，因此他们在前期就面临了巨大的压力，而结果往往不如预期，决策错误的情况经常发生。

前期决策的原因如下。

- 现有的组织和流程。例如，为了进行某项审批，必须先提供一些决策。
- 厂商的过度承诺。厂商往往在架构师购买之前把功能说得极其强大，架构师可能会相信厂商的承诺而做出决策。

建议架构师通过灵活的架构设计和模块化的实现方式，尽可能避免在前期做出"单向门"决策。避免前期决策是希望架构师能够去往更高"楼层"的原因之一。

（4）向管理人员"出售架构"。

架构师在以往的工作过程中，不善于向管理人员介绍自己和研发团队的工作成果，在一些实际上需要管理人员决策的情况下，架构师往往因为各种原因自己完成决策，这样带来的问题是不言而喻的。

如果架构师可以乘坐"架构师电梯"去往更高的"楼层"，向管理人员提供多个架构选项，并且清楚地向其解释每一个的优缺点，让高层领导进行决策，一方面可以让决策更加贴近战略，另一方面拉近了架构师与高层领导的关系。

架构师通过对架构灵活性的设计，不断地为高层领导提供架构选项，这些选项往往可以将"单向门"决策的时间点推迟，以收集更多的信息，甚至可以将"单向门"决策转变为"双向门"决策。

（5）关注环境而非特定的一个需求。

架构师不应该孤立地看待每个需求，而应该将需求放在一个当前业务领域的大的上下文环境中统一考量，这个大的上下文环境应包含的因素有商业因素、法律法规、能力模型等。不过，要想收集这些信息，架构师需要不断地访问多个"楼层"。

（6）用反馈验证决策。

传统的架构师，尤其是规模较大的企业中的架构师，就像生活在象牙塔中一样，他们定义了开发人员如何设计和实现软件系统，但自己不做任何与开发相关的工作，往往也看不到自己决策的效果或产生的成本。

从这些架构师自身来说，他们没有跟踪决策效果的意愿。这样一来，原本基于复用而设计的架构，可能实际上并没有达到复用的效果；为了加快开发速度而引入的通用框架，可能实际上减慢了开发速度。

因此，最好的方式是，架构师可以参与其中，不用做具体的事务，只需要频繁地乘坐"架构师电梯"去相应的"楼层"收集信息即可。

（7）推动组织架构匹配技术。

ThoughtWorks 公司在康威定律的基础上提出了康威逆定律，其认为，系统架构可以反过来影响组织架构，这一点被许多企业证明。

如果系统架构和组织架构不匹配，就会发生下列情况：购买了全套实现 DevOps 的工具，部署可以在几秒钟内完成，但是企业可能需要几个月的时间来进行发布审批。

不过，对于架构师来说，当出现不匹配的情况时，恰好是一个非常好的去往其他"楼层"的契机。

（8）为架构的开发和应用排除障碍。

开发团队、项目管理团队和架构师都经常觉得自己的工作不被领导重视，也没有得到相应的支持，发生这种情况的原因主要是管理一个企业和管理一个开发团队不同，开发团队关注的是速度，而企业关注的是可预测性。

因此企业会设置很多层级，包括一些检查点和质量门，这对于新技术的应用来说是非常不利的。这涉及企业的管理，需要架构师去往更高的"楼层"，帮助 IT 团队消除障碍。

（9）对架构师进行分层。

一个架构师的能力终究是有限的，其人脉和影响力也是有限的，因此，为了能够覆盖企业当中的每一层，架构师团队也应该是分层的。有负责上层的架构师，也有负责下层的架构师，而他们同属一个部门，这样一来，只要架构师之间的信息可以快速同步，那么各个"楼层"的信息就可以快速同步。

架构师可以根据擅长的领域，分为企业架构师、战略架构师、解决方案架构师、技术专家等，方便与"楼层"对应。

（10）频繁地乘坐"电梯"。

这一点非常好理解，不用多说，架构师应当频繁地乘坐"架构师电梯"去各个"楼层"收集和分享信息。

2.5　本章小结

本章开始的几节是对各种架构师的介绍，目的是让读者对架构师这个词有更深入的理解，能够认识到在不同场景下，被称为架构师的人可能具备完全不同的技能和职责。

本章之后的几节是对企业架构师的介绍。首先通过架构师在工作中常常出现的反模式来讨论企业架构师的职责，然后介绍如何做好一个企业架构师。在讨论如何做时，重点介绍了"架构师电梯"，表达了在企业中，架构师应当是一个承上启下的角色，并且视角应更加全面，不应局限于细节。

本章强调了技术发展的目的是支撑业务这一根本原则，因此，架构师的工作和决策应围绕着业务目标而展开，尽可能多地为企业创造价值。

第 3 章　企业架构的目标

第 1 章介绍了架构的作用和分类，重点讨论了如何通过使用专业的企业架构开发方法和工具来进行企业架构的开发。第 2 章主要讨论了架构师的职责和分类，以及如何成为一个好的架构师。本章将重点讨论什么样的架构在当下的 IT 和市场环境下是设计良好的。

3.1　评估架构的 4 个维度

设计良好的定义如下。

> 既能快速实现业务需求，又可以保证系统安全、稳定地运行，同时具备随着外部环境的变化而持续演化的能力。

一个设计良好的架构可以通过以下 4 个维度进行评估。

1. 灵活性

架构自身存在大量的不确定性，如技术选型、厂商选择、实现方案等都存在大量的选项。在介绍"架构师电梯"时提到，架构师应避免前期决策，尽量将架构决策推迟到行动时。时间越接近行动发生的时刻，掌握的信息就越多，决策的可行性就越高。这需要架构足够灵活，能够支持各种决策选项。

2. 业务支撑性

业务对技术的要求无外乎功能的实现。为了适应市场的高速变化，业务部门希望 IT 部门能够用最快的时间，赶在市场变化和竞争对手之前，发布其所需要的功能。除对速度的要求外，业务部门还关注实现的质量，虽然质量不是业务部门关注的重点，但质量一旦出现问题，对业务的影响是非常巨大的。架构的目的之一是能够在保证提供符合当前业务场景对质量要求的前提下，快速实现业务方需要的功能。

3．运行时

随着信息化技术的发展，系统的部署早已不是一台主机、一个程序包就可以完成的了。为了将各个系统连接成一个整体统一对外提供能力，也为了让整个系统拥有高可用性、高扩展性，在遇到主机宕机、网络抖动、自然灾害时，能够尽可能地提供服务，在考虑架构的功能性需求时，还需要考虑保障系统运行的非功能性需求。

4．持续演化

有这样一种观点：任何一个软件系统经过 5 年后就需要全面地推翻重写。类似地，这种观点认为一种架构风格总会过时，所以当软件或架构开发完成后，不需要过多地关注它们的运维，而应该将精力放在下一代的开发上。但这是不正确的，好的架构应该具备持续演化的特点。

接下来的几节，笔者将详细讨论设计出一个符合上述评估标准的灵活架构所要面临的困难，以及可以参考的解决方案。

3.2　为企业"松绑"

架构的灵活性能够为决策提供多种选项，这些选项可以让系统快速响应变更，因为真正的决策可以延迟到一切信息变得明了时再决定。绑定的发生则会减少这些选项，这意味着，决策需要在信息不甚明了的前期提出，当情况发生变化，需要变更时，就会变得比较困难。

能够让架构拥有灵活性的唯一途径是尽可能地避免绑定到某个特定的技术、厂商、平台等第三方的软硬件之上。

为了让架构达到灵活性的要求，首先要做的就是给企业"松绑"。

3.2.1　不可避免的绑定

绑定是不可避免的，这一点与技术债务有些类似，具体体现在以下 3 个方面。

（1）绑定是无处不在的。

相信读者看完接下来关于绑定的 8 种类型的介绍就会明白，绑定是无处不在的。很多时候，不经意之间，可能就已经引入了不止一个的绑定。

（2）绑定是不可避免的。

绑定发生的根本原因在于组件彼此之间的相互连接和依赖，想要完全独立且不依赖于任何外部组件是不可能的。例如，在软件开发中，即使不依赖任何第三方类库，至少也需要依赖编程语言提供的语法和函数。

（3）每当避免一个绑定时往往会引入另一个绑定。

绑定并非都是负面的，架构师看待绑定也不是简单的非黑即白，而应是灰色的，很多时候，解决一个绑定的最佳方案有时就是引入另一个绑定。此外，解绑意味着投入资源，资源的限制会迫使我们不得不容忍一部分的绑定。摆在架构师面前的，就是权衡如何使用可容忍的绑定去解绑不可容忍的绑定。

3.2.2　8 种绑定类型

"架构师电梯"的提出者 Gregor Hohpe 将绑定总结为 8 种类型。本节会对这 8 种绑定类型的产生原因进行介绍，接下来的两节会分别讨论这些绑定带来的风险及可用的"松绑"模式。

1. 厂商绑定

厂商绑定是最普遍的绑定类型，通常是由企业内的采购决策引起的。企业在进行 IT 建设时，为了免去自身在开发、运维、管理等方面的投入，或多或少地都会采购第三方厂商提供的产品和服务。同时，经过与厂商在一段时间的合作后，企业往往会基于产品的连续性、合作关系的维系等原因持续采购少数几个厂商的产品，这些厂商自然会尽力兜售各类产品和服务。

厂商绑定带来的好处：企业在 IT 建设过程中，自身不需要太过操心，建设思路和建设过程大部分都可以交给厂商，企业只需要保证建设方向符合要求并提供必要的资金支持即可。这为企业在人员招聘、能力建设、资源投入等方面节省了大量精力。再加上，企业使用的软硬件都出自少数的几个厂商，各产品的定制化开发及产品之间的集成、交互等实现起来都相对比较容易。

2．产品绑定

产品绑定通常和厂商绑定同时发生，这比较容易理解，绑定一个厂商必然会使用其提供的产品，而绑定一款产品的同时很可能会绑定该产品的厂商。

有时会存在"绑定了一款产品，却没有绑定任何厂商"的情况，一个典型的例子就是使用开源产品。当然，这里所说的开源产品不包括具有商业协议的企业版本，因为企业版本通常会纳入很多厂商自有的技术和标准，同时支持定制化开发，这些并不通用。大部分开源产品都有对应的企业版本。例如，MySQL 分为社区版和企业版；又如，开源版本的 Kubernetes 在各大云厂商中均有定制化的版本——AWS 中的 EKS、阿里云中的 ACK、腾讯云中的 TKE 等。

产品绑定是非常普遍的，因为企业不太可能自己开发所有的系统，必然会使用一些第三方的产品，只要使用了这些产品，就会对其产生依赖，应用得越深入，绑定得就越紧密。

3．版本绑定

相比产品绑定，版本绑定的粒度更细一些，绑定到了某个产品的某个特定的版本。这种情况发生的原因通常是产品基础架构已经不足以支撑后续的迭代，这时厂商可能会基于全新的架构重新对产品进行实现，新的产品通常不兼容旧产品的接口和数据格式。

4．架构绑定

每过一段时间就会诞生新的架构风格。过去，这段时间可能会比较长，而在当今这个各行各业都飞速变化的时代，新架构风格的诞生越来越频繁（前几年还在广泛应用的 SOA 架构慢慢地被微服务架构取代，微服务架构还没有站稳脚跟，无服务器架构又来了）。

对于大多数企业来说，企业架构都是通过采买软硬件和平台产品来实现的，在架构规划层面相对比较弱，也不太重视，加上企业管理中的惯性，每当自身架构无法满足当前需求时，仍然会通过采买的方式将新的架构风格引入，并且替换旧的架构风格。

这种架构的替换本身会对原架构中的 IT 组件造成非常大的影响，同时这些原有的 IT 组件的能力很可能严重依赖于原架构提供的。例如，如果原先使用的是 SOA

架构，其中的组件都是单体应用，并且使用 ESB 来注册和管理接口，现在切换到微服务架构时，微服务架构的去中心化、服务注册与发现、服务治理等特性都会与之前有着非常大的差异。这种情况就称为当前的企业架构绑定在了 SOA 架构上，解除这类绑定将会非常困难。

5. 平台绑定

平台绑定主要发生在最近几年。随着云计算的成熟，越来越多的云厂商推出了自己的公有云和私有云平台。早期的云平台主要提供 IaaS 服务，通过虚拟化技术将物理主机的计算、网络和存储设备进行虚拟化后进行更细粒度的管理。从使用角度来看，虚拟机和物理机对于终端用户来说并没有太多的差异，因此早期企业上云过程对于应用程序而言几乎是无感知的，这使得企业可以选择任何一个云厂商的平台，并且在之后的使用过程中可以随时更换到其他厂商的平台上。

经过云平台的早期发展，现在大多数云平台都将重点放在了 PaaS 服务上，推出了数不胜数的 PaaS 产品，如云上的 Redis、MySQL、Docker、K8s、MQ 等。这时平台之间的差异开始突显，虽然同样是 MySQL，不同平台提供的能力可能是不同的，这里产生差异的原因主要如下。

- 实现的版本不同。例如，同样是 MySQL，有的平台可能支持 MySQL 8.0，有的平台可能只到 MySQL 5.7。
- 提供个性化的扩展。例如，同样是 K8s，但在负载均衡、网络策略等方面各个平台有自己的实现。
- 服务等级不同。每个 PaaS 产品都有服务级别协议（SLA），主要用于标识产品的可用性、性能等指标，不同平台中的同类产品的 SLA 级别可能是不同的。
- 使用的技术不同。例如，同样是微服务平台，有的基于 Spring Cloud，有的基于 Dubbo，还有的基于服务网格等。

企业早期在云平台中仅使用虚拟机，现在大量使用 PaaS 产品，于是产生了平台绑定，平台 PaaS 产品的差异性使得企业一旦大量使用一个平台的产品后，几乎不可能更换到其他平台。

6. 技能绑定

技术更迭的频繁在互联网相关的行业中体现得淋漓尽致。一些老旧的技术和产品被淘汰，新技术和新产品不断地涌现，其中有相当一部分经过短暂的火热期后迅速消亡。对于行业中的从业人员来说，不断学习成为保持自身竞争力的唯一途径，但仍然有相当一部分人，因为各种原因，学习的速度慢于行业的发展，他们的技能绑定在原有的能力之上。

技能绑定在传统软件公司和金融领域表现得尤为突出。传统软件公司的目标是开发符合客户要求的功能，为了能够快速交付产品、降低成本，其并不十分关注技术的先进性和多样性。在长期的技术积累过程中，传统软件公司通常是围绕公司早期选用的技术开展技术积累的，因此，人员的技能都会绑定在企业原有的技术之上，企业自身也并不鼓励员工使用其他技术。

> 在金融领域，为了保证业务的稳定性，有的 IT 系统已经使用了很多年，所用技术甚至落后现在十几年。这样一来，在金融领域工作的 IT 人员的技能也就绑定在了该领域特有的一些技术之上。

7. 法规绑定

在经过一段时期的野蛮生长后，信息化技术受到了来自伦理、隐私、数据安全等方面法律法规的约束。架构和解决方案可能会基于某些法律法规，或者使用的产品的商业协议中有相关法规条款，在这些场景下就会出现法规绑定。

8. 思维绑定

思维绑定是所有绑定中最牢固、最不容易解绑的绑定形式。古人云："积习难改"，当人们长期使用一个产品、一种工作模式或一种技术手段后，就会形成一系列的习惯和主观感受。

3.2.3 绑定有害

本节会逐一讨论 8 种绑定类型为企业带来的风险。

1. 厂商绑定

虽然厂商绑定确实可以为企业的信息化建设带来一些便利，但也会引发一些风险，尤其是企业规模较大时，这些风险造成的影响很可能会超过带来的便利。

可能带来的风险如下。

（1）受制于厂商自身的能力。

企业的信息化建设是一个长期不断迭代的过程，并且越往后难度越大。早期，通过从几个合作良好的厂商中采购一些软硬件产品，是可以解决某一个特定需求的。这些系统在功能上相对单一，部署结构和运行环境比较简单，因此有大量的厂商提供同质化的产品供企业选择。

随着企业数字化的发展，对系统的实现技术、运行环境等提出了更高的要求，一些前期合作良好的厂商可能会在能力上掉队，如果不及时更换，就会像木桶效应中描述的那样：企业会一直受制于能力不足的厂商的产品。

> 一个木桶能盛多少水，并不取决于最长的那块木板，而取决于最短的那一块。
>
> ——木桶效应

一旦合作厂商的能力不足以支撑企业的 IT 需求，企业将陷入两难的境地。因为前期从该厂商处采购了很多产品，也积累了良好的合作关系。如果要更换厂商，一方面，从企业的管理角度来看，需要慎重考虑；另一方面，企业内有很多业务部门长期使用这些产品，已经形成了工作习惯，想要短期内更换可能会遭到这些部门的抵触。

（2）厂商自身经营风险。

> 与欧美国家相比，中国企业的平均寿命要短得多。有抽样调查显示，中国民营企业平均寿命仅为 3.7 年，中小企业平均寿命只有 2.5 年；而在美国与日本，中小企业的平均寿命分别为 8.2 年、12.5 年。
>
> ——《中国企业平均寿命为什么短》

相比传统企业而言，IT 企业通常给人们的印象都是"简单粗暴"、速度快、敏捷等，但是，IT 企业的终结速度会比传统企业更快一些。

当企业内的软硬件产品都绑定在少数几个厂商身上时，一旦厂商经营陷入困境无法提供足够的支持，甚至面临倒闭时，对于采购了其产品的企业而言，这种情况是对数字化建设的沉重打击，很有可能前期的努力都会付诸东流。

（3）产品性价比不高。

IT 厂商在最初时，为了能够尽快进入企业内部占领市场，报价往往会比较低，一旦在企业内站稳脚跟，尤其当核心的业务部门在使用系统的过程中已经形成习惯时，企业的议价权就会消失。为了新的系统能够与现有系统无缝集成，企业可能不得已使用较高的价格购买该厂商的其他产品，这让企业失去了采购更加优秀的产品的机会。

（4）售后服务水平持续下降。

一旦业务部门习惯于某一厂商的产品，并且厂商的产品中积累了大量业务数据后，IT 部门就会越来越难要求厂商提供相应的服务支撑。虽然大部分厂商都不会直接拒绝企业 IT 部门的要求，但他们通常会以兜售自身产品为驱动力来评估需求，甚至拖到自己的新产品出现为止。厂商绑定让企业自身非常被动。

（5）与企业自身业务脱节。

数字化建设终究是围绕自身业务的，厂商的产品通常都是针对某一特定问题提出的具体解决方案，是通过调研不同企业中的相似问题域的特点给出的通用方案，而不是为当前企业量身定制的、符合其业务战略和 IT 战略的方案。

2．产品绑定

（1）引入更多的绑定。

目前的大多数软硬件产品都不是单独存在的，其往往处在一个生态圈之中，单一的产品绑定很快会发展为绑定在生态圈中的多个产品上。

是否可以通过使用开源产品来避免产品绑定呢？答案是否定的。这是因为，每个开源产品都会依赖非常多的其他开源产品，因此一个开源产品会比商业产品引入更多产品绑定。

（2）产品过时导致得不到后续支持。

对于商业产品来说，尤其是大厂的产品，产品过时导致得不到后续支持的情况并不多见，但存在产品的新旧版本不兼容的情况。如果采购的是小厂的产品，可能会因为倒闭或业务转型等因素面临产品缺少厂商支持的问题。

对于开源产品来说，停止更新和维护显得非常普遍。例如，曾经 Java 语言中经典的 SSH 框架之一的 Struts，虽然还在持续地迭代，但是活跃度已经大不如前，经常会听到关于 Struts 内有安全漏洞却迟迟得不到官方修复的声音。

除社区不活跃外，开源社区还可能完全停止更新。例如，微服务架构中的容错产品 Hystrix，其官方社区明确表示该产品已停止更新，仅做必要的 Bug 修复。Hystrix 在行业内的应用率非常高，即使从发布公告至今已超过 2 年的时间，目前依然有大量绑定在该产品上的系统在使用，停止更新给这些系统后续的发展造成了很大的影响。

（3）产品授权变更。

很多产品在起初时为了占领市场，都会以比较低的价格出售，甚至很多产品前期都会免费一段时间，当市场占领完成后，就会变更定价策略。企业前期可能因为优惠力度大而采购一些产品，当这些产品深入企业的日常管理和业务支撑后，一旦产品价格提高，企业往往缺乏议价权。如果更换另一些产品可能意味着历史数据的丢失及员工使用习惯的重新建立。

一些开源产品可能在开源一段时间后闭源变为商业产品，这种情况在开源社区并不多见，可是一旦发生，对于使用该产品的企业来说，如果不能快速用其他产品替换，那么结果可能是致命的。

【举例】
2015 年，某创业团队研发 AR 相关的产品，团队自身并没有掌握 AR 的核心技术，而通过使用一款开源的 AR 引擎来构建业务功能，图像识别、三维识别、模型处理等 AR 相关的基础能力都严重依赖这款 AR 引擎来实现。一段时间后，该 AR 引擎被大厂收购，即将闭源，如果要继续使用就需要支付一笔许可费，这对一个创业团队来说是无法负担的。如果要更换新的 AR 引擎，就需要从头开始，这让原本就缺乏资源的团队备受打击，在坚持了几个月后，这个创业项目以失败告终。

（4）产品能力不足以应对当前场景。

企业的业务量在初期可能较小，这时架构复杂度也较小，使用的产品足够应付当时的需求，随着 IT 技术的发展、架构复杂度的增加及数据量的激增，如果企业架构的灵活度不够，无法快速引入新的技术予以应对，就可能会错过转瞬即逝的市场机遇，为企业的发展带来非常大的影响。

3．版本绑定

（1）新旧版本长期共存引发混乱。

新旧版本的共存使得企业内存在相同产品的不同版本。对企业来说，一方面，需要购买不同版本的商业许可；另一方面，同时保障多个版本的稳定运行会带来一些挑战，企业需要在不同版本上重复进行运行保障、性能调优等工作。

> 2018 年，MySQL 8.0 的第一个 GA 版本发布，距今过去 3 年多的时间了，但大部分软件产品还在使用 MySQL 5.7，甚至是历史更加悠久的 MySQL 5.5。
>
> 保留旧版本的原因是求稳，毕竟系统已经在旧版本上运行了一段时间了，如果换成新版本，可能会带来一些风险。

（2）迁移意味着丢失历史数据。

同一款软件产品的不同版本之间可能是不兼容的。新版本为了提供新功能和优化旧功能，往往在软件的设计和实现上与旧版本有着较大的差异，如果希望使用新版本替换旧版本，就面临原本在旧版本中产生的数据会丢失的问题，这在一些场景下是不可接受的。

（3）迁移意味着重写客户端程序。

使用第三方类库应用程序可能面临如果要升级某个类库的版本，则需要重写客户端程序的问题。例如，Struts 和 Struts2，它们甚至从起源上都是不同的，假设应用程序原本是使用 Struts 开发的，如果现在想变更为 Struts2，则需要对大量相关代码进行重写。

（4）传染性版本绑定。

如果只是一个依赖产品的版本需要变更，通常还比较容易处理，但实际上，当升级一个产品时，可能一系列的产品都需要升级。

例如，新版本对操作系统的版本有要求，升级了产品就需要升级操作系统，而升级操作系统可能面临大量相关产品的升级。又如，类库产品自身会依赖其他类库，当升级了其中一个类库的版本后，会出现大量相关类库与其不兼容的情况。

4．架构绑定

目前为止，讨论的其他绑定的风险影响范围通常只是一个或少量几个产品，是"点"或"线"的范围，但架构绑定的影响范围是"面"的。

绑定到某个特定的架构风格上后，当想变更为其他架构风格时，可能需要重写所有架构中的组件，但企业架构支撑着企业的战略和愿景，不变更又不行，这时企业的处境就会非常尴尬——变与不变都会带来难以评估的损失。

5. 平台绑定

（1）企业很难控制平台的高可用性。

大多数使用云平台的企业，对于高可用性的要求都非常高，一些大型企业通过自建机房的方式来实现"两地三中心""同城多活"，进一步提升平台的可用性。但平台绑定对于高可用性来说是存在风险的，假设采用一个云厂商的公有云平台，那么一旦该厂商的产品或设备发生故障，则无论有几个数据中心，可能都会同时瘫痪。

（2）平台的安全性难以保证。

云平台除提供应用软件的运行支持外，还会提供账户管理、访问权限管理、安全策略等功能，平台绑定可能意味着企业内的一些敏感信息全部存在一个厂商的平台环境中，一旦厂商的产品存在安全漏洞，则所有的数据都有泄露的可能性。

（3）引发厂商绑定与产品绑定。

如果将平台绑定分解开来，可以看作厂商绑定和产品绑定的联合体，因此厂商绑定和产品绑定中的风险同样适用于平台绑定。

6. 技能绑定

（1）在互联网时代缺乏竞争力。

随着互联网企业开始越来越多地颠覆各行各业的游戏规则，如果传统企业自身的技能与互联网企业差距过大，则传统企业将在市场竞争中败下阵来。但传统企业中的人员由于长期使用比较单一的技术，并且日复一日、按部就班地完成自己的工作，因此当需要学习新技能时，在员工的主观意愿、接受能力、培训效果方面都面临着较大的挑战。

（2）小众技能人才招聘困难。

行业内技术的更迭让业内的人才大量聚集在热门技术的领域之中，因此对于过时的、小众的技术而言，使用它们的人才数量会越来越少。这对于企业人才梯队的建设是非常不利的，一旦老员工流失，新人又很难招到，企业将陷入困境。

（3）架构变革阻力大。

第1章在介绍企业架构标准时，介绍过架构的开发需要建立和评估企业内的能力模型，这个能力模型的评估内容就包含了人员技能的评估。架构的开发和应用离不开企业中人员技能的支撑，如果企业内存在技能绑定，则架构变革会受到非常大的阻力，即使架构正确地开发出来，往往也得不到正确的应用。

（4）令产品绑定更加紧密。

很多时候，人员的技能绑定是由产品绑定引起的，如企业的开发框架是基于SSH产品的，那么人员的技能就绑定在了这些产品的使用上。这从另一个角度来看，使得产品绑定更加紧密，从而进入了一个恶性循环，引发更多、更紧密的其他类型的绑定。

（5）引发人才流失。

在企业中无法学到新的技能会引发有上进心的员工对自身在行业中竞争力的担忧和焦虑，他们很可能会因此而选择离职。

7. 法规绑定

在各类报道中，经常可以看到以 FAANG（Facebook、Apple、Amazon、Netflix、Google）为代表的科技公司受到各国法律制裁的新闻。

在全球化发展的今天，各国、各地区的法律法规都不尽相同，一旦架构绑定在一些特定的法规上后，当一个"黑天鹅"事件发生，或者企业开展全球化战略时，如果无法快速地从原有的法规上解绑，则可能给企业带来致命的打击。

> 在编写本章内容时，国内有两个影响比较大的"黑天鹅"事件：一个是"女子乘货拉拉搬家跳车身亡"；另一个是"3·15"节目中爆出的"人脸识别摄像头"。这两个事件都引发了社会对于技术和法规的广泛讨论，极大地影响了相关企业的业务发展。

8. 思维绑定

思维绑定带来的最大的风险是"习惯性说不"，这诱导我们进入了一个"二元逻辑"的陷阱之中。当有新的方案放到面前时，人们容易评判新方案和旧方案哪个对、哪个错，思维绑定的人会因为习惯于旧方案，先入为主地判定新方案是错的。这不但阻碍了企业的发展，影响更大的是，在企业中可能会形成对立的派别，形成内耗。

曾经，Java 和.Net 是 B/S 架构软件开发中使用广泛的编程语言，那个时候两个阵营中的程序员经常就哪个语言最好而展开无休止的口水战，这实际上是一种典型的思维绑定。

3.2.4　松绑模式

前两节对 8 种绑定类型及其为企业带来的风险进行了讨论，本节会针对每一种绑定类型，讨论松绑的方法。

本节的标题是"松绑"而不是"解绑"，所列模式是为了缓解绑定的，并非消除。

1. 厂商绑定

（1）设立企业架构团队。

企业会因厂商绑定而引发风险，关键因素之一就是企业希望能够引入信息化，所以将 IT 建设和架构设计的工作都交给了合作厂商来处理。因此，为了避免厂商绑定，建立一支专业的企业架构团队是非常有必要的。这样，企业架构师可以开发符合企业战略的架构，同时为了合规地实现架构，他们会向厂商提出架构需求，并且审核采购合同，避免企业偏离预期的方向。

（2）使用行业标准或规范。

在采购厂商的产品时，应优先使用业内通用的解决方案，避免使用某个厂商自定义的标准。例如，如果要采购一个工作流系统，则应当采购符合 BPMN 标准的产品。有了标准的约束，各厂商产品的核心功能都不会相差太多，在需要替换时，可以将影响降低到最小。

（3）使用设计模式分离实现细节。

使用一些成熟的设计模式将抽象和具体的实现相分离，抽象层不变可以保证外部用户不会因为变更具体的实现技术而受到影响，这样一来，就可以比较容易地在不同的实现之间进行切换。

（4）使用专业产品兼容不同实现。

在 IT 领域内，有非常多的产品存在的意义就是兼容各个具体的实现，让架构可以免于绑定到某个特定的厂商之上。例如，在 Java 阵营中，Hibernate 的出现使得开发人员不必关心底层使用的具体是哪个厂商提供的数据库，只需要使用 Hibernate 抽象出的数据访问接口就可以实现对各种不同厂商的关系型数据库的操作。

> 当前，架构的灵活性被越来越多的人重视，相关的产品和解决方案也越来越多，利用这些成熟的产品和方案可以有效地减少厂商绑定的情况。

（5）引入更多的厂商。

通过增加厂商的方式可以降低厂商绑定带来的风险，虽然无法彻底消除，但可以在很大程度上缓解风险带来的影响。然而，这会出现另一个问题，大量的厂商和产品需要专业的项目管理人员的参与，否则可能陷入更大范围的混乱。

2．产品绑定

对于"即开即用"的产品，规避厂商绑定的模式几乎都可以用于规避产品绑定。然而，如果产品由企业自行开发，并且依赖了一些第三方类库或开源产品，那么需要一些额外的规避模式予以应对。

（1）掌握核心技术。

如果使用自研的产品，则核心技术必须握在自己的手中。即使使用开源产品，也应当多做几个备选方案。

（2）绘制依赖图谱。

建议将所有依赖的第三方产品绘制在一个依赖图谱上进行统一的管理，并且为每一个依赖项设计替换路径。在设计替换路径时，首先评估某个产品不能继续使用的风险等级，然后评估该产品无法使用时带来的影响程度和影响范围，最后提出替换方案和指南。对于风险等级高、影响程度大、影响范围广的产品，应予以重点管理。

（3）关注行业动态。

建议企业内的架构师或 IT 团队负责人能够将关注行业动态作为自己日常工作的一部分，对业内流行的产品进行必要的技术预研，了解其擅长的场景、拥有的功能、优缺点及在企业中应用的可能性等，重点关注当前企业内已经应用的产品的活跃程度和所在的生命周期阶段。根据掌握的信息，及时调整当前企业中的产品组合。

（4）自研开发框架。

研发一个开发框架是非常有必要的，它可以作为防火墙，将开发人员使用的 API 与底层使用的具体的第三方类库分离开来。例如，通过在框架中抽象出数据访问层接口，在保证这些接口不变的前提下，架构师可以提供 Hibernate 的实现和 MyBatis 的实现，随后根据依赖图谱中的类库动态地在两者之间进行切换，而不需要担心对业务代码造成任何影响。

（5）建立能力模型。

在架构的迁移和演化过程中，根据当前所处的阶段不同，所需的产品是不同的，因此架构师应当建立企业内的 IT 能力模型，并且映射到架构的各个阶段当中，提前引导团队成员学习即将需要的技能。这样一来，当需要引入新的产品时，团队成员可以快速地上手，做到平稳过渡。

3. 版本绑定

（1）使用产品的主流版本。

企业中的架构师和 IT 部门应当重点关注业内常用产品的主流版本，过旧的版本会缺乏必要的功能性和非功能性需求，而过新的版本往往缺乏应用场景和稳定性，因此，主流版本应该是产品比较新且应用较广泛的版本。

在 IT 的建设过程中，无论是采购，还是自研，又或者是外包，都应该严格遵守企业对各类产品版本的要求，在架构合规性审查时作为重点工作之一予以执行。这将大大地统一企业内同一个产品的版本使用，避免出现多版本共存的情况。

（2）数据迁移或提供历史数据查询。

大部分的商业软件都提供版本之间的数据迁移服务，因此，如果企业希望使用新版本的产品，但不希望丢失历史数据，则可以使用原厂的数据迁移服务，这通常可以做到无损迁移。迁移完成后，将旧版本的产品下线，确保企业同一时刻只运行产品的唯一版本。

对于无法进行数据迁移的情况，可以采用将旧系统"半下线"的方式来处理，旧系统除提供历史数据的检索功能外，不再对外提供其他功能。随着时间的推移，新版本系统中的数据越来越多，对旧版本中历史数据的检索需求则越来越少，最终可以对旧版本中的数据进行归档处理，将旧版本完全下线。

（3）频繁地升级依赖库版本。

　　开源产品的版本升级是非常快的。通常情况下，升级到距离当前版本越近的新版本，对当前业务代码的影响就越小；相反，如果当前版本较旧，升级到非常新的版本则可能出现大量的不兼容情况。因此，在自研产品开发的过程中，应尽可能频繁地升级产品依赖的第三方类库。最佳的时机通常是每次迭代的开始阶段。

（4）非侵入式地使用和扩展第三方类库。

　　企业的开发框架会为开发人员提供大量的辅助方法，但如果框架设计得不合理，则会向开发人员导出第三方类库中的接口和方法，一旦这些接口和方法被开发人员大量使用，在未来升级到不兼容的新版本时，会引起大量的业务代码重写。因此，架构师在编写开发框架时，应避免将第三方类库的调用直接暴露给业务开发人员。

（5）完善的自动化单元测试。

　　类库版本之间的语法、参数、方法名等不兼容大部分都可以被集成开发环境发现，但如果新旧版本的差异是语义上的，那么集成开发环境就无能为力了。例如，旧版本第一个参数的含义是最大值，而新版本第一个参数的含义是最小值。通常，只需要编写覆盖度较高的自动化单元测试即可有效地处理这个问题。

> 对自动化单元测试的建议如下。
>
> 　　编写单元测试的一种常见方式是在开发完成后，由开发人员编写，单元测试的用例也是开发人员设计的。这实际上是有问题的，开发人员自己设计用例来测试自己编写好的程序，这相当于让开发人员既当"运动员"又当"裁判员"，效果着实不好。
>
> 　　有些企业可能会招聘专业的白盒测试人员来编写单元测试，还有些企业使用结伴编程的模式：一个人编写测试用例，另一个人编写业务代码。但这两种方式在大多数企业看来是一种浪费。
>
> 　　笔者建议团队使用测试驱动开发（TDD）的模式。开发人员在开发业务功能之前，首先编写测试用例，以这种方式先为还没有实现的业务功能设定相应的期望，然后通过编写代码来实现期望，这样就避免了开发人员既当"运动员"又当"裁判员"的问题，同时不需要投入额外的资源。

4．架构绑定

（1）规划架构的演化路径。

在进行架构变更时，应使用逐步演化的方法，而不直接使用新的架构产品去替换旧的架构产品，演化过程也应进行迁移路线的规划。架构师可采取"小步快跑"的方式，将每一次变更影响的程度和范围尽可能地缩小后，频繁地执行这些小的变更，一方面可以使整个系统的风险最小化，另一方面便于快速得到反馈、及时做出调整和尽早享受成果。

（2）先试点后推广。

新的架构往往需要新技术、新方法的支持，甚至需要企业变更自身管理模式来与之匹配，因此新架构的执行不仅会为企业内的 IT 部门带来非常大的变化，还会为其他相关部门带来或多或少的影响。

建议企业可以先挑选少量的系统进行试点，这样可以让一小部分人员先学习和适应新的架构，即使过程遇到困难，影响范围也不至于太大。

在挑选试点系统时，不要挑选那些非常核心的系统，也不要挑选无关紧要的系统。非常核心的系统的容错性太低，试错成本高，会让试点的工作畏首畏尾；而无关紧要的系统往往缺乏关注，即使成功，也很难在企业中形成影响力，并且由于其在业务角度来说比较边缘，覆盖的场景不会很多，也不具备代表性，因此可能对大规模的实施起不到太大的作用。

（3）去中心化的设计。

> 话说天下大势，分久必合，合久必分。
>
> ——《三国演义》

过去，软件架构都是"烟囱"式的，架构中的每个系统都是为了解决一个单一的问题域而开发的项目，服务于问题域中的用户，这些用户大多同属一个部门。当时，主要是厂商绑定和产品绑定，架构绑定的情况并不多。后来，为了实现企业内的数据共享、能力共享，架构将各个组件统一地管理起来，而在这个阶段，企业的管理模式基本都是集中式的，因此形成的架构大部分是中心化的，此时架构绑定就变得尤为突出。

从近些年流行的架构风格和未来的发展方向来看，去中心化成为架构设计中的重点。去中心化意味着架构只约定原则和规范，只要符合这些原则和规范，组件就可以根据自己的情况自行选择实现方案和技术选型，这在一定程度上可以减少系统中的架构绑定。

（4）管理利益攸关方的期望。

架构绑定的处理需要一个过程，并且需要对这个过程进行全面、谨慎的管理。现实中的问题往往是因为决策者对架构变更影响的错误评估引起的，因此，建议企业在决定实施变更之前，可以尽可能多地对新架构进行深入的了解，充分评估当前企业架构和目标企业架构之间的差距，这个差距不仅是技术上的，也包括企业文化、组织架构等管理方面的。

企业中的架构师有责任管理各利益攸关方的期望，对于一些太过理想化的期望，架构师应当及时地与之沟通，确保利益攸关方深刻理解新架构可能对当前工作带来的影响，以及避免利益攸关方的期望高于新架构实际能够带来的效果。

5．平台绑定

平台绑定是非常难以规避的。当然，不使用云平台的 PaaS 产品，仅使用虚拟主机，这样看似可以在不同的云平台之间切换，

然而，经过多年的发展，各个云平台上的 PaaS 产品琳琅满目，企业不需要在前期投入大量资源，也不需要建设自有的运维团队，即可享受平台上的各种服务。企业可以更加专注于自身的业务实现，这对企业而言是非常有价值的。同时，云平台内的产品形成一个生态圈，相互之间可以形成合力。因此，为了规避平台绑定而拒绝使用平台产品是一种因噎废食的做法。

近些年，"多云"的概念被越来越多地提及，其主要思想是通过云管平台来同时管理多个云平台，并且将部署在多个云平台中的应用系统打通，这样做的目的是解决平台绑定的问题。虽然理论上行得通，但"多云"在国内发展得并不是太好。一方面，国内的云产品从价格上来说还是比较高的，很多企业"单云"的费用都负担不起，更不要说"多云"了；另一方面，国内云管平台的发展不是很好。

一个相对可行的方式是将一些独立的业务分别部署在不同的云平台中，或者使用单元化的方式，将同一个业务的不同切片部署在不同的云平台中。

6. 技能绑定

（1）建立企业能力模型。

建立企业能力模型的目的是明确当前企业内人员所具备的技能，以及未来对技能的需求。这样做的好处是可以让每个人都清楚地了解自身的技能水平在整个企业范围内所处的位置，做到心中有数，同时可以让员工清楚当前的技能水平和企业要求之间的差距，作为员工提升能力的指引。

（2）宣贯架构迁移规划。

建议企业加大对架构的宣贯力度，这通常是企业架构师的本职工作。架构师可以使用各种手段来让企业内的人员了解架构内容，并且将架构中的关键点与相关的技能和人员进行映射。这样可以让员工清楚地认识到自身的技能水平是如何为企业架构做出贡献的，这会给他们带来非常大的动力去提升自己的技能水平。

（3）针对性地提供培训。

企业应当结合能力模型和架构迁移规划，针对性地为员工提供相关技能培训。培训的目的是提升员工的技能以支撑企业架构，因此培训结束就应该在实际工作中监控应用效果。对于高级技术人才，建议企业引入专业的外部培训，或者走进行业内的标杆企业去向他们学习。

（4）制定内部分享机制。

内部分享是企业中最简单的一种提升员工能力的方式，但大部分的内部分享并没有获得预期的效果，很多内部分享都是虎头蛇尾、没有结果的。

良好的内部分享应有正式的规章制度和流程，不必强制每个人都参加，但必须正规。在时间上应有所保证，尽量在会议室中面对面地进行，分享的主题应贴近实际工作。企业可以成立各类技能的兴趣小组，以社区的形式组织相关活动，当然，社区也需要正规的管理和企业管理层的支持。

7. 法规绑定

法规绑定相比其他的绑定会隐蔽许多，但是从风险管理角度来说，其概率随机性大，我们往往无法提前预测出法规的颁布时间和内容，因此，从规避模式上来说，没有一个固定的模式。

如果能够提升架构的灵活性，当新的法规出现时，可以在极短的时间内予以适应，并且在国际化的背景下根据所处的地理位置，快速适配当地的法律法规，就可以有效地避免法规绑定所带来的影响。

8．思维绑定

避免思维绑定没有固定的模式，因为其与人性有关。一个比较有效的方法是建设企业文化，在企业中倡导开放的思想，善于倾听，敢于承认自己观点中的不足，同时发现对方观点中的优势。即使不同意，也应允许对方表达自己的观点。避免用"二元逻辑"来看待问题，试着将各方的思想进行融会贯通、取其精华，结合当前的实际情况和应用场景确定最优的方案。

> 我不同意你的说法，但我誓死捍卫你说话的权利。
>
> ——伊夫林·比阿特丽斯·霍尔

3.2.5　绑定依然不可避免

架构的目的是给我们提供更多的选择，要设计灵活的架构，就需要尽可能地规避前面介绍的 8 种绑定。不过，在"松绑"模式的讨论中可以看到，解决一个绑定往往会引起新的绑定，甚至"松绑"的唯一可行方法就是主动地引入新的可容忍的绑定。

开源产品相比商业产品，其绑定的程度有所减轻，但并不意味着使用开源产品就可以避免绑定。在产品绑定和版本绑定中，开源产品因为开放性和融合性，绑定的发生频率和紧密程度甚至要高于商业产品。

综上所述，尽管针对每一种绑定都讨论了"松绑"模式，但绑定的发生依然是不可避免的，我们架构师要做的是权衡。

3.3　让功能尽快面世

架构是用来支撑业务的，对业务而言，最期望的是能在最短的时间内让用户使用到功能。业务部门非常关注速度，但是对于软件系统来说，还需要保证功能的可用性、稳定性和易用性，即软件的质量。

业务部门和 IT 部门之间的矛盾大多数都源于进度和质量，下面通过有关速度和质量的讨论，介绍一下在架构中应该如何在质量与进度之间进行权衡。

3.3.1　好与快，一个都不能少

是否应该花费时间来提升软件的质量，还是应该把宝贵的时间全部用来发布更多的功能?对于这个问题，业内一直争论不休。质量和进度似乎天生就是"鱼与熊掌"——不可兼得。

短期来看，质量和进度确实是矛盾的，将时间花费在提升质量上势必会减少相同时间内可发布的功能数量；但长期来看，质量和进度是相辅相成的。

1. 质量与进度是否存在矛盾？

笔者曾介绍过"技术债务"，每当为了进度而舍弃质量时，就会产生"技术债务"。换句话说，质量问题并没有因为舍弃而消失，而是向市场借了一些时间，从而让质量问题爆发的时间点向后推移了一些。

但债务终究是债务，就像电影里说的那样："出来混，迟早是要还的"。如果只产生"技术债务"而不偿还，最终就会影响到进度，甚至企业需要倾其全力予以应对，此时，业务功能的发布可能会完全停止。

> Martin Fowler 在《可交易的质量假说》一文中表示，如果不重视质量，那么很可能在几周后就会明显地减慢功能的交付速度。

"技术债务"往往比较隐蔽，因此有非常多的企业并没有意识到它的存在，相反，功能的交付速度可以显而易见地影响收益水平，这使得"技术债务"不断累积。另一些企业虽然意识到"技术债务"的问题，但抱有侥幸心理，认为可以在未来的某个空闲时刻一次性地解决所有"技术债务"。这些企业一直在等待空闲时刻的来临，然而，当空闲时刻来临之时，往往意味着已经处于危机之中。

总的来说，质量和进度短期内确实存在矛盾，但这里所说的短期仅仅是几周左右，在几周后，质量问题就会开始让进度越来越慢。对于大多数企业来说，为了几周时间的短期利益而舍弃质量的做法显然并不值得。

2. 高质量的软件系统是否值得？

提高质量通常意味着成本的增加，质量越高，成本就越高，这样做是否值得呢？是否应当确保不产生"技术债务"，从而达到最高的质量呢？

首先，"技术债务"是不可避免的，就算是最好的团队将精力全部放在质量上，"技术债务"仍然会产生。这是因为软件不同于其他行业，常常只有在功能被用户使用之后，才能真正地理解应该如何正确实现。

> 这可能不符合一些人的常识，但事实确实如此，只要用户没有亲身使用系统（往往他们都没有想好自己的需求是什么），无论在软件开发前对需求如何地深入分析都是无济于事的。当然，这并不代表可以不做需求分析，至少需求分析可以帮助我们完成软件第一个版本的发布。

其次，质量的概念在不同的人看来有着不同的含义，笔者将质量分为内部质量和外部质量两部分。

- **内部质量**：用户不可见的部分，主要体现在架构层面。
- **外部质量**：用户可见的部分，如用户界面、易用性等。

对于外部质量，是可以适当地舍弃一些的。例如，当时间紧、任务重时，可以为了交付更多的功能而暂时放弃对易用性的优化。但对于内部质量，虽然用户不会为了代码整洁而支付额外的费用，但内部质量的提高可以有效加快未来新功能的交付速度，因此，不建议舍弃内部质量。

最后需要强调的一点是，虽然高的内部质量是值得的，但不应矫枉过正。质量的保证是一个持续的过程，只需要保证"技术债务"在一个可控的范围内即可——笔者不反对"借贷"，但需要保证足够的偿还能力。

3. 如何在保证质量的前提下加快功能面世？

在架构设计和开发过程中，会定义架构原则、参考框架、制度规范等，这些都会在一定程度上对架构中的应用程序组件提出质量要求，通过合规性审查来保证这些质量要求都被正确地执行了。

在架构师的工作中，充满了各种各样的权衡和取舍，质量和进度是其中非常重要的考量因素。架构师的关注点主要是内部质量，外部质量可以授权给业务部门和业务系统自行处理。对于内部质量，建议分为架构质量和软件质量两部分来分别管理。

（1）架构质量。

为了尽可能少地占用业务开发团队的时间，建议将架构质量的提升融入架构的迁移规划当中同步进行，并且尽可能频繁地执行迁移，这样频繁且少量的质量提升，不仅可以最大限度地减少对业务开发团队的影响，还可以控制"技术债务"的累积。

（2）软件质量。

对于软件质量来说，建议架构师引导开发团队通过使用编码规范、设计模式等手段在合适时进行代码重构，保证代码的可扩展性、可读性和规范性。

> 在进行质量和进度的权衡时，可以参考极限编程（XP）的思想。
>
> 在 XP 中，所有人必须严格遵守统一的编码规范，在进行业务功能的实现时，用最简单的办法实现每一个小需求。最简单的办法：只要能满足系统和客户当下的需求即可，保证每个需求的实现都能够通过测试，在后续的迭代中不断地重构和优化。
>
> 从 XP 的思想中可以看出，遵守规范和确保通过测试是对内部质量的保证，用最简单的办法实现需求则意味着可以为了加快进度而舍弃一些外部质量。

下面，笔者将重点介绍两个既可以保证质量，又可以不因提升质量而减慢开发速度的方法。

3.3.2　为飞行中的飞机更换零件

一个既可以保证质量又可以保证进度的方法是，合理地处理"技术债务"，这一节，笔者就来谈谈如何偿还"技术债务"。

> 曾听说过这样一个案例：一家大型企业长期受到"技术债务"的困扰，后来企业高层决定在半年的时间内，不发布任何新的业务功能，所有 IT 人员都专注于偿还"技术债务"，最终取得了成功。
>
> 当然，这种集中式的处理"技术债务"的方法是可行的，但风险过大，效果也难以保证，最终的结果很可能是"赔了夫人又折兵"。

《重构》一书中，引述了软件开发方法学大师 Kent Beck 提出的"两顶帽子"的比喻。

在软件开发过程中，我可能会发现自己经常变换帽子。首先我会尝试添加新功能，然后会意识到：如果把程序结构改一下，功能的添加会容易得多。于是我换一顶帽子，做一会儿重构工作。程序结构调整好后，我又换上原先的帽子，继续添加新功能。新功能正常工作后，我发现自己的编码造成程序难以理解，于是又换上重构帽子。

——Kent Beck 提出的"两顶帽子"

"两顶帽子"提出，在开发软件时，应将时间分为添加新功能和重构两种，在添加功能时不要修改已有的代码，在重构时不要添加新的功能。

根据"两顶帽子"的启发，偿还"技术债务"的最佳时机就是在功能的迭代过程中，每当需要添加新的业务功能时，首先判断当前的质量如何，是否可以快速地完成新功能的开发。如果不能，则意味着质量不高，由此可以进一步推导出质量不高引起当前无法快速完成新功能的开发，因此出现"技术债务"的结论。为了不让"技术债务"累积，应在添加新功能之前先提升质量，解决上一次实现带来的"技术债务"。当这个"技术债务"解决后，再实现业务功能。

每次新增功能，都先解决上一次不高的质量引发的并对本次任务造成影响的"技术债务"，这样一来，不仅每次处理起来相对简单，还不会耗费太多时间。

1. 敏捷团队中的"两顶帽子"

如果使用敏捷开发方法，"两顶帽子"则更加适合。敏捷开发方法中的每个迭代的时长通常在 2～4 周，因此每个迭代都是一次使用"两顶帽子"的时机。

敏捷团队可以在每次迭代的回顾会议中找出潜在需要改进的方面，对其进行排序后放入产品待办事项列表当中，在下一次迭代时，除从中选取业务功能的待办事项外，还应选取一定数量的优化和改进项。在迭代进行过程中，如果发现需要先提升质量的情况，可以向迭代的待办事项中添加新的任务。

如果新增的任务导致本迭代中的其他事项无法按时完成，则应和产品所有者沟通，删减一些优先级低的事项，但不应在提升内部质量方面妥协。

2. 普通团队中的"两顶帽子"

如果组织没有应用敏捷开发方法，"两顶帽子"的应用时机则不太好把握，尤其是使用瀑布模型的项目型团队，他们的开发过程没有中间状态，很难在过程中找到合适的切入点进行质量提升。建议身处这种团队之中的架构师努力创造重构和优化的时机，并且在过程中持续关注任务的执行，稍有不合规情况发生，就立刻予以纠正。

幸运的是，从目前情况来看，使用瀑布模型的组织越来越少，项目型团队都在使用迭代模型，每个迭代只开发整个系统功能的一个子集，这样就可以保证在新的迭代中优化之前迭代中发现的缺陷和问题。

总之，无论使用何种开发模型，架构师或技术负责人都应尽可能地创造一些检查点，用于偿还"技术债务"，检查周期不宜过长，尽量控制在几周之内。

3.3.3 让人月不再是神话

另一个既可以保证质量又可以保证进度的方法是，在相同的时间内做更多的事。项目管理认证（PMP）给出了如下两种方法。

- 赶工。
- 快速跟进。

赶工需要投入更多的人力或更多的工作时长，这意味着成本的上升，而且并不是总是有效的。

> 软件项目的晚期增加更多的人力将会使软件项目更加延期。
>
> ——《人月神话》

快速跟进通过将串行活动改为并行的方式来节省时间，相比赶工所带来的负面影响，快速跟进通常是更好的选择，而良好的架构设计可以为快速跟进提供有力的支撑。

1. 串行为主的单体架构

过去，大部分系统的架构都是单体架构，虽然在系统规模较大和人员数量较多时，会划分成多个研发小组，但是所有人都使用同一个代码仓库，拥有该系统全量的代码。在开发过程中，有的小组速度快一些，有的小组速度慢一些，这是非常正常的现象，但是由于构建和部署都是需要拉取全量代码的，因此，只有等所有开发小组的任务全部结束后，才可以进行构建，随后进入测试阶段，每轮测试结束，又需要等待所有的小组修复完自己代码中的缺陷后，再次统一构建。在最终发布环节，也需要等待所有的代码都准备就绪才能够统一发布。

上述的这种情况对于人数较少的团队不会带来太大的麻烦，但是当人数很多时，沟通协调和相互等待的情况会非常普遍，在整个开发过程中，在任何时刻，都会有一些团队特别忙，另一些团队特别闲，而总体进度总是非常紧张的。

2. 并行为主的分布式架构

在 SOA 架构盛行时，整个系统由多个独立的业务子系统组成，系统之间通过 ESB 进行数据交互。这时，每个子系统都有自己的代码仓库、开发人员和测试人员，理论上说，一些原本串行的工作可以基于子系统并行执行，但由于中央式的 ESB 和系统之间复杂的相互调用，虽然子系统之间的开发和测试工作可以并行开展，但部署和发布仍然需要所有子系统都准备就绪才可以进行。

随着敏捷开发方法和微服务架构的广泛应用，串行变并行成为了顺理成章的事情。微服务架构通过先将一个单体系统依据领域模型划分成一个个限界上下文，再根据限界上下文形成一个个微服务应用，使得每个微服务都专注于一个很小的业务域，职责单一、功能简单。敏捷开发方法要求敏捷团队是跨职能的自治团队，每一个敏捷团队都有完成一个业务功能所需要的全部技能，在一个团队中，既有负责前端 UI 的人员，又有负责开发、测试、部署、运维的相关人员。

如果使用微服务架构来构建系统，使用敏捷开发方法来组织团队，让每个敏捷团队负责一个微服务，就可以最大限度地实现并行工作，只要一个微服务完成，即可自行发布，这样极大地加快了新功能面世的速度。

加上过程中使用"两顶帽子"来持续提升质量，这样的架构就可以既保证质量又保证速度了。

3.4　不再被半夜的电话惊醒

大型企业架构的复杂度及对高可用性的要求，使得企业中的运维人员每天都生活在精神高度紧张、加班极其频繁的日子中。好不容易在半夜回到家中，还可能会被急促的电话声惊醒，在黑夜中前往公司处理系统事件。

幸运的是，实现一个非功能性需求被良好设计的架构后，可视化和自动化的运维手段终于可以让运维人员睡个安稳觉了。

架构中需要关注的非功能性需求有很多，下面将介绍实际工作中被关注较多的几点。

3.4.1　抵御安全事件

受到近些年一些国内外安全事件的影响，安全成为架构设计的一个需要重点考虑的非功能性需求。通常，我们在考虑安全因素时，会细分为以下几个方面。

1. 业务安全性

（1）统一认证和授权。

为了保证业务功能可以被安全地使用，架构需要保证适当的人能够看到适当的数据、适当的人能够操作适当的数据，这就需要架构提供完整的账户认证和授权体系。大部分身处架构中的业务系统组件都自带账户和权限管理，架构需要做的是，在一个更高的层面设计一个更加通用的解决方案，保证能将架构中的系统组件都纳管进来，并且尽量复用原系统的能力。

设计一个统一的认证和授权方案并不容易，在实际工作中最难平衡的是集中管理还是分散管理。集中管理是指将各个子系统的账号和权限都上报到一起；分散管理则是指子系统自行管理各自的账号和权限，架构来保证系统之间的接口调用和数据同步。

如同第 1 章讨论主数据时所说的，将各个子系统的数据集中在一起形成主数据并不十分合理，因此，在确定认证和授权信息是集中还是分散管理时，应该充分考虑这方面的因素。但最终的决定仍然需要依据场景来确定。

尤其要强调的是，如果使用分散管理，则应尽量减少数据复制，建议通过接口调用的方式来处理，并且要保证数据只能在一个系统中进行维护，避免多个系统维护同一份数据的情况。

（2）数据加密和脱敏。

在过去的应用中，系统采用的是单体架构，数据通过 HTTP 协议进行交换，在持久化时存储到关系型数据库中。这时的数据安全地集中在 HTTP 请求和数据库两个切面，只要这两个切面妥善处理，安全问题就可以得到解决。

现在的架构趋向于分布式，在分布式系统中，数据的分散度是非常高的，数据的存储形式多种多样，这就使对数据的管理工作变得复杂起来。架构工作需要设计一个完整的加密和脱敏方案，除业务数据本身外，还需要对日志文件、缓存等可能产生数据留痕的场景进行通盘考量。

（3）审计。

审计作为一个"事后"操作，虽然不能对安全问题进行主动防御，但"亡羊补牢"是必须要做的事情，并且审计信息对于责任的划分和影响程度的确定是非常重要的。

在为架构设计审计时，一方面，需要保证操作记录的覆盖率、可读性和完整性达到设计目标；另一方面，审计信息的输出很可能会影响系统的性能，为了降低对业务功能响应速度的影响，通常都会使用异步采集、异步上报的方式，但这种方式存在时差，并且可能造成审计信息的丢失，这是需要架构师进行权衡的。

2. 系统安全性

系统中可能存在会被黑客利用的漏洞，系统功能越多、架构越复杂、组件越多，那么漏洞越多。系统中存在漏洞是我们需要接受的事实。正如《反脆弱》中提到的，要具有反脆弱性，首先要承认脆弱。

对于架构来说，应对系统安全性可以分为两种方式。

（1）主动。

架构师在进行产品选型时，应该将产品的安全性及修复漏洞的速度作为一个考虑因素。商业产品建议尽量选择有大厂支持的或口碑良好的、功能成熟的产品；对于开源产品，则要重点关注其项目状态、产品成熟度、社区热度和代码提交频率等。

架构需要一种方式可以迅速获知漏洞信息，这样才能尽快修复。通常，政府和非盈利组织的一些网站会及时发布漏洞信息，如国家信息安全漏洞共享平台（CNVD）、CVE 等。此外，可以引入专业的安全产品来对整个系统进行自动漏洞扫描，这样就不需要人工关注各个平台了，一切交给自动化。

架构师需要考虑如何将主动防御融入整个系统当中，这可能会涉及一些管理手段、制度流程等的建立。

（2）被动。

在单体架构中，通常系统部署在一个或少量几个主机上，一旦服务器或系统被黑客攻破，则整个系统都会受到影响。相反，在分布式系统中，大量的子系统分布部署在数量很多的主机上，这样一来，网络拓扑会复杂起来。这是一把"双刃剑"，既给系统带来了安全隐患，又能够在一定程度上隔离影响范围。

网络拓扑的复杂性导致系统中可能出现漏洞的点会很多，但是架构可以设计一些策略将系统中的各个组件隔离起来，如通过网络访问控制策略（ACL）、零信任（Zero Trust）等方式。将各个组件隔离起来后，就算其中部分被黑客攻破，也不会蔓延影响到系统的其他部分。

3．中间件安全性

在整个架构范围内，除业务外，还存在大量的中间件，如数据库服务器、缓存服务器、消息队列服务器等，在架构设计时需要考虑它们的安全性。考虑到系统中每个中间件都有数量庞大的访问客户端，需要对这些客户端的账户和访问权限进行高效的管理，架构应该设计一套完整的密钥管理和认证体系。

对于密钥管理，可以引入专门的密钥管理服务器、统一的配置中心等。在调用协议上，建议使用 HTTPS 协议，通过 SSL 的双向认证保证中间件的安全访问。这里建议在使用 SSL 证书时，设计自动化的证书申请、授权和过期机制，否则，在一个分布式系统中使用纯人工的方式管理是非常易错的。

4．国产化

现在越来越多的企业开始构建纯国产化的 IT 环境，这为架构的设计带来了新的挑战。一方面，客观地讲，国产化的软硬件产品和国外大厂的产品还存在一定的差距，但业务的响应速度和稳定性不能因此受到影响，这就需要在架构设计上下功夫；另一方面，架构中原有的产品可能需要被新的技术选型替换，架构需要尽量减轻由这种情况引发的大量变更。此外，国产软硬件产品在使用上需要架构进行深入的适配，才能达到所需的功能性和非功能性需求。

国产化是一个长期的过程，在这个过程中，企业会一直面临"两条腿走路"的情况。大部分正在执行国产化的企业，基本都是同时存在国产化环境和非国产化环境的，两个环境同时提供服务。这种并行运行的需求和长期演变的过程，都是需要架构师通过架构的设计和开发进行支持的。

3.4.2　让性能不再是空话

性能一直以来是衡量一个软件系统是否成功的重要指标。但在架构设计时，对性能的考虑需要进行更多的权衡，并且性能是一个动态的指标，随着系统的并发量、主机的物理性能、网络的连通性等因素的变化，性能会存在较大的波动。架构的目标是对这些指标进行权衡后，通过设计相应的机制和引入合适的组件来保证业务关注的指标达到预期。

对于性能来说，存在着一些误区，这些误区使得大部分系统的性能都难以衡量，更多停留在理论和宣传层面，而设计良好的架构会针对这些误区提供可量化、可评估的能力。

常见的误区如下。

1．性能衡量误区

性能衡量误区主要存在于不太懂技术的人员身上，他们经常会提问："系统的性能高不高？"。实际上，性能是一个很笼统的指标，其中有大量针对具体点的针对性指标，如内存使用率、CPU 利用率、网络带宽、接口响应速度等，这些很难用"高"与"不高"进行精确的形容。

另外，每个系统都有其重点关注的性能指标，为了保证这些指标达到一个比较高的水平，往往会牺牲其他指标。例如，为了提升某个接口的访问速度，系统引入缓存服务器对热点数据进行缓存。这样一来，虽然在数据查询速度方面的性能提升了，但是消耗了更多的内存，内存使用率升高。

因此，性能"高"与"不高"不能一概而论，需要针对业务对系统的要求，对多个重点指标进行评估。

2．压力测试误区

大部分商业软件在出厂时都会有压力测试报告，一些甲方在采购时会让厂商提供压力测试报告，但部分甲方企业对压力测试都存在一定的误解，甚至很多专业的软件厂商自身也会有误解。

企业只关注压力测试报告中的一些性能指标，如每秒查询次数（QPS）、每秒事务处理数（TPS）、响应时间、吞吐率等，但忽略了压力测试时的环境。这里的环境是指系统的部署结构、硬件参数、网络带宽、测试方法、测试接口等。

就像本节开始时提到的，性能指标是动态的，会根据环境发生比较大的波动。因此，压力测试的结果是和当时的环境紧密相关的，如果希望测出真实的数据，最好的方法是在生产环境上进行压力测试，并且测试方法要尽可能地模拟真实场景。

由于压力测试的目的是评估系统的极限，因此，虽然在生产环境上进行压力测试可以获得最真实的数据，但其带来的风险是比较大的。一些设计良好的架构拥有强大的故障隔离、动态扩缩和自愈能力，一旦某个组件因为复杂度过大而产生宕机，其影响范围往往也很小，不至于系统大面积停止服务，并且当负载下降后，组件可以很快自愈，因此只需要挑选一个用户不集中使用系统的时间段，就可以在生产环境上进行压力测试。

此外，可以搭建一套与生产环境尽量保持一致的测试环境，对这个测试环境进行压力测试。这种方法的缺点是显而易见的。首先，要完全和生产环境保持一致是非常困难的；其次，生产环境的软硬件资源都比较昂贵，这极大地增加了测试成本；最后，如果生产环境非常复杂，涉及大量的组件和服务器，则这种方法几乎是无法实现的。

3. 局部与全局误区

用户在使用系统的过程中，对功能的使用频率是不一样的，并且相差很大，有的功能几乎所有的用户都会频繁操作，但有的功能可能只有个别用户使用，或者可能间隔一段较长的时间才会被操作一次。这些用户操作反映到系统中就是接口的调用，每个接口都会对应一段业务逻辑，不同接口的实现复杂度相差很大。压力测试很难覆盖系统中的所有接口，通常只是其中很小的一部分。考虑到接口的调用频率和实现的复杂度，在进行压力测试时，需要筛选出一些具有代表性的接口，并且针对实际场景为每个接口设计性能指标。

即使所选的接口都具有代表性，也不能说因为这些接口符合预期的性能指标，所以系统中所有的接口都是高性能的。

4. 追求性能误区

在现实中，无论是甲方还是一些软件开发厂商，往往都会过分追求性能，但从本质上来说，性能是可权衡的一个因素。例如，分布式的架构会带来非常多的优势，但是越分布，通常性能越差，因为请求需要在多个组件之间进行传递，每传递一次就会产生一些性能损耗。业务需求有时候是需要权衡性能的一个驱动因素，当业务需求的一个功能涉及大量的逻辑运算和数据时，性能就会面临较多的权衡。

因此，对性能的权衡需要针对具体的业务场景，基于每个场景确定性能指标的期望值，而不能一味地追求性能指标的极限值。

3.4.3　让系统变成"打不死的小强"

企业级用户的规模通常都比较大，对系统的高可用性有着非常高的要求。高可用性也被称作业务连续性，从名字就可以看出，其含义是保证系统的业务功能时刻可用，不会因为系统宕机或其他不可控因素而业务中断。

高可用性在过去并不被特别重视，当时架构师的主要精力还放在软件开发上。过去的运行架构比较简单，基本一个数据库服务器和一个应用服务器就搞定了，在这个基础上进行高可用性设计时，解决方案比较固定：数据库通过主从同步的方式进行备份，一旦主数据库宕机就立刻切换到从数据库上；应用服务器部署多个实例，前端通过反向代理服务器进行转发。

随着系统的运行架构越来越趋于分布式，系统的功能粒度越来越小、数量越来越多，这些部署在大量主机上的大量子系统出错的机率大大高于过去的单体架构。系统可能会因为某个主机宕机、网络不可用、软件系统宕机等问题而服务中断，并且分布式的程度越大，单点出问题的可能性就越大。

> 当一个飞行中的飞机需要所有引擎都保持正常运转才能安全飞行时，那么增加越多的引擎，飞机的高可用性越低。
>
> ——Salesforce 的软件架构师 Pat Helland

在设计系统的高可用性时，架构需要考虑的因素有很多，关键的因素如下。

1．单点登录和认证授权

对于分布式系统中的大部分子系统来说，服务的用户可能是人类用户，也可能是其他内外部的系统。因此，这两种情况需要同时考虑。

- 人类用户通常都是通过系统提供的页面进行登录的，在分布式系统中，不能要求用户在每个子系统中都登录一次，这不但会给用户带来非常大的麻烦，而且会因为系统之间信息的不一致而造成混乱。因此，非常有必要使用单点登录和统一授权机制，保证用户只需要登录一次即可访问所有有权访问的子系统。
- 除人类用户外，内外部系统之间的调用也需要认证，这符合时下比较流行的"零信任"的安全防护要求。这时就需要根据具体的场景确定认证机制，经常被使用的方式有 OAuth、OpenId、JWT、SSL 证书等。

2．请求路由和负载均衡

为了提高系统的可用性，每个子系统都会被部署为多个实例，这样就可以保证当一个实例发生故障时，可以切换到正常的实例上提供服务。多个实例意味着一个子系统可以通过多个 IP 地址和端口进行访问，但对于调用者来说，需要一种机制可以获知应请求哪个 IP 地址和端口，这就是请求路由要完成的工作。

请求路由通常有如下两种实现方案。

- 将子系统所有实例的 IP 地址和端口配置到一个反向代理服务器中，由反向代理服务器对外提供统一的 IP 地址和端口。为了进一步提高可用性，在反向代理服务器之前还可能会有高可用性的负载均衡服务器。当有实例无法访问时，反向代理服务器可以将请求转发到另一个实例上。
- 使用注册中心。每个子系统启动时都会将自己的 IP 地址和端口注册到注册中心中，调用者通过注册中心获取被调系统的所有实例列表，根据路由规则选取一个进行访问。注册中心通常有探活机制，可以在某个实例不可用时将该实例下线，这样调用者每次调用时获取的实例地址基本都是可用的，但由于信息同步存在延迟，可能会出现调用者的地址列表中依然存在已不可用的实例信息，因此，这种方案通常需要调用者进行容错处理。

上述两种方案相比，后者是点对点调用的，性能会更好一些，并且在使用当前业内流行的 K8s 部署实例时，实例的 IP 地址是不断变化的，无法固定地写入反向代理服务器，此时后者是较好的处理方案。

负载均衡服务器通常作为系统的最前端，是外部访问内部的入口，对负载均衡服务器的设计主要基于如下三点考虑。

- **需要考虑负载均衡服务器的高可用性**。例如，用户在访问系统时是通过一个唯一的域名进行访问的，因此在进行域名解析时需要考虑高可用性，如果仅仅将域名解析到一个主机地址，一旦这个地址不可用，那么整个系统都将宕机，这种情况通常被称作单点故障问题。
- **需要考虑性能**。负载均衡服务器作为一个统一的入口，会成为性能瓶颈，因此需要在技术选型和分布式上进行深思熟虑。
- **需要考虑负载均衡策略**。在大多数情况下，负载均衡策略有轮询、Hash、权重等，每种策略都有其适用的场景，因此需要具体问题具体分析。

3. 有状态和无状态服务

状态主要是指请求的状态，如用户登录信息、上游系统的处理信息等。当使用浏览器访问系统时，用户的状态通常会存储在浏览器的 Cookie 中，每次提交请求时，浏览器都会将 Cookie 中的信息放在请求头中一并提交到后端系统。

在多实例的分布式系统中，后端系统可能会将请求继续转发到其他子系统的任何一个实例中，假设 A 系统的一个功能需要调用两次 B 系统，第一次是 B1 实例处理并将结果进行缓存，第二次是 B2 实例处理，由于 B2 实例中没有上一次缓存的处理结果，因此会出现状态不一致的情况。

为了能够最大限度地发挥分布式的优势，需要尽可能地保证系统中的所有子系统都是无状态的，这样就不会存在状态不一致的情况，就能够在任意时刻由任意实例进行请求的处理。

4. 可观测性和自愈性

虽然分布式系统通过分布式和多实例极大地提高了系统的可用性，但是，如果任由实例宕机，那么如果一个系统中的所有实例都宕机了，则该系统还是会不可用的。但我们如何能够获知系统中有实例宕机了呢？分布式系统中有大量的主机、大量的实例，人工巡检是非常困难的，因此需要使用可视化的方式来对系统进行观测，时刻了解整个系统的当前运行情况，一旦有异常事件，需要自动地触发告警机制。

分布式系统是非常脆弱的，系统中的各个部分都可能出问题，因此告警事件可能非常频繁，如果每次的告警事件都需要人工处理，那么效率是非常低的。近些年，自愈性被越来越多地提及，并且有了大量的工具和机制对其进行实现。自愈性需要一个健康检查机制，一旦健康检查失败，则进行自愈，如自动重启、自动扩缩容、自动下线等；如果自愈失败，则触发需要人工处理的告警机制。

5．数据库瓶颈

在高可用性设计中，最困难的是数据库的高可用性，尤其是传统的关系型数据库的高可用性设计。大部分关系型数据库都是强事务一致性的，不太可能进行分布式的部署，大多采用一主多从、读写分离的方式来提高可用性，但这种方式对于写请求来说，很难保证并发性和可用性。

随着行业内分布式趋势的上升，传统数据库新增了一些高可用性方案，如在一主多从、读写分离的基础上，增加自动选主的策略——当主节点宕机时，立刻选一个从节点做主。但这些方案会带来新的问题，如数据一致性可能被削弱、网络抖动引发"脑裂"等问题，因此设计时需要根据使用场景进行仔细的分析。

此外，可以使用微服务思想来提高数据库可用性。在微服务思想中，每个服务都有一一对应的数据库，甚至是数据库服务器实例。这样一来，一方面，数据库的整体压力被分摊；另一方面，当其中一个数据库宕机时，影响范围是有限的。

近些年，越来越多的数据库类型不断涌现，有些类型的数据库在设计之初就是基于分布式考虑的，针对特定的场景使用相应的分布式数据库是一个提高数据库可用性的有效途径。

3.4.4　自动化系统的韧性

最近，业内出现了一个新的名词来形容系统自动应对环境变化的能力，即韧性。有些时候，人们将韧性理解为系统的弹性伸缩能力，即当环境因素变化时，系统中的组件实例可自动扩容或缩容予以应对。不过，韧性并不单纯指弹性伸缩，它表达的含义会更多一些。

的确，韧性有些不好理解，目前也没看到一个权威的定义，笔者的理解是系统主动抵御异常的能力。在系统的运行过程中，一些"黑天鹅"事件经常会导致严重的事故，如并发量瞬间增大、硬件故障、机房瘫痪、光缆被挖断、自然灾害等。具有韧性的系统，在这些突发事件发生时，仍然可以最大限度地保证业务的连续性。

韧性是大型企业 IT 设计过程中的一个重点，也是一个难点，在软件层面需要进行容错设计，如程序需要考虑异常重试、流量管控、服务降级、服务熔断等；在架构层面需要考虑多数据中心、单元化、两地三中心、同城多活等。

Netfix 在很早时就在内部使用"混乱猴子"（Chaos Monkey）了，首先通过程序模拟各种可能出现的"黑天鹅"事件，将每个模拟程序都看作一个"爱捣蛋的猴子"，然后把这些"猴子"放到系统中，不断地进行演练，利用这种方式提升系统的韧性。2012 年，Netfix 开源了"混乱猴子"。从此，一个新型的技术领域诞生了，即混沌工程。架构师在进行系统韧性的设计时，可以利用混沌工程进行故障注入，从而验证系统的韧性。

3.5　生生不息地持续演化

架构一定是需要具备持续演化的能力的。但是很多企业并没有意识到架构持续演化的重要性，这些企业对待架构的变更很多时候并不是以业务因素驱动的，他们习惯用替换的思想来进行技术变革。

旧的架构用上一段时间（通常是 3～5 年）后，一旦业内流行了新的架构，企业就会先将旧的架构"铲掉"，再通过采购的方式搭建新的架构，将原有架构中的业务系统进行少量适配后，部署到新的架构中，完成一次架构升级。

1．非持续演化带来的负面影响

上述方式是非常不推荐的，原因主要如下。

（1）旧架构刚刚应用成熟又带来动荡。

一个架构的应用落地是需要一段过程的。在这个过程中，一方面，架构会通过迁移规划中的一个个里程碑不断缩小与目标架构之间的差距；另一方面，组织内的 IT 技术栈和人员的能力在不断地磨合和提升。当这个过程持续 3～5 年时，架构通常刚刚进入成熟阶段，这个时候更换一个可能与当前架构完全不同的架构风格，一切要从头再来。

（2）新架构对业务能力的提升支撑有限。

对一些以技术驱动变革的企业，架构的变更不会给业务带来太多的收益，甚至会因为产生的动荡而给业务带来许多麻烦，这已经严重地违背了 IT 建设是为了支撑业务的初衷。

（3）架构与企业管理和企业文化不匹配。

企业中的组织变革通常都是非常困难的，因为这涉及管理方法、规章制度、组织架构、流程规范、企业文化等方方面面。根据康威定律，架构是需要和企业的沟通模式匹配的。例如，在一个中央集权式管理的多层级传统企业中，应用一个去中心化的分布式架构将会带来非常多的不便；而在一个采用瀑布模型的企业中，使用基于敏捷开发模式的工具将带来非常大的麻烦。

（4）旧的应用程序难以发挥新架构的能力。

企业在变更架构的过程中，通常都是追求速度的，因此经常采用对旧的系统进行简单的适配后部署到新的架构上，让新的架构尽量去适配旧系统的方法。但架构本身对内部组件是有要求的，一味地让新架构去适配旧系统，最终只会形成一个"四不像"的架构体系。

> 有人见过拥有 3 万个 API，并且这 3 万个 API 必须全部暴露给外部系统的微服务应用吗？有人见过一个微服务的应用启动时间需要 10 分钟的吗？有人见过虽然使用微服务架构，但因为旧的单体系统没有相互调用而完全不需要服务治理能力的吗？
> 笔者见过！

（5）企业 IT 的能力模型难以建立。

架构与架构之间，使用的技术栈和需要的能力可能会相差很大，这使得每一次更换架构，企业内的各个部门都需要补齐新架构需要的能力，而在旧架构的使用中建立起来的能力可能在后续的工作中完全用不上。这样对企业来说，IT 能力很难沉淀下来，组织成员也很难积累长期经验。

（6）为企业带来不必要的成本。

架构需要企业投入非常多的资源，包括人力和资金。通过"铲掉"的方式更换架构通常不会为业务带来更有力的支撑，因此，变更架构的资源原本是可以用于促进业务发展的，但现在投入在架构之上，最终可能不会给企业带来更多的收益，反而是一种极大的浪费，甚至会对企业的生命力造成影响。

2．良好的架构应是可持续演化的

通过以上讨论可以看出，架构一定不能用替换的方式进行变更，而需要在架构设计时，就引入持续演化的思想。

企业架构应该与企业自身的管理模式和文化相匹配，不管当前流行什么样的架构风格，企业架构都需要保持稳定和一脉相承。当然，企业架构可以吸纳各种架构风格的优势，通过与企业当前实际情况相结合的方式，让企业架构融合其他架构风格的能力——这就是第 1 章中提到的"企业的连续统一体"。

通过演化式的架构发展，以业务能力为技术变更的驱动力，这样不但保证了用最少的资源实现对业务最大的支撑力，而且能让企业内的技术和能力不断积累，最终形成成熟的企业 IT 能力模型。随着时间的推移，架构和能力都会趋于成熟，为持续演化奠定坚实的基础。

3.6　本章小结

在前两章分别对企业架构和企业架构师进行介绍后，本章的重点在于什么样的架构可以被称作良好架构。

本章通过 4 个维度讨论了良好架构的特征，分别是灵活性、业务支撑性、运行时、持续演化。

实际上，对于架构的好坏，每个人都存在自己的认识，笔者提出的 4 个维度的特征是从技术是为了给业务提供支撑这一角度出发的。

如果将良好架构所具备的 4 个特征与后面介绍的云原生架构进行对比，不难发现，这些实际上都是云原生架构的优势所在。

第 2 篇

云原生来拯救

过去，企业级用户在进行 IT 建设时，普遍采用"自建机房，在自有的物理设备上运行应用程序"的方式。2016 年左右，一种新方式开始越来越多地被企业接受，即云计算。

云计算诞生于 2006 年前后。到 2016 年，约 10 年，经过形成阶段、发展阶段和应用阶段后，无论是其技术本身，还是企业对其的接受程度，都已日趋完善。根据中国信息通信研究院 2020 年发布的《云计算发展白皮书》中的数据显示，我国已经应用云计算的企业占比达到了 66.1%。可以说，云计算已经开始在企业中得到深入且广泛的应用。

在云计算的早期应用中，企业通过资源上云的方式享受了云计算带来的第一波红利，虚拟化技术为企业原本的物理资源带来了更高的可用性、灵活性和扩展性。然而，基于传统技术栈构建的应用程序，并未像物理资源那样在云平台上获得高可用、弹性伸缩等能力，这使得云端强大的服务能力红利并未得到完全的释放。

2015 年，云原生的概念被提出，这使得云计算的第二波红利被释放。云原生不但充分地继承了云的设计思想，而且在资源隔离、分布式、高可用等方面为云原生提供了非常好的基础支撑。

云原生在被提出和应用的短短几年间，不但在互联网领域得到了广泛的关注，而且在金融、制造、服务业、政务、电信等传统企业中开始被深度应用。通过使用云原生的相关技术，企业架构在集成异构的 IT 资产、提升业务应用的迭代速度、服务自治、故障自愈、弹性伸缩等方面具备了天然的优势，而这些非常符合第 3 章中提出的良好架构的评判维度。

可以说，云原生的思想与技术将在云计算的第二个 10 年中，为企业数字化转型提供强有力的支撑，也将为企业架构的设计提供更多选项。

接下来进入第 4 章的内容，读者可以在本章中了解云原生的相关概念及代表技术，本章还会深入讨论云原生技术是如何改变企业架构的。

第 4 章　云原生

　　本书的核心内容是讨论在企业架构中如何使用云原生的相关技术进行设计和实现，前三章介绍了企业架构和企业架构师的内容。本章首先从云原生的概念和相关技术出发，介绍什么是云原生、云原生技术包含哪些内容；然后介绍云原生技术给架构带来的优势及云原生架构的评判标准；最后对云原生架构的实施难度进行讨论。

4.1　云原生的定义

　　从技术角度来看，我们已经进入云原生时代，但云原生的定义是什么，似乎业界还没有一个清楚的表述。

　　根据云原生这个名词在不同的场合拥有的不同含义，可将云原生分为如下三种。

- 云原生应用。
- 云原生技术。
- 云原生架构。

　　下面，就逐一对这三者进行介绍。

4.1.1　云原生应用

　　2015 年 2 月，Pivotal 公司的技术产品经理 Matt Stine 写了一本名为《迁移到云原生应用架构》的书，在中文版本的译者序中提到 "Pivotal 是云原生应用的提出者"。不过，Pivotal 并没有精确地定义什么是云原生应用，以下是笔者的理解。

- 云原生应用一定是部署在云环境中的，并且可以充分地利用云平台提供的 IaaS、PaaS 和 SaaS 等服务的能力。
- 云原生应用应该具备云计算的按需获取资源、弹性伸缩、自动化运维等特点。

- "原生"的含义是"天生具备的"，因此云原生应用可以被理解为天生就是为了在云上运行的应用程序。

4.1.2 云原生技术

为了能够设计出"天生就是为了在云上运行的应用程序"，需要一系列云上技术的支撑，这些技术被称作云原生技术。

云原生计算基金会（CNCF）对这些技术进行了定义。CNCF 认为：

> 云原生技术有利于各组织在公有云、私有云和混合云等新型动态环境中，构建和运行可弹性扩展的应用。这些技术能够构建容错性好、易于管理和便于观察的松耦合系统。结合可靠的自动化手段，云原生技术使工程师能够轻松地对系统进行频繁和可预测的重大变更。

4.1.3 云原生架构

通过对云原生应用和云原生技术的介绍，云原生架构就不难理解了。简单说来，云原生架构就是天生为使用云原生技术对云原生应用进行组织的架构。

下面引用两个材料中对云原生架构的定义，希望读者能进一步地理解云原生应用、云原生技术和云原生架构这三者的关系。

> 从技术的角度，云原生架构是基于云原生技术的一组架构原则和设计模式的集合，旨在将云应用中的非业务代码部分进行最大化的剥离，从而让云设施接管应用中原有的大量非功能特性（如弹性、韧性、安全性、可观测性、灰度等），使业务不再有非功能性业务中断困扰的同时，具备轻量、敏捷、高度自动化的特点。
>
> ——《阿里云云原生架构白皮书》

> 从技术特征方面来看，云原生技术架构具备以下典型特征：
> - 极致的弹性能力，不同于虚拟机分钟级的弹性响应，以容器技术为基础的云原生技术架构可实现秒级甚至毫秒级的弹性响应；
> - 服务自治故障自愈能力，基于云原生技术栈构建的平台具有高度自动化的分发调度

调谐机制，可实现应用故障的自动摘除与重构，具有极强的自愈能力及随意处置性；

- 大规模可复制能力，可实现跨区域、跨平台甚至跨服务商的规模化复制部署能力。

——云原生产业联盟《云原生发展白皮书（2020）》

4.2　云原生的代表技术

云原生计算基金会（CNCF）给出了现阶段云原生的代表技术，包括容器、服务网格、微服务、不可变基础设施和声明式 API。本节将对这些代表技术进行介绍。

4.2.1　新一代虚拟化技术：容器

容器是一个标准化的软件单元，可以将应用自身与运行应用的所有依赖项打包为镜像。打包好的镜像可以通过镜像仓库或复制的方式分发到目标环境中，之后容器引擎就可以通过分发的镜像来启动一个运行时的容器。通过这种方式，应用不再受到环境的限制，可以在不同计算环境间快速、可靠地运行。

1. 容器的实现原理

从容器技术的实现机制来说，容器主要使用 Linux Cgroups 来进行资源管理，使用 Linux Namespace 来进行资源隔离。前者可以限制一个容器所使用的 CPU、内存等资源；而后者可以提供容器间的进程隔离、网络隔离等功能。

通过 Cgroups 和 Namespace 机制，应用就可以运行在一个独立的沙箱环境中，避免相互间的冲突和影响。

从实现机制不难看出，容器主要运行在 Linux 操作系统之上，虽然一些容器引擎提供 Windows 操作系统的支持，但大多数只用于学习，在生产环境中几乎所有容器都是运行在 Linux 操作系统之上的。

从技术上讲，Linux 早在 2008 年就提供了 Cgroups 和 Namespace，但直到 Docker 容器引擎的开源，才极大降低了容器技术的复杂性，这让 Docker 成为了行业中容器引擎的事实标准。随着 Docker 的广泛应用，越来越多的容器引擎开始崭露头角，常见的有 Containerd、Cri-O、RKT 等。

2．容器的优势

作为新一代的虚拟化技术，在云原生时代，容器所带来的核心优势可体现在以下几个方面。

（1）敏捷。

容器技术可以提升企业 IT 架构的敏捷性，通过将容器镜像作为持续集成（CI）的产出物，配合 DevOps、敏捷开发和持续部署（CD）等手段，可以让需求从编码到发布形成自动化的闭环，让业务迭代更加迅速，为创新探索提供坚实的技术保障。有资料称，使用容器技术可以让交付效率提升 3～10 倍。

（2）弹性。

在发生突发事件时，访问量和资源使用率可能出现井喷式暴涨，这对于传统的 IT 技术而言很可能是灾难性的。借助云计算的弹性优势，容器技术可以具备弹性伸缩的能力，再配合容器编排技术，可以实现根据资源使用情况自动化地动态扩缩容，保证系统有能力应对突发事件。

（3）可移植性。

容器技术通过将应用程序和相关依赖项打包为镜像的方式，使得应用和底层运行环境解耦。这样就屏蔽了底层架构的差异性，可以帮助应用平滑地运行在不同的基础设施之上。

（4）轻量。

容器技术通过共享操作系统内核的方式、层次化的镜像结构，以及镜像启动容器的机制，使得其对资源的需求相比虚拟机要少很多，并且启动过程要比虚拟机迅速很多。具体说来，容器镜像通常只有数十或数百 MB，而虚拟机的镜像动辄几 GB。在启动速度上，容器的启动时间是秒级的，而虚拟机需要数分钟甚至更长的时间完成启动。因此，容器技术是一个非常轻量的虚拟化技术。

4.2.2　细粒度分布式架构：微服务

在 CNCF 提出的云原生代表技术中，对软件开发影响最大的就是微服务技术，因为其和软件程序的编写、测试、发布等紧密相关。

在第 1 章介绍架构风格时，对微服务架构有过简单的介绍。简单说来，微服务架构的思想是将一个大的系统根据业务领域进行拆分，最终形成一个由若干可独立开发和发布的单元组成的分布式架构体系。

> 微服务是本书的核心之一，从第 3 篇开始将对微服务从理论到实践进行全面且深度的介绍。因此，这里不再进行过多的讨论，本节存在的意义在于保证章节内容的完整性。

4.2.3　第三代微服务架构：服务网格

服务网格（Service Mesh）是专门用于为大规模的服务实例提供安全、高速和高可用性的彼此间相互通信的基础设施层。

服务网格和 TCP/IP 协议的理念类似，都建立在一个抽象出来的网络模型之上。应用程序间的交互是将数据从一方发送到另一方的过程。但在服务实例众多的云上环境中，要实现这个目标是比较困难的，服务网格是其中一个解决方案。

1．服务网格的诞生背景

在曾经流行的三层架构中，数据交互主要发生在层与层之间。当系统规模较大时，这种层与层之间的交互虽然可能会非常复杂，但由于层数很少，影响范围是非常有限的。因此，在程序中只需要考虑相邻两层的交互即可，并且数据交互的逻辑是写在每层的业务代码之内的。

当使用云原生的技术将单体应用拆分为若干服务单元，并且每个服务单元存在多个实例时，原本的层与层的关系就变成了一个复杂的拓扑结构，这时就出现了专门用于处理服务间通信的通信层。

最初的通信层大部分都是以"胖客户端"的形式出现的，即将通信逻辑编写到类库中，应用程序以依赖项的形式引入类库并使用类库的能力进行通信。这种方式现在依然有很广泛的应用，相信很多读者都可以想到一个典型的例子——Spring Cloud。

不过，"胖客户端"方式有一个比较大的问题——与编程语言强相关，即如果服务使用不同的编程语言实现，则"胖客户端"需要基于不同语言分别实现。为了解决这个问题，服务网格出现了。

2．服务网格的实现原理

图 4-1 为服务网格的示意图。

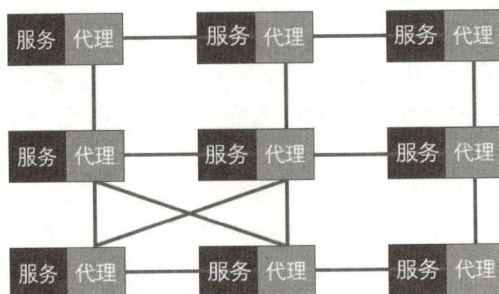

图 4-1

服务网格给每个服务实例都搭配一个轻量级的代理，由这些代理负责转发服务之间的交互请求。

这些代理除负责转发请求外，还提供 TLS 加密、用户认证、路由转发、日志记录、调用追踪、负载均衡等能力。通过代理的方式，不需要对程序代码进行任何的侵入式改造，即可达到管理服务间通信的目的。每个代理都伴随着一个服务实例，这种形式通常被称作 Sidecar。

图 4-1 中所画的实际上只是服务网格中被称为数据平面的一部分。可以看到，服务实例之间的调用线条将数据平面划分成了许多小的区域，这就是称之为"网格"的原因。

4.2.4　只能重建不能修改：不可变基础设施

不可变基础设施有些不好理解，这个词是 Chad Fowler 在 2013 年提出的。在那时很多人都表达了类似的思想，如 Martin Fowler 在 2012 年提出的 Phoenix Servers 就表达了相似的概念。

要理解什么是不可变基础设施，先来谈谈可变与不可变指的是什么。

1．可变

以一个 Java Web 程序为例，程序通常由静态资源、配置文件和编译后的类文件组成。在开发时，配置文件中的很多信息都是专用于开发环境的，如数据库地址、日志级别等。当程序开发完成后向生产环境部署时，通常的做法：首先将开发环境打包好的程序复制到服务器上，然后用生产环境中的信息替换配置文件中的对应项，最后启动系统完成发布。

当在生产环境中发现 Bug 时，先在开发环境中修复；在测试环境中验证没问题后，则需要更新生产环境。这个更新过程通常是将修改过的文件以增量的方式复制到生产环境中替换对应的文件，之后重启系统。

从上述的发布和更新的过程可以发现，生产环境中的程序文件是不断变化的，这种情况被称为"可变"。

可变会带来一些问题，如下。

（1）部署速度慢。

从上述的部署过程可以看出，部署过程需要很多手动操作，手动操作的速度是比较慢的，因此部署往往需要很长时间。笔者曾经的团队每次部署都需要数小时的时间来准备发布包和配置信息。

（2）易错。

人工操作是非常易错的。在软件公司中经常遇到这种情况：测试人员提交一个 Bug，开发人员经过调查发现是配置信息不对或发布时缺少文件引起的，于是开发人员不接受将其定义为 Bug，最终引发测试和开发之间的"战争"。

在开发环境中出现发布失败尚且可以容忍，但如果错误发生在生产环境中，则后果是非常严重的。在使用可变的方式发布程序时，为了成功发布使用了很多流程和工具，因此发生的生产事故还是比较多的。

（3）运维烦琐。

在使用微服务架构后，实例的数量是非常多的，如果只依靠人工的方式进行发布和更新，则基本是一个不可能完成的任务。

（4）不适合云环境。

云环境中的主机的稳定性通常很难和专业的物理服务器相比，并且云环境的"按需使用"使得运行环境变化得很快。过去一个程序可能会在服务器级别的主机上持续运行几个月甚至几年，但在云环境中这是很难做到的，因此必须使用自动化的方式提高发布效率。

2. 不可变

不可变基础设施的出现就是为了解决前面提到的可变问题，其主要思想是提供一系列基础设施，程序一旦发布就不再修改。如果需要对其进行修改，就重新发布一个程序进行替换。

目前已经有很多可用的基础设施可以帮助我们实现不可变。举例来说，可以使用持续集成（CI）在将代码合入主干时自动化地构建一个容器镜像，随后使用持续部署（CD）调用容器编排平台（如 K8s）的能力替换正在运行的实例。程序运行时从配置中心获取符合当前运行环境（如开发环境、测试环境、生产环境等）的配置信息，这样即可让原本可变的发布过程变得不可变。

不可变基础设施需要自动化环境的支持，而自动化环境需要大量的 API 支持，这让云环境成为最适合应用不可变基础设施的地方。

> 不可变是一个需要不断追求的目标，为了达成这个目标而引入的基础组件，理论上都可以被称为不可变基础设施。

4.2.5　关注目的而非过程：声明式 API

声明式 API 经常会和指令式 API 放在一起讨论，下面对这两种 API 模式分别进行介绍。

1. 指令式 API

一开始的 API 几乎都是指令式的。回想软件开发中的 API 调用过程：首先在业务逻辑代码中调用一个接口完成一个操作或得到一些数据；然后进行逻辑处理并调用另一个接口完成另一个操作，得到另一些数据；最终通过调用多个实现具体功能的接口完成业务目标。

换言之，程序员为了完成某个业务目的，自行将多个接口通过逻辑代码关联起来，这种模式被称为"指令式"。在这种模式下，程序员必须知道使用哪些接口进行何种操作后才能实现业务目的，被程序员"指挥"的这些 API 就是指令式 API。

在 Kubernetes 的官方文档中认为具备以下特征之一，就有可能是指令式 API。

- 客户端发出"做这个操作"的指令，在该操作结束时获得同步响应。
- 客户端发出"做这个操作"的指令，并且获得一个操作 ID，之后需要检查一个操作对象来判断请求是否成功完成。
- 你会将你的 API 类比为远程过程调用（Remote Procedure Call，RPC）。
- 直接存储大量数据，如每个对象几 KB，或者存储上千个对象。
- 需要较高的访问带宽（长期保持每秒数十个请求）。
- 存储由应用来处理的最终用户数据 [如图片、个人标识信息（PII）等] 或其他大规模数据。
- 在对象上执行的常规操作不是 CRUD 操作。
- API 不太容易用对象来建模。
- 你决定使用一个操作 ID 或操作对象来代表尚未执行完毕的操作。

2. 声明式 API

使用指令式 API，需要用户清楚如何协调这些 API 来实现一个业务目标。而声明式 API 的思想是避免用户陷入实现细节当中，用户只需要通过声明的方式告诉 API 希望达成怎样的目的即可，具体的执行细节由 API 的实现去处理。

目前大部分提供声明式 API 的组件，都是通过 JSON 或 YAML 格式向 API 提供声明信息的。

同样，在 Kubernetes 的官方文档中，给出了声明式 API 应该具备的特点。

- 你的 API 包含相对而言为数不多的、尺寸较小的对象（资源）。
- 对象定义了应用或基础设施的配置信息。
- 对象更新操作频率较低。
- 对象的主要操作是 CRUD 操作（创建、读取、更新和删除）。
- 不需要跨对象的事务支持：API 对象代表的是期望状态而非确切实际状态。

3. 对比指令式 API 和声明式 API

很多人认为声明式 API 优于指令式 API，也有人认为声明式 API 是指令式 API 的替代物，但笔者并不认同。

虽然声明式 API 关注于某个业务目的，但在 API 具体实现时，自身还是会调用一些指令式 API 的。因此，指令式 API 比声明式 API 层级更低、更基础，粒度也更细。

另外，业务目的是无法穷举的，因此有可能用户需要实现的业务目的并没有与之对应的声明式 API，或者声明式 API 支持的声明信息不满足客户的具体期望，这时就只能通过更基础的指令式 API 进行处理了。

> 对于云原生技术而言，声明式 API 是非常重要的，但这并不等于指令式 API 不重要，两者应该是互补的。

4.3 再谈容器

在谈到容器时，可能有读者会对为什么将容器称为"新一代虚拟化技术"产生疑问。同时，在之前的讨论中提到了镜像的概念，那么容器和镜像是怎样一种关系？这些问题都会在本节中给出答案。除此之外，本节还会介绍容器编排技术，以及讨论容器对微服务架构的支撑。

4.3.1 容器 VS 虚拟机

容器被称作"新一代虚拟化技术"。经常会将容器与虚拟机放在一起讨论，下面对容器和虚拟机进行一个简单的对比。

首先简单介绍一下虚拟机。计算机的能力主要分为三种：计算、网络和存储。为了实现这三种能力，计算机需要相应的硬件资源。例如，计算能力由 CPU 提供；网络能力由网卡提供；存储能力由硬盘提供。但只有硬件是不够的，因为不可能人工地操作这些硬件设备，于是需要系统软件对这些资源进行管理，这样应用软件就可以使用这些能力了。

以往，一组计算机硬件同一时刻只由一个操作系统管理，为一个唯一的用户提供服务。随着计算机制造水平的发展，硬件资源的能力远远大于一个用户的需求，造成了资源浪费，这时虚拟化技术诞生了。虚拟化技术可以在一套物理硬件资源之上虚拟出多套虚拟的硬件资源，并且使用多套操作系统来管理这些虚拟硬件。这样一来，在同一时刻，一套物理资源就可以服务多个用户了。这种使用虚拟资源构建的主机就被称为虚拟机，虚拟化技术是云计算的基础。

> 容器之所以被称为"新一代虚拟化技术"，是因为其目的和虚拟机是一样的，都是对物理资源的分割利用。但是二者在实现机制上有着本质的不同。

图 4-2（a）为容器技术示意图，图 4-2（b）为虚拟机技术示意图。先来看虚拟机，虚拟机监视器允许在一个机器上运行多个虚拟机，每个虚拟机拥有完整的操作系统、应用软件，以及必要的支撑类库。简而言之，虚拟机作为物理硬件的抽象，将一个服务器变成多个服务器。

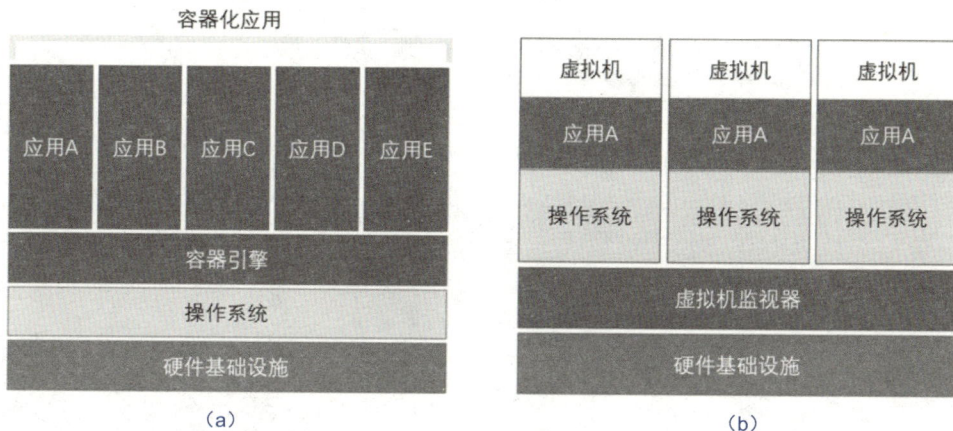

图 4-2

相比虚拟机，容器只是将应用程序和其所依赖的支撑类库以一个分层的结构包裹起来，当多个容器运行在同一个机器上时，这些容器可以共享操作系统内核。每个容器运行在独立的进程之中并相互隔离。

> 因为容器使用分层结构和共享系统内核，所以其对资源的需求远远少于虚拟机，并且启动非常迅速。

4.3.2　容器与镜像

容器与镜像是容器技术中非常容易混淆的概念。为了便于理解，这里做一个类比：镜像是安装包，而容器是安装后的软件。使用这个类比时需要注意的是，一个主机可以同时运行由同一个镜像启动的多个容器，相当于用一个安装包可以安装多次，后一次不会覆盖前一次。

通过上面的类比有了大致的理解后，下面是容器与镜像的精确表述。

从图 4-3 中可以看出，镜像是一个分层结构，并且是只读的。只读比较好理解，即镜像是不允许被修改的，分层结构理解起来稍微复杂一些。

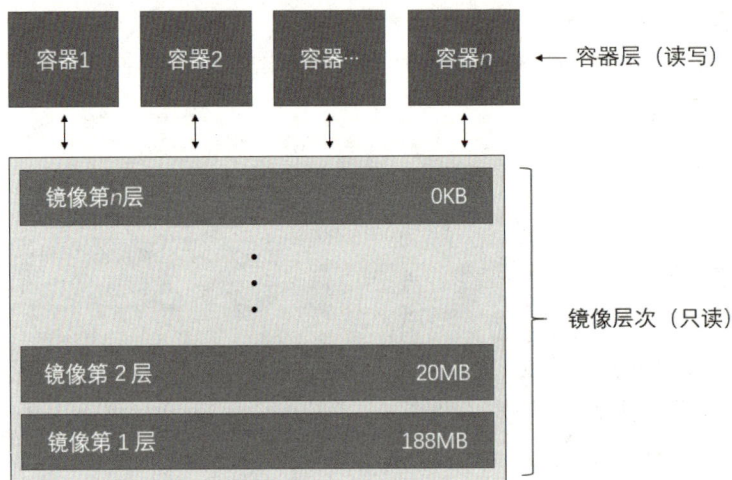

图 4-3

在构建一个镜像时，首先需要一个基础镜像，然后将需要的依赖项或命令行叠加到基础镜像上，每次叠加都会在镜像中创建一层。当容器引擎启动一个镜像时，每启动一次，就会在容器层中创建一个容器，这个容器层是可读写的。当用户操作容器中的一个文件时，会遵循如下逻辑。

- 读取容器层中的文件，如果容器层中没有，则读取镜像中的。
- 用户在创建新的文件时，操作的是容器层。
- 当用户需要编辑一个文件时，如果该文件不在容器层中，而在镜像中，则先从镜像中复制文件到容器层中，再进行编辑。

这样就解释了为什么镜像是只读的，而容器是可读写的。

4.3.3　容器编排技术

前面已经对容器进行了一些介绍，在实际工作中，如果仅通过人工的方式使用命令行或脚本对容器的启停、扩缩容、访问控制等进行控制会非常烦琐和易错，因此需要使用容器编排技术进行自动化的管理。

1. 容器编排技术的核心能力

容器编排技术有以下核心能力。

- 资源调度：根据应用对 CPU、内存等资源的需求，选择集群内能够满足应用资源需求的主机来运行应用。
- 应用部署：支持应用的发布和回滚、启动和停止、滚动更新等功能，提供与应用运行相关的配置管理功能。
- 运行管理：提供容器和应用程序的健康检查机制，当容器宕机或应用不可用时，能够自动重启，保证可用的实例数量符合期望值。
- 负载均衡：在容器集群中运行了大量的服务程序，每个服务程序又保持了数量不等的运行实例，因此，需要提供一种机制，可以让外部系统通过统一的入口访问集群内的服务，并且可以提供多实例间的负载均衡。
- 弹性伸缩：弹性伸缩是容器编排技术中的一个非常重要的能力。当业务负载过高导致 CPU 利用率持续升高，或者服务响应时间过长等情况发生时，可以根据预先设置的阈值自动扩展运行中的服务实例数量；而当负载下降，低于阈值时，自动回收一定数量的运行实例。

2. 事实标准：Kubernetes

在容器编排领域中，Kubernetes 已经成为行业中的事实标准，经常被缩写为 K8s（8 的含义是中间有 8 个字母）。

K8s 的控制平面包含以下 4 个核心组件。

- ETCD：一个分布式的、高可用的键值存储数据库，特点是简单、安全、高速和高可用。ETCD 是 CNCF 中的一个项目，使用 Raft 协议保证集群中的数据一致性。
- API Server：是 K8s 与外界的交互接口，是唯一可以与 ETCD 交互的组件。其功能包括用户认证、请求校验、操作 ETCD 中的数据等。

- Scheduler：确定容器（这里实际上应该是 Pod，这里使用"容器"是为了不引入更多 K8s 中的名词）应该运行在哪个主机上。Scheduler 的工作仅仅是完成确定工作，而不负责具体的运行，具体的运行由目标主机上的 K8s 客户端执行。
- Kubelet：工作节点上的一个代理组件，运行在每一个节点上，负责在本节点中完成任务的实际执行。

这里以创建一个 Pod 为例，K8s 中的 4 个组件之间的交互如图 4-4 所示。

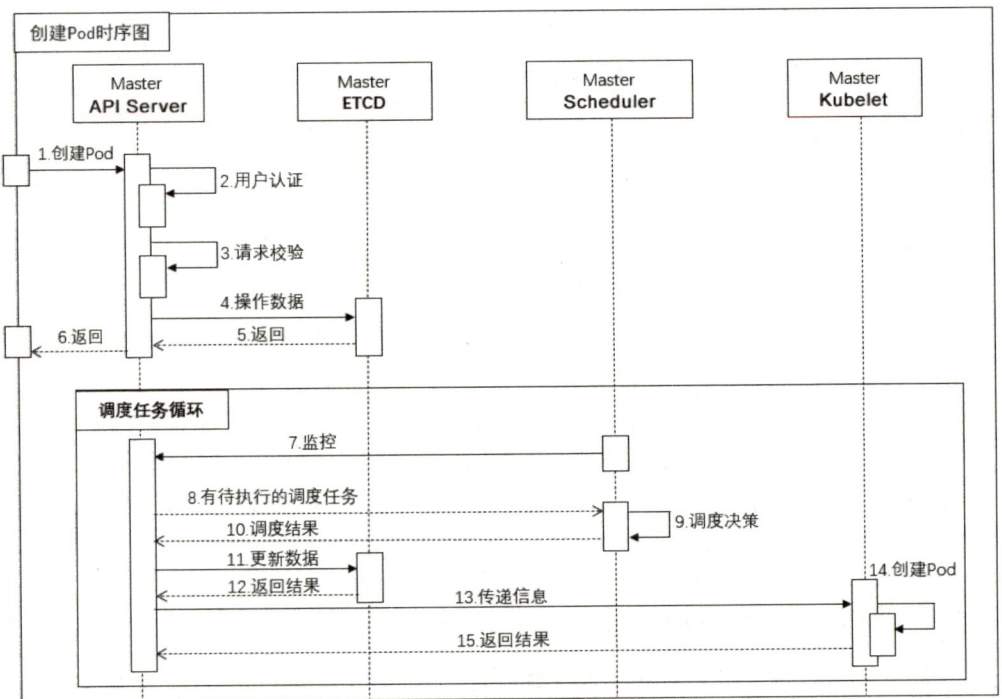

图 4-4

由于 K8s 不是本书的重点，因此不进行具体的解释，有兴趣的读者可以自行研究。

K8s 在容器编排中有以下几个关键的设计理念。

- 声明式 API：通过使用声明式 API，用户只需要告诉 K8s 希望达成的效果即可，而不需要关注 K8s 如何实现这些效果。

- 可扩展架构：K8s 提供了多种扩展方式，用户可以使用 CRD（Custom Resource Definition）、Operator 等方法对 K8s 的原生能力进行扩展，满足业务的定制化需求。
- 开放性：K8s 定义了一些标准，用于屏蔽底层基础设施的差异，如容器网络接口（CNI）、容器存储接口（CSI）、容器运行时接口（CRI）等，这些标准接口让 K8s 具有非常高的开放性。

4.3.4　容器与微服务

从应用开发和部署角度来看，云原生代表技术中的微服务是最能体现云原生应用的技术。在微服务中，应用根据业务被拆分为若干个相对独立、相互关联的服务单元，每个服务单元都是无状态并可以按需扩容和缩容实例的。

在微服务场景下，容器技术敏捷、弹性、可移植性和轻量的特点，完美地匹配了微服务技术对运行时环境的要求，加上容器编排技术，能够非常便捷地实现自动部署、健康检查、实例自愈、自动扩缩容等能力。所以说，容器对微服务的实现起到了极大的支撑作用。

4.4　再谈服务网格

服务网格分为控制平面（Control Plane）和数据平面（Data Plane）两部分。在之前对服务网格的介绍中，主要介绍的是数据平面，本节将介绍控制平面的相关内容。

4.4.1　服务网格的实现

在数据平面中，每个服务实例都有一个与之搭配的代理，但服务实例的数量是非常多的（一个使用微服务架构的中等规模的系统，可能拥有成百上千个服务实例）。此时，如何管理这些数量庞大的代理、使它们的配置同步，就成了一个非常棘手的问题，控制平面的出现就是为了解决这个问题。

先简单回顾一下数据平面。数据平面主要由服务实例和代理组成。从服务实例的角度来看，代理是透明的，代理通过 Sidecar 的方式与服务实例一同部署，并且负责管理服务实例的出站和入站流量。所有的请求都由代理进行控制和转发，代理通过接收控制平面发送的控制信息来确定如何转发和处理数据。

为了尽可能地降低通信过程中的延迟，代理和服务实例是部署在同一个主机上的（也可以是虚拟机、K8s 的 Pod 等），而控制平面只和代理进行交互，统一地管理所有代理程序，因此，控制平面的引入并不会增加服务间交互时的延迟，如图 4-5 所示。

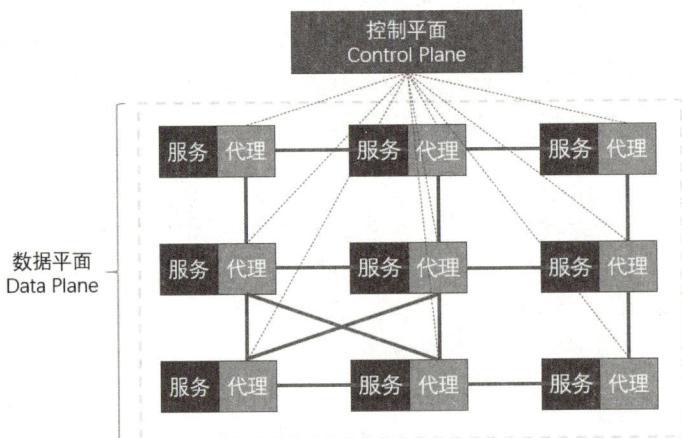

图 4-5

> 2019 年 CNCF 发布的数据显示，在服务网格的具体实现中，2017 年诞生的 Istio 是应用最为广泛的服务网格技术，并且 Gartner 的研究表明，Istio 有望成为服务网格的事实标准。

Istio 平台围绕轻量级代理 Envoy 构建，其核心能力包括通信、安全、控制和可观测性等。Envoy 是 CNCF 中的项目，得到了包括 Google、IBM、Cisco、微软等"大厂"的共同建设，并且几乎被所有主流云厂商采纳。因此可以说，Envoy 已经成为数据平面中代理的事实标准。

近些年，随着服务网格技术的不断推广，诞生出一些新的实现，如 Linkerd、Consul、Conduit 等，但与 Istio 相比，在功能性和成熟度上还存在一定的差距。

4.4.2　与 API 网关的关系

API 网关作为一种实现数据中心内外部通信的技术被广泛使用，其主要职责之一就是管理 API。通常，API 网关除提供通信、安全和流量管理等功能外，还提供对 API 全生命周期的管理，如 API 的创建、测试、Mock（模拟）、文档化、计费等功能。

1. 一个常见误区

对比 API 网关和服务网格所具备的功能，会发现大部分功能在这两个技术中都有覆盖，因此，当 2017 年左右服务网格刚刚出现时，业界对这两个技术有非常多的讨论。一些人提出 API 网关的数据流向是"南北向"的，而服务网格是"东西向"的（这里说的"南北向"指数据中心内外部，"东西向"指数据中心内部。由于在架构图中通常表达数据中心内外部时采用上下布局，而数据中心内部采用左右布局，因此称为"南北向"和"东西向"，也有人称为"垂直向"和"水平向"）。

实际上，这种观点是站不住脚的，因为无论是 API 网关还是服务网格，根据具体的部署方式，其数据流向既可以是"东西向"的，又可以是"南北向"的。

从工作模式上来说，所有的请求都会经过 API 网关进行控制和转发，因此 API 网关是中心化的；而服务网格是通过与服务实例绑定在一起的代理相互通信的，因此服务网格是去中心化的。

2. API 网关的使用场景

API 网关通常有如下 3 个使用场景。

（1）将 API 打包成产品。

在将 API 打包成产品供客户端消费时，API 网关会封装一些通用功能，如认证、限流、计费，以及客户端管理等。这些功能主要管理的是用户如何使用 API 产品，因此 API 网关工作在网络模型中的第 7 层，即应用层，提供 L7 层级的用户策略的管理。因为这个原因，大部分 API 网关都只支持使用 HTTP 协议（REST、SOAP、gRPC 等）来暴露 API。

（2）服务之间通信。

API 网关介于客户端和后端 API 提供者之间，因此可以在客户端调用 API 时实施网络策略，如连接、安全、编码、监控流量等。API 网关作为中间层，当客户端请求 API 时，网关可以拦截请求并进行 TLS 认证、记录访问日志等操作，随后将请求转发到后端的 API 提供者；当 API 提供者返回响应时，依然会先到网关，于是网关可以对响应进行拦截处理，最终返回给客户端。除此之外，网关还可以实现路由功能——将请求代理到 API 的不同版本上。但这些功能依然是工作在 L7 层级上的流量策略。

（3）API 的全生命周期管理。

API 网关通常提供门户界面，在其上提供创建 API、提供 API 文档、测试 API 和模拟 API 结果等功能。这些功能涵盖了 API 生命周期的各个阶段，包括设计、运行、优化等。

3．服务网格与 API 网关的区别

相比于 API 网关，服务网格的应用场景主要在服务间的通信上。通过代理，服务网格可以实现 TLS 加密、用户认证、服务路由、日志记录、调用链追踪和负载均衡等能力。在服务网格的视角下，一切都是服务实例，因此服务网格支持数据库等第三方系统的交互管理。同时，服务网格在通信上做得更加极致，考虑到通信过程中存在各式各样的协议，服务网格支持 TCP 之上的其他协议，这意味着服务网格除 L7 层级的功能外，还支持 L4（传输层）层级的能力。

总的来说，API 网关和服务网格的主要区别如下。

- 从数据通信角度来看，API 网关支持 L7 层级的协议，服务网格既支持 L7 又支持 L4 级别的协议。
- 从功能角度来看，API 网关支持将 API 打包成产品和 API 全生命周期管理的功能，这些是服务网格不完善的能力。
- 服务网格需要使用额外的代理，这对外部系统来说是很难实现的，因此在这种场景下更适合使用 API 网关。

4．服务网格与 API 网关的使用决策依据

在 CNCF 的一篇博客中，有一张图可以用来帮助如何在服务网格与 API 网关之间进行选择，笔者对这张图进行了一些修改，如图 4-6 所示。

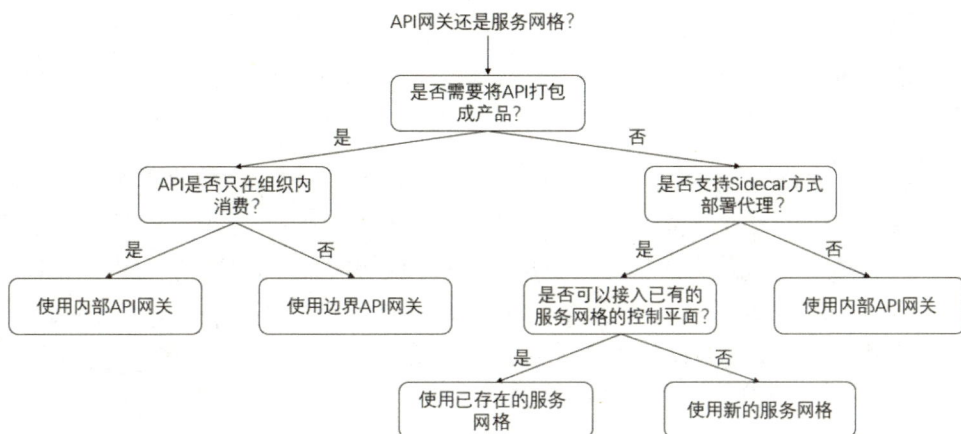

图 4-6

4.4.3　服务网格与微服务

在 CNCF 提出的云原生代表技术中，既有服务网格又有微服务，这两个技术的本质在理念上是一致的。实际上，服务网格也被称作第三代微服务架构。

可将微服务架构分为 4 代。

1.　第一代微服务架构

第一代微服务架构的特点是在业务代码中编写服务交互逻辑。这要求程序员在编写业务代码的同时，需要自行编码处理服务寻址、通信、异常处理、重试策略等情况。这种和业务代码混编的方式不但扩展性差，而且很难移植到其他系统中，即使另一个系统使用相同的程序语言开发，也需要重写服务交互逻辑。

2.　第二代微服务架构

注册中心和"胖客户端"的出现是第二代微服务架构的特征。注册中心是一个独立运行的系统；"胖客户端"可以被理解为一个类库，其中封装了用于服务间交互的逻辑，这些交互逻辑的实现依赖于注册中心中的信息。

具体来说，当业务程序引入"胖客户端"后，自己就会作为一个服务的实例注册到注册中心之中，当一个实例需要调用下游服务时，只需要使用"胖客户端"中提供的功能并提供希望调用的服务名，"胖客户端"即可自动从注册中心中获取被调方服务可用的实例，完成调用。

有了注册中心和"胖客户端"后，不但可以解决基本的通信功能，而且可以扩展出鉴权、限流、路由、容错等更高级的治理能力。

"胖客户端"的使用让第二代微服务架构的扩展性和移植性大大提高。例如，现在使用的最为广泛的 Spring Cloud，只要使用的是 Java 语言，就可以非常方便地将"胖客户端"引入业务代码中。但是这种移植性是存在局限性的，因为如果需要兼容多种不同的语言，则需要针对每种语言编写对应的"胖客户端"。另外，由于"胖客户端"以类库的形式引入业务代码中，因此更新升级成为一个比较困难的事情，现实中很难要求用户使用具体版本的"胖客户端"。

3. 第三代微服务架构

服务网格通过 Sidecar 形式为每个服务实例提供一个通信代理，解决了"胖客户端"的问题，并且将代理进程和业务程序进程独立开来，彻底将业务功能的迭代和服务通信、治理能力的演化进行了解耦。

4. 第四代微服务架构

第四代微服务架构的代表技术是无服务器架构（Serverless）。无服务器架构中的业务粒度拆分得更细，细到一个函数、一个任务。在这个架构中，服务进一步简化为一个逻辑，其相互之间的通信量级远远超过微服务，因此对通信技术要求更高。

无服务器架构分为 BaaS 和 FaaS 两类。它们和云计算中被人熟知的 IaaS、PaaS、SaaS 一样，都是云服务模式。

- BaaS："后端即服务"（Backend as a Service）的缩写，其不再需要用户管理帮助业务程序运行的服务端组件，用户只需要提供后端业务的程序，运行完全交给平台处理。
- FaaS："函数即服务"（Function as a Service）的缩写，其可以部署单个函数或操作，因此 FaaS 被认为是一种新的运行代码的托管环境。

> 无论是 BaaS 还是 FaaS，都不需要用户自行管理服务器主机或程序进程，因此它们都属于无服务器架构。

5．服务网格是趋势

总的来说，目前使用最广泛的还是以 Spring Cloud 为代表的第二代微服务架构。服务网格在实际使用上还存在一些问题，其中最大的两个问题如下。

- 服务网格的优势是将能力下沉到基础设施，这使得对基础设施的能力要求很高，目前的相关技术还处在蓬勃发展的阶段，尚不成熟。此外，基础设施的运维给使用方提出了更高的要求。
- 目前人们对微服务架构的理解还不够深入，更多人使用服务网格的意图是将原本使用不同语言开发的单体应用，在不经过改造的前提下进行微服务化，但这样的结果只能是建立一个"伪微服务"架构的系统，并不能充分地发挥微服务架构的优势。

虽然现阶段还存在一些障碍，但是使用服务网格构建微服务架构是目前行业内的发展趋势，而作为第四代微服务架构的无服务器架构，极有可能是微服务架构未来的发展方向。

4.4.4 适用场景

在讨论服务网格和 API 的关系时，简单介绍了服务网格的适用场景，这里进行一些细化和总结。

总的来说，服务网格可以拦截服务集群中的所有通信流量，因此可以对这些流量进行精细化的管理，如校验和路由，这使得在如下场景下尤其适合使用服务网格。

1．安全的网络通信

网络通信之间的安全性是服务网格最重要的能力之一，这是选择使用服务网格的主要原因之一。服务网格通过在代理中提供加密通信的方式来保证集群中的所有通信都是安全的，这与近些年流行的零信任（Zero Trust）网络安全防护理念非常契合。

2．灵活的网络策略

服务网格的代理天然地具备通信校验的能力，可以对通信的双方资源进行认证和审核。服务网格应用可动态配置的访问策略来确定双方是否可以通信，以及具体的通信模式。

3．细粒度的流量路由

服务网格可以将请求路由到同一个服务的不同版本之上，这个能力对于 A/B 测试、灰度发布等场景都有非常好的支持。

4．可观测的网络通信

代理在转发和控制流量时，可以记录一些日志，在使用可视化的方式对这些日志进行展示后，就可以直观地看到服务之间的交互拓扑、调用链路、链路中节点上的耗时、服务健康程度等图表，从而极大地提升系统的可观测性。

5．故障注入

故障注入是近些年越来越被重视的混沌工程中的重要实现方式之一，因为代理拦截了集群中的所有通信，所以代理是最适合进行故障注入的注入点。

4.4.5 不适用场景

服务网格并不是万能的，在以下场景中不推荐使用。

1．不了解微服务架构

在服务网格与微服务的关系中提到过，服务网格在实际应用中最大的问题是企业并不了解微服务架构，或者企业的目的是在不修改已有的单体架构的应用程序的前提下，使用服务网格将单体架构微服务化，这种思想是不正确的。

服务网格的非侵入性只是一种网络通信模式，服务网格的本质是第三代微服务架构，因此在其上运行的应用程序虽然不要求使用相同的编程语言，也不要求对应用程序进行特殊处理，但这些应用程序最起码应该是一个微服务应用。

2．对安全性没有强烈需求

构建零信任的网络安全防护是使用服务网格的重要因素之一，因此如果没有这方面的需求，则可以不使用服务网格。在一些场景中，当运行在自有的私有化环境中而非公有的多租户环境中时，或者业务逻辑中没有特别敏感的数据时，只需要先使用 API 网关或防火墙保证外部请求的安全性，再通过安全审查机制确保内部组件都是可信任的即可。

3．缺少足够的运行资源

在微服务架构中，服务实例的数量是非常多的，而使用服务网格后，需要给每个服务实例都搭配一个代理，因此资源的使用量是双倍的，相应地，这需要花费更多的成本。

4.5　云原生技术改变企业架构

云原生技术的蓬勃发展给企业架构的设计和实现带来了更多的选择，但换个角度来看，云原生也给传统的企业架构带来了许多变革。这些变革不但给企业带来了便捷和优势，而且在架构原则和架构模式上提出了新的要求。

在介绍新的架构原则和架构模式前，先来看看云原生技术带来的改变有哪些。

4.5.1　云原生技术带来的改变

Jimmy Song 在《迁移到云原生应用架构》一书中谈到了使用云原生技术的动机，以此为基础，下面谈谈云原生会给企业带来怎样的变化。

1．速度

虽然云计算经过了十几年的发展，但大量的应用程序还停留在过去单体架构部署在物理主机上的模式。在云时代，这些应用仅仅将物理主机替换为了云平台上的云主机而已。然而，随着数字化时代的到来，商业世界发生了巨大的变化，人们对于信息的获取速度、信息质量、用户体验等提出了非常高的要求，这就需要 IT 技术具备更快的迭代速度。

过去，在使用传统的 IT 方法、技术和理念时，一个软件的部署和发布往往需要一整天甚至更久，而开发迭代的周期可能是数月甚至数年。这种速度不但无法满足当前商业世界的要求，而且增加了每次发布所面临的风险，一些缺陷甚至要等到下一个版本发布时才能修复。

现在，很多成熟的互联网企业都用行动证明了它们可以利用云原生架构的能力每天完成数百次的发布，这样一来，价值交付的速度从之前的数周、数月提升到了数小时。

> Mary Poppendick 曾提出一个问题："如果只是改变了应用的一行代码，那么您的组织需要多长时间才能把应用部署到线上？"，云原生架构给出了自己的答案："几分钟或几秒钟"。

2. 安全

企业上云的最大顾虑就是安全性，而云原生架构不但可以充分利用云平台的能力，而且可以在快速变动的需求及系统的稳定性、可用性和耐久性之间寻求平衡，不会因为速度而损害安全性（就像高铁一样，又快又安全）。

云原生架构主要通过以下方法保证系统的安全性。

（1）可观测性。

功能丰富的指标、监控、告警和数据可视化工具是云原生架构的核心，这使得整个系统的运行状态是可被观测的，当发生故障时，可以迅速地定位问题，并且已可视化的形式展现出来。

（2）故障隔离。

通过将系统拆解为微服务，来限制故障影响的程度和范围。在设计良好的微服务架构中，当一个微服务出现故障时，这个故障会被限制在这个微服务的故障实例上。

（3）容错。

虽然故障隔离可以限制影响范围，但如果上游服务不进行响应的处置，则故障可能会蔓延开来。例如，在高并发的场景下，下游服务连接超时将导致上游服务的连接数耗尽。因此，云原生架构提供熔断器等容错机制，防止造成级联故障。

（4）自愈。

在云原生架构中有完整的组件探活和健康检查机制，当发现组件不可用时，可以自动完成组建的重启或重新发布。

3. 弹性

云平台的优势之一就是高度灵活的弹性，资源可以按需使用，同时可以方便地完成单一组件的水平扩缩容。

在没有云原生技术时，组织使用云平台的方式仍是传统在 IDC 时代使用的方式——在系统上线前进行不靠谱的资源规划，当负载增加时购买更加强悍的主机。这样只是使用云上的虚拟机代替了原本自有机房中的物理机，不能充分利用云上的强大能力，不能从云技术中获得更高的弹性。

云原生架构通过无状态的微服务应用、比虚拟机更轻量的容器技术、分布式的数据存储等技术，使得应用程序能够根据实际情况进行自动的、动态的水平扩缩容，极大地提升了系统的弹性。

4. 移动性

智能手机的普及让人们可以随时随地与系统交互，一方面，给系统带来了过去不可比拟的负载压力；另一方面，意味着系统必须保持可用。

曾经，B/S 架构的系统只需要关注 PC 端的浏览器；而现在，各式各样的客户端不仅需要考虑用户体验方面的适配问题，还需要考虑移动网络的流量和客户端的耗电量问题。在移动端混合应用诞生的那些年，有很多产品的目的是"在不需要修改原有程序的前提下，对移动客户端进行适配"，事实证明，这条路是走不通的。

云原生架构不仅可以提供持续的可用性保证，应对随之而来的高负载压力，还可以使用 API 网关、BFF（Backend For Frontend）等方法应对客户端的差异性需求。

5. 服务利用率

在上云之前，传统的企业 IT 建设都是"烟囱"式的，对于相同的功能，可能每个部门都在使用自己部门内部的系统进行工作，这造成了软硬件资源的严重浪费。在上云之后，凭借云平台上 IaaS 服务的能力，企业改善了硬件资源的共享程度，但各个系统中的能力依然不能统一，即使能统一，系统中每个功能的访问频次也是差异很大的，传统的单体架构在扩展时只能针对整体增加实例，这样依然存在浪费。

云原生架构可以被看作一个去中心化的分布式架构：通过微服务、服务网格等技术将单体应用拆分为服务，通过服务治理手段实现服务能力的统一和复用，并且可以针对单个服务进行扩缩容操作。

> 可以说，云平台解决了企业 IT 的资源浪费问题；而云原生架构从应用程序的角度出发，解决了程序中功能浪费的问题。

4.5.2　新的架构原则

在传统的架构原则的基础上，云原生架构中出现了一些新的原则。

1．服务化原则

将架构中的所有组件均视为一项服务，使用接口暴露服务项。

在实现时，采用的方式就是微服务架构：将一个单体应用根据业务涉及的领域模型边界进行拆分，拆分后的每个子系统成为一个服务。

这样做的好处：当团队人数过多时，可以避免相互协调和等待的时间；可以做到每个服务的独立迭代和发布；在应用云原生架构时会发现，云原生架构本身就是一个分布式架构，因此通过服务化的方式进行相互调用和服务治理是最合适的。

2．弹性原则

弹性是使用云原生架构的重要动机之一，因此云原生架构应具备极强的弹性。

弹性可以让系统组件的部署规模随着组件实例负载的变化而自动伸缩，不需要进行无意义的事前资源规划；在负载较低的情况下，通过资源进行缩容的方式还可以降低企业投入的成本。

3．可观测性原则

可观测性也是使用云原生架构的一个重要动机。

可观测性可以帮助开发和运维人员在分布式环境中迅速定位和解决问题。通过使用一些工具进行数据分析和数据下钻，可观测性可以为系统的运维、监控及可用性提供数据支撑。

4．韧性原则

韧性（Resilience）是在云原生架构中经常被提到的名词，也是一个相对比较新的词汇。韧性的含义是"系统在面临故障时的可用性程度",即系统是否有抵御故障的能力。

实现韧性的方法有很多,同时涉及架构的多个方面,举例如下。

- 在服务治理过程中常用的熔断、限流、故障转移等。
- 在运维中常用的健康检查、自动恢复、故障隔离等。
- 在主动防御方面日趋流行的混沌工程等。

5. 自动化原则

没有自动化的支持,复杂的云原生架构几乎是无法实现的。

> 容器、微服务、DevOps、大量第三方组件的使用,在降低分布式复杂度和提升迭代速度的同时,因为整体增大了软件技术栈的复杂度和组件规模,所以不可避免地带来了软件交付的复杂度,如果这里控制不当,应用就无法体会到云原生技术的优势。
>
> ——《阿里云云原生架构白皮书》

6. 零信任原则

决定云原生技术需要使用零信任原则的主要因素如下。

- 微服务应用的粒度较细,这让整个系统内的网络拓扑非常复杂,原本只需要关注一个单体应用,现在则难以管理。
- 云环境是多租户的,需要更严格的访问控制。

7. 持续演化原则

3.5 节讨论了良好的架构应该是可持续演化的。对于云原生架构来说,尤其如此。目前云原生技术还处于应用初期,大量技术不断地涌现,其中相当一部分只是昙花一现,有的甚至尚未得到广泛应用就已逐渐消失。

因此,依赖云原生技术设计的云原生架构必须具备持续演化的能力,只有这样才能适应当今技术和业务的飞速发展。

4.5.3　新的架构模式

新的架构设计原则带来了新的架构模式,下面罗列了在云原生架构中最常使用的几种模式。

1．服务化架构模式

服务化架构模式即微服务架构。

2．网格化架构模式

网格化架构模式即服务网格架构。

3．无服务器架构模式

无服务器架构模式即无服务器架构。

4．存储计算分离模式

通常，计算可以做到无状态，但存储很难做到。当使用容器化的部署方式后，尤其是使用 K8s 进行编排后，每次启动都会清空容器中存储的数据，因此需要使用外部存储来进行数据的持久化。在云环境中，推荐使用云平台提供的存储服务，通过这种方式对存储和计算分开管理。

5．分布式事务模式

需要澄清的是，分布式事务模式并不是一个好的模式，并且解决分布式事务的最好方法是避免使用分布式事务。

Sam Newman 在编写的 *Monolith To Microservices* 一书中也建议避免使用分布式事务。

> 行业中存在一个误区，认为在一个分布式架构中是不可能不使用分布式事务的。实际上，这是可以实现的，但需要每个微服务都具有非常良好的业务边界，同时需要在业务逻辑上进行一些权衡设计。
>
> 出现这个误区的根本原因在于，很多时候需求人员不愿意在业务上使用权衡分布式事务的方案，同时设计一个业务边界清晰的微服务是比较困难的，甚至很多场景下的微服务应用都是根据单体应用强行改造而成的。这时就不得不使用分布式事务了。

目前业内使用较多的分布式事务模式主要有以下几种。

- **XA**：传统的分布式事务模式，被大多数数据库支持，但性能较差，在云原生架构中使用得非常少。

- **TCC**：也被称作 2PC，其原理是在程序代码中实现两阶段提交。具体过程是，先通过 Try 锁定资源，再通过 Confirm 进行提交确认；如果发生异常，则通过 Cancel 来进行回滚。这种方式需要编码，因此对程序员是非常友好的，并且很灵活，但问题是比较难编写统一的处理逻辑进行代码复用。TCC 在实际中使用得还是比较多的。

- **SQL 2PC**：这种模式在不同的分布式事务产品中有不同的名字，这里就统一称为 SQL 2PC。其思想和 TCC 是相同的，只是不需要程序员编写额外的代码。当执行 SQL 时，SDK 中的处理类会拦截执行请求，并且通过重写 SQL 的方式自动实现两阶段提交。这种模式的好处是，非侵入，对开发人员完全透明，比较适合为已存在的程序提供分布式事务的支持。但其存在的问题是，对性能的影响比 TCC 略大，并且在 SQL 语法上很难全部支持。

- **SAGA**：也被称作长事务模式。严格来说，SAGA 并不是一种分布式事务模式，因为其是将一个完整的事务拆分成若干个小事务后依次执行来实现的。这样事务的中间状态是会暴露给用户的，因此 SAGA 并不具备事务 ACID(原子性、一致性、隔离性和持久性) 特征中的原子性，所以不能算一种分布式事务模式。SAGA 基于最终一致性原则，当执行过程中出现异常时，每个小事务在捕获到异常发生后自行执行自己的回滚逻辑。在实现时，SAGA 使用事件驱动、可信消息队列等技术。相比其他模式，SAGA 的实现会复杂一些，但避免了分布式事务的使用，因此是比较推荐的处理模式。

6．可观测架构模式

在 4.5.2 节对可观测性有过介绍，这里想重点强调的是调用链追踪的使用。

很多开发团队在使用微服务架构时并不重视调用链追踪的能力，但经验表明，如果没有这个能力，则微服务系统的上线运行将会是一个噩梦。因为服务间的调用关系很复杂，当终端用户遇到一个异常时，没有调用链追踪将会使排查过程非常艰难，尤其是在使用 K8s 进行容器化部署后，排障工作将难上加难。

> 建议使用微服务架构的团队在一开始就使用调用链追踪来建设可观测架构。

7. 事件驱动架构模式

事件驱动架构模式是一种应用和组件之间的集成架构模式，可以用于微服务之间的解耦。相比传统的异步消息，事件和消息的差异主要如下。

- 消息通常是不具备语义的；而事件代表时间轴上的一个具有确定语义的操作。
- 消息通常有发送方也有接收方，并且二者是相互可感知的；而在事件发出后，并不知道具体的接收方是谁。
- 事件更贴近于业务本身，耦合性更低。

4.6 云原生架构的评判标准

前面已经介绍了云原生的定义、云原生的代表技术、使用云原生的动机，以及云原生架构中可用的原则和模式。在实际工作中，经常会遇到双方就一个系统是否符合云原生架构而争论不休的情况。

云原生是一个思维模式，其实现方式是多种多样的。在编写本书时，笔者正在参与中国信息通信研究院主导的《云原生成熟度模型》的编写，虽然该模型的初衷是希望提出一个可衡量、可评价的云原生体系标准，但其内容仍然无法覆盖现实中的所有场景，其作用更多体现在技术指导和思想统一上。

虽然无法给出精确的指标用来判定一个架构是否是云原生架构，但还是有一些有助于判断是否符合云原生架构思想的方法的，本节将对这些方法进行讨论。

4.6.1 是否符合"12 因素"

"12 因素"应用（The Twelve-Factor App）是一系列云原生应用架构的模式集合，由 Heroku 提出 [Heroku 是最早出现的云平台之一，诞生于 2007 年，2010 年被赛富时（Salesforce）收购]。"12 因素"的灵感来源于 Martin Fowler 编写的《企业应用架构模式》和《重构》两本书。

"12 因素"是目前业内比较能够达成共识的评判云原生架构的方法，但由于它的提出是基于 Heroku 产品特征的，因此在实际应用时不能完全照搬。

"12 因素"的内容如下。

1. 一份基准代码，多份部署

这里所说的"基准"是一个容易混淆的概念，因为容易将其理解成代码仓库中的主干。在使用代码仓库时，开发流程可能是基于主干的，也可能是基于分支的。

在使用 SVN 作为代码仓库的传统开发流程中，开发人员是直接在主干代码上进行开发和测试的。一个迭代结束时会迁出一个稳定版本的 Tag，当有些项目的需求和主干版本的方向差异较大时，会为该项目迁出一个分支。

> 近些年流行的 Git 仓库和 SVN 相反。在使用 Git 仓库时，开发过程是先迁出一个分支进行特性开发，开发好后再合并到主干版本。因此 Git 仓库中的主干版本永远是"就绪"状态的。

笔者在理解这一条的内容时就曾错误地理解了"基准"的含义，以为这一条建议使用 SVN 那种在主干上开发的方式。

"基准"的真实含义是使用同一个代码仓库，即一个应用应该对应一个代码仓库。符合"12 因素"的应用和基准代码（代码仓库）之间总是一一对应的，原因如下。

- 一旦有多份基准代码，就不能称之为一个应用，而是一个分布式系统。分布式系统中的每一个组件都是一个应用，可以分别使用"12 因素"进行开发。
- 多个应用共享一份基准代码是有悖于"12 因素"原则的。应将这份共享的代码拆分为独立的代码仓库。
- 微服务应用的设计符合该条原则的要求——每个微服务应用都是完全独立的、自治的，因此拥有与之唯一对应的代码仓库。
- "多份部署"比较好理解，即可以根据同一个代码仓库中的代码在不同的环境中进行部署。

> 举一个反例来帮助理解。如果组织中只有一个代码仓库，在仓库中通过目录来区分不同的应用，并且所有开发人员都有这个仓库的读写权限，那么这样就违背了"一份基准代码"的原则。

2. 显式声明依赖关系

该条是指应用程序不会隐式依赖系统级的类库。

下面以 Java 语言为例来讨论这一条应该如何理解。

在使用 Java 语言开发程序的过程中，通常会将一些通用的功能写到类库中，这样做的好处是可以方便通用功能的统一维护和复用。

过去，如果要引入这些类库，则需要将类库的 Jar 包复制到项目目录中，并将路径加入 Classpath 中。一般情况下，一个项目中需要依赖很多类库，而一个类库可能有很多它所依赖的另一些类库，因此项目中包含的 Jar 包会非常多。这带来的问题是，当引入一个类库时，经常会遗漏其所依赖的相关类库。同时，Jar 包的版本很多，会让版本冲突发生的概率大大增加。当时的架构师为此需要投入大量的时间和精力。

后来 Maven 和 Gradle 出现了，通过在一个配置文件中罗列依赖项的方式，工具会自动下载对应版本的 Jar 包。这种显示声明依赖的优点：无论是类库还是业务代码，都可以显式地声明哪些依赖项是其需要的，不会引入依赖项清单中不存在的依赖项。开发人员从代码仓库中检出代码后就可以直接运行，不需要额外的配置（如 Classpath）。

> 显示声明依赖关系，不单是云原生应用需要遵循的，当前流行的编程语言都有这方面的支持。例如，Ruby 可以使用 Gemfile，Python 可以使用 Pip，NodeJs 可以使用 NPM。

3. 在环境中存储配置

本条要求代码和配置严格分离，以保证"在各个环境中部署时，代码是完全一致的，而配置文件可针对不同环境有所区别"。云原生代表技术之一的不可变基础设施，与本条的思想如出一辙。

传统的开发模式将配置信息写到程序的配置文件中，并且将配置文件提交到代码仓库中维护。这样做的问题是，配置文件中的大多数配置信息都是开发人员在开发环境中写入的，每次系统发布都需要针对线上环境进行配置项的修改，经常会出现人为的修改错误。

"12 因素"推荐将应用的配置项存储到操作系统的环境变量中，这是一个很好的方式，不过在现实中很多时候使用起来比较困难。例如，当配置项很多时，每次配置运行环境都会非常耗时，而且配置项难以统一管理。

配置中心是在云原生架构中最常使用的管理配置信息的方式。此外，Java 语言可以使用 Spring Boot 提供的 Profile 能力，针对不同的环境自动判断使用的配置信息。

4. 将后端服务当作附加资源

这里的"后端服务"是指应用程序需要通过网络调用的各种服务，如应用程序、数据库、消息队列、缓存系统等。"12 因素"应用不会区别对待不同的服务，视其为"资源"。

"将后端服务当作附加资源"的意思是，应用本身不关注后端服务自身的运行状况，只知道后端服务提供的 URL 地址。如果需要更换后端服务，如更换不同厂商的数据库产品，则不应该让应用有任何的感知，做到松耦合。

在微服务架构中，每个微服务应用与注册中心相连，通过服务名和 API 调用其他服务。对一个微服务应用来说，其甚至不知道下游服务的 IP 地址和端口号，只知道下游服务的服务名，通过微服务架构中的组件来实现路由和调用，服务之间彼此互为对方的资源。

5. 严格分离构建和运行

"12 因素"认为，基准代码转化为一份可运行的部署需要以下 3 个阶段。

- 构建阶段：将代码仓库转化为可执行包的过程。在构建时，会使用特定版本的代码，获取和打包依赖项，编译成二进制文件和资源文件。
- 发布阶段：将构建结果和当前部署所需配置相结合，并且能够立刻在运行环境中投入使用。
- 运行阶段：针对选定的发布版本，在执行环境中启动一系列应用程序进行。

以常见的在 K8s 环境中部署一个 Spring Cloud 应用为例：构建阶段就是从代码仓库中迁出代码后，生成一个 FatJar；发布阶段就是使用 FatJar 打包一个 Docker 镜像；运行阶段则是在 K8s 环境中用 Deployment 启动 Docker 镜像。

> "12 因素"应用严格区分构建、发布和运行这 3 个阶段，因此，如果要修改运行阶段的程序，则必须从构建阶段重新开始，而不能直接在运行环境中修改。这一点也体现在云原生技术中的不可变基础设施上。

6．以一个或多个无状态进程运行应用

3.4.3 节介绍过有状态和无状态的内容。"12 因素"认为，应用的进程必须是无状态且无共享的，任何需要持久化的数据都要存储到后端服务内，如数据库。

在一个 B/S 架构的 Web 应用中，Session 是常见的有状态数据，也是传统架构在进行水平扩缩容时必须重点处理的部分。而云原生的应用应是无状态的，这让水平扩缩容变得非常容易——只需要启动相应数量的实例即可。

云原生架构模式中介绍的存储计算分离模式，可以辅助实现无状态的应用程序。

7．通过端口绑定提供服务

"12 因素"应用不依赖任何网络服务器，即可创建一个面向网络的服务。

以 Java 为例，用传统方法部署一个 B/S 架构的应用程序的步骤如下。

（1）在服务器上部署一个 Tomcat 服务器。

（2）将程序打包成 War 包，复制到 Tomcat 服务器的特定目录下。

（3）启动 Tomcat 服务器运行程序。这里的 Tomcat 服务器就是一个网络服务器。

通常的实现思路是，将网络服务器类库通过依赖项的方式内嵌到应用中。例如，Spring Boot 可以通过在依赖项中引入对应网络服务器的 Starter，之后将代码打包成 FatJar。打包好的程序可以直接运行，不需要在运行环境中部署 Tomcat 等网络服务器。

这样做的好处：降低了部署的复杂性，更加便于在大规模的云原生架构中部署应用。

8．通过进程模型进行扩展

这一条实际上仍然在说水平扩容的问题。"12 因素"应用在每次扩容时都是针对进程扩容的，即扩容一个实例相当于再启动一个运行在独立进程中的实例。如果

将两个应用打包到一个 FatJar 中运行，则违背了这条原则。

9. 快速启动和优雅终止可最大化健壮性

（1）快速启动。

"快速启动"很好理解，就是保证应用程序可以在短时间内启动起来。这一点在传统服务器端软件的开发过程中并不是很关注的。但在云原生架构中，应用的发布频率大大提高，很可能在一天之内就需要发布多次，因此每次的启动时长就显得重要起来。此外，如果程序宕机，则快速的启动过程可以让服务恢复的时间缩短。

在实现方面，将系统拆解成细粒度的微服务，以及使用容器部署，都是实现快速启动的方式。如果在代码中使用了 Spring Framework，则可以通过引入官方提供的 spring-context-indexer 来加快启动过程。

（2）优雅终止。

"优雅终止"稍微难理解一些，先回想下过去是怎样停止一个应用程序的。大多数人在停止服务端程序时都采用"杀进程"的方式，这种方式在云原生架构中就不太合适了。例如，在使用微服务架构时，程序启动会向注册中心注册自己，注册后，其他服务就可以通过注册中心获取这个实例的 IP 地址和端口号，当实例停止时，如果直接"杀进程"，则注册中心在健康检查的一个周期内并不知道实例已经停止了，就无法通知其他服务这个实例已经下线了。

优雅终止的实现主要是优化终止流程。例如，在上述的微服务场景中，可以在服务实例停止前先在注册中心中进行反注册操作。另外，如果使用了 K8s，那么其本身提供基于 Pod Hook 的优雅终止。

10. 尽可能地保持开发、预发布、线上环境相同

"12 因素"认为，开发环境和线上环境存在以下 3 方面的差异。

- 时间差异：开发人员正在编写的代码可能需要几天、几周，甚至几个月才会上线。
- 人员差异：开发人员编写代码，运维人员部署代码。
- 工具差异：开发人员可能使用 Nginx、SQLite、OS X，而线上环境使用 Apache、MySQL 和 Linux。

"12 因素"应用需要解决这 3 方面开发和线上环境的差异，从而实现持续部署，方法如下。

- 缩小时间差异：开发人员可以几小时，甚至几分钟就部署完代码。
- 缩小人员差异：开发人员不仅要编写代码，还要密切参与部署过程，并且关注代码在线上的表现。
- 缩小工具差异：尽量保证开发环境和线上环境的一致性。

微服务、不可变基础设施、容器等云原生代表技术都能够缩小这 3 方面的差异。同时，开发人员应该反对在不同环境间使用不同的后端服务，即开发环境中的组件应和线上环境保持一致，不应因为框架可以适配就使用不同的组件。

11. 把日志当作事件流

应用本身不考虑存储自己的日志，这点在云原生架构中非常有用。因为架构中的程序实例非常多，并且分布在集群中的任意主机之上，所以应用的日志是很难通过传统方式进行存储的。

在云原生架构中，日志一般都会通过自动上报的机制收集并聚合在一起统一管理，提供查询、分析等功能。常用的方式：通过独立于应用程序的 Agent 或 K8s 中的 Sidecar 方式，使用 Filebeat 等工具进行采集。

12. 将后台管理任务当作一次性进程运行

在应用发布时，通常除应用程序本身外，还会有一些一次性的执行操作，如数据库升级脚本、数据备份等。这些一次性的操作被称为后台管理任务。

"12 因素"对应用的要求同样适用于这些一次性的任务中，包括在不同的环境中使用相同的代码和针对环境的配置，这些应与应用保持一致，避免同步问题。

4.6.2　是否使用了微服务架构

微服务是一个评判云原生架构的参考依据。作为云原生代表技术之一，微服务是最能表现出云原生架构的应用程度的。

在第 3 篇中，我们会对微服务架构进行非常深入的讨论，这里先简要罗列一些微服务架构具备的特点。

1．独立可部署性

微服务最大的特点就是独立可部署性，其他特点从根本上来说都是基于独立可部署性拓展出来的。每个服务都可以独立地开发、部署、运维和演化，完全去中心化和自治，这样可以实现更频繁、更快速的部署和发布，从而实现持续的价值交付。

2．单个服务开发人员数量少

并不是说人越多，办事效率就越高，完成的时间就越短。经验表明，人沟通得越多，协调时间就会越长，在一些场景下效率反而会降低。例如，在使用瀑布模型开发的单体架构的软件的后期，人越多，效率就越慢。

> 软件项目的晚期增加更多的人力将会使软件项目更加延期。
>
> ——《人月神话》

在微服务架构中，每个微服务应用的开发团队人数大多在 10 人以内，因此从沟通和协调角度来说，是可以非常高效的，从而加快了功能的交付速度。

3．功能范围小

通常一个微服务聚焦在一个粒度比较细的领域中，功能数量通常不多，属于"少而专""小而美"，因此对于任何一个开发人员来说，都可以很快地了解一个微服务内的功能细节，这是可以提高效率的因素之一。

4．为技术选型带来更多选项

在软件开发过程中，经常需要技术选型，尤其是现在开源项目百花齐放，能够实现相同目的的可选技术很多。以往在进行选型时都会非常的慎重，需要大量的对比和验证工作，因为在传统的单体架构中，一旦错误地选择了一个技术，将会造成非常大的影响。

微服务应用的独立可部署性和比较细的粒度，可以让每个服务的开发团队独立完成技术选型，就算选择错误也可以很快得到纠正，并不会影响其他服务，试错成本很低。

5．扩展性高

虽然单体架构是可以扩展的，但是单体架构的扩展粒度是一个整体。而在微服务架构中，每个微服务应用都可以单独扩展。从价值交付角度来看，可以通过快速扩展某个服务来快速交付价值；从运维角度来看，可以根据负载情况调整服务的实例数量从而实现细粒度的扩缩容。

4.6.3 是否使用了 DevOps

云原生架构的特征不但体现在所使用的技术方面，而且涉及企业文化和组织变革。这一点通常是在应用云原生架构时容易被忽略的部分。任何架构的目的都是为企业创造价值，这就需要对企业的组织结构、管理流程和日常活动进行匹配，DevOps 就是在云原生时代用来解决这些问题比较好的方式。

1. 研发和运维相互独立的传统模式

DevOps 又被称为"研发运营一体化"，代表一种 IT 文化。在传统 IT 企业的组织结构中，研发和运维部门是完全割裂的：研发部门只负责软件的研发，当软件准备就绪后就会以程序包加部署文档的形式提交给运维部门；运维部门进行线上部署和发布。

在传统理念中，研发部门和运维部门的目标是相互冲突的：研发部门的工作是不断为系统添加新的特性、不断变更系统，而运维部门的工作是尽可能地保证系统的稳定运行、减少变化。这种观念持续了很长一段时间，时常引发研发部门和运维部门之间的矛盾。

但越来越多的实践证明，研发部门和运维部门的目标是一致的，因为从一个更高的角度看来，二者的目的都是让业务部门要求的变化迅速上线，从而为用户交付价值，为企业带来收益。

2. 连接研发和运维并形成闭环的 DevOps

从思想层面来看，DevOps 提倡打破研发、测试和运维之间的壁垒，将它们的生命周期贯通起来，让软件的构建、测试和发布更加可靠，尽可能地缩短系统变更从提交到安全部署到生产系统的时间。

图 4-7 所示为 DevOps 的"莫比乌斯环"，直观地展示了 DevOps 所要表达的理念。

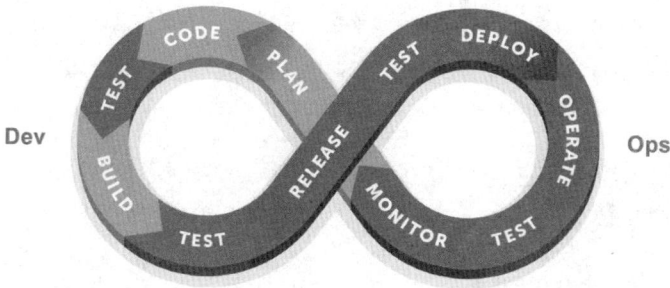

图 4-7

从实现角度来看，DevOps 涉及文化建设、流程规范、技术规范、统一协作和统一工具链，在过程中强调持续改进和持续验证，要求团队成员具备计划、编码、测试、构建、发布、运维和监控等多领域的能力，这要求 DevOps 的团队结构一定是跨职能的。

$$DevOps = 人 + 流程 + 工具$$

3. CAMS 原则

2010 年左右，Damon Edwards 和 John Willis 提出了 CAMS 原则，用来建立一个健康的 DevOps 环境并确保 DevOps 的成功落地。下面对其逐一介绍。

（1）文化（Cultural）。

文化是 DevOps 的基石。很多人认为 DevOps 的实现是从引入一些自动化的工具和建立一些流程开始的，但这并不十分正确，应该先从"人"着手，将 DevOps 的文化融入企业中。

DevOps 需要人们不断地学习如何使用不同的方式在一起工作，组织需要使用统一的目标来引导各方人员，而不仅仅关注局部利益。因此，企业内的人员都需要保持开放的心态彼此寻求合作，在工作中需要采用敏捷和跨职能的方式，分享成果并及时获得反馈，保持持续改进的工作态度，建立可衡量的持续改进指标，相互信任和尊重。

如果没有文化的支撑，则 DevOps 不会是 DevOps。

（2）自动化（Automation）。

很多人将 DevOps 和自动化画上等号，虽然并不精确，但可以看出自动化在

DevOps 中的重要程度。DevOps 强调工作的可重复性，代码可以通过自动化的方式不断地从代码仓库中发布到生产环境，这点从图 4-7 的"莫比乌斯环"中就能够很直观地体现出来。

自动化简化了流程和任务，减少了人为错误，保证了价值流在"莫比乌斯环"中的快速流动和尽快交付价值，从而达到引用 DevOps 的目的。

（3）度量（Measurement）。

DevOps 过程的重点之一是鼓励团队专注工具的建设。通过使用合适的工具，自动且及时地反馈系统当前的运行状态，当出现瓶颈和漏洞等情况时，可以及时地触发相应的告警机制和流程。

（4）分享（Sharing）。

DevOps 是一个持续的过程，包括对全生命周期的持续优化。在进行优化时，会发现系统中存在的瓶颈并进行针对性的处置，这些成果应当在组织内进行分享，帮助组织获得整体的提升。

4.7 不是"银弹"，也不免费

没有架构是完美的，云原生架构也是如此，并不是所有的场景都适合使用云原生架构。此外，云原生架构的实现，在成本上可能会超出想象。

4.7.1 终极架构谬误

没有架构是万能的，终极架构是不存在的。云原生架构也是如此。

云原生架构有擅长的领域，当然也有不适用的场景，它不是用来替代传统架构的，而是在原本传统架构的应用场景中划分出更加细分的领域后，与传统架构形成互补的。曾经有一段时间，笔者一直在探寻一个可以适应各种场景的终极架构，但结果显而易见——以失败告终。

云原生不仅是一个架构风格、一个技术，还是一个思想和文化，目的是建立适合在云上运行的应用体系，保证系统能够快速地交付业务能力，并且可以充分利用云上的服务实现弹性、韧性和高可用性。

虽然 4.4.4 节和 4.4.5 节介绍了云原生架构的适用和不适用场景，但现实中都是可权衡的。因此，在选择是否使用云原生架构时，笔者的建议如下。

- 评估自身希望获得云原生中的何种能力。
- 考虑是否可以使用对自身而言最简单和稳妥的方式获得这种能力。
- 如果决定使用云原生架构，请从企业战略和业务价值上评估是否值得。

还是那句话：架构没有优劣，只有是否合适。

4.7.2　比想象中更高的成本

企业上云的一个重要动机是节约成本，这也是各个云平台厂商在推销时重点介绍的。很多资料和相关产品的厂商在介绍云原生时，会把节约成本作为其拥有的特性之一。那么，云原生是否可以给企业减少支出呢？答案并不简单。

1. 节约成本不是云原生的目的

在资源上云阶段，确实会在一定程度上节约成本。这是因为，原本企业需要自己购买和运维计算、存储、网络等硬件资源，在上云后则不需要自己去购买了，而变为了在云平台中租赁需要使用的资源。云平台按需申请、弹性伸缩的能力，不仅免去了企业自身运维资源的成本，还可以让企业灵活地管理资源的数量，避免浪费。

然而，为了节约成本而使用云平台可能最终无法达到预期的目标。越深入使用云平台，就会越依赖云平台提供的能力，而这些能力都是需要真金白银去兑换的。

【举例 1】
　　游戏有免费和收费之分，大部分人以减少支出为目的选择免费游戏。但有一些人会发现，免费的可能要比收费的更花钱，因为如果希望在游戏中获得好的体验，就需要各种充值。

【举例2】
在 Linux 服务器流行之前，Windows 服务器在市场的占有率是非常高的。后来 Linux 服务器凭借免费的优势，迅速抢占 Windows 服务器的市场份额，不过有数据显示，企业使用收费的 Windows 服务器要比使用免费的 Linux 服务器成本少 10%。

上面的两个例子都不是精确的结论，但至少可以看出，看似成本低的选择不一定可以达到预期的效果。

2．成本往往超过想象

在使用云原生架构时，到底需要投入多少成本呢？答案是通常比想象中要高出很多。

目前的实现方式主要有采购和自建两种。

（1）采购。

采购是一些规模较大的企业实现云原生时采用的主要方法。企业可以采购公有云平台上的产品和服务，有的企业甚至通过采购的方式建设私有云，随后购买云原生产品部署在私有云上。

这种方式前期投入非常巨大，但效果比较好，因为所有采购的产品都有商业条款兜底，使用上的任何需求和疑问都有厂商的服务团队提供全方位的支持。

（2）自建。

云原生的相关技术几乎都有开源产品与之对应，因此有一些企业在实现时使用的都是开源产品，随后自行对其进行集成和运维。选择自建方式的企业大部分规模都不大，没有足够的资金购买商业产品，希望通过使用免费的开源产品来减少成本。

从实际案例来看，这种方式可能是得不偿失的。自建方式最终给企业带来的成本可能会远远超出预想，这对原本就缺钱、缺人、缺市场的小规模企业来说，云原生的进程将会非常艰难。

3．架构迁移成本更可能超出预期

除引入相应技术而必须投入的花费外，由于大部分企业都需要从原本的传统架构向云原生架构迁移，因此还要考虑迁移成本，而迁移成本很可能会让你无法想象。

迁移通常有如下 3 种方式。

（1）不修改原有应用。

将原有的应用程序部署在云平台上，并且通过简单适配引入云原生的相关技术。这种方式是迁移成本最小的一种方式，但缺点是，很难充分利用云原生提供的优势能力。另外，为了使应用的改动最小化，在云平台上可能需要使用更多的资源来提供弹性伸缩和性能保证，这会让建设成本进一步上升。

另外，云原生涉及思想和文化层面的变革，这些变革势必需要对应用程序进行深度的改造，如进行微服务拆分等，否则只有其"形"，而无其"神"，只能算"伪云原生"。

（2）部分重构。

对应用中的核心部分进行云原生化的重构，确保这部分符合云原生的各项要求，充分使用云原生相关技术获得预期目的。重构不仅涉及代码的重写，还包括相应的测试、部署、运维等一系列变更，因此其成本是很高的。

为了尽可能地减少成本，企业可以只对部分应用实施重构。但这通常是比较理想化的，因为这里牵扯的细节很多，可能开始时只计划重构少量应用，但实施时发现这些应用和其他未在计划中的应用有着千丝万缕的关联，要么扩大计划的范围，要么进行权衡处理，这些都会让最终的花费超过计划，甚至会超出数倍。

> 一个有趣的类比：发现自己的车有一个小问题，当开到修理厂去处理这个小问题时，发现要解决这个问题要先解决另一些问题，结果，花费远远超过了去修理厂之前的预期。

（3）完全重构。

对企业中的所有系统都进行云原生化的重构。这种方式的迁移成本是最大的，风险也是最大的。一些人认为，对所有系统的重构迟早都要做，考虑到部分重构时可能出现的不可预知的成本蔓延，倒不如从开始时就一次性地对所有系统进行重构。

总之，"天底下没有免费的午餐"，云原生也一样，为了获取它的能力，就需要对其进行投入，而且投入的费用可能会超出预期，这不是危言耸听。

　　希望正在使用或打算使用云原生架构的读者,充分理解云原生的理念和使用的相关技术,并且评估组织在云原生方面的需求程度。建议以业务为驱动因素,选取企业最迫切希望从云原生架构中获得的能力予以实现,并且通过专业的企业架构开发方法管理架构的整个生命周期,使架构可以持续演化。

4.8　本章小结

　　本章从云原生的定义开始,首先介绍了云原生计算基金会(CNCF)对云原生的定义。CNCF 还给出了云原生的代表技术,包括容器、服务网格、微服务、不可变基础设施和声明式 API,并且对这些技术分别进行了介绍。

　　然后介绍了使用云原生架构的动机,以及使用时要遵守的原则和模式。为了让读者能够更加清晰地认识到云原生架构的全貌,用"12 因素"应用、微服务架构和 DevOps 对其特征进行了深入的讨论。

　　最后强调了云原生架构并不是万能的,并且通过对使用场景和使用成本两个方面的讨论来印证这一观点。还是那句话:架构没有优劣,只有是否合适。

云原生的核心：微服务

在云原生概念被提出之前，微服务架构就已经开始在应用系统的开发中得到应用了，而在云原生概念被提出后，微服务更作为云原生代表技术中与软件开发相关性最高的技术，受到了广大开发者的追捧。

第 3 篇是本书的重点内容，会分为以下 5 章。

- 第 5 章：全面介绍微服务的形成过程、概念思想和相关理论，分析微服务的适用场景和不适用场景，解释为什么在没有充分理由或准备的前提下，不能使用微服务架构来构建系统。

- 第 6 章：微服务架构成功的关键在于是否可以根据相关原则，合理地完成系统的微服务拆分。本章重点介绍微服务拆分的理论依据——领域驱动设计。由于领域驱动设计诞生的时间远远早于微服务，并非为其量身打造，因此在内容上，会结合实际介绍领域驱动设计中的相关概念和用法。

- 第 7 章：介绍"微服务拆分五步法"，该方法是将领域驱动设计与企业架构标准 TOGAF 相结合后，提出的可用于实际工作的方法指南。并且会结合一个模拟案例，对"微服务拆分五步法"进行演练，在演练过程中还会提供一些内容模板，进一步地指导落地。

- 第 8 章：全面介绍可用于微服务架构的系统使用的治理技术，并且将这些技术分为基础设施、基础能力、一般能力和高级能力几个层级。本章不会涉及代码级别的具体实现，但会介绍每种治理技术的能力要求、实现原理，以及可参考的实现方案。

- 第 9 章：讨论在实际使用微服务的过程中，可能遇到的各种问题，包括如何开始、如何应用、如何上线、如何管理、如何迁移单体等内容，还会对常见的问题进行一一解答。

第 5 章 微服务的前世今生

微服务作为云原生代表技术之一，是距离开发人员最近的技术，近几年对软件开发领域的影响非常大。很多入门级的 Java 培训课程已经开始教授基于 Spring Cloud 的微服务相关技术，不会开发微服务应用甚至无法在行业中立足。

一时间，微服务似乎是一个终极架构的存在（4.7.1 节讨论了终极架构谬误），成为企业和开发人员崇拜的对象，微服务的能力和效果也在各种成功案例的加持中越来越被神话。

本章会从微服务的诞生说起，全面介绍相关的理论知识，重点讨论微服务的优势，以及适用场景和不适用场景。

5.1　前世与今生

如果追溯微服务的起源，会发现这是一件非常困难的事情。微服务是一个随着业务和技术发展自然而然诞生的产物，因此很难说它是在什么时候出现的，大致上，微服务的思想开始被谈及是在 2010 年左右。

不得不说的是，在微服务的发展过程中，ThoughtWorks 公司起到了非常积极的推动作用。目前在微服务领域活跃的专家、发布的著作等大多都与 ThoughtWorks 相关，Martin Fowler 是其最具代表性的专家之一。

2014 年，Martin Fowler 和另一位 ThoughtWorks 专家 James Lewis 发表了一篇关于微服务的文章，其中提到："微服务"这个术语是 2011 年在一个架构工作坊中被首次谈及的，在 2012 年被与会专家确定作为描述这种架构的名字。不过，在那段时间，其他公司使用其他术语描述了类似的思想，但经过历史的发展，目前"微服务"已经成为被行业广泛接受的术语。

正是由于微服务是时代发展的产物，因此很难为其下一个很精确的定义，为了便于理解，接下来将介绍微服务是如何从单体架构演化而来的。

> 本书在讨论微服务时，经常会有"微服务""微服务架构""微服务应用"等术语，大多数情况下，如果单说"微服务"则指的是"微服务架构"，不过，读者应有能力判断术语的具体含义。

5.2　从单体到微服务

微服务架构出现在单体架构和 SOA 架构之后，与这两个架构风格有着很深的联系。

5.2.1　微服务的反面：单体

单体架构这个术语是在有了微服务架构之后才出现的。在微服务架构之前，大部分系统使用的都是单体架构。单体架构的特征是系统中的所有功能都包含在一个唯一的部署单元中，系统对外呈现为一个单一的程序包，系统的部署、扩展、运维都是针对这个程序包整体操作的。

三层架构是一种典型的单体架构风格，其使用一个唯一的代码仓库，并且展示层、业务逻辑层和数据访问层中的功能代码在开发、测试、部署、运维等阶段都是作为一个整体来执行的。

相比微服务架构，单体架构有以下优势。

1. 易于开发

一直以来，开发人员的工作模式：在本机（开发机）上从代码仓库中下载项目的完整代码；进行编码、测试、运行等；开发人员会不断地将编写好的程序代码提交回代码仓库中；当所有开发人员的功能都开发好后，就会将本地可运行的程序代码编译打包后部署到测试服务器中进入测试阶段。当发现程序 Bug 时，开发人员先在本地运行整个系统，按照测试人员的路径对缺陷进行复现，再在开发工具中进行调试，定位问题、解决问题。

从上面描述的传统开发模式中可以看出，开发人员无论是开发还是修复缺陷，都是通过在本地开发工具中运行整个软件系统来工作的。这为开发过程带来了极大的好处，因为最终部署的程序代码和在本地运行的是完全一样的。

2. 易于部署

单体应用的部署比较简单。开发人员在本机运行代码时就会在特定的文件目录中生成编译后的文件。在没有使用自动化的构建工具前，有时只需要先在开发人员的开发工具中运行一下代码，再将编译后的文件发送到服务器上即可完成部署。

3. 易于运维

在传统的 IT 流程中，开发和运维是相对独立的两个部分。开发部门只负责构建程序的部署包及编写部署文档，实际的部署和运维都是由运维部门做的。单体应用将所有的代码都打包在一起，极大地方便了运维部门，运维人员甚至可以完全不懂开发。

一个或多个单体架构的系统通常运行在一个服务器主机上，运维人员只要保证这个主机能够正常运行即可。

4. 易于排障

单体应用所有的功能都在一个部署单元内，因此运行时所有功能产生的日志都会存储到同一个文件中。当故障出现时，运维人员只要查看这个唯一的日志文件即可定位发生故障的原因，从而进行相应的处理。

5. 易于容错

单体应用内部的调用都是代码级别的，因此，异常捕获和容错处理都可以使用开发语言原生的异常处理机制。

6. 事务强一致

大部分单体应用所使用的数据源都是唯一的关系型数据库，数据库本身提供 ACID 四大事务特性，加上代码级别的内部调用可以非常方便地处理业务数据的提交和回滚，因此在单体应用中，几乎所有的事务都是具有强一致性的。

5.2.2 微服务的前世：SOA

随着系统规模的不断扩大，单个单体系统已经无法提供所需的全部功能，不同的系统之间的交互需求也越来越多，此时，SOA 架构诞生了。SOA 架构的相关内容在 1.2.2 节已做过介绍，这里不再扩展新的内容。

微服务架构和 SOA 架构有着非常深的渊源，业内有一种观点认为，微服务架构其实是一种细粒度的 SOA 架构。

从化整为零和服务化的思想上来看，微服务架构和 SOA 架构确实有着极高的相似度，并且在微服务架构诞生之初，相当多的灵感都来源于 SOA 架构。但是，它们还是有些本质区别的，这体现在如下方面。

- SOA 架构中的每个服务都是一个独立的单体应用，而微服务架构中的每个服务都聚焦在一个小而专的领域。相比 SOA 架构，微服务架构的服务化思想体现得更加充分。
- SOA 架构通过中心化的 ESB 对服务间的调用进行编配和编排，而微服务架构使用去中心化的方式，服务间点对点地相互调用。
- SOA 架构的目的在于服务的复用，希望在不改变后端服务的情况下，通过复用服务的能力来快速实现新的能力。相比 SOA 架构，微服务架构虽然也具备复用的能力，但并不作为重点能力。
- 虽然 SOA 架构和微服务架构都是分布式架构，但微服务架构的规模更大，需要引入更多的基础设施。

> 微服务架构的思想脱胎于 SOA 架构，是对 SOA 架构去中心化、服务化和细粒度化后的产物。因此，将微服务架构看作一种细粒度的 SOA 架构，并非没有道理。

5.2.3 微服务架构的定义

经过单体架构和 SOA 架构，随着系统规模的不断扩大，在互联网背景下，微服务架构就应运而生了。

1. 微服务架构的经典描述

下面一段文字是 ThoughtWorks 的两位专家对微服务的描述，他们坦诚告知，微服务架构目前并没有精确的定义，只能对其进行定性的描述。

> 微服务架构风格这种开发方法，是以开发一组小型服务的方式来开发一个独立的应用系统的。其中，每个小型服务都运行在自己的进程中，并且经常采用 HTTP 资源 API 这样轻量的机制来相互通信。这些小型服务围绕业务功能进行构建，并且能通过全自动的部署机制来进行独立部署。这些小型服务可以使用不同的语言来编写，并且可以使用不同的数据存储技术。对这些小型服务我们仅做最低限度的集中管理。
>
> ——James Lewis，Martin Fowler

从描述中可以看出，微服务架构与 SOA 架构确实很像，而不同点在于其中的两句话。

- 采用 HTTP 资源 API 这样轻量的机制来相互通信：相比微服务架构中使用的简单的 HTTP 协议，SOA 架构中使用的 SOAP 协议虽然建立在 HTTP 协议之上，但要复杂许多。
- 对这些微服务我们仅做最低限度的集中管理：微服务架构更加强调去中心化的管理。

在讨论微服务架构时，经常会存在一个误区，很多人认为只有使用了如 Spring Cloud、Dubbo、服务网格等特定的技术才能称作使用了微服务架构。这是不正确的。微服务架构是一种风格，其所表达的是一种思想，因此是不要求使用特定技术的。这一点被称为微服务架构的"技术不可知论"。加上微服务架构因为分布式的特点而非常复杂，因此不建议盲目地跟风新技术，而应使用自己熟悉的技术来实现微服务架构。

2. 对比微服务架构和单体架构

相比于单体架构，微服务架构有以下特点。

- 微服务架构是一个分布式系统，系统规模通常比单体架构要大。
- 从运维角度来看，微服务架构的运维复杂度要比单体架构高出很多。
- 从应用开发角度来看，微服务应用的开发人员很难像开发单体应用那样在本机的开发工具中运行整个系统的代码，这为微服务应用的开发带来了一些麻烦。
- 从团队组成来看，使用单体架构的组织通常是职能型的，相同职能的人员在同一个部门中一起工作，而使用微服务架构的组织通常是敏捷型的，至少也

　　应该是矩阵型的。

- 对于使用微服务架构的系统，每个微服务应用都可以使用不同的技术栈进行实现。

3. 微服务架构 VS SOA 架构

除在 5.2.2 节中罗列的 SOA 架构和微服务架构之间的区别外，它们还有一些细节上的不同。

- 单个微服务应用的规模要比 SOA 应用小很多。
- 由于微服务架构的粒度更细，因此其在服务间的交互方式上要比 SOA 架构复杂很多。
- 微服务架构作为云原生核心技术之一，更适合在云上部署。
- 微服务架构在文化层面提出了更多要求。
- 微服务架构与敏捷开发、DevOps 等的匹配非常完美。

5.3　微服务架构原则

1.6.2 节提到，架构原则是有层级之分的，并且下层原则需要继承上层原则的思想。在 4.5.2 节中，介绍了云原生架构相关原则。微服务架构作为云原生架构的代表技术之一，拥有着更加细分的原则。

5.3.1　业务驱动原则

技术是为业务服务的，这在本书中已多次提到。对于微服务架构来说，这一条原则至关重要，无论是在决策是否使用微服务架构时，还是在进行微服务拆分时，以业务为驱动因素一定是优先级最高的架构原则。

1. 以业务为驱动因素的原因

以业务为驱动因素的根本原因如下。

（1）接口可保持稳定。

每个微服务应用可以独立部署、独立演化的核心因素之一是保持各自接口的稳定性，否则每次接口变更都会导致相关的下游服务不得不随之变更的问题。对接口而言，业务驱动要比技术驱动稳定得多。

（2）服务间可保持隔离。

可以独立部署、独立演化的另一个核心因素是根据业务边界来划分微服务应用的边界。业务之间有着复杂的依赖关系，如果仅从技术角度来考虑服务的边界问题，那么结果一定是服务之间存在大量的循环依赖，这根本无法实现独立部署和独立演化的目的。

（3）可与组织架构保持一致。

大部分企业都是根据业务来划分部门的，因此企业自身的管理模式、流程规范等，都可以为微服务架构的实施落地提供很多参考，这满足康威定律。

（4）尽可能避免分布式问题。

大部分分布式问题都来源于组件之间的信息同步，以业务为驱动因素的微服务拆分充分保证了服务间的隔离性，因此可以最大限度地降低分布式问题出现的频率。同时，基于业务的微服务架构和组织架构是匹配的，在处理分布式问题时，解决方案会非常贴合业务部门之间的工作模式。

2. 违反原则就是"硬拆"

在实际中，经常看到一些组织盲目地追求微服务技术，认为微服务架构就是更先进、更高等的架构风格，完全不顾业务侧的需求是否和微服务架构匹配。为了将原有的单体架构改造成微服务架构，他们会对原有系统进行为了拆分而拆分的"硬拆"，这样会带来非常多的不良影响。

【举例】
现实中有很多这种"硬拆"的案例。例如，某团队在总共只有5、6个开发人员且没有任何业务理由的情况下，仅仅因为自认为使用微服务架构可以让外人觉得他们的技术更胜一筹，就将原本的单体应用拆分为十几个微服务应用，然而这十几个微服务应用依然由原本的5、6个人共同开发，这样不仅让开发过程困难重重，还让运维工作"一步一坑"，仅有的5、6个人每天都在与各种运行环境"斗争"，完全没有精力深入地思考业务。

5.3.2　单一职责原则

单一职责原则、开闭原则、里氏替换原则、接口隔离原则和依赖倒置原则是在软件设计过程中需要重点关注的 5 个原则，它们被统一称为 SOLID 原则。

> 微服务应用的设计也需要这 5 个原则的支撑，不过，单一职责原则在微服务应用的设计和开发中显得尤为重要。

在理想情况下，每个微服务应专注于一个较小的业务领域，这对控制微服务应用的规模在一个合理的范围内是非常有效的方法。单一职责有助于服务的开发团队熟悉业务逻辑和代码含义，减少需要维护的文档数量。当团队中加入新人时，新人可以在非常短的时间内融入并形成"战斗力"。

单一职责是一个可权衡的选项，不应一味地追求单一职责而将服务规模拆分得过小。实际上，职责本身是可大可小的，并且难以衡量。因此，在为一个服务定义职责时，应结合业务范围、开发人员数量、业务的变更频率等进行因地制宜的定义。当然，职责的定义会随着业务的变化而变化，这时可能需要对原有的微服务进行一些调整，分离一些职责或赋予新的职责。

5.3.3　信息隐藏原则

信息隐藏原则也被称为信息隐蔽原则（Information Hiding），是一个在软件工程领域中非常古老的原则，诞生于 1972 年，由被称为现代计算机和软件工程的先驱和奠基者之一的 David Parnas 提出。

信息隐藏原则的内容如下。

> 代码模块应该采用定义良好的接口来封装，这些模块的内部结构应该是程序员的私有财产，外部是不可见的。

在设计微服务架构的系统时，信息隐藏的重要性在于可以让每个微服务对外都是一个黑盒，并且尽可能少地对外暴露自己的接口。本服务之外的其他服务可以完全不用知道服务的接口是如何实现的，只需要知道接口的作用即可。隐藏内部实现细节，减少对外接口数量，这可以看作一种"高内聚，低耦合"的实现方式。

作为云原生的代表技术，如果在设计微服务的接口时，可以做到声明式地定义接口，则不仅能够减少对外暴露的接口数量，还有助于服务的调用者对接口定义的理解。

> 请读者思考一下：一个微服务架构中的任何一个服务都会对外暴露少则数千、多则数万的 API，这算是一个微服务架构吗？这的确发生在现实之中，虽然从技术标准上看，其拥有服务注册和发现等基本能力，以及完整的服务治理能力，但这样的微服务架构是"伪微服务架构"。

5.3.4　去中心化原则

目前，无论是以 Spring Cloud 为代表的第二代微服务架构，还是以服务网格为代表的第三代微服务架构，服务与服务之间的接口调用都是点对点的，即服务实例直接访问另一个服务实例的 IP 地址和端口，中间不存在服务编排等处理。

笔者曾经在为客户介绍微服务能力时，被问到是否提供类似 API 编排的能力，有客户希望采购微服务平台来替换原有的 SOA 架构并要求支持原有 ESB 总线的能力，这类客户显然还没有正确地认识什么才是微服务。

在去中心化原则中，一个常见的误区是大家只关注到软件系统的去中心化，而忽略了组织管理的去中心化。为了最大化微服务应用的自治性，应该授予开发团队足够的权力，让其可以决定如何实现服务、何时发布服务，以及如何演化服务。

> 让一切都去中心化。
>
> ——《微服务设计》

5.3.5　独立部署原则

微服务的大部分优势都是建立在每个服务应用都可以独立部署的基础上的，因此独立部署原则可以用来审查微服务拆分得是否合理。如果发现某个微服务的发布经常需要通知其他服务，或者发布过程需要协调几个服务按照一定顺序同时部署，则违背了独立部署原则。

对调用方服务来说，为了保证自身的可独立部署，在开发时可能需要对被调方服务进行模拟（Mock），并且需要考虑被调方服务不可用时自身的处理逻辑，即服务容错。

对被调方服务来说，需要保证接口的稳定性，并且保证接口的含义不会发生重大变化。当接口不得不发生变更时更好的做法：保留原有接口不变，重新创建一个接口，并且保证两个接口之间的兼容性。在发布时，应该采用滚动更新和灰度发布的方式，确保不会对调用方服务产生影响。

5.3.6　隔离失败原则

作为分布式架构的微服务架构是非常脆弱的，其脆弱性主要来自网络间的调用，以及集群内主机的运行状态。虽然按照独立部署原则中的描述，调用方服务和被调方服务都能在对方不可用的情况下完成自身的部署发布和提供自身的业务能力，但这仍然是不够的。

在运行时环境中，一个服务的异常可能会蔓延到整个系统，请大家想象这样一个场景：客户端调用 A 服务，A 服务继续调用 B 服务，B 服务继续调用 C 服务，C 服务做出响应，响应再逆向传递给客户端。假设 C 服务由于负载或其他原因处理超时，则 B 服务会挂起大量的线程，A 服务也是同样的情况，客户端可能会觉得响应慢而更加频繁地请求 A 服务，最终整个系统都会崩溃掉。

隔离失败原则就是为了既能保证被调方服务的功能异常不会造成调用方服务的功能异常，又能阻止错误的蔓延，以及避免雪崩效应而提出的。

5.3.7　可视化原则

微服务应用的部署拓扑和调用关系是非常复杂的，不可能通过人工的方式运维一个使用微服务架构的系统。因此，在部署微服务应用之前，就应该引入必要的自动化监控组件，并且能够以可视化的方式展示出来。

在开始时，不用进行太完整的监控，但至少应该提供日志聚合和调用链追踪功能。

- 只要在线上环境中部署微服务应用，就必须使用日志聚合工具将散落在各个节点上的应用日志聚合在一起，否则当出现问题时，要找到日志在什么位置是一件非常耗时和麻烦的事情。
- 使用调用链追踪的原因是，当异常出现时，需要快速定位哪个环节出现了问题，才能进一步去找对应的日志，并且当终端响应慢时，需要一个直观的方式看出调用链中的哪个节点耗时长。

这两种可视化的监控能力一定要在微服务系统上线前提供。

在实际中，很多人会先把系统部署上去，再慢慢增加监控设施，这是不推荐的。一定要在上线前保证最基本的监控能力，否则系统绝不应发布到生产环境中。

5.3.8　技术无关原则

在实现方面，Dubbo、Spring Cloud、Istio 等在行业中有着极高的知名度和应用度。使用这些技术实现的微服务系统，通过容器技术等其他云原生代表技术部署在云平台后，云计算极致弹性的优势便可得到充分的发挥。

不过，微服务架构的本质是"技术不可知论"的，即微服务架构本身并不限定实现所使用的特定技术。

> 在使用微服务架构时存在的一大误区：只要使用了行业中流行的微服务架构实现技术，就可以说自己的系统是基于微服务架构的。这种认知是非常片面的，虽然在实现上，使用这些技术来实现微服务架构是有必要的——它们可以在微服务架构的实现过程中为我们提供极大的便利和一些规范，但不足以证明系统是基于微服务架构的。

无论使用何种技术，只要一个系统既满足本节介绍的原则，又符合 5.4 节介绍的九大特性，那么该系统就使用了微服务架构。

5.4　解读微服务架构九大特性

2014 年，微服务领域的两位先驱 James Lewis 和 Martin Fowler 提出了微服务架构的九大特性，这是目前为止评判一个架构是否可以被称作微服务架构的最有力的依据。

下面每节的标题都是一个特性，在内容上，笔者会谈谈对每一个特性的理解，以及在现实中遇到的一些场景。

> 微服务架构一直都没有精确的定义，因此这九大特性只能作为参考，作者在原文中也特别指出，这些特性仅仅是他们在工作中的总结，并不要求读者遵循。

5.4.1　组件化与多服务

> 一个组件就是一个可以独立更换和升级的软件单元。

通过上面所写的组件的定义，我们容易联想到类库。不管使用哪一种开发语言，通常都会将公共的功能写在一个可复用的类库当中，当工程中需要某个类库提供的功能时，只要将其引入即可。在单体架构的应用程序中，用类库来实现组件化是非常合适的。

当团队规模较大时，通常会分成多个开发组，每个开发组负责一个模块（组件）的开发，开发好后打包成类库，最终在发布时，将所有组件的类库打包成一个部署包。这被称为"模块化编程"。相比将通用功能写入类库中，对于组件化来说，模块化编程更加具有典型意义。

在微服务架构中，组件化的实现与单体架构不同，微服务架构中的组件化是通过服务来实现的。微服务架构会将单体应用分解为多个服务，每个服务都运行在各自独立的进程中，甚至会运行在不同的主机上，相互之间通过网络调用来实现交互。

> 用服务实现组件化的好处是，每个服务都可以独立地部署，而这正是微服务架构的最大特点。如果没有这一点，微服务架构的其他特性都将不复存在。反观单体应用中使用的类库，只要类库中有变更，那么整个应用就需要重新编译和打包。

因此，微服务架构的第一个特性就是通过将系统分解为多个服务来实现组件化。

> 相关知识：Java 中的模块化。
>
> 最初，一个 Web 工程中的 Java 类是比较少的，因为无论是页面代码，还是业务逻辑代码，或者是数据访问代码，都是写在一个 JSP 当中的，这种模式被称作 Model 1。当时是没有任何组件的概念的，因为工程中的 JSP 根本不存在被复用的可能。
>
> 在技术发展过程中，模块化的概念开始流行，并且出现了很多天生就具备模块化特性的语言。例如，NodeJs、React 等前端语言，以及 Go、Python 等后端语言都支持模块化，而 Java 在模块化道路上走得相对艰难一些。
>
> 一开始 Java 是不支持模块化的，直到 2017 年 Java 9 推出时才正式支持模块化，不

过，目前应用并不广泛。虽然 Java 不支持模块化，但这并不妨碍通过类库的方式近似地实现模块化的能力，只是无法控制类库的访问权限。

曾经在 Java 社区中有很多模块化的尝试，OSGi 是其中应用最广泛的技术之一，但它在 Web 工程中很难应用。OSGi 试图在一个单体应用中通过模块化让 Java 程序可以在运行时变更模块内容，做到不停机更新，这在当时被很多人认为是实现系统高可用性的方向，不过事实证明，OSGi 并没有在 Web 开发中流行起来。

最终，真正在 Java 中实现 OSGi 的模块化思想的，是使用服务实现组件化的微服务架构。

5.4.2　围绕业务功能组织团队

任何设计（广义上的）系统的组织，都会产生这样一个设计，即该设计的结构与该组织的沟通结构相一致。

——康威定律

这里又要提一下康威定律了。虽然康威定律早在 1967 年就被提出，但被广泛知晓还是在微服务架构流行之后。一旦开始深入微服务架构，康威定律就会无时无刻地伴随左右。

通常，一个 IT 公司中的开发团队的组织方式是按照员工的岗位和能力划分的。例如，一个软件公司可能会分为 UI 团队、后端开发团队、DBA 团队和运维团队等部门，这样的结果是自然而然地开发出单体架构的应用程序，因为每个部门实际上只负责应用程序中的一层，也可以说是生命周期中的一个阶段。

微服务架构的应用一定会涉及系统的拆分。为了保证服务的独立性，拆分一定会按照业务边界来进行，那么拆分的结果一定是每个服务包含一个相对独立的业务单元。为了满足康威定律的要求，团队应围绕业务功能进行组织，否则会出现一个服务涉及多个团队的情况，而这需要大量的沟通和协调。

很多企业在应用微服务架构时并没有意识到康威定律的重要性,他们在实现微服务架构时,虽然使用了微服务架构相关的基础设施,服务也按照业务功能进行了拆分,但在实现时依然使用原本的职能型团队。这种情况通常发生在以下两种场景中。

（1）团队规模非常大。

规模很大的团队在应用微服务架构时，通常系统都是从原本的单体应用迁移过来的，由于决策者并不理解康威定律的重要程度，加上软件供应商对于系统迁移速度的承诺，所以比较容易出现系统按照业务拆分，但团队的组织和工作模式依然保持原有职能型组织的情况。

虽然系统迁移到微服务架构了，但团队的组织方式并不匹配，这样要么造成混乱，要么无法发挥微服务架构的优势。

（2）团队规模非常小。

这是第（1）种情况的反面。大部分规模小的团队都是初创团队，可能开发人员总共就 10 来个。在这种情况下，如果使用微服务架构，则会面临所有的服务都由一个团队维护的局面，结果不会太好。

因此，围绕业务功能组织团队这个特性，在微服务架构实践时是非常重要的，甚至在实现上是起决定性作用的。

5.4.3　做产品而不是做项目

虽然都是开发软件系统，但做产品和做项目是有很大不同的，从本质上说，它们的目标是不一样的。

- 项目的目标是在规定时间内，用尽可能少的成本交付客户的需求，当客户验收并打款后，项目的开发团队就会解散或去做别的项目。
- 产品拥有比项目长得多的生命周期，在这个期间内，开发团队会持续为产品负责，其中不但包含开发阶段，而且包含运维阶段。相比项目，产品的投入和回报的计算要复杂很多。

可以说，项目型团队是为了一个短期目标而组建的，只负责特定需求的开发和交付，之后系统运行的好坏都与他们无关；而产品型团队要负责到底。

在微服务架构中提倡的是产品思维，即一旦一个团队负责一个服务，那么这个服务的全生命周期都应由这个团队负责。这符合亚马逊公司提出的"谁构建，谁运行"原则。

这样做的好处是，让开发团队为自己的工作负责，从而有动力持续地优化开发过程。另外，一个团队长期负责一个服务，成员势必对其中的业务和程序代码都非常熟悉，这有助于加快开发速度和保证开发质量。

> 并不是说一个团队只能负责一个服务,也不是说团队不能接管其他团队的服务,而是说,应尽量保证团队的稳定性。

5.4.4 智能端点与傻瓜通道

智能端点与傻瓜通道这个特性不是很好理解。说实话,在很长一段时间内笔者也没有太好地领悟其含义,后来发现,这似乎可以用中心化和去中心化来理解。

在 SOA 架构中,通过中心化的企业服务总线(ESB)对系统间的交互进行消息路由、流程编排、格式转换等操作,甚至可以中心化地编辑业务规则,这些在微服务架构看来都是不可取的。微服务架构提倡使用智能端点和傻瓜通道实现系统间的交互。

1. 含义解读

首先解释下什么是智能端点。这里所说的"端点"指的是消息的请求端和响应端,即相互交互的两个服务,而"智能"的意思是复杂的业务逻辑。因此,智能端点是指将复杂的业务逻辑去中心化到请求端和响应端服务内部。

> 为了避免中心化地处理业务逻辑,建议用简单且轻量的协议进行交互,如基于 HTTP 的 REST 风格协议和轻量级的消息发送协议。

解释了智能端点后,再来理解下傻瓜通道。

为了保证业务逻辑去中心化,当两个服务通过第三方组件交互时,如消息队列服务器等,第三方组件应仅负责消息的转发,不应有任何"智能"的处理逻辑。

从上面的解释可以看出,智能端点与傻瓜通道特性实际上要求微服务架构中的处理逻辑都位于服务内,交互过程应保持"傻瓜",交互协议应保证"轻量"。

2. 一种误解

在理解这个特性时存在一个误区:在特性中说了交互协议应使用轻量级的 REST 风格协议,因此,只要使用的不是 REST 风格协议,就不能称为微服务架构。

原文中"仅仅将内存中的方法调用转换为 RPC 调用这样天真的做法,会导致微服务之间产生烦琐的通信，使得系统表现变糟"的表述，会让人理解为微服务架构不应使用 RPC 协议进行交互。

如果真是这样的，相信使用 Dubbo 实现微服务架构的读者一定会站出来反驳。

> 笔者的理解是，作者在这里使用 REST 仅仅是作为一个轻量级协议的例子，在谈到 RPC 时也只是说"如果'仅仅'将方法调用转换为 RPC 调用是不合适的"，而在一些基于 RPC 的微服务应用框架中所做的，绝不是"仅仅"这么简单。

总的来说，微服务架构的特性中描述了使用智能端点和傻瓜通道，但具体使用什么技术实现，并未进行过多的要求。

5.4.5　去中心化的治理技术

微服务架构的本质是分布式系统，因此去中心化成为架构思想中的重中之重。一个软件系统通常由应用程序和数据源组成，因此在考虑系统的去中心化时，要从这两个方面分别进行设计。本节"去中心化的治理技术"主要针对应用程序，5.4.6节"去中心化的数据管理"则针对数据源。

1. 去中心化治理的优势

去中心化的治理技术主要带来以下几点好处。

（1）服务可以自定义标准。

当采用单体架构时，企业往往会制定各种流程和规范来约束内部的所有开发团队。这时，企业为了能够中心化地掌控局面，在流程和规范制定时会存在很多权衡，这种权衡虽然最大限度地保留了共性要求，但由于每个团队的情况不一，特殊场景是不可穷举的，因此在实际应用过程中会遭遇非常多的挑战。当团队的实际情况与企业规定冲突时，就需要花费精力与各方进行沟通协调。

去中心化的治理允许每个服务的开发团队根据自身特点，制定符合实际情况的流程和规范；当出现预定规范无法满足的情况时，可以通过高效的沟通迅速在团队内部达成一致。

（2）服务可以自主选择技术栈。

每个服务的开发团队可以决策实现服务的技术栈，这一点是微服务架构最常对外宣称的优势之一。但是如果企业的治理方式还是中心化的，则这个优势是无法体现的。

习惯于单体架构的企业，必然会习惯于中心化的治理技术。这意味着所有的技术选型和实现决策都需要提交到一个有权决策的部门，而这些部门在进行决策时，会尽量避免使用企业中未曾应用过的技术。因此，要想让服务自主地选择实现方式，则必须使用去中心化的治理技术。

（3）服务的开发团队拥有所有权。

在开发一个单体架构时，无论有多少个开发团队，都会共享同一个代码仓库，但在代码所有权上通常是比较混乱的，哪些开发人员具有哪些代码权限，这通常是说不清的。除代码权限外，参与开发的每个团队的责任也不是很明晰的。

去中心化的治理会给开发团队充分的授权。当然，在责任划分上，也会将责任下放到每个开发团队自身。这样的好处是，开发团队之间权责分明，可以减少相互"扯皮"的情况。

（4）提高开发团队间的协调效率。

过去，每个开发团队可能属于不同的业务线，当团队间需要沟通协调时，中心化的组织层级会使得沟通线路长、节点多，整体效率较低。

去中心化的治理使得团队拥有其负责的服务的全部权力，因此可以点对点地完成团队间的沟通和决策，在效率上有着极大的提升。

（5）促使开发团队提高质量。

权力越大，责任也越大。为每个开发团队充分地授权，并且让其负责服务全生命周期的管理，这样可以驱动开发团队不断地提升服务质量。这个道理很简单，因为所有质量问题挖出来的"坑"，都需要开发团队自己来"填"。

> 避免每天凌晨 3:00 被枕边的寻呼机叫醒，无疑是在程序员编写代码时令其专注质量的强大动力。而这些想法，与那些传统的中心化治理技术的模式具有天壤之别。

2. 治理模式上的"控制反转"

Java 中流行的框架 Spring Framework 的核心特性之一被称为"控制反转"，也被称为"依赖倒置"，是一种将抽象和实现进行解耦的技术。

去中心化可以被理解为一种治理上的"控制反转"：让原本从上到下的治理模

式变为由下而上，让"中央到地方"的约束反转为"地方到中央"。这样就可以让最接近问题根源的终端单元有权做出最符合实际情况的决策，而原本的"中央"单元只需要提供支持和保障。

> 去中心化的治理技术在实际应用时，需要注意尺度的把握。建议企业制定一些高层级原则对其进行必要的约束。
>
> 去中心化是一个目标，但不应"无中心"。

5.4.6　去中心化的数据管理

在微服务架构的设计过程中，最常被忽略的就是对数据的管理。很大一部分的微服务架构仅仅停留在单体应用程序的微服务拆分上，这体现在各个微服务应用程序都是操作同一个数据源的。

微服务会出现这样一种情况：在两个服务中存在同一个对象，但拥有的属性是不相同的，可能有增减，也可能完全不一样。如果这两个服务都操作同一个数据库，那么在这个数据库中只能将两个服务的属性进行合并处理。这样不但在数据库层面无法保证服务数据的所有权而造成混乱，而且会让数据表的设计充满挑战。然而这还不是最麻烦的，当两个服务中的同一个对象的相同属性含义不同时，最麻烦的场景就出现了。

出现这个问题的原因：每个服务都在一个领域边界之内，每个边界内都会有其限定下的领域对象，即使两个领域中拥有相同名称的对象，其涉及的场景也是不同的。在"领域驱动设计"中，领域的边界称为"限界上下文"，而在一个"限界上下文"中的对象都拥有无歧义的"统一语言"，这些概念会在第 6 章详细介绍。

> 在应用微服务架构时，不仅需要对应用程序进行微服务的拆分，做到去中心化，还需要对微服务所操作的数据进行相应的拆分。因此，为每个微服务匹配对应的数据源是一个合理的选择，不过这是一个可权衡的选项。

5.4.7　基础设施自动化

微服务架构相比单体架构是非常复杂的，这主要体现在微服务架构复杂的网络拓扑上。仅仅通过人工的方式来运维微服务架构的系统，是几乎不可能实现的。

微服务架构的使用非常依赖自动化能力，至少应具备的自动化基础设施包括自动化测试设施、自动化集成设施、自动化部署设施、自动化运维设施等。

> 这些设施并不是可以免费获得的，需要相应的投入。这一点经常会被忽视。

5.4.8 容错设计

相比于单体架构，用服务来实现组件化的微服务架构是非常脆弱的，单体架构只需要保证唯一程序或少量的实例能够正常运行即可，但微服务架构中的任何一个服务程序异常都可能造成整个系统的宕机。

微服务架构一定是具备容错设计的，如以下几项。

1. 故障隔离

传统的系统间交互大多是同步调用的，特点：用户在发起请求后，会一直等待，直到所有后端调用都完成。这样做的好处是用户可以第一时间获得结果且实现起来相对简单，而劣势是用户的等待时间可能会因为调用过程网络延迟和程序处理时长而变得较长。

在微服务架构中，同步调用的劣势会因为服务间复杂的调用关系被进一步放大，系统的可用时间等于所有服务都能正常运行的时间，这是不可接受的。为了避免这种情况，微服务架构必须能够隔离故障，这通常从两方面考虑：①使用异步的调用方式，避免下游被调方服务不可用而造成上游服务功能不可用；②使用熔断策略避免故障蔓延——下游服务处理超时引发上游级联效应，最终引发"雪崩"。

2. 异常处置

当被调方服务不可用时，为了避免影响终端用户的体验，调用方应尽可能优雅地处理异常。

可用的方法：自动切换到另一个被调方服务的可用实例尝试调用；先将状态保存并向用户返回，等待被调方服务恢复正常再重新调用并同步状态；在监测到一定比例的调用失败后，屏蔽掉用户的操作入口，暂时关闭该功能——这是"服务降级"的一种实现方式；提供备用的处理方式等。

总之，应尽可能地做到终端用户对故障无感知。

3．故障监测

微服务架构是脆弱的，因此需要完善的监控系统，从而快速地发现问题和定位问题。这一点在微服务架构的实践中是至关重要的。没有故障检测能力就不能称为合格的微服务架构。

4．自动恢复

微服务架构的脆弱性通常来自网络和资源。在系统运行的过程中，网络可能会偶发性地中断或抖动，造成调用失败或超时，这是很难避免的。偶发性的网络问题通常会很快自动恢复，因此可以考虑在微服务的调用中加入自动重试机制，但这要求对接口进行"幂等"设计。

对资源而言，一个运行中的程序宕机最常见的原因是内存溢出（OOM），这是可以通过重启快速来解决的，因此微服务架构应能够在服务不可用时自动重启，新启动的服务实例应能自动注册并被其他服务发现。

5．混沌工程

在《反脆弱》一书中，作者认为避免脆弱性的最好方法是承认脆弱性的存在并为其制定多个应对方案。混沌工程就是建立在这个思想上的。人为地在系统中制造混乱，以此促进方案的制定和故障的演练，用正面的态度来对待脆弱性，这在微服务架构设计中越来越得到推崇。

5.4.9　演化式设计

良好的架构一定是可持续演化的。微服务架构更是如此，因为微服务架构中的服务拆分是不断变化的，这些变化来源于业务需求的不断变化，也来源于对业务领域不断深入了解后的新理解。

微服务的拆分是围绕业务领域展开的，虽然有很多拆分理论和方法，但坦白来说，在实操过程中这是非常困难的，也没有能够评判拆分结果是否合理的量化指标，甚至一个微服务应该有多大都是没有标准的。

为了能够适应微服务架构带来的不确定性，微服务架构的设计者应当具备演化式的思想，应注意以下几点。

1．减少预测

业务的不确定性和微服务拆分的不确定性让预测变得困难且缺乏意义。而传统的企业非常关注预测，任何一项决策都希望保证成功执行。但这并不是演化式的思想。在微服务架构的设计中，应尽量避免预测，用去中心化的治理技术让最接近问题现场的人来做出判断，这样不但可以减少预测，而且可以在决策时掌握贴近实际的信息，让决策的时机延后。

2．重视反馈

为了让架构持续地演化，反馈机制是不可或缺的，需要快速地从一线人员处获得问题信息和处理意见，去中心化的治理让开发团队有权快速解决问题，问题的解决方案必须尽快反馈以便从架构层面制定针对性的策略，保证方案的有效性，同时避免架构中的其他组件发生类似问题。

3．允许犯错

无论是企业还是个人，大多是厌恶犯错的。个人认为犯错会没有面子、会被别人嘲笑，而企业会对犯错者进行追责和处罚。但在微服务架构的演化中，犯错是不可避免的。建议将错误作为资产来管理，因为它是有价值的，它的价值在于越早发现就越可能为企业节省开支。

尤其在微服务的拆分方面，分分合合是很正常的，并且随着对需求的理解和领域知识的丰富，在排除其他因素的前提下，一定是越分越合理的。但这要求在架构设计时能提供一些机制，让犯错的成本尽可能地小一些。

5.5　原则和特性带来的优势

5.3 节介绍了微服务架构的原则，5.4 节介绍了微服务架构的九大特性。有了这些原则和特性后，微服务架构就可以体现出其优势。

在本节将介绍的优势中，有些并不是微服务架构独有的，如果仅仅看重其中的某个优势，请不要贸然地使用微服务架构，建议先尝试可满足需求的其他技术。

> 除非有充分的理由，否则不建议使用微服务架构！

5.5.1　组件可由不同技术栈实现

使用单体架构的组织，其能力模型通常建立在唯一的一个技术栈上，如一些使用 Java 的公司在开发任何系统时都只会使用 Java 语言进行实现。但每个技术栈都会有适用场景和不适用场景，系统中有些业务可能适合某个技术栈，有些可能更适合另一个技术栈，单体架构的特点决定了其只能使用同一个技术栈。

微服务架构的核心思想之一是每个微服务应用都是独立的个体，相互之间通过 API 进行交互。因此，每个微服务应用都可以决定自己使用何种技术栈实现。即使一个微服务应用的技术选型决策失败，也不会对其他服务造成影响，而且因为微服务应用规模都不大，所以变更为更适合的技术栈的成本会比较小。

5.5.2　细粒度地按需扩缩容

微服务将一个完整的系统拆分成若干个无状态且相互独立的业务单元，在部署时，每个业务单元都运行在一个独立的进程中，因此，当系统负载压力上升时，可以仅对负载高的微服务进行扩展，如图 5-1 所示。

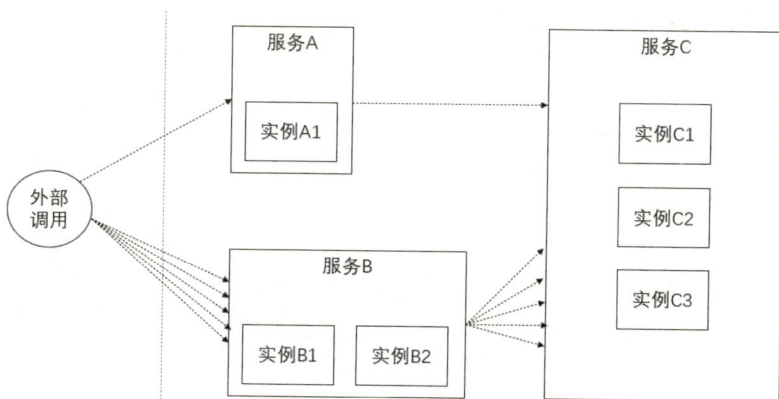

图 5-1

通过使用云原生的其他相关技术，微服务的扩展性可以进一步提升，甚至可以根据负载引起的某些资源使用率的上升和下降来实现自动化、智能化的扩容和缩容。

5.5.3　局部不可用不会拖累整体

微服务架构是建立在脆弱性的基础上的，在一个微服务系统中，包括计算、存储、网络、程序异常等在内的任何部分都可能出错。因此，在微服务架构有了完整的探活、容错和自愈机制并结合云原生的相关技术后，系统整体的可用性能够得到保证。

微服务应用之间的边界形成了自然的"舱壁（Bulkhead）"：当系统中的一个部分发生错误时，该部分与系统其他部分是隔离开的，不会对其他服务造成直接影响。微服务架构中的容错机制可以保证错误不会产生级联影响。例如，下游服务连接超时导致上游出现"雪崩"。

设计良好的微服务系统可以通过服务降级等措施，使得在后端服务出现异常时终端用户依然可以使用系统的正常功能。

5.5.4　缩短功能面试时间

每个微服务应用的规模都比较小，这让相关代码可以很快被所有开发人员理解和熟悉。当需求出现时，开发人员能够在非常短的时间内完成可行性评估，敏捷型的跨职能成员之间的超高的沟通效率可以让开发团队以最快的速度制定实现方案、完成编码。

微服务之间的独立性保证了"一旦编码完成就可以进入测试阶段"。因为微服务应用的规模较小，内部包含的业务功能数量有限，所以测试用例可以在非常短的时间内执行完毕。

> 通过使用持续集成、持续发布，以及 DevOps 等相关技术和流程，原本可能需要数周甚至数月交付的需求，可以在数天甚至数小时内完成。
>
> 例如，亚马逊公司一年可以完成 5 千万次发布，即在每个工作日中，每间隔 11 s 就有一个新版本发布。

5.5.5　适合大规模团队并行工作

微服务架构非常适合开发人员人数很多的团队，也很适合团队成员分布在不同的地理位置的团队。

当开发人员很多时，相应的代码规模会较大，此时会出现非常多的沟通和协调工作，甚至会因为成员之间误修改别人的代码而出现混乱。这在微服务架构中是不会出现的，因为每个微服务都由一个敏捷型的团队唯一拥有，具有独立的代码库和演化路线图。这样一来，原本在一个代码库中相互协调的工作模式，变为了每个微服务应用独立地并行开发的工作模式。

当团队中的成员来自不同的地域时，同样会出现各种问题，除显而易见的沟通成本外，人员的归属感低、相互之间难以建立信任关系也是非常严重的问题。如果可以根据地域来划分微服务边界，则可以很好地解决这个问题。异地团队之间并行地独立工作，互不干涉。

5.5.6　一个服务可支持多种终端

SOA 架构对外宣称的一个最大的优势在于服务可复用，而作为一种细粒度的 SOA 架构，微服务架构的服务复用程度要比 SOA 架构更高。

在实际中，通常会根据服务对象将服务分为与业务核心紧密相关的核心服务、用于支撑核心业务的支撑服务和提供通用能力的通用服务。当这些服务足够完善时，可以通过服务之间的相互组合形成新的能力。

现在的 Web 应用已经不仅仅是 B/S 架构了，其客户端除浏览器外，还包括智能手机、智能手表、智慧家居、手持设备等。每种客户端都有自身适用的用户交互界面和数据交互协议。例如，如果通过手机浏览器的方式访问原本为个人计算机浏览器准备的前端页面，则不仅界面效果极差，还会因为交互时的数据量巨大而为手机用户带来困扰。

过去的单体应用大部分只提供基于个人计算机的浏览器的展示效果，很难同时支持多种终端。而微服务可以为每个终端开发专属的前端应用，随后复用后端的各种服务，这种方式不但保证了功能的一致性、节约了开发成本和时间，而且为每个终端提供了适合的用户体验。

5.5.7 服务可由开发团队自治

这些年，笔者有这样的感悟：在当今的环境中，似乎各行各业都趋于去中心化的管理技术，并且良好的去中心化会让企业拥有非常强大的竞争力。例如，"海底捞"的授权文化、稻盛和夫的"阿米巴"经营理念，都将管理化整为零，并且建立信任文化，充分授权。

在 IT 领域，敏捷思想被越来越广泛地接收和应用，它从文化和思想上将原本集中化、职能化的软件开发化整为零。微服务架构则在技术层面为化整为零的系统提供技术支持，加上 DevOps 提供的流程和工具，最终原本庞大的系统和组织被拆分为自治的独立单元。

以微服务为基础建立起的自治服务单元，不但可以为系统开发和运营提供支持，而且可以促使企业文化和组织架构的变革。两者相辅相成的共同演化，为企业带来了无限的可能和竞争力。

5.6 微服务架构不是"银弹"

从微服务架构流行以来，很多人认为微服务架构就是完美的架构。一些创业团队一开始就用开源框架来搭建微服务架构的系统，传统的 IT 企业也将运行中的单体架构向微服务架构迁移。

那么，微服务架构真的那么好，没有缺点吗？答案当然是否定的，微服务架构的缺点犹如它的优点一样，既多又突出。

5.6.1 开发、部署、运维困难

1. 开发困难

开发困难是一个对开发人员产生直接影响的问题。在单体架构流行的很长一段时间里，开发人员都习惯于在开发机（本机）上运行完整的程序代码，这样开发人员在开发过程中可以很方便地编码、调试，并通过运行程序直观地查看程序的全貌。

但如果使用微服务架构来开发系统，则会为开发人员带来非常多的不便，如下。

（1）在开发机上无法运行所有服务的代码。

现实中，开发人员的开发机配置大多为 8 核 16GB（8 核 CPU、16GB 内存）左右，如果要保证各种操作的流畅，则最多能同时启动的 Java 虚拟机（JVM）的数量为 5、6 台。而对于一个使用微服务架构的系统而言，服务的数量可能有数十个，甚至是成百上千个，想要在一台开发机上运行整个系统几乎是不可能的。

（2）无法模拟用户操作来验证功能。

一个终端用户对系统的一次操作请求，会经过从前端到后端的多个服务，这些服务的所有权很可能会分布在多个不同的开发团队中，越下游的服务开发团队距离用户终端越远，越难以模拟用户的操作来进行功能验证。

（3）功能依赖另一个服务但其尚未完成。

在开发一个单体架构的应用程序时，一个功能从前端到后端大都会由一个开发人员通盘负责，不管是需要在本模块内还是在其他模块内添加和修改代码，这个开发人员都可以自行处理。但在微服务架构中，服务之间有大量的调用关系，开发人员只有权修改自己负责的服务中的代码，当需要在另一个服务中增加支撑代码时，只能让那个服务的开发团队来增加。这样一来，开发进程可能会中断，开发计划也很难做到精确。

（4）线上问题在本地环境难以复现。

因为开发人员无法本地运行完整的代码，线上环境和本地环境的差异非常大，所以经常会出现"在线上环境中出现问题，但是在开发人员的本地环境中无法复现"的情况。如果在单体架构中，则可以很方便地在本地运行完整的代码并进入调试模式，先在代码的关键位置创建断点，再模拟用户的请求，通过每个断点式的程序信息来排查问题。这种方式在微服务架构中显然是不太可能做到的。

上述在开发微服务系统中遇到的问题仅仅是实际工作中可能出现的一小部分。总之，对于习惯开发单体应用的开发人员来说，在开发微服务应用时需要从开发习惯和开发方式上做出很大改变。虽然这些改变不会非常困难，但如果得不到正确的处理，还是会引起一些麻烦的。

2. 部署困难

部署一个微服务架构系统是比较复杂的，无论是新程序的发布还是旧程序的升级，都无法像单体架构那样通过简单地上传一个程序包并启动来完成。

> 很多企业在部署微服务架构时使用容器化的解决方案，但并不意味着使用微服务架构就必须使用容器来部署。虽然微服务和容器都是云原生的代表技术，但两者并没有必然的联系，现实中有非常多的微服务架构系统没有运行在容器环境中。

无论微服务架构使用何种技术完成部署，都需要一套完整的基础设施用于服务的发布和更新，这是单体架构所不需要的。该基础设施需要具备服务自动注册和发现、水平扩缩容、优雅下线、滚动更新、灰度发布、健康检查等能力，而为了能够使用基础设施提供的这些能力，微服务架构自身应做到服务无状态、多环境配置、运行状态上报等。

对于微服务架构来说，自动化构建、自动化部署、自动化测试等自动化工具的投入是非常有必要的。DevOps 通过将人、工具和流程完整地形成闭环，使得在微服务架构中使用 DevOps 是非常自然的选择，行业内有大量的成功案例。

3. 运维困难

> 我们用微服务架构替换了单体架构，这样的结果是每一次服务中断都更像是一场凶杀之谜。
>
> ——Sam Newman 引用 Twitter 中的文字

在单体架构中，我们很少为监控而担忧，因为应用通常只部署在一个主机上，即使为了高可用性和负载均衡部署了多个实例，需要监控的主机和程序也很少，因此不需要使用太多的工具，大多数情况采用人工的方式都是足以应对的。另外，单体应用的故障很容易排查，只需要根据程序抛出的异常定位出问题的代码段即可快速地找到原因。当单体应用宕机时，系统整体表现为不可用，虽然影响较大，但从正面来看，会在第一时间告知运维人员系统发生故障，进而得到快速的处理。

微服务架构的系统就没那么简单了，不但服务多、主机多、运行的实例多，而且网络拓扑变得非常复杂，其中任何一个环节都可能出错，甚至在某个服务的实例发生故障时，运维人员都未必能在第一时间发现，可能直到接到客户的投诉才意识到出现问题了。在发现问题后，如何定位问题发生在哪个服务的哪个实例上，以及问题是网络问题，还是程序 Bug，或者是资源不足引发的，如果没有完善的监控机制，这些都是很难依靠人工的方式排查的。

为了能够运维一个微服务架构的系统，需要建立完善的监控机制和排障手段，能够在问题出现时，第一时间收到告警，并且快速定位和解决问题。同时，应对系统中的关键指标进行监控，设置相应的阈值，在影响用户之前就产生一些预警信息，避免上升为服务宕机。实践中的链路追踪、日志聚合等都是可用于排障的工具。

在微服务架构中设计排障机制是很有挑战，也是很有必要的，建议在系统正式上线前一定要有足够完备的排障机制。有人认为，先把微服务架构建立起来再上线运行，监控和排障机制可以今后慢慢建设。这是非常危险的。

5.6.2　存在网络延迟

谈到微服务架构或其他分布式架构，有一个常见的误区：认为分布式系统的性能会比非分布式系统要好。这种理解是比较片面的，因为衡量一个系统的性能需要参考的指标有很多。

实际上，分布式系统的并发性会好一些，因为并发访问的请求被多个组件分流了。但是如果衡量的指标是响应速度，那么分布式系统不一定会有优势，甚至在大多数情况下，分布式系统的响应速度都是慢于非分布式系统的。

> 在 Brendan Gregg 编写的《性能之巅》一书中，作者说道："系统是复杂的，有时我们只从猜测开始，比如，责怪网络"。可见，当系统的响应变慢时，最容易被人想到，也最可能的原因就是网络延迟。

很不幸的是，在微服务架构中，一切都是围绕数量众多的基于业务领域的一个个小而专的微服务应用展开的，这些应用构成了以网络为媒介的交互网，每一个终端操作都会经过若干个网络节点上的微服务应用，这就造成了微服务架构的应用程序有着比单体架构高出很多的网络延迟。

更不幸的是，延迟不仅存在于网络中，还包括 CPU、内存、文件系统、磁盘等。和网络延迟一样，其他的这些资源的延迟会随着节点的增加而增加，因此可想而知，单纯从响应速度上来看，微服务系统一定是比单体系统慢很多的。

5.6.3 相比单体架构更加脆弱

脆弱性是微服务架构相当大的劣势之一，复杂的网络和主机拓扑中的任何一个点故障都可能引起整个系统宕机，并且数量众多的服务和组件让任意时刻发生故障的概率非常大，这同时为故障的排除制造了麻烦。

为了应对脆弱性，微服务架构需要有足够完善的基础设施，用来帮助：

- 避免故障出现。
- 检测故障发生。
- 搜集故障信息。
- 尝试自动恢复。
- 隔离影响范围。

除此之外，还应在流程和编码规范上考虑重试机制、接口幂等性、容错设计、服务降级、熔断设计等。

为了在故障发生时，各部门可以快速做出响应，同时能够在每次故障中吸取经验教训，建议微服务架构中加入混沌工程相关设计，人为地向系统中注入故障，频繁地演习、持续地优化，当然，这一切都是需要投入很大精力和成本的，甚至需要面临一些风险。

5.6.4 可能出现"孤儿服务"

"孤儿服务"是指那些被人遗忘但一直在提供服务的微服务应用程序。

> 在微服务架构的应用初期，由于架构中的服务均是新增的，因此"孤儿服务"并不明显，但随着时间的推移，"孤儿服务"的问题会逐渐增多。

"孤儿服务"主要会在以下两个场景中出现。

1. 单体架构向微服务架构迁移时

迁移一般不是一蹴而就的，大多是先从试点开始，逐步实现的（这对运行中的系统尤为重要）。这种方式很可能会造成"孤儿服务"的出现。

选择试点服务时会有一些参考原则，目的是既不会因为失败而对系统造成大的影响，又不会因为服务的内容太过边缘而起不到试点的作用。这样一来，使用频率越高的功能会越早迁移为微服务，最终一些使用频率较低的功能可能会遗留下来，或者被简单地包装为微服务后成为无人负责的服务，这时"孤儿服务"就出现了。

2．用资源池来管理开发人员时

在传统的研发管理中，经常会使用资源池方式来保证所有研发人员的工作饱和度，避免"忙的忙、闲的闲"的情况。当一项工作需要开展时，会从资源池中选取一定数量和职能的人员参与实施，当任务完成后，将这些资源还给资源池，供其他任务选取。

将这种工作方式用于微服务应用的开发时，就会出现一个微服务的负责团队经常更换的情况，这样换着换着，一些服务就被遗漏了，成为了无人负责或无人了解的"孤儿服务"。

"孤儿服务"带来的最大影响：没有人知道有多少"孤儿服务"在默默地支撑着系统，当它们不出故障时，人们几乎不会去关注它们，但如果发生宕机，天知道会带来什么程度的影响。由于被人们遗忘，"孤儿服务"恢复起来可能非常麻烦。

【举例】

某团队发生过这样一件事：一天，系统突然不可用了，但各种监控和告警系统均显示正常。经过长时间的排查后，发现一个很久之前部署的服务宕机了，这个服务的开发人员都已离职，而运维人员无论如何都无法重启这个服务。在开发人员准备从这个服务的源码着手探究不能启动的原因时，发现连源码都丢失了。最后不得已通过反编译工具获得了可读性很差的源码，然后解决了问题。之后的几周，开发人员又花费了大量的精力根据反编译的结果和自己的理解重新编辑了这个服务的源码。

5.6.5　可被黑客攻击的点多

安全问题已经是当今网络时代所面临的最大风险之一，因此，在系统的设计和建设过程中，安全成为了非常重要的一个非功能性需求。

以往的安全防护主要是基于系统边界的，通常的做法：将系统中的各个组件根据其对安全防护等级的要求部署在不同的区域中，对区域边界实行管控。这种方式被称为基于边界的防护。

在单体架构中，基于边界的防护可以基本满足系统对安全性的要求。因为请求入口相对单一，请求到响应的路径也较短（大部分只经过单体应用本身），只需要在入口处建立软件或硬件防护即可。

在微服务架构的场景下，程序的处理逻辑已不限于一个单一进程，会分散到各个独立运行的微服务之中，服务又会在不同的主机上部署多个实例，每个实例都会有自己的访问入口，此时，传统的安全边界变得模糊甚至消失。在这些服务入口和实例主机中，任何一个点被黑客攻破都可能会造成整个系统范围内的软硬件被控制的局面，因此，使用微服务架构的应用系统所面临的安全挑战大大增加。

为了应对新的架构风格面临的新的安全挑战，在微服务中目前使用最多的是零信任（Zero Trust）机制。在该机制下，系统内的组件之间是彼此不信任的，因此，每进入一个入口，都需要进行身份、时间、访问权限、设备状态等信息的校验。同时，微服务架构会从整体上提出安全左移、数据加密、安全传输（TLS）等非功能性需求，进一步增加系统的安全性等级。

5.7　在这些时候请不要使用微服务

微服务是非常复杂的分布式系统，解决分布式系统所带来的各种问题的最好办法就是不要使用分布式系统。

在讨论微服务可带来的优势时，提出了一些使用微服务的理由。当然，这些理由通常并不充分也并不必要，应优先考虑可满足需求的其他技术。在本节中，将给出一些不使用微服务的理由，它们依然并不充分也不必要。

> 再次强调：除非有充分的理由，否则不建议使用微服务架构！

5.7.1　无法忍受增加的成本

微服务是免费的吗？笔者相信有很多人认为微服务是免费的。

在很多企业和团队中可以看到，当他们了解了微服务的一些优势，并且看到行业中大量的成功案例后，都会迫不及待地在制定少数几个月的变更计划后，开始如火如荼地实施微服务架构。有的是从一个新项目或新产品开始的，有的是将原有的系统从单体架构迁移到微服务架构的。但是，他们都忽略了微服务带来的一个最直接的问题：成本。

增加的成本主要来源于如下两个方面。

- 为了应对复杂度而需要建设基础设施，它们中有很大一部分是需要花钱采购的。即使用开源产品，也需要花费相应的人工成本。
- 微服务对生产力的影响。在一些场景中，微服务不但不会提高生产力，反而会降低生产力，从而让企业花费更多的成本。

1．基础设施带来的成本

首先来看基础设施的建设带来的花费。

例如，为了处理事务一致性需要引入分布式事务管理系统；为了快速排障需要引入链路追踪系统、日志聚合系统等；为了高效便捷地部署需要引入自动构建和自动发布系统等。

站在实现的角度来看，有些工具和系统并不复杂，完全可以通过开源产品或自研的方式避免采购成本。很多有足够研发能力的公司也是这么认为的，但是这通常会因小失大。这些基础设施的建设是不会给企业带来直接收益的，而且会极大地占用开发人员创造价值的时间。

另外，微服务架构需要的基础设施非常多，即使有能力也不代表可以将所有这些系统开发得尽善尽美。因此，为了能够让微服务架构的系统顺利地开发和运行，必要的人力投入和采购成本是不可避免的。

2．生产力对成本的影响

在讨论微服务架构的优势时，其中有一条是"适合大规模团队并行工作"，因为服务可以自治和独立部署，一个服务从开发到上线都可以由其开发团队自行决策，避免了单体架构的沟通协调和相互等待，将工作模式由串行变为更有效的并行模式可以极大地加快功能面世的速度。

笔者承认，在 5.5.5 节笔者偷换了一个概念，并行是否真的比串行更有效？

先来看图 5-2。

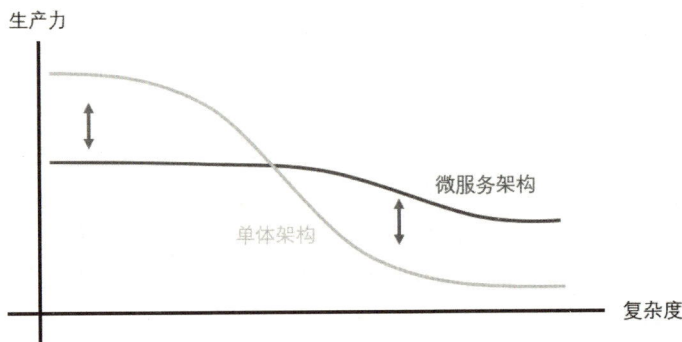

图 5-2

图 5-2 来源于 Martin Fowler 发表在个人网站上的一篇文章。从图 5-2 中可以看出，当系统的复杂度较低时，单体架构的生产力是要高于微服务架构的；随着复杂度的上升，单体架构的生产力会急剧下降；当复杂度进一步上升时，单体架构的生产力很快就落后于微服务架构。

反观微服务架构，不会随着复杂度的上升出现较大幅度的生产力下降，相对比较平稳。最终二者都会趋于稳定，生产力不再跟随复杂度的变化而变化。

结合实际经验后，结论是显而易见的：当复杂度比较低时，单体应用可以快速实现业务功能完成交付；而微服务架构不仅需要建设基础设施，还需要对每个微服务进行必要的管理，这势必会拖慢进度，也意味着需要花费更多的成本。

> 微服务架构不是免费的，相反，它可能会比单体架构投入的资源更高，甚至高出原本的预期数倍，因此，对成本敏感的企业不建议使用微服务架构。

5.7.2 无法忍受架构复杂度

本书多次强调，微服务架构是一个非常复杂的分布式架构，这种复杂度是在单体架构中完全不可想象的，并且贯穿系统的整个生命周期。如果要应对这些新的挑战，则除必要的资源投入外，对人员的能力要求也是必不可少的，这需要从技能和思想两个方面同时转变。

很多企业在进行架构决策时，比较少地考虑员工的能力情况，这是有问题的。

企业架构标准告诉我们，架构的落地要想成功，那么架构的实现必须和企业的能力成熟度模型相匹配，在具备相应能力的前提下进行逐步的迁移。每进入一个阶段，都需要为该阶段准备相应的能力。

然而，现实中的很多情况是要在很短的时间内（通常是 1～2 个月，甚至更短）完成架构的变更。

【举例】
某企业内的架构师花费了 2 个月的时间，将一个开发多年的单体架构的产品变更为微服务架构，但是在后续的很长一段时间内，团队几乎失去了业务迭代的能力，因为开发人员不懂怎么开发、测试人员不懂怎么测试、运维人员也不懂怎么运维。

最终为了能让架构复杂度降低一些，架构师不得已又将拆分好的粒度较细的微服务合并成几个粒度很粗的大服务。问题似乎解决了，但系统实际上变成了一个分布式单体架构，而非微服务架构。

鉴于微服务架构会带来高出单体架构 n 个数量级的复杂度，如果没有充分的准备和应对方案，不建议使用微服务架构。

5.7.3　无法忍受网络延迟

网络延迟是微服务架构不可避免的问题，这在讨论微服务并非"银弹"时已经进行过解释。

现实中有很多领域的软件系统对延迟有着极高的要求，如列车运行控制系统、空中交通管制系统等，对于这类系统并不建议使用微服务架构。

当然，最终决定需要结合实际情况来评估是否可以满足系统对延迟的要求。

5.7.4　无法建立有效的基础设施

微服务架构绝不是掌握 Spring Cloud 或 Dubbo 就足以用来构建系统的，其需要大量的基础设置来保证系统的开发迭代、部署发布和运维运营。这一点在讨论微服务并非"银弹"，以及微服务带来的复杂性等内容中均有提及。

总之，如果组织中连 CI/CD、链路追踪、日志聚合这些最基本的工具都没有的话，那么绝不应该贸然地使用微服务架构。依赖人工支撑的微服务系统，无论对谁来说，都将会是一场"噩梦"——笔者已深有体会。

5.7.5　需要强事务一致性

事务一致性是微服务架构的一个弱项。细粒度地划分数据所有权，以及服务实例被分布式地部署在不同的主机上，使得微服务架构天生缺乏对强事务一致性的支持。

虽然 XA 或 2PC 等方式可以实现一些场景下的分布式事务能力，但这需要牺牲性能或额外的处理逻辑来交换，并且在负载压力较大、响应时长要求较高的场景中很难满足要求。像 SAGA 这种最终一致性的实现方式，则必须在业务操作上做出妥协。例如，将原本同一个页面上的操作在多个页面上分步完成，或者在业务中显式地展示事务的中间状态。

> 当系统中需要保证强事务一致性时，不建议使用微服务架构。

另外，一些软件系统有着较高的性能要求的，尤其是访问量巨大的互联网系统，为了强事务一致性而牺牲性能的情况是不常见的。在这些系统中，如果需求方或产品经理在操作上不愿做出妥协，那么采用微服务架构来构建系统并不明智。

5.7.6　需要频繁变更接口

理论上，系统的接口应该尽可能稳定，即使要进行变更，也不应对消费者产生任何影响。

当开发单体架构的程序时，由于团队共享代码的集中所有权，任何人都可以修改代码中的任何部分，因此程序接口的稳定度非常低。如果微服务架构是从单体架构迁移而来的，则很可能会出现接口稳定度严重不足的情况。

【举例】
一个需要频繁变更接口的例子。
某企业之前是用单体架构建设系统的，并且已经对系统进行了前后端分离。在进行微服务架构迁移时，他们的部署逻辑依然是前后端分离，只是将后端的单体应用拆分成了多个微服务应用。该企业采购的微服务平台中包含一个微服务网关组件，可以将后端服务中需要对外暴露的 API 导入网关中供外界调用。因此该企业很自然地想到可以首先把后端各个服务的接口都导入微服务网关中，然后前端通过访问网关上的接口实现前后端的交互。

很快，该企业在使用中遇到问题了。因为微服务平台的网关只支持手动地导入后端接口，而该企业每次发布都需要先将网关中的原有接口删除再全量重新导入，手动的方式给他们造成了很大的不便。

问题的出现并不意味着平台组件的设计出现了问题，因为微服务的接口一定是有外部调用需求才会对外暴露的，并且一旦发布，其接口协议就不太会变更。这是微服务网关需要手动导入接口的原因。而企业需要在每次发布时都清空后重新导入，这种情况显然并不合理。

经过分析后发现，系统虽然分了前后端，但对于一个业务功能来说，无论是前端还是后端，都是由同一个开发人员完成的，这导致了系统的对外接口没有任何的管理和约束，因此每次发布时，都无法知道本次发布中新增了哪些接口，以及变更了哪些接口，只能将先前导入的接口全部删掉，再将系统中检测到的接口全部重新导入。

从上面这个例子可以看出，如果开发团队不能保证接口的稳定度，则不建议使用微服务架构。频繁变更的接口会让微服务应用无法独立部署，尤其是，随着微服务的数量增多，混乱程度会变大。

5.7.7　团队规模较小

在《Scrum 官方权威指南》一书中提到，当开发团队的规模太小时，成员之间没有足够的互动，因此生产力的增长不会很大。同时，过小的团队可能会遭遇技能上的约束，进而导致开发团队无法交付可发布的产品增量。

如果一个组织中的开发人员数量总共就 10 人左右，则意味着无论有多少个微服务，都会由这几个开发人员负责，代码所有权只会是集中所有权，开发人员势必会有在开发机上运行所有代码的需求。

规模较小的团队在使用微服务架构时，会出现 5.6.1 节介绍的所有问题。因此，如果开发团队的规模小于 20 人，则不建议使用微服务架构。

5.7.8　初创团队

这里所说的初创团队包含如下两个含义。

- 刚刚成立的创业公司中的开发团队。
- 为开发一个全新的业务系统而组建的团队。

对于创业公司来说，问题如下。

- 此时既缺钱又缺人，自然无法忍受微服务架构带来的成本。
- 创业公司的业务复杂度通常不会太高，采用单体架构能够获得更高的生产力。
- 创业公司的开发团队人数不会太多，并不适合使用微服务架构。

另外，无论是创业公司还是新组建的团队，在工程的初始阶段，需求是非常不稳定的，很多功能都具有实验性质，会根据功能上线后用户的反馈不断地调整，一些功能可能会被重写，另一些功能则可能会被完全地删除掉。此时，单体架构要比微服务架构方便许多。

对于为了一个目的而新组建的团队来说，根据"Tuckman 阶梯理论"，刚刚组建的团队尚处于形成阶段，团队成员之间的信任关系没有建立起来，相互之间的不熟悉让每个人都表现得不稳定和忧虑，这样的成员状态是很难形成有效的服务开发团队的。

因此，不建议初创团队使用微服务架构。

5.7.9　缺乏业务知识

微服务架构在实践过程中的难点之一是微服务应该如何拆分。虽然目前还没有一个标准的拆分方法和评判标准，但至少可以肯定的是，微服务的拆分是围绕业务进行的，并且对业务的理解越深刻，拆分的结果就越稳定。如果缺乏业务知识，不理解业务的深层逻辑，则拆分出的服务边界就很可能有误，因此而带来的代价有可能超出想象。

目前，行业中的一些专家认为，对一个已经存在的系统进行微服务拆分要比用微服务架构建设一个全新的系统容易很多，因为已存在的系统不但反映了用户的实际需求，而且在建设过程中让开发人员深入地学习了业务知识。是否真的如此呢？答案将在 9.6 节中给出。

无论如何，如果对业务知识（领域知识）尚不了解，则不应盲目地进行微服务拆分，而应该先学习，此时，单体架构会是更好的选择。

> 不拆要比拆错好！

5.7.10　由客户自行安装和管理的软件

一些软件的安装过程因"傻瓜"而著称，这包括大部分在 Windows 系统中运行的软件，这些软件只需要双击鼠标即可完成安装。显然，这类软件并不适合使用微服务架构，否则需要用户安装和运维大量的服务组件。

另外，一些软件公司开发的以项目为形式的软件系统不建议使用微服务架构，因为如此复杂的架构体系并不是所有甲方企业都有能力自己运维的。

因此，只要是交付给客户的，并非自己负责全生命周期管理的软件系统，都不建议使用微服务架构。

在现实中，有些企业为了一些目的，在采购或外包时，会明确要求乙方交付微服务架构的系统，但乙方项目式的交付模式使得系统的最终运营还是会交还给企业的，如果企业自身没有能力运营整个架构，那么复杂的微服务架构会带来严重的负面影响。虽然一些企业会在项目交付后额外购买乙方的系统维保服务，但这样治标不治本，因此而出现的相互"扯皮"并不少见。

因此，由客户自行安装和管理的软件不建议使用复杂的微服务架构。

5.8　本章小结

本章首先从微服务的出身和定义开始，介绍了微服务的前世今生，讨论了架构从单体架构向微服务架构发展的过程。

然后讨论了微服务架构的原则并解读了微服务架构的九大特性，主要阐明了什么样的架构才算是微服务架构。通过原则和特性的介绍，进一步讨论了这些原则和特性为微服务架构带来的核心优势，即为什么使用微服务架构。

在介绍了微服务架构的优势之后，讨论了微服务架构不是一个"银弹"，不应该被神话为解决一切问题的完美架构。

最后梳理了一些不建议使用微服务架构的场景，进一步体现了微服务架构并非一个"银弹"。

本章中多次强调：除非有充分的理由，否则不建议使用微服务架构！建议读者将此牢记在心。

第 6 章　领域驱动设计与微服务拆分

领域驱动设计，简称 DDD，由 Eric Evans 提出，他为此写了一本名为《领域驱动设计 软件核心复杂性应对之道》的书。这本书诞生至今已有近 20 年的时间，但直到微服务架构的流行，才被越来越多的人奉为"圣经"。

> 至少 20 年前，一些顶尖的软件设计人员就已经认识到领域建模和设计的重要性，但令人惊讶的是，这么长时间以来几乎没有人写出点儿什么，告诉大家应该做哪些工作或如何去做。尽管这些工作还没有被清楚地表达出来，但一种新的思潮已经形成，它像一股暗流一样在对象社区中涌动，我把这种思潮称为领域驱动设计（Domain-Driven Design）。
>
> ——Eric Evans

6.1　DDD 可以用于微服务拆分吗

DDD 可以用于微服务拆分吗？答案是肯定的。

笔者在接触微服务架构之前就曾阅读过《领域驱动设计》这本书，但那时，并没有意识到其内容与微服务架构有什么相关性，仅仅认为它的作用是指导面向对象的程序设计。

在微服务架构流行后，人们一直在为如何将一个大的系统拆分为符合微服务思想和原则的各个子服务而苦恼，这时，DDD 成为业内专家一致给出的解决方案。

一个完整的系统可以看作一个业务领域，而 DDD 的思想和方法可以被用于如下方面。

1. 为开发者和领域专家建立统一语言

最熟悉业务的是身处该领域、每天都在执行业务事务的人，可以将他们称为领域专家，但软件系统是由开发人员实现的，双方知识背景的不同会令二者在沟通过程中障碍重重。DDD 提出统一语言的概念，目的就是解决这个问题。

2．对领域进行分析与建模

DDD 提出了领域的分析方法，并且给出了一组领域模型。

3．对领域进行多维度的拆分

一个完整的领域可以根据范围、工作层次、业务相关性等，用多个维度进行拆分。

4．梳理子领域之间的关系

DDD 归纳总结了子领域之间可能存在的多种关系，这些关系在微服务思想下，有些是鼓励使用的，还有一些则需要权衡和避免，通过 DDD 中的上下文映射图可以非常直观地将子领域之间的关系展示出来。

5．为系统的实现提供指导

DDD 给出了很多实现上的参考，如分层架构、六边形架构、柔性设计等，这些都会在后续章节介绍。

对于开发人员来说，大部分都是从具体的实现技术（如 Dubbo、Spring Cloud）开始学习微服务的。从微服务的实现角度来说，具体的技术是战术层面的，而 DDD 解决的是战略层面的问题。相比于"怎么做"的战术来说，"做什么"的战略显然要重要许多。

> 微服务架构本身是"技术不可知论"的，其精髓在于思想层面，技术只是用来帮助实现符合该思想的系统的。并不能因为使用了某个技术就判定当前正在使用微服务架构。

不过，正如前面所说，20 年前诞生的 DDD 要比微服务架构早很多，因此，DDD 并不是为微服务架构量身打造的，不是所有的概念都适用于微服务的拆分。本章后续的几节会根据在设计微服务架构时的使用程度，对 DDD 中的概念进行介绍。

6.2 拆分中必用的领域概念

《领域驱动设计》中介绍了很多领域概念，作者称之为模式。既然被作为设计微服务架构的战略层面的依据，DDD 中的模式有很多都是在拆分微服务时一定会使用到的。下面会对它们一一进行介绍，并且会结合微服务拆分场景，讨论如何在拆分中使用这些模式。

6.2.1 有效沟通模式：统一语言

统一语言（Ubiquitous Language）是《领域驱动设计》中第一个出现的模式。由于这个模式主要解决沟通问题，并不像其他模式那样具体，因此在现实中经常会被忽视。不过，在整个 DDD 的概念中，统一语言起着非常核心的作用。

> 在笔者看来，用 DDD 来指导微服务拆分时，最重要的领域概念有两个：一个是统一语言；另一个是限界上下文。

1. 领域和领域专家

首先介绍两个名词：领域和领域专家。

- 领域：需求所涉及的知识范围。
- 领域专家：在领域中，拥有领域知识的任何人。

> 从广义上讲，领域（Domain）是一个组织所做的事情，以及其中所包含的一切。商业机构通常会确定一个市场，在这个市场中销售产品和服务。每个组织都有它自己的业务范围和做事方式。这个业务范围及在其中所进行的活动便是领域。
>
> ——《实现领域驱动设计》

在一个软件开发过程中，相关方包括用户、需求分析人员、开发人员（这里的开发人员泛指所有实现软件的人）等，其中用户和需求分析人员都可以算是领域专家，但这两类领域专家有着鲜明的特点。

- 用户拥有大量的来源于他们日常工作或生活中积累的领域知识，但他们无法将其抽象为软件系统，只能模糊地描述他们的想法。
- 需求分析人员存在的目的是通过和用户交流，学习用户的领域知识，将这些知识翻译成开发人员能够理解的语言。

这里就出现了两种语言：用户语言和开发语言。在现实中，需求分析人员的翻译质量通常是不太高的，这导致了各相关方都需要同时掌握两种语言才能比较顺畅地沟通，而这是造成双方沟通不畅的根本原因。

2. 统一语言的实现

统一语言的目的是解决领域专家和开发人员之间的沟通问题。在 DDD 中，领域模型承担统一语言的作用，在实现时可采用 UML、表格、文字、示意图等方式呈现。关键在于，要将模型中的名称和词汇限定在一个领域范围内，并且对含义达成共识，以保证在讨论双方基于领域模型展开讨论时，不会出现概念上的混淆。

这里有一点需要特别说明，统一语言是有范围的，只有在这个范围内，概念才是统一的。这一点在进行微服务拆分时非常的重要。

假设有两个微服务，每个微服务都专注于一个领域，即使两个微服务中的领域模型中都有"用户"这个对象，只要存在属性个数或含义上的差异，那么这两个对象就是不一致的，在讨论时需要限定讨论的是哪个服务中的"用户"。

6.2.2 要沟通的对象：实体

当使用统一语言对领域进行描述时，关注点是实体，这些实体通常来自业务单据、相关方、相关物品等。

1. DDD 中的实体

DDD 中对实体的描述是业务上拥有唯一标识的领域模型。除唯一标识外，实体内还可以有属性、行为和状态。

实体的识别需要在统一语言的领域范围之内，其唯一标识通常来源于业务，可以是流水号或操作单号等，也可以利用数据库主键的生成策略来自动生成，前者是比较推荐的。

> 实体的唯一标识和数据库主键是否要保持一致，需要结合实际情况来判断。例如，身份证号码很适合作为用户的唯一标识，但若 URL 连接或页面上需要使用主键，则不能让身份证号码作为主键暴露出来；又如，当数据量较大时，有序的主键对性能有着极大的帮助，此时将主键和实体标识分开是很有必要的。

2．实体的建模原则

实体需要保证精炼，不要将关注点过多地集中在属性和行为上，而应当抓住实体的基本特征，尤其是可用于识别、查找或匹配对象的特征。一些与当前模型的基本特征关系不大的应当考虑放到别的模型当中。

例如，"用户"实体中包含了身份证号码、电话号码、住址等可以识别和查找用户的属性，如果用户分为普通用户和 VIP 用户，那么"VIP 等级"这类属性就可以创建一个 VIP 用户实体来容纳，不用放入用户实体中。

> 思考题
>
> 问：两个名称、标识都相同，但属性不同的实体是同一个实体吗？是统一语言中的相同概念吗？
>
> 答：名称和标识相同说明二者是同一个实体，但应是不同领域范围内的概念。
>
> 举例说明：同样是我，在"父子上下文"中我是"爸爸"，属性是"有两个孩子"等，行为是"给孩子换尿布"等。当我在"夫妻上下文"中时，我就是"丈夫"，属性是"有一个妻子"等，行为是"秀恩爱"等。从这个例子中可以看出，实体是一样的，都是我，但因为在不同的领域范围内，所以分为了"爸爸"和"丈夫"两个概念，需要使用两套统一语言。

识别实体在不同上下文中的属性和行为，是微服务拆分中的一个重要依据。不过，如果将上例中的领域范围放大，"爸爸"和"丈夫"都可以合并成"家庭中的男人"这一个概念，这体现了微服务拆分粒度的灵活性和多变性。

3．"贫血"模型和"充血"模型

在面向对象的编程中，可以将实体映射为一个类，当类只有属性及属性对应的 Getter 和 Setter 方法时，就称该模型为"贫血"模型，这个概念最早由 Martin Fowler 提出。相对于"贫血"模型，"充血"模型的类不仅有属性，还有方法。在实现 DDD 中的实体时，"充血"模型显然会更加符合 DDD 对实体的要求。

在传统的 Java 编程中，用于映射实体的类被称为模型类，通常其中只有属性，业务逻辑都在服务中，这是一种典型的"贫血"模型。这种模型的优点是使用起来很简单，但缺点是业务逻辑散落在模型之外，设计工作需要输出各种文档用于将模型和业务逻辑结合起来，而在对系统不断迭代和重构的过程中，文档和实际情况越来越脱节，最终业务知识难以沉淀。

"充血"模型通过将业务逻辑以行为的方式写入模型类当中,保证了"模型即知识",这不但省去了大量编写和维护文档的工作,而且只要实体保持不变,程序中其他部分就可以灵活地迭代、重构甚至重写。

> 很难说"贫血"模型和"充血"模型哪个更好。
>
> 虽然在传统的编程方法中,"贫血"模型得到了大量的应用,但笔者认为,在应用 DDD 编写程序时,除非有充分的理由,否则"充血"模型应该是更好的选择。

6.2.3　粗粒度的拆分:子域

对于大多数系统来说,其所在的领域范围都比较大,对完整的领域进行建模是不现实的。并且在一个大领域中,会存在很多虽然名称相同但概念不同的对象,这让统一语言变得非常的困难。因此在进行领域分析时,会将大领域拆分为若干个粒度较小的子域。

对领域的拆分实际上就是将一个完整的系统拆分成微服务的过程。当然,在 DDD 中,除子域外,限界上下文和聚合都可以作为一个微服务应用的边界。这三者的最大不同在于粒度不同,子域的粒度最粗,聚合的粒度最细(6.2.4 节会介绍限界上下文,6.2.5 节会介绍聚合)。

子域可分为如下三种类型。

1. 核心子域

> 在设计大型系统时,有非常多的组成部分,它们都很复杂而且对开发成功至关重要,但这导致真正的业务资产——领域模型最为精华的部分,被掩盖和忽略了。
>
> ——《领域驱动设计》

笔者曾经有这样一个疑问:软件公司为什么要采购软件呢?明明自己就有足够的技术和人员开发这些软件,为什么还要花钱采购?答案有很多。例如,自己开发成本高、软件公司只开发能卖给客户的系统等,不过核心的原因是要采购的软件与企业自身的业务方向不符——专注于开发财务软件的公司,应该不会采购财务软件。

在一个企业中,不管涉足多少业务领域,总会有其赖以生存的核心业务,企业会将最优秀的员工和最有利的资源都向这个核心业务倾斜。软件系统作为企业数字化战略的实现方式，自然也应这样。系统中虽然存在大量的组件，但其中必然会有对业务成功起关键作用的功能，包含这些功能的子域就被称作核心子域。

2. 通用子域

如果一个子域中的功能被用于整个业务系统，或者属于行业惯例、拥有大量众所周知的一般原则，那么该子域就被称作通用子域。为了便于理解，下面举几个例子。

【举例 1】

单点登录系统（SSO）：SSO 不但被整个业务系统使用，而且在行业中有专门的规范和协议，其实现原理和功能特点是众所周知的。

【举例 2】

最小系统：在很多年前，为了加快项目的开发速度，笔者为公司开发过一种被称为最小系统的系统，里面包含了所有项目都会用到的用户管理、组织机构管理、权限管理等功能，这些功能在所有系统中的相似度都很高，并且会被整个业务系统使用。

【举例 3】

ID 生成系统：在分布式系统中，为了能够高效地生成统一的编号，会使用 ID 生成系统，该系统会被用于整个业务系统，但与业务关联度不大。

上面的几个例子都属于通用子域。可以看出，这些系统对于企业的业务来说没有太多的影响，因此当微服务的功能属于通用子域时，并不需要核心开发人员来负责，可以通过采购、使用开源产品、外包等方式实现，当然也可以用内部资源实现。

3. 支撑子域

除核心子域和通用子域外，系统中还有部分功能虽然是业务需要的功能，但不能算是核心功能，这类起支撑作用的功能所在的子域被称为支撑子域。

支撑子域由于业务的针对性，并不会有通用的解决方案，因此是需要定制化开发的。不过，相比核心子域而言，支撑子域中的功能可以使用外包来实现。

4.子域的实现建议

在传统的开发团队中，有一个常见的误区：技术能力最强的人往往只专注于技术本身，而缺乏丰富的领域知识。这类人通常以开发通用子域或支撑子域的功能为目标，但这限制了优秀人才对企业业务成功起到的作用。

当微服务的功能属于核心子域时，为了能够得到最优的实现并将核心领域知识沉淀下来，笔者有如下建议。

- 应保证该服务由自有的团队实现，不建议通过采购或外包的方式。
- 让企业中最优秀的人才负责该服务，并且保证团队成员的长期稳定性。
- 为了最大限度地支撑业务，建议与该服务相关的领域专家和开发团队在一起工作。

当微服务的功能属于支撑子域时，可以选择外包的方式；而当微服务的功能属于通用子域时，更有效的方式可能是采购。

6.2.4　中粒度的拆分：限界上下文

限界上下文的粒度比子域更细，在微服务的拆分中最常被用到，在大多数情况下，限界上下文的粒度是最为合适的。

> 限界上下文是一个显式边界，领域模型便存在于边界之内。在边界内，通用语言中的所有术语和词组都有特定的含义，而模型需要准确地反映通用语言。
>
> ——《实现领域驱动设计》

1."重复的概念"和"假同源"

假设，系统中有两个实体，当一个实体的概念发生变化时，另一个实体的概念同时变化；或者当修改一个实体时，另一个实体也需要变更。这种情况就被称为"重复的概念"。

如果将具有"重复的概念"的两个实体放置在两个不同的微服务中，那么，只要一个服务变更，另一个服务就需要跟随变更，这样会破坏微服务根本的特性——独立部署性。

一个系统中会有多个非常类似的实体共存，这些实体表达了相近的概念。当尚未形成统一语言时，领域专家和开发人员所使用的同一个名词可能指的是完全不同的两个对象。这种情况被称为"假同源"。

"假同源"会让原本应放在两个服务中的实体被误认为是同一个，合并后放在一个服务中。这会让开发团队之间发生纠缠，使双方的服务无法自治地演化。由于这种问题的原因是概念混淆，通常很难被发现和纠正，因此危害会更大一些。

2. 限界上下文边界

为了避免上述情况的发生，在同一个限界上下文中，每个概念只能存在唯一的实体，并且实体中的方法和属性必须在当前限界上下文中有意义。如果因为一个并非存在于当前限界上下文中的概念而需要为模型增加一个属性，则应考虑在这个概念所对应的限界上下文中新增一个实体。

> 【举例】
> 在订单上下文中有一个订单实体，在物流上下文中需要为订单添加物流单号等信息，此时不应将订单实体复制到物流上下文中并添加必要的字段，也不应让物流上下文复用订单上下文中的订单实体。
> 正确的做法是在物流上下文中新增送货单实体，将物流信息作为送货单实体的属性来实现，这样就可以保证两个上下文中的概念独立且互不影响。

在《实现领域驱动设计》一书中，作者称"核心领域之外的概念不应包含在限界上下文中"。对于这句话，笔者的理解：领域分析应只关注核心子域，但核心与否是一个相对的概念，通用子域和支撑子域内也可有核心的部分。在分析完核心子域后，可对通用子域和支撑子域进行分析。当然，更简单的方式是先通过采购或外包来实现相关系统，再将这些系统整体归入各自的限界上下文中，通用子域尤其如此。

3. 限界上下文与子域

限界上下文和子域有什么关系呢？是否一个子域对应一个限界上下文，或者一组限界上下文属于一个子域呢？

子域的粒度相较于限界上下文会粗一些，这是因为子域的范围通常要比限界上下文要大。但这种说法并不精确，实际上，二者没有必然的关系，因为拆分的维度不同。子域是根据业务版块拆分的，而限界上下文是根据一组能够完整表达一套通用语言的领域对象拆分的。

> 之所以说子域的粒度通常比限界上下文粗，是因为在现实中，一个业务版块中可能会存在多套统一语言描述的限界上下文，而一个限界上下文中包含多个业务版块的可能性比较小。不过，一个限界上下文内的领域对象涉及多个子域的可能性是存在的。

4. 限界上下文与微服务

限界上下文的边界可以作为微服务的边界。如果感觉一个限界上下文太小，则可以一方面将统一语言的范围扩大，以此来扩大限界上下文的边界；另一方面让一个微服务容纳多个限界上下文。但需要注意限界上下文之间的模块化，避免相互影响。

审查"假同源"和"重复的概念"，是一种有效识别限界上下文的方法，在第 7 章介绍微服务拆分步骤和案例分析时会展示如何具体应用。

6.2.5 细粒度的拆分：聚合

前面提到，子域是一个业务版块，限界上下文是一组表达一套完整统一语言的领域对象集，二者都可以作为微服务拆分时的服务边界。聚合的边界同样可以作为一个微服务应用的边界，它的粒度要比子域和限界上下文更细一些。

1. 聚合、聚合根

聚合由一些关系紧密的实体和相关的领域对象组成。例如，订单和订单明细可以构成一个聚合，因为二者的生命周期是一致的——在订单被创建时，订单明细也必然会被创建，订单的状态和订单明细的状态是同步的，当订单被删除后，订单明细也需要级联删除。

每个聚合中都存在一个聚合根，聚合根拥有一个全局的唯一标识，在聚合的边界内，其他领域对象的标识只需要在边界内唯一即可。另外，对聚合中所有对象的操作都需要通过聚合根来实现，即聚合根是聚合内部与外部之间的接口。

在订单和订单明细的例子中，订单可以被视为聚合根，订单编号是全局唯一的标识，当需要操作订单明细时，需要先得到订单对象，再调用订单对象中的方法来操作订单明细。

2．聚合的设计原则

实际上，笔者认为聚合边界是作为微服务边界的最佳选项。在解释原因之前，先引用《实现领域驱动设计》一书中提到的设计聚合的原则。

（1）在一致性边界内建模真正的不变条件。

该原则包含两个含义：①一致性边界说明了在聚合边界内要保证事务的一致性；②不变条件表达了在聚合边界内的业务规则是稳定的。

根据这条原则可以看出，聚合的边界就是事务一致性的边界。

（2）设计小聚合。

每个聚合中都有聚合根，聚合根中的属性应尽可能少，如果一个属性的变化频率和聚合中其他属性保持一致，或者经常和其他属性共同作为检索条件，那么就应该将这个属性添加到聚合根中，否则应该将其放在其他实体或值对象中。

在判断属性应放在实体还是值对象中时，建议：①优先考虑值对象；②当属性可以整体被替换时，应放在值对象中；③当发现属性与聚合内的其他属性的一致性关系不大时，应将该属性放入其他聚合中。

小聚合不仅在性能和伸缩性上有优势，还有助于保证事务的一致性。

（3）通过唯一标识引用其他聚合。

一个聚合可以引用另一个聚合的聚合根，但这并不意味着两个聚合的边界合并了，另一个聚合依然存在于当前聚合的一致性边界之外。因此，一个事务不能同时修改两个聚合中的属性。在引用时，尽量只引用标识，而非引用另一个聚合根的实体对象。

（4）在边界之外使用最终一致性。

如果一个聚合上的操作需要在其他聚合上执行非本聚合中的业务操作，则应使用最终一致性。这时应和领域专家一起，分析多个聚合中的操作是否可以拆解执行或是否允许一定的延迟，通过对业务规则的调整可以很方便地实现最终一致性。

3．打破原则的理由

在提出设计聚合的原则的同时，《实现领域驱动设计》中提到了何时可以考虑打破这些原则。

- 方便用户界面：有时在一个界面上，用户可以操作多个聚合，但此时业务规则无法改造成最终一致性，则可以考虑打破原则。
- 缺乏技术机制：当在技术上无法提供最终一致性，或者无法管理数量众多的聚合时，可以考虑打破原则。
- 全局事务：全局事务在实际中是很难避免的，尤其是在传统的软件设计和开发中使用两阶段提交等方式保证事务一致性的场景，此时可以考虑打破原则。
- 查询性能：当需要输出报表时，如果聚合的粒度太细，则无法使用表连接等方式跨聚合查询，这在性能上会有很大影响，此时可以考虑打破原则。

4. 最适合作为微服务边界（理论上）

在介绍完聚合的设计原则和打破原则的理由后，笔者来解释下聚合边界更适合作为微服务边界的原因。

（1）从聚合的设计原则来看。

在一致性边界内建模真正的不变条件保证了一个微服务内的业务是高内聚的，并且与其他服务低耦合，同时微服务内可以实现事务一致性。

设计小聚合体现了微服务中的"微"。

通过唯一标识引用其他聚合让聚合之间的耦合性进一步降低，并且保留了交互接口。

在边界之外使用最终一致性给服务间交互提供了重要的指导思想。

（2）从打破原则的理由来看。

方便用户界面、缺乏技术机制、全局事务和查询性能，这些都是在使用微服务架构构建系统时常见的难点。

因此，如果有人问笔者：微服务的粒度应该细到什么程度？答案就是：当一个微服务中只包含一个聚合时，就是最细的粒度了。

当然，在实际中要达到这个要求非常困难，因此应结合打破原则的理由来权衡，但粒度至少应保证一个微服务的边界限定在一个限界上下文范围之内。

6.2.6　避免循环依赖：限界上下文映射图

根据限界上下文拆分好微服务后，会交给多个团队进行实现。但团队通常是"背靠背"的，他们只关注自己的任务并不了解其他团队都在做些什么。这就很可能会出现在实现的过程中边界越来越模糊的情况。因此，需要一种手段让各个团队都能够直观地看到限界上下文的内容和边界。

限界上下文映射图是一个很好的解决方案。在《领域驱动设计》中，为限界上下文映射图的绘制提出了以下两个原则。

- 限界上下文应当有名称，以便讨论它们，这些名称应该被添加到团队的统一语言中。
- 每个人都应该知道边界在哪里，而且应该能够分辨出任何代码段的上下文，或者任何情况的上下文。

DDD 是通过代码模块化和规范模块的命名来实现的，但在微服务中，如何实现呢？怎样让各个微服务实现团队都能知道彼此的服务边界呢？

> 笔者认为最有效的方式是绘制"服务依赖拓扑图"，在图中标明每个限界上下文的名称，以及相互之间的上下游关系，还可以为每个限界上下文进行必要的描述。进一步地，可以在每个限界上下文中写明其中包含的领域对象。

在实际绘制时，虽然可以借用 UML 等工具，但并不需要太过正式，可以通过手绘等方式实现，只要能清楚地体现出上述的两个原则即可。

在微服务架构中，基于链路追踪等技术，可以方便地绘制出"服务依赖拓扑图"，但这是一种"事后"图。建议在设计时就绘制"服务依赖拓扑图"，"服务依赖拓扑图"可以用于检查实现是否符合预期，以及是否存在循环依赖。

> 在这个过程中，我们应该避免那些繁文缛节性的仪式，保持简单和敏捷。向框图中加入过多的细节对团队并无多大帮助，交流才是关键，我们应该将交流对话也加入限界上下文映射图中。
>
> ——《实现领域驱动设计》

6.3 拆分中可用的领域概念

除在微服务拆分过程中必然会使用到的一些领域概念外，在 DDD 中还有一些概念（对于微服务的拆分不是必需的），读者可以了解一下。

6.3.1 交互模式

在微服务架构的系统中，服务之间的交互是频繁且复杂的。DDD 总结了限界上下文之间可能存在的交互模式，这给微服务架构的设计和实现提供了重要参考。

> 【举例】
>
> 笔者刚开始设计微服务架构时，经常被这样一种情况困扰：服务 A 中的 Aa 功能需要调用服务 B 中的 Ba 接口，而服务 B 中的 Bb 功能又需要调用服务 A 中的 Ab 接口，这种情况被称为"服务的循环依赖"，是一种不良的服务之间的交互模式，此时需要重新审视服务的拆分。

1. 限界上下文之间的交互模式

在限界上下文之间交互时，存在如下几种模式。

- 合作：如果两个限界上下文存在大量循环依赖情况，或者两个限界上下文在开发的过程中需要协调双方的计划、保持一致的演化进度，这时双方的交互模式就是合作。
- 共享内核：有时，多个限界上下文中有类似的领域概念，为了减少重复，会将这部分的代码提取成公共类库。比较常见的一种情况是服务的提供方和消费方共享接口中涉及的对象。
- 客户方与供应方：这是一种上下游交互模式，相比合作，客户方和供应方在交互方向上是单向的，即下游会调用上游，但是上游不会调用下游，甚至不会感知到下游的存在。
- 遵奉者：同样是一种上下游交互模式，但上游不愿意为下游提供所需的能力。上游总给出承诺却不执行，下游开始时会相信上游的承诺，但当功能迟迟得不到支撑又面临交付压力时，只能利用上游现有的能力自行想办法处理。

- 防腐层：当对两个限界上下文进行集成时，可能会出现双方都拥有良好的设计，但进行交互的模型不完全贴合双方的上下文这种情况。此时，为了不让双方的设计因匹配而变得越来越混乱，下游就需要根据自己的领域模型建立一个专用的层，用来对上游的模型进行翻译，这一层就被称为防腐层。
- 开放主机服务：当一个限界上下文需要频繁地与其他限界上下文集成时，为了避免频繁地一对一沟通，可以先定义一个协议，再将这个协议公开出来，每当提供新的功能时都需要对该协议进行修改或扩展。
- 发布语言：开放主机服务除定义协议外，通常在数据交互时还存在模型的传递，发布语言就是为双方的模型转换提供的一种公共语言。例如，服务提供方先将自身的模型转换为 XML、JSON 等格式，服务调用方再将这些通用格式转换为内部模型。
- 另谋他路：如果两个限界上下文之间无须交互，则它们应该被完全解耦。
- 大泥球：边界不明显，相互之间的关系很难厘清。这时不用急于在"大泥球"内部通过复杂的建模方式厘清关系和划分边界，可以将其视为一个整体，但要保证其中的混乱不会蔓延出去。

以上是 DDD 对限界上下文之间交互模式的梳理，在进行微服务拆分时，微服务之间的交互模式需要明确下来。不过笔者认为，微服务之间的交互与限界上下文之间的交互略有差异，这主要是因为微服务特别强调独立可部署性。

2. 微服务之间最佳的交互模式

客户方与供应方、防腐层、开放主机服务、发布语言、另谋他路，这几种关系都有助于双方相互解耦，保持彼此的独立性。因此，在设计微服务时，应优先使用这几种关系。

3. 微服务之间应慎用的交互模式

（1）共享内核。

虽然共享内核可以减少一些重复工作，但存在如下两个问题。

- 共享内核的维护和更新比较困难，多个服务之间难以同步。
- 共享内核很容易因为要权衡多个服务内的概念而愈发"腐败"。

（2）大泥球。

虽然"大泥球"是微服务中最不应该出现的，但在实际工作中，为了能够优先对核心域进行建模和实现，加上会存在一些实际困难，因此，可以先将难处理的系统归为一个或多个"大泥球"。

4．微服务之间应避免的交互模式

（1）合作。

合作是产生服务循环依赖的根本原因。

循环依赖的双方必须同步开发、部署和运维，这完全违背了微服务最基本的原则，因此应当避免服务间合作关系的出现。当有两个服务存在合作关系时，可进行如下处理。

- 确认两个服务所在的限界上下文拆分得是否合理。
- 考虑将两个服务合并成一个服务，即使它们处于两个不同的限界上下文内。

> 在非常特殊的场景下，合作是可以使用的。目前笔者遇到的唯一情况是，在用前后端分离技术实现一个限界上下文边界内的功能时，如果将前端应用看作一个服务，那么前端服务和后端服务就形成了合作关系。
>
> 不过，从业务领域的角度出发，同一个限界上下文范围内的前端应用和后端应用，虽然在实现上是两个独立的程序，但实际上是属于同一个服务范围的。因此，笔者对微服务有了另一个理解：一个微服务可由多个相互合作的应用程序组成。

（2）遵奉者。

微服务强调独立性和自治性，因此不应出现"遵奉者"。服务的调用方（消费者）不应对服务的提供方抱有任何主观期望，若确实有需要，则要么由更高层级的决策者提供协调帮助，要么应使用"另谋他路"模式。

6.3.2 模块单体的基础：模块

DDD 中的模块本身就是代码中用于实现"高内聚，低耦合"原则的技术——模块内高内聚、模块间低耦合。

在 Java 语言中，模块和 Package（包）的概念是一致的——虽然 Java 的 Package 仅仅是代码的组织方式，不具备隔离性。

在《实现领域驱动设计》一书中，提到了设计模块时的原则：当同层模块间出现耦合时，我们应该杜绝循环依赖（同层模块即位于相同层次的模块，或者在设计中具有相似权重的模块）。

从概念上，笔者认为，可以将代码中的模块近似看作一个微服务。根据"原则"的要求，服务之间也应杜绝循环依赖。这是 6.2.6 节提到的 "避免循环依赖" 的理论依据。

微服务只有保证没有循环依赖，才可以真正做到独立自治，否则开发、部署等环节都需要和与其产生循环依赖的服务进行协调，这就违背了微服务的原则。

在实现微服务时，不但要保证服务之间没有循环依赖，而且每个服务内部的模块之间应避免循环依赖。

6.4　拆分中不用的领域概念

DDD 不是为了微服务而量身打造的，其中的一些领域对象在微服务的拆分中几乎没什么作用，甚至和微服务中的概念混淆。例如，下面介绍的值对象和服务。

6.4.1　指导编码的值对象

从实现方式来说，值对象和实体非常相似，其中都有属性和方法，不过，它们有着本质的不同。

1．不同于实体

值对象和实体类似，二者最大的不同在于如下两点。

- 值对象没有唯一标识。没有唯一标识意味着两个值对象只要所有属性都相同，就可以认为是同一个值对象。同样因为没有唯一标识，所以值对象中很少存在行为，大多数情况下都仅包含属性。

- 值对象是不可变的。值对象中所有的属性都是不可变的，因此一旦值对象创建，后续的属性变更就都只能通过重新创建一个新的值对象来实现。就好像当我们需要变更汽车的轮胎时，不会修改现有的轮胎，而会重新更换一个符合我们要求的属性的轮胎。

在微服务的拆分中，值对象这个概念并不常用，这里介绍值对象主要有两个目的。

- 在 DDD 中，值对象是一个非常重要的概念，其与实体有着很深的联系和区别。
- 为了在拆分微服务并建模的过程中保证实体的精炼原则，可以将并不能用于标识和查询实体的属性放入值对象中。值对象在分析时是可以忽略的，但可以指导实现。

2．值对象不一定是值对象

一个模型应该是实体还是值对象，是需要结合当时的业务场景来判断的，在不同的场景中，同一个概念可能有的是实体，有的是值对象。

【举例】
对于车主来说，在汽车的行驶证上是依据车架号来识别拥有的汽车的，此时汽车是一个实体，而轮胎只能算是一个值对象。这是因为，如果把轮胎卸下再与其他轮胎放在一起，车主就无法区别哪个是自己的轮胎，而且车主通常不关心这个问题。但对于轮胎制造企业来说，每个轮胎都有唯一的编码，此时，轮胎就成为了实体。

6.4.2 与微服务中的"服务"不同含义的"服务"

DDD 中有一个名为"服务"的领域对象，但此"服务"与微服务中的"服务"，以及编写业务逻辑层时的"服务（Service）"都是不同的。为了区别，笔者将 DDD 中的服务称为"领域服务"。

介绍下"领域服务"的作用。先来回忆下实体的概念。实体中包含了唯一标识，因此实体中的属性和行为都是针对一个特定的实体记录而言的。

【举例】
"用户"实体有两个属性：姓名和年龄；有一个行为：工作。这个实体有两条记录，唯一标识分别是 1 和 2。实体记录 1 的姓名是张三，年龄是 18 岁，他勤勤恳恳地工作。实体记录 2 的姓名是李四，年龄是 20 岁，他懒懒散散地工作。

当需要同时操作多条记录时，如所有人一起工作，这个操作作为实体的行为就不太合适了。"领域服务"的作用就是为这些操作提供载体。

从上述描述中可以看出"领域服务"与微服务，以及业务逻辑层中的"服务"是完全不同的。

- 微服务中的"服务"是一个实现某个业务领域功能的应用程序。
- 业务逻辑层中的"服务"是三层架构中编写业务逻辑的类。

在进行微服务拆分时，应正确使用"领域服务"这个概念，避免将其与微服务中的"服务"混淆。

6.5　拆分中可用的设计模式

DDD 中除一些领域对象外，还介绍了许多有用的设计模式。本节会介绍与微服务相关的模式。

6.5.1　分层架构

与软件开发中常用的传统三层架构类似，DDD 中提倡采用分层架构来管理程序代码，并且要求高层的代码只能依赖下层的代码，下层只能与上层松散地耦合。在调用方向上，只能上层调用下层，如果下层需要调用上层，则需要通过回调或观察者模式等间接完成。

分层架构根据约束力不同，可分为如下两种。

- 严格分层架构：每一层只能与紧邻的下层交互。
- 松散分层架构：允许上层和任意下层交互。

> 笔者建议，除基础设施层外，其余各层都应严格遵守分层要求，尽量避免跨层调用的发生。

DDD 中的分层架构如图 6-1 所示。

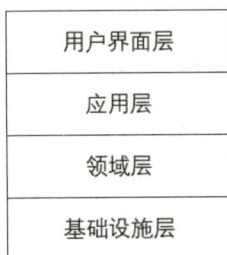

图 6-1

其中，

- 用户界面层：负责向用户显示信息和解释用户指令。用户可以是人，也可以是另一个系统。
- 应用层：定义软件要完成的任务，并且指挥表达领域概念的对象来解决问题。
- 领域层：负责表达业务概念、业务状态信息，以及业务规则。该层是业务软件的核心。
- 基础设施层：为上面各层提供通用的技术能力。

从结构上看，DDD 中的分层架构的关注点是单体软件的内部实现，其目的主要是将业务知识和领域模型放入领域层，从而保证领域层的稳定，其余各层均可根据实际情况灵活变化。

分层架构在微服务架构之中也是可以参考的。在一个规模较大的微服务应用中，存在数量较多的微服务，这些微服务有的更接近用户，因此变更比较频繁；有的涉及核心业务规则，变更频率会相对低一些；有的微服务则提供基础能力。将分层架构结合子域分类（核心子域、通用子域和支撑子域）后，可以将所有的微服务按照子域和分层两个维度进行归类管理。

> 1.5.1 节介绍过"双速 IT"，其中表达了不能寄希望于在保证底层不变的前提下，仅通过频繁地变更上层的前端应用来应对业务和市场的变化。
>
> 微服务同样如此，上述按照变更频率来介绍分层架构在微服务中的应用，与"双速 IT"的目的是完全不同的。

6.5.2 六边形架构

六边形架构是一种分层架构，针对的是限界上下文之间、模块之间或聚合之间的调用分层，如图 6-2 所示。

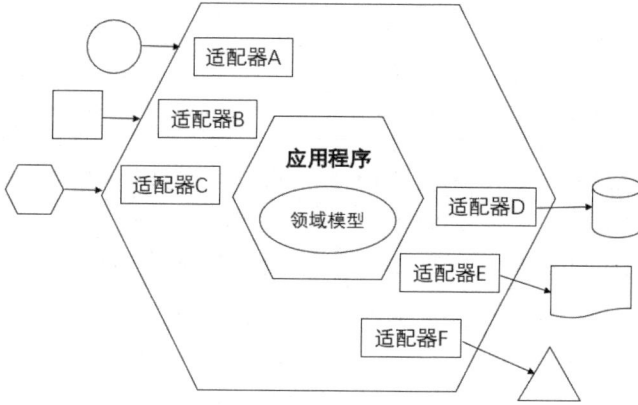

图 6-2

从图 6-2 中可以看出，六边形架构分为外部区域和内部区域（外六边形和内六边形），适配器 A、适配器 B、适配器 C 会先接收外部不同类型的数据，再调用应用程序接口将数据以应用程序能够识别的格式传递给领域模型进行处理，处理后内部区域调用合适的适配器完成数据持久化等操作。从数据流向上看，数据会先从外六边形的左侧进入内六边形，再从内六边形的右侧流出，最后从外六边形的右侧流出，因此六边形架构也被称为洋葱架构。

六边形架构被看作一个依赖倒置架构，这是因为，如果按照分层架构来看，六边形架构最外层的适配器实际上相当于基础设施层，分层关系如图 6-3 所示。

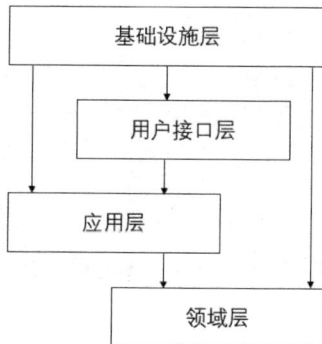

图 6-3

基础设施层中的适配器为了帮助其他各层实现相应的功能（如操作数据库的

DAO），需要使用依赖倒置的方式依赖其他层中的抽象接口，这就是六边形架构被看作依赖倒置架构的原因。

> 在 Java 开发中，由于使用了 Spring 的依赖注入特性，因此 DAO 等基础设施层代码本身就是依赖倒置的，因此大部分的分层架构实际上都是六边形架构。

六边形架构给微服务架构提供了很多启示，微服务架构的一个重要特点是可以支持计算机、终端、智能手机、智能手表等各种前端应用，而实现的主要方式 BFF（Backend For Frontend）实际上就是为各种类型的前端应用提供适配器。

6.5.3 柔性设计

柔性设计并不是一个很好理解的概念，但笔者认为它在 DDD 和微服务架构中的作用是非常巨大的，却被很多学习 DDD 和微服务架构的人忽略了。

柔性设计是一种思想，可以让人们对设计的结果乐于使用和易于做出修改。在实际的开发过程中，容易出现系统缺乏设计，或者过度设计等情况，这些都会为后续参与开发的人员带来麻烦，而柔性设计的目的就是让开发人员在使用一个组件时不需要研究它是如何被实现的，并且能够根据命名规范在尽可能少地使用文档的前提下快速地理解组件的目的和效果（是不是有点声明式 API 的影子）。

《领域驱动设计》一书对柔性设计进行了深入的讨论，并且列举了一些可用的模式，不过这些模式更多关注的是如何编码，并不能直接应用于微服务架构的设计之中，因此这里不进行介绍，有兴趣的读者可以自行阅读。

在微服务架构的设计和实现过程中，关于服务接口的定义、声明式的设计风格方面，都可以借鉴和参考柔性设计的思想，为消费者提供便捷。

6.6 再谈 DDD 中的边界

通过对 DDD 的介绍可以看出，子域、限界上下文和聚合都有范围和边界，而这三者并没有谁包含谁的关系，边界的大小均可通过扩大或缩小统一语言的描述范围而扩大或缩小。

如果将统一语言限定在一个很小的范围内，并且将其中的每个实体的属性都限定得很少，那么这一套统一语言无论是用在子域，还是限界上下文，或者是聚合上，其边界都会很小，反之亦然。

虽然理论上三者的大小没有必然的关系，但在现实中，大多数情况下，子域的范围会大于限界上下文，而限界上下文的范围会大于聚合，这是本章中说子域的粒度粗、限界上下文的粒度适中、聚合的粒度细的原因。

在拆分微服务时，用限界上下文的边界作为微服务的拆分依据通常是最为合理的选择。

6.7　本章小结

DDD 是目前可以用于微服务拆分的最有效的理论依据，因此，本章主要对 DDD 中的领域概念和相关模式进行了介绍。

由于 DDD 并不是为微服务的设计而量身打造的，因此，本章将其中的领域概念分为必用的、可用的和不用的三类进行介绍。在介绍必用和可用的领域概念时，结合实际情况，讨论了如何将这些概念应用在微服务的设计上。

本章的内容会作为第 7 章介绍的微服务拆分五步法的理论依据。

第 7 章　微服务拆分方法

虽然有了 DDD 作为微服务拆分的理论依据，但当实际着手进行系统拆分时，往往面临"老虎吃天"的困境——无从下口。的确，有时将一个完整系统拆分为微服务都是凭感觉拆分的。笔者开始接触微服务时，也是凭感觉来拆分微服务的。这种方式拆分出的微服务在后续的实现过程中会有很多问题，尤其是会在微服务数量增多后引起系统性的混乱。

本章将介绍的微服务拆分五步法是笔者结合 TOGAF、DDD、事件风暴法，以及实际情况之后，归纳总结出的一种切实可行的拆分方法论。本章在介绍方法论的同时，会给出一些关键的内容模板和工具。

7.1　领域分析法

软件的开发与设计经过几十年的发展，拥有了比较成熟的系统建模方法和工具，其中，被广泛应用的工具就是统一建模语言（UML）。通过在软件生命周期的不同阶段和不同视角下使用不同类型的图形表示法，UML 可以用来描述系统的特征。

以 UML 为工具，一些建模的方法论被提出，四色建模法是其中比较有代表性的方法论。只要稍加修改，传统的系统分析、系统建模的工具和相关的方法论就可以被用于微服务的拆分工作了。

> 随着 DDD 在微服务拆分工作中被更多人关注，为微服务拆分而量身定制的领域分析法逐渐地被提出和完善，虽然目前还没有统一的标准和规范，但以事件风暴法为代表的微服务拆分方法论已经被业界广泛地接受。

下面将对四色建模法和事件风暴法进行介绍。

7.1.1　四色建模法

1992 年，Peter Coad 和 Mark Mayfield 在使用 UML 对系统建模时使用了 4 种相互关联的架构型：时刻时段架构型、角色架构型、"参与者-地点-物品"架构型和描述架构型，这些架构型最初是通过使用 UML 中的构造型（Stereotype）来标识的。1997 年，为了能够让模型具有显著的视觉效果以提供更丰富的内容层次，他们开始使用红色、黄色、绿色和蓝色来标识 4 种架构型。

四色建模法认为"无论多么复杂的业务，都可以由四色原型描述出来"，四色原型如下。

- 时刻时段原型（红色）：在某个时刻或时间段内发生的某个活动。
- 角色原型（黄色）：某个人以某种角色参与某个事件。
- 参与者-地点-物品原型（绿色）：事件相关的人物、地点、物品。
- 描述原型（蓝色）：对"参与者-地点-物品"原型的描述。

通过四色建模法对系统分析和建模之后，UML 会非常直观地反映出整个系统的特征，这些特征包括系统涉及的实体模型、模型之间的交互关系、模型拥有的主要属性、核心业务的执行过程等。有了这些系统清晰的特征后，就可以根据微服务的相关原则和特征，完成微服务的拆分工作了。

7.1.2　四色建模法拆分步骤

由于四色建模法提出的时间远远早于微服务出现的时间，因此原方法论中并未涉及如何将一个完整的系统拆分成微服务的内容。

若要用四色建模法来进行微服务的拆分，则需要结合 DDD 中的一些概念，并且对四色建模法进行一些调整。

下面列出的是笔者总结的使用四色建模法进行微服务拆分的步骤。

（1）寻找可追溯的事件：分析用例，推导出谁在什么时候做了什么。

（2）找足迹及其对应的时标对象：对每个可追溯的事件，按照时间的先后顺序排列。用时标对象表示每个阶段发生的活动。使用红色标识。

（3）寻找时标对象周围的人、事、物：使用统一语言识别时标对象所涉及的人、事、物。使用绿色标识。

（4）从中抽象出这些人、事、物在事件中的角色：确定参与者以什么角色参与事件。使用黄色标识。

（5）对人、事、物的相关信息进行补充：描述相关信息。使用蓝色标识。

（6）对时标对象进行合并：一些时标对象之间有强依赖关系，如某个对象出现的前提是另一个对象发生，将这些时标对象进行合并。

（7）在合并后的时标对象中识别聚合根：结合可追溯事件所在场景的用例分析，抽象出一个可以涵盖所有颜色信息的对象，即聚合根。继续审查聚合根中的属性，将经常同时出现的属性合并成一个聚合。

（8）拆分限界上下文：审查各个聚合根，将不容易分割的聚合根划分在一起形成限界上下文。确保在限界上下文中使用统一语言，并保证概念一致。

7.1.3　事件风暴法

事件风暴法是目前在微服务拆分工作中最流行的方法论。相比四色建模法，事件风暴法的诞生时间要晚很多。

> 有资料称事件风暴法的首次提出时间是 2013 年，提出者是 Alberto Brandolini，他著有 *Introducing EventStorming* 一书，根据该书的版权信息推测，事件风暴法的提出至少不晚于 2015 年。

事件指那些过去已经发生的事实，事件风暴法通过会议的方式将软件开发人员和领域专家聚集在一起，使用类似"头脑风暴"的方法，快速发现业务领域中正在发生的事件。会议以探讨领域事件开始，从前往后依次梳理，以确保领域中所有事件都被覆盖。

事件风暴法根据领域中已经发生或正在发生的事件来识别模型中可能存在的聚合及聚合根，最终将模型分配到各个限界上下文中。

7.1.4　事件风暴法拆分步骤

使用事件风暴法来拆分微服务的具体步骤如下。

（1）识别领域事件：领域事件是业务上真实发生的事。领域事件具有原子性，需要拆到不可再分为止。通过对分支条件或复杂业务规则的抽象，降低分支复杂度而聚焦主要业务流程。

（2）识别决策命令：决策命令是领域事件的触发动作，代表业务流程上的重要业务决策。决策命令由实施者触发，实施者可以是人，也可以是其他系统。

（3）识别领域名词：领域名词是业务上下文中存在的领域概念，通常是决策命令和领域事件中都出现的名词。

（4）拆分限界上下文：根据业务概念的相关性，对领域名词进行归类，相关度高的放在一起，每个外部系统单独放置；对每一类的领域名词进行审查，确保语义统一、变化一致、业务相关、概念相关；审查领域名词之间是否存在不可分割的依赖关系，若存在，则归入同一个限界上下文中。

7.1.5　领域分析法的不足

通过对四色建模法和事件风暴法的介绍，应该不难发现，二者有着很多的相似之处，如下。

- 四色建模法第（1）步中寻找的"可追溯的事件"与事件风暴法中第（1）步要识别的"领域事件"实际上指的是同一个概念。
- 四色建模法使用时标对象对"可追溯的事件"进行排序，事件风暴法在会议中根据事件从前往后梳理"领域事件"。
- 四色建模法第（4）步需要抽象出"角色"，这里的"角色"与事件风暴法中的"决策命令"类似，均表示事件触发者的信息。

> 上面仅仅列出了两种方法之间少量的概念上的相似之处，在深入地理解了两个方法的思想后就会发现，两种方法在思想层面也是大同小异的。当然，不可否认的是，两种方法在实际应用时会有较大的差异，很多细节也完全不同。

无论使用二者中的哪一种，在现实中依然会感到无从下手。这是因为，上述的两种方法仅仅完成了对系统的分析和建模，并且在理论层面对系统进行了拆分，而要将领域分析后的结果映射到一个符合企业实际情况、可支撑大规模微服务应用的高可用性的微服务架构，还缺少了许多架构相关因素的考量，缺少完整的、系统的方法和指引。这是笔者提出微服务拆分五步法的驱动因素。

7.2　笔者总结的微服务拆分五步法

笔者作为一名微服务架构师，本职工作就是为企业提供微服务从理论到落地的全生命周期的咨询服务，这不仅涉及微服务的拆分，还包括微服务的实现、微服务应用的开发，以及微服务治理等内容。

在长期的工作实践中，笔者积累了大量的实战经验，结合 TOGAF、DDD，以及领域分析方法等，总结出了一套笔者认为切实可行的微服务拆分步骤：微服务拆分五步法。

从 7.3 节开始，笔者将对微服务拆分五步法中的 5 个步骤进行详细的解释和说明，为了帮助读者尽快理解并能够运用于实际工作中，7.8 节将使用一个虚拟的案例对每个步骤进行举例说明，其中还包含一些可用于实际分析的内容模板和样例。

7.3　第一步：预备

【目的】组建架构开发团队，识别企业背景，确定架构范围，评估企业能力成熟度，定义架构原则等。

【输入】组织中已有的系统，当前组织中的业务知识，行业中的通用方案和技术，企业文化，IT 战略，业务目标和业务驱动因素，当前的组织架构、角色、岗位等。

【步骤】

（1）组建架构开发团队。

（2）评估企业能力成熟度。

（3）界定架构范围及识别相关方。

（4）识别和定义架构原则。

【输出】拆分原则，企业能力成熟度模型，架构团队的角色和职责，微服务影响范围图等。

【说明】该阶段主要成立微服务架构的开发团队，并且确定微服务架构需要支撑哪些业务，借此可以充分地了解业务方的关注点，以及关注点在整个企业中的优先级。在组建好架构开发团队后，该团队需要定义最基本的拆分原则，保证在后续的拆分过程中不违背这些原则，如遇到例外情况则需要重点审查合理性。微服务架构开发团队还需要在预备阶段对企业的能力成熟度进行评估，否则即使拆分完成，也很难最终落地。

7.3.1　组建架构开发团队

要进行微服务的拆分，则首先需要组建一个微服务架构师团队，由这个团队来承接微服务拆分任务，以及其他相关事务。

架构师团队的首要任务是评估当前企业的能力成熟度，并且绘制企业能力成熟度模型。微服务的拆分虽然和企业能力关系不大，但在执行时需要企业能力的支撑，为了让微服务能够被企业现有的能力实现，可能在拆分时需要做一些权衡处理，因此在拆分之前对企业能力的评估是很有必要的。

7.3.2　评估企业能力成熟度

企业微服务能力的评估分为两个部分：微服务组件能力和微服务人员能力。

- 微服务组件能力：主要判断企业是否具备实现微服务的相关组件，如自动部署、服务注册、熔断降级、负载均衡等组件，这部分的能力可以参考第 8 章中对微服务治理能力的讨论，也可以参考由工业和信息化部发布的《分布式应用架构通用技术能力要求：微服务平台》中对该能力的要求。
- 微服务人员能力：根据微服务相关的技术选型来判断企业内的人员是否具备相应的素质和能力。

能力成熟度模型可以绘制在一个二维表格上，见表 7-1。

表 7-1

角色/岗位	角色 1	角色 2	岗位 1
微服务开发技能			
技能 1			

续表

角色/岗位	角色 1	角色 2	岗位 1
技能 2			
……			
微服务治理技能			
技能 1			
……			

7.3.3 界定架构范围及识别相关方

根据企业背景和 IT 战略等输入，确定微服务架构需要支撑哪些业务单元，对这些业务单元进行分类。

- 核心单元：微服务架构对其影响巨大，并且能从中获得最大收益。
- 软单元：微服务架构对其有影响但程度较轻，或者其因与核心单元关系密切而间接受到影响。
- 扩展单元：在微服务架构之外的业务单元或第三方系统。

可以绘制一个图来表达业务单元受影响的程度和获得的收益，如图 7-1 所示。

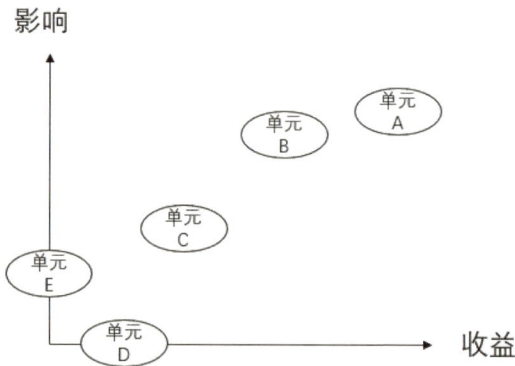

图 7-1

> 在识别出微服务架构的影响范围后，在后续的拆分过程中，应优先照顾收益大的业务单元，对影响大的业务单元应制定减轻影响的策略。
>
> 对业务单元的相关方也需要清楚地识别，并且对相关方的期望予以重点关注，尤其是核心单元相关方的期望。

7.3.4　识别和定义架构原则

系统在拆分过程中经常会碰到需要权衡的选择，这时要做出相关方能够达成共识的选择是很困难的，因此需要事先制定若干原则，这些原则应当以行业惯例、成功案例、通用原则等为基础，结合企业自身实际情况进行制定。

为了能够既保证拆分过程符合原则要求，又能在特殊情况下例外处理，原则应明确注明例外条件，并且在后续的拆分过程中对原则不断完善。

良好的原则应具备以下 5 个准则。

- 可理解：原则可被所有人迅速掌握并理解，因此应目的清晰。
- 健壮：能够帮助做出高质量的决策，每个原则都应足够明确且精确，尽可能避免争议。
- 完整：一套原则应尽可能涵盖每一种情况。
- 一致：严格遵守一个原则可能需要放宽另一个原则的要求，因此需要定义优先级，并且一个原则不能与另一个原则的精髓产生矛盾。
- 稳定：原则应是持久的，但应能够适应变化，原则的发布和变更应有对应的流程。

第 5 章中介绍了一些微服务架构中的原则，可以作为企业拆分原则的参考选项，另外，第 6 章介绍的 DDD 中的相关概念也可以作为拆分原则。

表 7-2 展示了一个原则的内容模板。

表 7-2

原则名称	表达原则的实质并使其便于记忆，避免名称中使用有歧义和不精确的词
说明	简洁且准确地表达基础性的规则
理由依据	描述遵循该原则后在业务上得到的好处及该原则的优先级
含义	强调对业务和 IT 的需求，从资源、成本和任务的角度描述如何贯彻原则
例外情况	描述可以不遵循或者放宽该原则约束的情况

7.4 第二步：开发业务架构

【目的】在微服务架构范围内，为各业务单元建模，建模的同时对业务用例进行分析，完成初步的微服务拆分。

【输入】第一步中的输出，重点是了解业务部门的领域知识。

【步骤】

（1）粗粒度地拆分业务子域。

（2）选择一个核心子域并遍历其中的场景。

（3）分析每个场景中的用例。

（4）为不同的视角建立相应的视图。

【输出】子域图、用例图、实体图、视角库、视图库。

【说明】该阶段的目的是为当前系统建立对应的模型，通过识别场景并对场景中的用例进行分析，向领域专家学习业务知识，同时开始使用统一语言向领域专家描述系统（在实现上可以参考四色建模法）。

7.4.1 粗粒度地拆分业务子域

一个微服务系统范围内的架构全貌通常比较大，一般，想要对整个系统建模是不太现实的，因此可以先粗粒度地将系统拆分为若干个子域。这个过程需要领域专家的参与，因为在领域专家的脑海中，很可能已经自然地对整个业务领域进行拆分了，可以借助他们的知识快速地完成对子域的识别。

为了能够尽量充分地识别各个子域，建议使用"头脑风暴"的方式，参与人数控制在 10～15 人，尽量涵盖多个岗位，人数较多时可以采取召开多次"头脑风暴"会议的方式处理，每次会议的时长控制在 20～60 分钟。

识别出子域后，应对这些子域按照核心子域、支撑子域和通用子域进行分类（分类规则请参考 6.2.3 节），并且对每个子域与其他子域的依赖关系进行梳理。图 7-2 所示为子域图的示例。

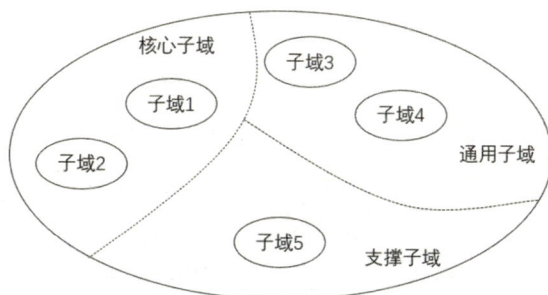

图 7-2

7.4.2　选择一个核心子域并遍历其中的场景

在介绍 DDD 的子域时提到过，核心子域是对业务影响最大的，应当重点关注。因此，在进行领域分析时，应优先选择核心子域中的业务单元。当核心子域内包含多个业务子域时，该如何选择呢？此时应当结合第一步中输出的微服务影响范围图，优先选择包含收益高的核心单元的子域进行分析。

分析方法是基于业务场景的，一个业务场景包含以下内容。

- 驱动该场景的问题及该场景的优先级。
- 该场景的业务和技术环境。
- 该场景的预期目的（成功解决问题的结果）。
- 参与者（包括人和其他系统）及其在业务模型中的位置。
- 定义每个参与者的角色和职责。

业务场景可以通过文字描述的形式和领域专家一同完成，也可以使用表 7-3 来表示。

表 7-3

场景编号		场景名称	
所属子域		版本号	
创建人		创建日期	
关联关系	与其他场景的关系	优先级	
预期目的			
业务环境			
技术环境			
参与者			

7.4.3　分析每个场景中的用例

有了子域中所有场景的描述文档后，就可以对每个场景中的用例进行分析了。此时可以使用 UML 中的用例图对用例进行描述。如果一个场景的业务非常复杂，则可以通过先画高层级的用例图，再下钻出下一层的方式将复杂的问题逐层分解。

> 为了保证用例图的简洁，层级尽量不要超过三层。

用例图虽然可以表达出参与者与系统之间的交互过程，但信息量相对较少，建议为每个用例都提供一个用例描述，下面是用例描述的模板。

1．标准模板

标准模板见表 7-4。

表 7-4

用例标识			用例名称		
创建人			创建日期		
版本号			用例类型		标准
所属场景			优先级		
用例描述					
参与者					
触发事件					
前置条件					
事件流	基流	正常的流程			
	分支流	流程中的可选分支			
	替代流	当正常流程中某个节点失败时的后续处理流程			
后置条件					
非功能性需求					
备注					
业务需求列表					
创建人	版本号	描述			创建日期

2. 报表类模板

报表类模板见表 7-5。

表 7-5

用例标识		用例名称	
创建人		创建日期	
版本号		用例类型	报表
所属场景		优先级	
用例描述			
参与者			
报表作用			
过滤条件			
输出字段			
计算公式			
数据频率	报表数据的刷新频率		
数据下钻	如需下钻，提供下钻规划		
数据来源			
非功能性需求			
备注			
业务需求列表			
创建人	版本号	描述	创建日期

3. 图表类模板

图表类模板见表 7-6。

表 7-6

用例标识		用例名称	
创建人		创建日期	
版本号		用例类型	图表
所属场景		优先级	
用例描述			
参与者			
图表作用			

续表

图表内容		
过滤条件		
数据频率		
数据链接		
数据来源		
非功能性需求		
备注		
业务需求列表		
创建人	版本号	描述	创建日期

7.4.4 为不同的视角建立相应的视图

视角描述了相关方的关注点，视图则是基于某个视角对系统的描述。在用例分析的过程中，架构师需要和不同角色的相关方进行深入的沟通，因此需要明确每个相关方的关注点及其可以理解的建模技术，在沟通时使用与之匹配的模型。

由于企业内的岗位相对固定，因此一旦建立了相关方的视角，之后就可以复用，可以按照表 7-7 这个模板建立视角库。

表 7-7

视角元素	描述
相关方	
关注点	
建模技术	

这样在和相关方沟通时，就可以先从视角库中得到该相关方的关注点和建模技术，再使用与之匹配的模型和统一语言与其交流。

7.5 第三步：领域分析

【目的】使用四色建模法或事件风暴法对子域进行分析，最终得到限界上下文边界和聚合边界。

【输入】主要是第一步中的拆分原则和第二步中的用例图和实体图。

步骤如下（以事件风暴法为例）。

（1）识别领域事件。

（2）识别决策命令。

（3）识别领域名词。

（4）根据领域名词识别聚合。

（5）拆分限界上下文。

【输出】限界上下文边界和聚合边界。

【说明】经过第二步后，此时的架构师应当在领域专家的帮助下拥有了足够的领域知识，并且在与领域专家的沟通过程中积累了大量的模型，为了和领域专家无障碍地交流，统一语言应在交流过程中有了雏形。接下来要做的，就是把这些零散的模型汇聚起来，使用统一语言对这些模型进行逐一的审查，最终把模型转化为聚合，进一步拆分为限界上下文。

7.5.1　识别领域事件

步骤如下。

（1）结合用例分析结果，选择一个场景中的相关用例。

（2）结合用例描述中的事件流，确定起始事件和结束事件。

（3）选择时间顺序的正向或逆向进行分析。

（4）以先发散后收敛的方式，对事件流中的领域事件进行补充和完善。

（5）使用"规则"抽象分支条件或复杂的规则细节。

（6）通过质疑的方式检查事件流的合理性。

（7）迭代式完成领域事件的识别。

7.5.2　识别决策命令

步骤如下。

（1）针对每一个领域事件，寻找产生该事件的业务动作。

（2）结合用例分析确定实施者类型，如角色、外部系统或定时任务。

（3）迭代式完成决策命令的识别。

7.5.3　识别领域名词

步骤如下。

（1）在每一对决策命令和领域事件之间寻找其中都存在的名词。

（2）使用统一语言，对这些名词进行合并和重命名，目的是消除二义性。

（3）迭代式完成领域名词的识别。

7.5.4　根据领域名词识别聚合

领域名词实际上相当于 DDD 中的聚合，因此接下来就可以识别聚合中的实体，以及相关属性。在确定属性的过程中可能需要增加新的实体和值对象，最终聚合中紧密相关的领域对象就构成一个聚合边界。

在实现上，可以首先通过 UML 类图的方式进行建模，然后审查得到的实体是否在核心域内，核心域中的实体因为需要自行实现，所以应重点关注。非核心域内的实体如果可以由第三方系统提供，则可以在标注后忽略属性分析，其余则可以在分析完核心域后根据实际情况决定是否需要进一步分析。

7.5.5　拆分限界上下文

首先，对识别出的聚合进行归类，将生命周期相同或相关度高的聚合放在一起，每个外部系统内的实体单独放置；然后，对每一个聚合进行审查，确保语义统一、变化一致、业务相关、概念相关；最后，审查聚合之间是否存在不可分割的依赖关系，若存在，则将其归入同一个限界上下文中。

7.6 第四步：开发非业务架构

【目的】第三步的结果只是根据领域知识而进行的初步拆分，微服务最终是需要落地的。在落地过程中通常要考虑的不仅包括领域知识，还包括非功能性需求、部署方式、实现技术等因素，因此还需要完成对数据架构、应用架构和技术架构的开发。

【输入】企业中已存在的能力和技术，行业中的通用方案和技术，企业的 IT 战略等。

步骤如下（非业务架构的开发不分先后，可同时进行）。

（1）开发数据架构。

（2）开发应用架构。

（3）开发技术架构。

【输出】数据库结构，应用部署架构，微服务实现技术等。

> 非业务架构并不是微服务拆分时的重点，并且数据架构、应用架构和技术架构与传统软件开发过程中使用的方式没有太大差别，因此本节不进行详细描述，但这并不意味着可以忽略这些非业务架构的设计，否则微服务将难以落地。

7.6.1 开发数据架构

与传统的软件设计过程类似，需要对系统的数据架构进行设计。

这一步主要对数据库进行规划，包括如下方面。

- 选择使用何种类型的数据库。
- 数据库实例如何分布。
- 每个数据库中所包含的数据表。
- 每个数据表的数据结构设计。
- 在实现上，主要使用实体-关系图来设计和分析，该图也被称为 E-R 图。

7.6.2　开发应用架构

与传统的软件设计过程类似，需要对系统的应用架构进行设计。

这一步主要包括系统之间的交互设计、物理部署设计等与系统运行和维护相关的规划。

7.6.3　开发技术架构

与传统的软件设计过程类似，需要对系统的技术架构进行设计。

这一步需要确定实现微服务的技术选型，包括对每个微服务应用中的模块拆分、开发规范等规划。

> 在传统的软件系统设计中，广泛地使用了 RUP+UML 的方式。RUP（Rational Unified Process）是一个面向对象的软件开发过程指引，UML 则为这个过程的不同阶段提供工具支持和产物模板。当使用 RUP 分析系统时，会将系统分为"4+1"个视图，其中的"4"指的是逻辑视图、开发视图、处理视图和物理视图，这 4 个视图都围绕着用例视图，即"4+1"中的"1"。
>
> 如果进行一个类比，则可以将微服务拆分五步法中的第二步看作用例视图，而第四步可以理解为对其他 4 个视图的设计。注意，这个类比仅用于理解，毕竟第四步中是按照数据架构、应用架构和技术架构来分类的，这不同于"4+1"中的 4 个视图。
>
> 通过这样一个类比，希望可以帮助熟悉传统软件系统设计的读者快速地理解微服务拆分五步法。

7.7　第五步：用非业务架构审查拆分结果

【目的】用第四步输出的非业务架构来审查拆分结果的合理性。

【输入】第三步领域分析输出的限界上下文，第四步输出的各架构模型。

【步骤】用数据架构、应用架构和技术架构的输出结果，验证限界上下文的拆分是否合理。

【输出】调整后符合业务架构和非业务架构要求的限界上下文拆分结果。

【说明】当涉及强数据一致性、限界上下文之间循环依赖、实现技术无法支撑分离限界上下文、开发团队规模无法支撑太多微服务等实际情况时，或者有明确的非功能性需求时，都需要对限界上下文进行调整以满足实际要求。由于业务架构和非业务架构都是不断迭代、越来越完善的，因此第五步的执行是一个迭代的过程，这意味着微服务的拆分是一个不断调整的动态过程。关于这一点，打算使用微服务架构的读者需要有心理准备。

7.7.1　消除循环依赖

为了避免限界上下文之间产生循环依赖的情况，可以通过限界上下文映射图进行分析，如图 7-3 所示。

图 7-3

其中，D 代表下游（Downstream），U 代表上游（Upstream）。下游会调用上游的接口来实现自身的功能。

遍历所有相关的用例来判断两个限界上下文的上下游关系，并且在限界上下文映射图中标记，如果在图中发现循环依赖的情况，则需要重新审查第三步，看看是否遗漏了实体或错误地将不同的实体合并成了一个。最终需要保证限界上下文映射图中没有循环依赖的发生。

> 循环依赖不仅仅会发生在两个上下文之间，A 依赖 B、B 依赖 C、C 又依赖 A 这种情况也属于循环依赖。

7.7.2　审查是否满足非业务架构

使用开发架构、运行架构等非业务架构的设计结果来审查第三步拆分出的限界上下文，确保拆分得到的限界上下文能够满足各非业务架构的设计要求。

这是一个双向审查的过程：一方面，用非业务架构来审查限界上下文；另一方面，用限界上下文来审查非业务架构。因此架构师可能会面临大量需要权衡的选项。

7.8 案例及内容模板

为了帮助读者理解微服务拆分五步法在实际中如何应用，本节用一个模拟案例来演示整个拆分过程。

7.8.1 案例背景介绍

微服务的拆分是围绕业务进行的，要列举一个大多数人都熟悉的业务确实比较困难，想了许久，笔者决定以一个账号管理系统为例，这个系统的功能包括用户注册、登录、权限管理、个人信息管理和企业信息管理等。

7.8.2 案例拆分第一步：预备

1．组建架构开发团队

这里假设架构开发团队就笔者一个人，笔者为微服务架构的拆分和落地负责。在得到企业高层的支持后，笔者有权要求业务部门参与自己组织的研讨会、有权要求业务部门提供领域专家等。

组建开发团队的目的是从企业层面为架构师的工作提供支持，明确架构师的职责和权力，并且通过正式方式通知业务部门，要求业务部门配合架构师的工作。

> 再次强调，架构开发团队一定要有企业层面的支撑，做到"师出有名"。企业通知业务部门的方式也一定要正式，做到"掷地有声"。

2．评估企业能力成熟度

接下来就是对企业内部在微服务方面的相关能力进行评估。笔者建议从以下几个方面进行评估。

- 组织结构：结合康威定律，判断企业当前的组织结构是否匹配微服务架构的要求。若不匹配，则判断企业变革的可能性和程度。这一点需要和企业高层进行深入讨论。
- 现有系统的开发和运维能力：梳理企业内现存的软件系统（包括自研和采购的系统），确定它们使用的技术路线，以及运维人员的工作方式。可以通过与系统主管部门负责人面对面会议的方式了解。
- 了解企业研发团队的技术能力：通过一对一、面对面访谈的方式，评估所有研发人员的能力谱图和技能掌握程度。

假设笔者所在的企业内研发人员有 20 人，原有系统均使用单体架构，运维人员依靠人工和脚本相结合的方式运维系统。

将技能掌握程度定为 0～3 级，0 级表示不具备该能力，1 级表示略有接触，2 级表示熟练，3 级表示精通，见表 7-8（这里的角色/岗位列得比较粗，在实际中建议精确到人，也可以根据角色/岗位分别制表）。

表 7-8

角色/岗位	高层领导	开发人员	测试人员	运维人员
微服务开发技能				
Spring Boot	0	2	0	1
Spring Cloud	0	2	0	1
服务网格	1	0	0	0
微服务治理技能				
康威定律	2	1	1	0
服务容错	0	1	0	1
CI/CD	1	1	1	1

考虑到篇幅，表 7-8 中的技能项这里就简单列几个。

从表 7-8 中的能力评分可以看出：

- 高层领导熟悉康威定律，因此当需要为了应用微服务架构而调整研发团队的组织结构和工作模式时，能够得到领导的支持。

- 开发人员对 Spring Boot 和 Spring Cloud 了解得都还可以，但都没有服务网格的相关经验，因此技术选型应考虑 Spring Boot 和 Spring Cloud。
- 在服务容错方面，各岗位都掌握得不太好，因此微服务拆分的粒度不宜过细。
- 在 CI/CD 方面，虽然各岗位都有了解，但深度不够，进一步说明微服务拆分粒度不宜过细。

3. 界定架构范围及识别相关方

这一步确定微服务架构会对哪些业务单元造成影响，并且评估对其的影响和收益情况。建议通过先在架构师团队内部进行"头脑风暴"，再与业务部门私下沟通的方式进行评估。

由于这里是一个模拟案例，没有具体的业务部门，所以这里假设几个部门（不一定准确），如图 7-4 所示。

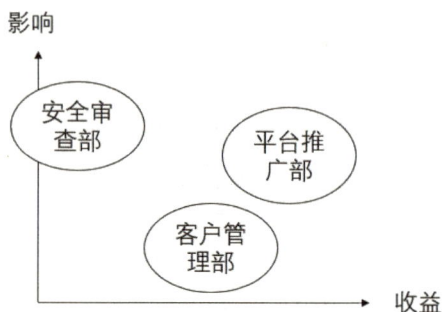

图 7-4

从图 7-4 中可以看出：

- 微服务架构的分布式特性会给安全审查部的工作带来很大影响，甚至有些负面影响。
- 客户管理部作为账号管理系统的使用者，采用微服务架构对其影响较小，但微服务架构带来的优势会让其收益增加。
- 平台推广部可能会因为微服务拆分而影响原有的账号注册流程，因此会为其带来一些影响，但收益也是有的。

假设安全审查部的相关系统都采购于第三方，那么：

- 安全审查部就是扩展单元，微服务的拆分可以暂时不考虑这个部门的业务。
- 平台推广部是账号管理系统的核心单元。
- 客户管理部受到的影响较轻，因此将其视为"软"单元。

后续的过程应重点与平台推广部的领域专家一同完成。

4．识别和定义架构原则

第 5 章介绍了一些微服务架构中的原则，可以作为拆分原则的参考选项，另外，第 6 章介绍的 DDD 中的相关概念也可以作为拆分原则。

下面举两个例子予以说明，如图 7-5 和图 7-6 所示。

原则名称	服务低耦合的原则
说明	最大程度实现服务自治，服务间交互使用统一规范的接口
理由依据	在微服务架构中，应用数量众多，如果应用之间耦合太紧密，那么当一个业务操作需要多个应用共同完成时，则任何一个系统出现问题都会影响业务的正常处理。同时，如果多个应用都操作同一个数据源，则很可能导致数据的不一致。当应用自治以后，不再需要其他服务的能力，在可用性和伸缩性上都会更加的稳定
含义	该原则和共享数据原则有时会冲突，应优先满足该原则，若实际情况无法满足该原则，则使用共享数据原则； 每个系统应该对应一个或多个微服务，一个微服务应该对应一个独立的数据源； 微服务只能访问自己的数据源，若要访问其他服务的数据源，则应使用对方提供的接口； 每个微服务提供的能力应该都是无状态的
例外情况	

图 7-5

原则名称	接口及协议标准化原则
说明	接口规范和使用的协议必须满足行业的通用规范和标准协议
理由依据	采用标准的规范和协议，有助于内部系统间及内外部系统间的数据交换。在需要系统升级和数据迁移时，统一的接口规范和协议尤为重要。并且有助于保护现有的 IT 投资，从而最大化投资收益并降低成本
含义	将接口作为一个独立的业务进行管理，引入接口管理系统； 根据业务需求，在通用标准、行业标准和企业标准中选择适当的标准等级对接口进行规范； 接口及协议的标准化应由相关人员制定，并且在整个平台系统中强制执行； 应遵守该原则，除非存在强制业务理由； 必须识别现有 IT 平台并将其文件化
例外情况	第三方接口使用私有协议

图 7-6

7.8.3　案例拆分第二步：开发业务架构

1．粗粒度地拆分业务子域

根据第一步识别的相关方，业务架构的开发人员应与平台推广部紧密地合作，充分听取领域专家的意见，并且利用领域专家的领域知识，以及业务部门实际工作中的流程、分工等方面，粗粒度地拆分出账号管理系统业务领域中的子域。

为了完成这一步，架构师团队可以召开一个"头脑风暴"会议，邀请平台推广部的领域专家、研发团队代表、运维团队代表及其他相关人员参加。为了保证会议中每个人都可以充分发表意见且不至于太过发散，将与会人数控制在 10 人左右，会议时长为 45 分钟。会议的主题为"罗列账号管理系统中的所有业务能力并归类"，在会议过程中可以将大家的观点画在白板上讨论。

假设所有的子域都是核心子域，由于这个例子的领域比较小，因此这里没有绘制子域图，而使用框图的方式展示，如图 7-7 所示。

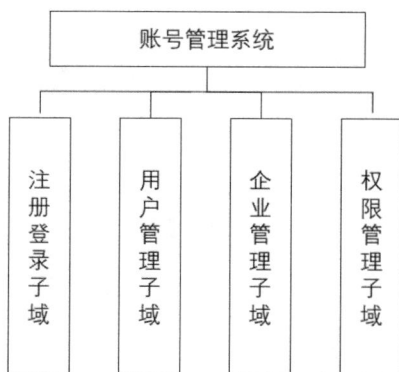

图 7-7

除子域的框图外，在会议结束后，应该还可以形成一个账号管理系统中的所有业务能力的图，这个图可以使用思维导图的方式绘制，1 级节点为上述各个子域，然后分解每个子域中的业务能力。这个图涉及细节，本例就不画了。

2. 选择一个核心子域并遍历其中的场景

接下来通过会议的形式，和领域专家一起遍历子域中的业务场景。业务场景可以基于拆分子域时输出的业务能力思维导图展开。

当执行这个环节时，不建议使用"头脑风暴"，而应使用"焦点小组"的形式。架构师作为主持人，每个会议都会针对一个或少数关联性较大的子域开展，并且会邀请与会议主题密切相关的领域专家讨论。在该过程中，架构师会用引导和启发的方式，和领域专家一起获得最终的输出。架构师还可以故意定义一些统一语言，方便与领域专家沟通交流。

限于篇幅，这里无法把所有子域的所有业务场景都列举出来。下面通过文字描述的方式，将账号管理系统中的一些重要业务场景描述如下，便于后续步骤的执行。

（1）注册登录子域。

系统的账号分为两种：个人账号和企业账号。用户在注册时，首先需要注册个人账号，然后才可以申请成为企业管理员，申请时需要提供企业的基本信息和相关资质凭证，经过系统后台的审批后，即可开通企业账号，系统会自动完成企业和管理员账号的绑定。开通后，企业账号的初始密码会以短信的形式发送给管理员的个人账号。若企业管理员离职，则可以登录企业账号绑定其他个人账号成为新的管理员。

（2）用户管理子域。

一个账号可以关联一个用户，在个人账号注册时，页面上除账号信息外，还有用户基本信息，注册时会一并存入系统。用户登录后，可以在用户管理页面中修改个人基本信息，如手机号、用户名、头像等。

（3）企业管理子域。

企业管理员登录系统后，可以通过企业管理页面对企业基本信息进行管理。企业基本信息的首次创建是在用户使用个人账号申请企业管理员时填写的。企业基本信息包括企业名称、企业简介、资质证书、历史业绩等。

（4）权限管理子域。

只有企业管理员登录后，才能看到企业基本信息页面；企业账号登录后只显示企业基本信息页面，不能使用企业账号进行业务操作；非企业管理员登录后不能看到企业基本信息页面；企业管理员还可以看到权限管理页面，可以创建角色并为用户分配角色。

图 7-8 和图 7-9 是场景分析的例子。

场景编号	CJ-001	场景名称	个人用户注册
所属子域	注册登录子域	版本号	1.0
创建人	樊超	创建日期	2021 年 6 月 1 日
关联关系	CJ-002	优先级	高
预期目的	用户填写账号信息和用户基本信息后，即可在系统中创建个人账户		
业务环境	系统的账号分为两种：个人账号和企业账号。用户在注册时，首先需要注册个人账号；有了个人账号后才可以申请成为企业管理员		
技术环境	注册时需要认证用户的手机号		
参与者	1.用户；2.短信网关		

图 7-8

场景编号	CJ-002	场景名称	企业用户注册
所属子域	注册登录子域	版本号	1.0
创建人	樊超	创建日期	2021 年 6 月 1 日
预期目的	个人用户可以申请开通企业账号		
业务环境	系统的账号分为两种：个人账号和企业账号。有了个人账号后，就可以申请成为企业管理员，申请时需要提供企业的基本信息和相关资质凭证，经过系统后台的审批后，即可开通企业账号，系统会自动完成企业和管理员账号的绑定		
技术环境	注册时需要认证用户的手机号；审核企业信息时需要审查企业统一社会信用代码；企业账号注册成功后需要给管理员用户的手机发送初始密码		
参与者	1. 用户；2. 短信网关；3. 企业信用信息系统		
关联关系	CJ-001		

图 7-9

3. 分析每个场景中的用例

遍历完所有核心子域中的场景后，接下来就是对每个场景中的用例进行细致的分析。每个场景中都会有一个或多个用例，在分析时需要与熟悉该场景的领域专家一起完成。

用例分析的重点在于搞清楚每个用例的参与者、触发事件、前置条件及事件流。触发事件可以帮助在第三步领域分析时识别领域事件，事件流则表达了该用例的业务规则，其中可能会有和参与者之间的交互过程，即依赖关系。

在执行这个环节时，架构师会进一步在与领域专家的沟通过程中定义一些统一语言，保证双方的沟通效率，在对用例进行描述时尽量使用统一语言。建议将统一语言形成字典，方便留存和查阅。

限于篇幅，下面只举一个例子，如图 7-10 所示。

用例标识	YL-001		用例名称	个人用户注册
创建人	樊超		创建日期	2021年6月1日
版本号	1.0		用例类型	标准
所属场景	CJ-001		优先级	高
用例描述	个人用户通过填写页面上的信息完成账户的创建			
参与者	1.用户；2.短信网关			
触发事件	单击注册页面底部的提交按钮			
前置条件	进入注册页面并完成信息填写			
事件流	基流	1. 填写账户名、密码、个人信息 2. 填写手机号后获取验证码并正确填写 3. 单击提交按钮		
	分支流	1. 单击清空按钮可清空表单内容 2. 首次单击"获取验证码"，在下次获取前会进入60秒冷却时间		
	替代流	1. 如果账户名、手机号已存在，则提示用户 2. 若在用户单击三次"获取验证码"后判定用户无法收到短信，则为图片验证码		
后置条件	注册成功进入登录页面			
非功能性需求				
备注	账号信息和用户基本信息在同一个页面上填写，降低操作复杂度			
业务需求列表				
创建人	版本号	描述		创建日期
张三	1.0	用例分析会议上提出		2021年6月1日

图 7-10

4．为不同的视角建立相应的视图

用例分析结束后，需要向企业内的各个相关岗位人员确认用例的内容，后续的领域分析需要对用例内容建模并与各方交流。由于每个岗位人员的知识背景不同，因此所使用的建模技术是不同的，如业务方主要使用流程图和界面原型、开发人员使用 UML、运维人员使用部署拓扑图。

当前环节要识别出相关方的关注点和建模技术。当微服务拆分过程中需要权衡时，可以通过查看相关方的关注点来辅助决策，通过与之匹配的建模技术为其解释系统的设计。

图 7-11 是一个示例。

视角元素	描述
相关方	平台推广部
关注点	界面美观、功能可用、操作简单
建模技术	流程图、界面原型

图 7-11

7.8.4　案例拆分第三步：领域分析

将第二步输出的场景和用例汇总起来后，架构师会将领域专家、研发人员、运维人员及相关岗位的人员召集在一起进行领域分析中各个环节的执行。

会议时长控制在 120 分钟——时间太短讨论不充分，时间太长会消耗与会者的精力。为了在 120 分钟内保证会议质量，架构师会根据业务优先级挑选业务范围足够大，并且能在会议时间限制内分析完的一个或多个业务场景。

本模拟案例中的业务场景都比较小，因此下面的分析是将整个领域作为分析对象的。

1.　识别领域事件

首先架构师会将所有用例中的触发事件的结果写在橙色的便签上，书写是有格式要求的：使用动词的过去式短语。例如，个人账户已创建、企业账户已创建、用户头像已修改等。

然后架构师会先拿出一个便签，大声阅读上面的内容并贴在白板上，找出对应的用例表格后，大声阅读上面的内容，在阅读到与领域专家共同定义的统一语言时，要加重语气和放慢速度。再拿出第二个便签，重复上述过程。最后根据用例表格中的前置条件和后置条件，调整两个便签在时间上的先后顺序。重复整个过程直到所有便签都粘贴完毕。

橙色便签中书写的就是领域事件，但由于开始时是架构师根据用例表格中的触发事件总结出的，因此可能存在错误、重复、不全等情况，这些就需要与会人员一同讨论后进行修改。这个过程可能需要进行多次迭代，直到与会各方都认可为止。

用例表格中的事件流表达了该用例的业务规则，当分析对象为规则时，可以将其以"XXX 规则"的形式书写在紫色便签上，粘贴在对应的领域事件附近。

接着架构师会和与会人员一起对便签的顺序、是否存在重复、是否有遗漏等进行最后的审查，确保便签按照时间顺序完整地贴在白板上。

下面挑选一些事件作为例子，如图 7-12 所示。

图 7-12

2. 识别决策命令

用例表格中的触发事件可以作为领域分析中的决策命令，将其归纳为一个动词或动宾短语形式的统一语言，书写在蓝色便签上，贴在领域事件的上方，并且审查领域事件的书写是否需要根据统一语言进行调整。

根据用例表格中的参与者确定决策命令的实施者，将其写在黄色便签上贴在决策命令的附近，如图 7-13 所示。

实施者可能是人、外部系统或定时任务，在书写时需要注意区分。

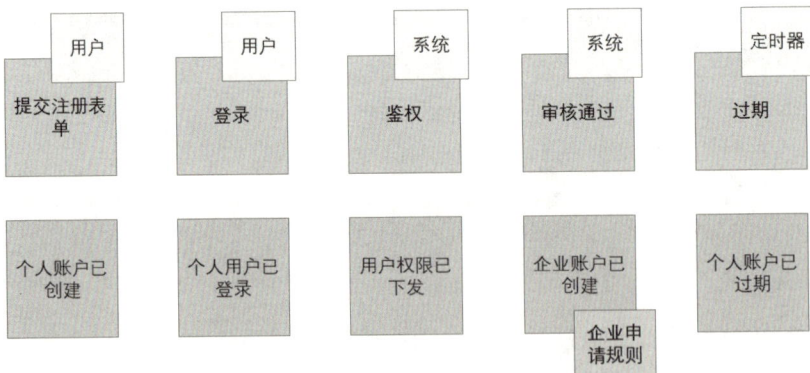

图 7-13

以领域事件"企业账户已创建"为例，从纵向来看，可以表达为在满足企业申请规则的条件下，系统自动触发了审核通过的决策命令，最终产生了企业账户已创建的事件。

3. 识别领域名词

对每一个领域事件和决策命令都抽象出一个可以描述该领域概念的名词，多个领域事件和决策命令可能对应同一个领域名词，这些领域事件对应了该领域名词所表达的概念的所有状态变化，当发现同一个领域事件表达了多个领域名词的状态时，通常说明领域事件和决策命令还可以继续拆分。领域名词贴在领域事件和决策命令之间。

可以将以下名词作为领域名词。

- 决策命令和领域事件中均出现的名词。
- 实际工作中看得见、摸得着的事物。
- 实际工作中经常被提及的抽象业务概念。

图 7-13 补充领域名词后如图 7-14 所示。

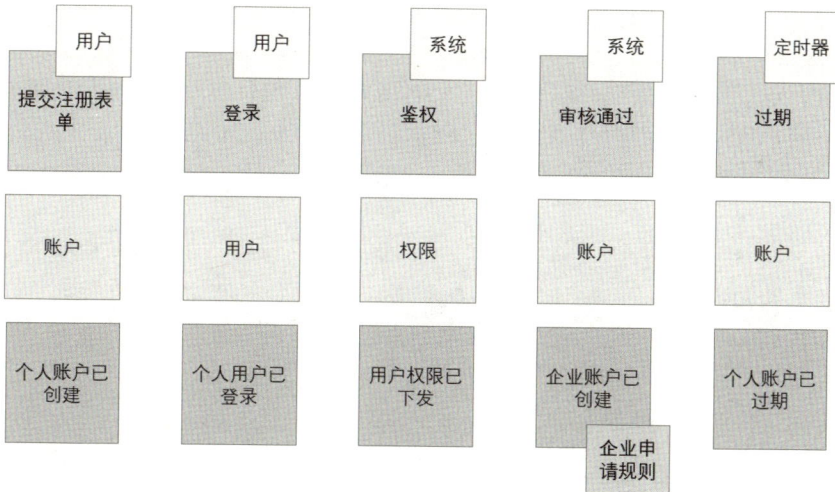

图 7-14

4. 根据领域名词识别聚合

上一环节得到的领域名词可以作为聚合的候选，逐一对其进行分析，结合领域事件、决策命令，以及场景和用例表格，对领域名词的属性进行定义。这一环节应重点关注统一语言的使用。

在确定属性时，应尽量以 DDD 中对聚合的表述为依据，将拥有全局唯一标识的实体定义为聚合根，将可以整体替换的属性定义为值对象，如果需要引用其他聚合根实体，则属性不应是类引用的，而应该采用引用对方全局唯一标识的方式。

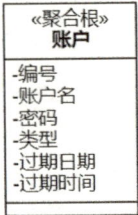

将含义一致且属性一致的领域名词合并为一个，如果发现最初定义的领域名词实际上含义并不相同或属性并不一致，则应予以区分。这是使用统一语言检查聚合的有效方式。

根据图 7-14 可以看出，有 3 个领域名词都是"账户"，经过与领域专家一起分析后，得出了"账户"的类图，如图 7-15 所示。

«聚合根»
账户

-编号
-账户名
-密码
-类型
-过期日期
-过期时间

图 7-15

其中，

- 编号：聚合根实体的全局唯一标识。
- 账户名和密码：登录时必要的属性。
- 类型：用于区分个人账户和企业账户。
- 过期日期："年月日"格式。
- 过期时间："时分秒"格式。

经过和领域专家充分沟通交流后，大家认为用类型区分个人账户和企业账户的方法并不合适，因为二者在属性上是有差异的，应在统一语言和概念上对二者进行区分。因此领域名词变更为如图 7-16 所示的词。

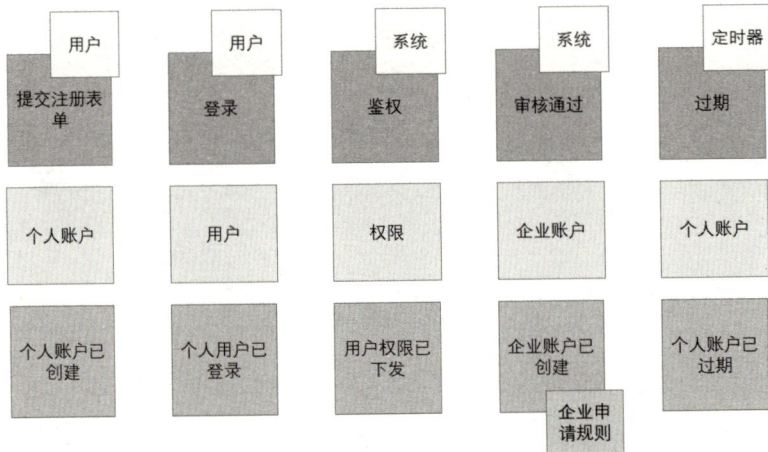

图 7-16

大家还认为，过期日期和过期时间的变更频率基本是一致的，并且它们可以整体替换，因此应采用值对象来体现，于是账户聚合如图 7-17 所示。

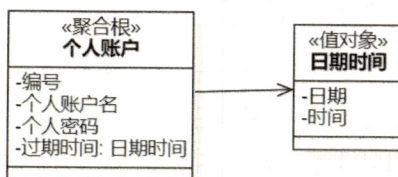

图 7-17

使用类似的方式将每个领域名词都转换为聚合，并且通过聚合属性的确定来验证领域名词在统一语言上的概念是否存在问题，添加和修改合适的领域名词。这个过程是需要多次迭代的。

5. 拆分限界上下文

先将相同的领域名词放在一起，再将相互之间具有变化一致性、业务相关性、概念相关性的领域名词放在一起，就形成了若干个组。为每个组起一个名字，名字格式为：XX 上下文。这样就形成了初步拆分好的限界上下文边界，如图 7-18 所示。

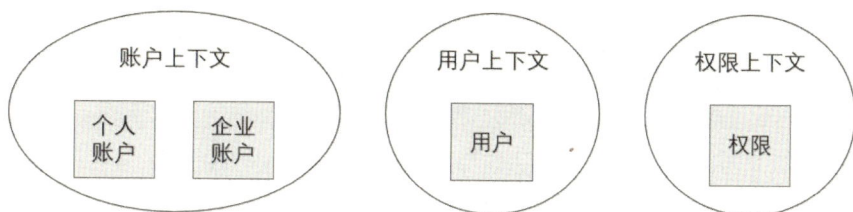

图 7-18

如图 7-18 所示，经过与领域专家的讨论，大家认为个人账户和企业账户在业务和概念上都具有相关性，因此将二者归入账户上下文。

7.8.5　案例拆分第四步：开发非业务架构

这一步从开发、部署和运维等角度来评估限界上下文拆分得是否合理。非业务架构的内容涉及的方面很广，如数据库设计、安全设计、网络拓扑设计、部署架构设计、运行拓扑设计，以及各种非功能性需求等，这里主要通过一个例子介绍一下非业务架构的设计如何影响限界上下文拆分的结果。

假设现在正在开发应用架构。一个限界上下文对应一个微服务应用，此时需要确定服务之间的调用关系。

首先以一个服务为基准，根据前期对场景的分析，从服务包含的用例中挑选出需要与其他服务交互的用例，然后绘制交互图，分析完一个服务后用同样的方法分析另一个服务。

以登录场景为例，通信图如图 7-19 所示。

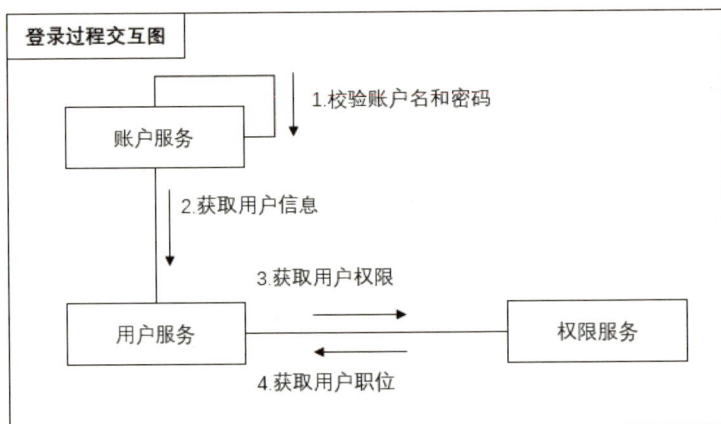

图 7-19

如图 7-19 所示，登录从账户服务开始，在账户服务中校验账户名和密码，校验通过后会向用户服务请求用户信息，用户服务继续向权限服务获取当前用户的权限信息，权限服务需要请求用户服务获得用户的职位信息，以便提供匹配该职位的权限信息。

7.8.6　案例拆分第五步：用非业务架构审查拆分结果

1．消除循环依赖

假设一个限界上下文对应一个微服务应用，根据应用架构设计时得到的服务交互图，限界上下文映射图如图 7-20 所示。其中，U 代表上游，D 代表下游。

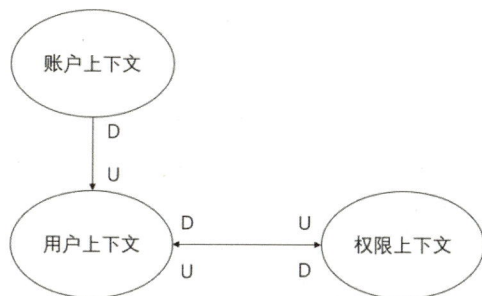

图 7-20

> 上游与下游。
>
> 在不同的参照系中，上游和下游的概念是不一样的，在实际中很容易被混淆。
>
> 从图 7-20 中账户上下文到用户上下文的单向箭头可以看出，箭头方向是一次请求的数据流向，请求先进入账户上下文，再进入用户上下文，在这个参照系中，账户上下文是上游，而用户上下文是下游。
>
> 如果针对的是依赖方向，则根据下游依赖上游的原则，此时账户上下文就变为下游，用户上下文变为上游。限界上下文映射图描述的是限界上下文之间的依赖关系，因此应该使用这个参照系，如图 7-20 中使用的 U 和 D 标识。

从图 7-20 中可以看出，用户上下文和权限上下文之间出现了循环依赖，这在微服务架构中需要避免。因为任何一方发生宕机都会影响另一方的能力，这违背了微服务的独立自治性。本例比较简单，加上循环依赖发生在两个限界上下文之间，因此循环依赖关系是显而易见的。但在实际中，循环依赖可能发生在多个限界上下文之间，如 A→B→C→A，审查时需要格外注意。

解决循环依赖的方法有很多，在本例中，可以在用户服务向权限服务获取用户权限时，将职位作为参数传递给权限服务，这样权限服务就不需要从用户服务中获取职位信息了。这种方法需要上游的权限服务提供相应的接口进行支持。

还有一种方法，即直接将用户上下文和权限上下文合并在一起，成为用户权限上下文，在这个新的上下文中，用模块来区分原用户上下文和原权限上下文。

这两种方法应该选择哪一种呢？

在预备阶段的假设中提到：开发团队总人数是 20 人。通常开发团队包含前端开发、后端开发、测试等多个研发角色。预备阶段的能力成熟度评估显示，开发和运维人员对微服务的掌握程度不深、企业在基础设施方面比较欠缺。因此本例采用将用户上下文和权限上下文合并为一个用户权限上下文的方法消除循环依赖，一个限界上下文对应一个微服务应用，分别指派给一个 10 人的开发团队负责实现。

虽然通过合并消除了服务间的循环依赖，但仍应在模块间尽量避免循环依赖的发生，因此建议负责用户权限服务的开发团队能够通过修改权限模块的接口来消除循环依赖。因为此时该服务由一个开发团队负责，所以这种模块的修改是比较容易实现的。

最后形成的限界上下文映射图如图 7-21 所示。

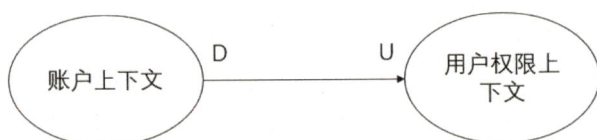

图 7-21

2．审查是否满足非业务架构

以上仅举例了通过应用架构中的交互图来绘制限界上下文映射图，从而识别和消除循环依赖。在应用架构中可能还存在其他因素，因此需要对拆分结果进行进一步的调整。

> 除应用架构外，数据架构和技术架构均会影响到最终的拆分结果。这部分的分析和设计方法可以参考传统的系统分析方法，在本例中不再进一步演示了。

至此，本例的微服务拆分过程全部结束。当然，拆分结果并不是一成不变的，需要在系统的迭代过程中不断检视和调整，是一个持续改进的过程。

7.8.7　案例小结

1．案例小结

7.8 节的案例实践并没有达到笔者编写之初的预想效果，主要原因有两个。

- 限于篇幅。如果将案例中的所有场景、用例、领域事件、聚合、实体都列举出来，那么整个篇幅会非常长。
- 很难找一个业务范围、复杂程度均适中且大家都熟知的业务领域。案例中的账户权限虽然比较通用，但因为太通用了，分析的意义并不是很大的，可能很多读者在看到案例描述时就已经能够凭借经验和感觉完成微服务拆分了。

基于以上两个原因，笔者觉得并没有达到预期的效果。不过笔者确实已尽力将拆分中可能遇到的问题在案例中进行了描述，相信会给读者在实际工作中带来一些帮助。笔者会持续思考和总结，争取在本书的后续版本中使用更贴近实际的案例和更完整的表述（也许会是另一本书）。

2. 微服务拆分五步法的适用场景

通常，微服务拆分五步法更适合团队规模较大、业务较复杂的场景。对于规模较小或业务较简单的场景，应考虑是否有必要使用微服务架构。若确定使用，则可以对微服务拆分五步法进行裁剪，输出物不用太正式。建议可以先根据团队结构进行比较粗粒度的业务拆分。

总之，不管使用什么方法、模板和工具，笔者认为只要能够保证以下几点就可以算得上是一个好的拆分。

- 拆分出的微服务应用能够独立自治。
- 没有循环依赖。
- 大小适合一个敏捷团队。
- 能尽可能地避免分布式事务。

> 拆分仅仅是微服务架构应用中的重要部分之一，要让系统成功地上线运行、持续地演化，以及能够快速地响应业务变化为用户交付价值，还需要其他环节的支撑，如服务治理。

7.9 本章小结

使用微服务架构的一大难点在于怎样将一个完整的业务拆分为大小合适的微服务，并且这些微服务能够最大程度地保证微服务的优势得以发挥，如独立可部署性。

本章介绍了笔者自创的微服务拆分五步法，并且将一个模拟案例按照微服务拆分五步法的步骤一步一步地完成了微服务的拆分。

正如 7.8.7 节中所说，由于难以选择一个所有读者都熟悉的业务领域，以及本书篇幅上的限制，案例并没有达到笔者预期的展示效果，但相信足以让读者了解微服务拆分五步法的实施过程。

第 8 章　微服务治理实践指南

经过系统拆分和编码实现的微服务应用程序最终需要运行在主机服务器上，这会涉及两部分的治理需求：基础设施治理和微服务能力治理。

基础设施治理的关注点是如何将微服务应用程序运行起来，而这仅仅是第一步。在使用微服务架构建设系统后，开发人员的更多精力将会转移到微服务治理上。

8.1　基础设施治理

基础设施治理涉及运行微服务系统所需要的软硬件环境。本节将从实践角度出发，讨论在治理过程中需要关注的重点，并且提供实践经验和建议。

8.1.1　资源治理

资源治理包括运行微服务系统所需的计算、存储和网络资源。

1. 对资源的要求

不建议使用传统物理机的方式运行微服务系统。这是因为，微服务作为云原生的代表技术之一，在云上才能最大化地发挥优势。

> 微服务本身是与技术无关的，因此将其发布在物理机上并非不可行，只是效果不如云上的好。

微服务对资源的要求主要如下。

- 计算和存储资源应具备弹性伸缩的能力。
- 弹性伸缩能够基于指标及阈值自动执行。
- 网络的规划需要根据微服务实例的总数量确定。

- 应具备隔离机制，隔离机制可以是物理的，也可以是逻辑的。

根据上述对资源的要求，接下来将提出几点实践上的建议。

2. 强烈建议使用云环境

资源的弹性伸缩是云计算的重要能力之一，单纯地想通过物理设备实现是非常困难的。即使微服务架构自身并不依赖资源的弹性伸缩能力，但如果缺少了该能力，则 5.4 节介绍的微服务架构九大特性中的基础设施自动化、容错设计、演化式设计等都将受到影响，5.5 节介绍的细粒度地按需扩缩容等优势也将被极大地削弱。

> 强烈建议将微服务系统运行在云环境中，该环境可以使用包括私有云、公有云和混合云等在内的任何云计算部署模型。

3. 子网的拆分

微服务系统中的实例数量非常多，这使得它们的网络拓扑比较复杂，加上自动化地弹性伸缩的影响，因此在子网的拆分上需要格外注意。应根据系统的服务数量、实例数量和弹性伸缩的幅度来设置相应的子网掩码。

考虑到安全性和连通性的需求，子网不宜过大，也不宜过小。过大的子网不仅会浪费可用网段的数量，还会带来安全隐患；过小的子网则可能在未来需要大量服务实例时导致 IP 地址不足，影响实例之间的连通性。

4. 主机隔离、网络隔离和租户隔离

资源隔离可以在安全性和可用性上给系统带来极大的好处。常用的隔离方法如下。

（1）主机隔离。

云环境通常会提供多个可用区（AZ），可用区之间的主机在物理上是隔离的。当一个可用区中的主机发生故障时，不会影响到其他可用区。

（2）网络隔离。

网络可以基于子网来设置连通性。例如，子网 A 可以仅允许子网 B 访问，当子网 C 访问子网 A 时，则无法连通。

在云环境中会使用虚拟私有网络（VPC）。VPC 可以将网络拆分为一个个逻辑区域，在不同的 VPC 之间网络是不可达的。

（3）租户隔离。

云计算的特点之一是共享。因此，在一个云平台上会有大量的属于不同主体的用户，即使使用的是私有云，平台上也会存在不同子公司和不同部分的用户。为了让这些不同主体的用户拥有仅自己可以操作的资源，需要提供租户隔离。

在一个租户内，还可以通过命名空间等方式进一步地进行逻辑划分。

5. 运行一个微服务应用实例的建议配置

考虑到不同微服务的实现方式和部署方式（如在使用服务网格部署时，除部署应用程序外，还需要部署 Sidecar），建议：

- 每个运行服务的主机至少应有 2 个虚拟处理器（vCPU）。
- 内存视主机上运行的服务数量和每个服务的实际需求而定，但建议不少于 2GB。

不建议在一个性能强劲（大容量的 CPU 和内存）的物理服务器上虚拟化过多的虚拟主机，也不建议在一个性能强劲的虚拟机上运行过多的容器。因为在这两种方式中，都可能会出现某个物理服务器或某个虚拟机的宕机导致大量的服务实例被疏散的情况。数量众多的服务实例在疏散过程中不仅会因为服务没有可用的实例而对外停止响应，还可能因为没有足够的资源接收这些实例而导致服务永远不可用。

8.1.2　运行环境治理

在传统的模式中，开发人员在个人计算机上完成程序的编码工作，测试人员在测试环境中完成测试工作，最终系统会被部署到生产环境中完成发布工作。有时，甚至会出现更多的环境，如概念验证环境（POC）、预发布环境、压力测试环境等。

这些运行环境之间的差异非常大，举例如下。

- 操作系统差异：开发人员的个人计算机是 Windows 或 Mac 系统，线上环境是 Linux。甚至同样是 Linux，测试环境用的是 Ubuntu，生产环境用的是 CentOS。

- 资源配置差异：用于开发的个人计算机大多是"8 核 16GB"的，而服务器有非常多的选择。
- 系统类库差异：即使都使用 CentOS 系统，内核版本的不同也会造成系统类库的差异。
- 软件类库差异：每个环境都可能会根据自身的需要安装相应的软件，这些软件可能会影响微服务应用程序的运行。
- 微服务应用依赖差异：微服务应用程序在开发过程中需要依赖大量的第三方库，环境的不同会使这些第三方库存在差异。
- 配置差异：典型的例子是数据库连接参数，每个环境都有自己的数据库，这些连接参数必然各不相同。

> 上述的差异仅是其中的一部分。正是由于环境之间存在众多差异，所以在传统的系统运维中，处理由这些差异引起的问题是非常普遍的。微服务将这个问题扩大到一个难以想象的层级上。

为了对运行环境实现治理，建议引入云原生代表技术中的"不可变基础设施"，即服务的运行不应依赖于系统提供的特殊软件、运行环境及版本。

8.1.3　容量治理

虽然自动化扩缩容可以动态地调整容量，但依然有必要对微服务系统的容量进行规划，以此来进行初始容量的设置。

初期，由于缺乏实际的数据，容量的估算只能根据经验做预判。不过，在这个阶段，应对每个服务实例所能承受的业务负载进行评估。可用的方法是对每个服务的单个实例进行压力测试。

> 单个实例的压力测试结论并不能代表实例在业务链条中的真实情况，只能作为参考。

当系统上线后，容量治理的过程才会正式开始。可统计每个接口的访问频率、访问失败率和资源消耗情况来调整前期的预判。

容量治理是一个长期的过程，建议使用自动化的工具定期生成检测报告，根据报告结论进行相应的调整。

8.1.4　安全治理

安全通常涉及如下几方面。

- 主机安全：服务器自身的安全防护，如病毒扫描、账户权限等。
- 网络安全：网络连通时的安全防护，如端口防护、黑白名单等。
- 容器安全：容器镜像的安全性，如镜像的可信度、容器内的账户权限等。
- 软件安全：环境中运行的软件的安全性，如软件的可信度、软件操作资源的权限等。
- 数据安全：敏感和核心数据的安全性，如数据加密、数据备份等。

安全是一个系统性的工程，上述只是其中的一部分。在治理方面，有如下建议。

- 制定组织内部的代码规范，避免程序自身的漏洞。
- 在持续集成流水线上加入代码的安全扫描机制。
- 服务间调用接口需要有认证鉴权机制。
- 服务使用的第三方组件应通过安全部门的审核。
- 保证服务不会使用快照版本或已停止维护的版本。
- 不允许开放非业务需要的后门端口和接口。
- 运用传统安全防护机制对主机和网络等资源进行安全加固。

当然，这里所列的仅是安全治理中能做的一小部分。企业应在公司层面出台完整的安全治理规范和制度，保证安全措施能够切实地、正确地执行。

8.2　微服务基础能力治理

从本节开始，我们将讨论微服务自身的治理能力。在微服务系统的建设过程中，服务的治理能力并不是一蹴而就的，因此，笔者将治理能力分为三个部分，分别是本节介绍的基础能力治理、8.3 节介绍的一般能力治理和 8.4 节介绍的高级能力治理。

8.2.1　服务注册

在传统的方式中，如果两个系统要相互调用对方的接口，则通常会首先在各自的配置文件中注明对方的 IP 地址或域名，然后将其在程序中与接口地址进行拼接，最终完成调用。这种方式在微服务系统中是不可行的。

1．服务注册的必要性

传统方式不可用的原因有如下两点。

- 微服务系统中的服务和实例都非常多，依靠配置文件不太现实。
- 微服务的弹性伸缩特性使得服务实例的 IP 地址是多变的、不可预测的。

因此，在微服务系统中需要引入新的机制来解决这个问题，服务注册就是为此而生的。

2．原理介绍

服务注册的原理如图 8-1 所示。

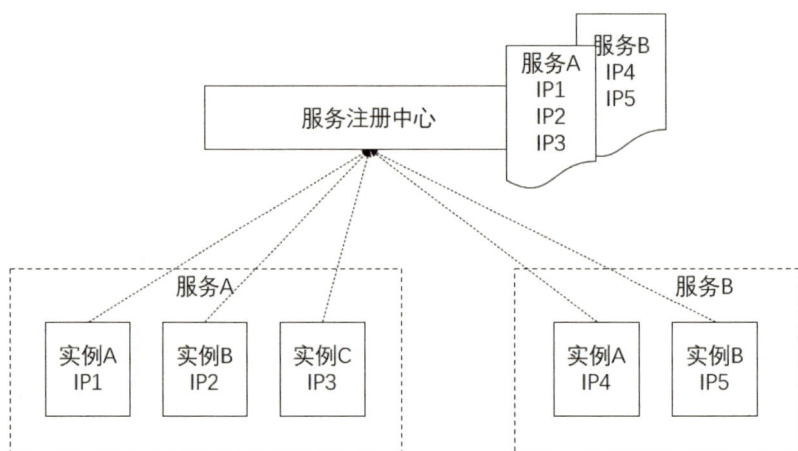

图 8-1

从图 8-1 中可以看到，服务 A 有三个实例，分别部署在 IP1、IP2 和 IP3 这三台主机上；服务 B 有两个实例，分别部署在 IP4 和 IP5 这两台主机上。这些实例都会将自身注册到服务注册中心中。

服务注册中心为每个服务维护一个实例列表，这样就可以通过服务注册中心来清楚地知道每个服务部署在哪里了。

实例在完成注册后，会定期地向服务注册中心发起心跳请求，告知服务注册中心自己还存活着。服务注册中心会定期地检查每个实例的心跳情况，如果某个实例的上一次心跳时间距当前时间已经超过阈值，则认为该实例已经下线，会在对应服务的可用实例列表中移除该实例。

3．服务注册中心的能力要求

在微服务系统中，服务注册中心可以算得上是核心中的核心，是微服务系统不可缺少的重要组件。因此，在建设服务注册中心时，需要充分地考虑服务注册中心的以下方面。

（1）高可用性。

服务注册中心非常重要，因此需要对其进行高可用性设计，保证其在大多数情况下正常地提供服务；应提供足够的容灾能力和数据备份能力；在重启后，数据不应丢失。

（2）数据一致性。

为了达到高可用性的要求，服务注册中心通常都是集群部署的，并且每个实例均有状态实例，这就意味着服务注册中心是一个典型的分布式系统。在分布式系统中，数据一致性是非常难处理的，而这恰恰是服务注册中心所需的能力。

（3）并发性。

设想一个微服务系统中有 200 个服务实例，在不考虑缓存的情况下，每次调用都需要从服务注册中心获取目的服务的可用实例列表。服务注册中心所面临的并发压力是显而易见的。

4．CAP 定理

从对服务注册中心的能力要求中可以想象，要独立开发一个服务注册中心是非常困难的。幸运的是，在开源社区中已经有一些非常优秀的可选产品。

在介绍开源产品之前，笔者简单介绍下 CAP 定理：在一个分布式系统中，一致性（Consistency）、可用性（Availability）和分区容错性（Partition Tolerance），这三个要素最多只能同时实现两个，不可能三者兼顾，如图 8-2 所示。

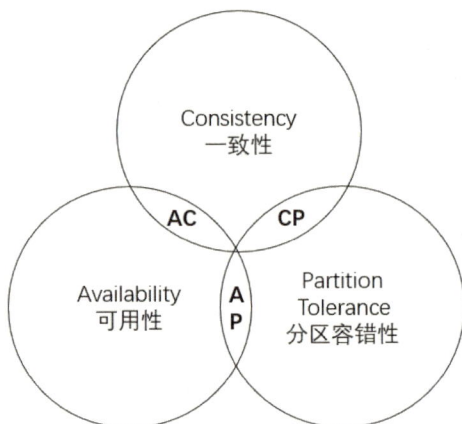

图 8-2

CAP 的猜想最早是在 2000 年由计算机科学家 Eric Brewer 提出的，在 2002 年，麻省理工学院的 Seth Gilbert 和 Nancy Lynch 发表了这个猜想的证明，使之成为一个定理。

> 分布式系统会跨越多个子网，每个子网会形成一个区。分区容错性要求当一个区不可用时，系统不会受到影响。分布式系统天生就是多分区的，因此分区容错性是必须满足的。
>
> 当分区容错性是必选项后，在设计分布式系统时，一致性和可用性则是可权衡的选项。

5. 常见的开源服务注册中心

常见的开源服务注册中心如下。

（1）Eureka。

Eureka 是一个由 NetFlix 开源的注册中心产品。Eureka 是一个 AP 的系统，即为了保证服务注册中心的可用性，Eureka 舍弃了一致性，客户端获取的实例列表不一定是最新的。

Spring Cloud 默认支持多个 Netflix 组件，Eureka 就是其中之一。

在部署时，每个可用区中通常会部署一个实例，数据在实例之间通过复制的方式同步。由于缺乏对数据一致性的保证，因此同步是不可靠的。

　　客户端依靠服务端的心跳来判断服务端是否存活，当心跳超时时，服务端会被移出可用实例列表。但在服务端被移出之前的这段时间内，客户端仍然可能会向不可用的实例发送请求。

　　（2）Consul。

　　Consul 是一个 CP 的系统，能够时刻保证返回给客户端的实例列表是最新的，但因此损失了可用性。为了保证一致性，Consul 使用了 Raft 协议。

　　相比 Eureka，Consul 提供了更丰富的健康检查机制，并且在提供注册服务的同时，提供 Key/Value 的存储。另外，Consul 将应用程序视为黑盒，侵入性较小。

　　（3）ZooKeeper。

　　ZooKeeper 也是一个 CP 的系统。实际上，ZooKeeper 一开始并不专注于作为服务注册中心，而作为 Hadoop 的一个子项目，为 Hadoop 提供协调服务。因此在作为服务注册中心时，相比其他产品略显原始，需要自己处理大量逻辑。

　　ZooKeeper 使用 ZAB 协议保证一致性。

　　（4）Nacos。

　　Nacos 是阿里巴巴开源的一个服务注册中心。从功能上看，Nacos 是非常丰富的，在使用上也相对便捷，同时支持 CP 和 AP，可在二者间进行切换。

　　（5）CoreDNS。

　　CoreDNS 是在 Kubernetes 中可用的一种作为服务注册中心的产品。在 Kubernetes 中，可以通过特定格式的域名来访问环境中的 Service 或 Pod。

　　与其他产品相比，该产品不具备完整的服务注册中心的能力。

6. 企业中的服务注册中心

　　开源产品的功能并不足以满足企业中的需求，主要缺乏对以下能力的支持。

　　（1）多租户。

　　开源的服务注册中心是将所有服务都注册在一起的，没有多租户的概念。在企业中，一套服务注册中心集群会服务多个单元，因此必须具备提供多租户的能力。

（2）权限管理。

企业用户对权限的管理需求是很强烈的。例如，企业用户希望控制一个账号能够看到的服务列表。

（3）命名空间。

即使在一个租户下，也有进一步区隔的需求。例如，每个子公司是一个租户，子公司中的每个部门是一个命名空间，命名空间之间互不可见。

7. 开源服务注册中心的扩展

（1）扩展方案。

不建议对开源产品的源码进行修改。一方面，代码质量可能达不到开源产品自身的水平；另一方面，不利于之后版本的升级。

建议在开源产品与应用程序之间加一层中间件。保证中间件兼容开源产品的交互协议，这样就可以在应用程序无意识的情况下，拦截交互数据，随后进行功能的扩展。同时建议，用于扩展的中间件应是无状态的，这样就可以方便地水平扩容了。

（2）CAP 支持。

虽然 C、A、P 三者不能同时满足，但无论是 CP 的系统，还是 AP 的系统，都应尽量提升缺失的那一项能力。

这里提出可参考思路：CP 的系统可以通过在应用程序端增加缓存来尽可能地在服务注册中心不可用时，使用本地缓存中的目的服务的可用实例列表完成调用；AP 的系统可以增加重试机制，当首次访问到不可用的实例时，可以尝试其他实例；AP 系统还可以借助数据库或 Zookeeper 等方式来增强一致性。

（3）租户和命名空间的支持。

提供两个可参考的思路：一个思路是在注册时，用于扩展的中间件将服务名修改成"租户名+命名空间名+服务名"的格式；另一个思路是使用 Consul 中的 Key/Value 来存储注册信息，这样就可以用"租户名+命名空间名+服务名"作为 Key，用实例信息作为 Value。

（4）权限的支持。

应用程序在访问服务注册中心时，通常会提交一个 Token 作为认证信息。当应用程序申请 Token 时，我们可以要求应用程序提交相关的用于识别的信息，这样就可以根据 Token 识别出是哪一个租户的哪一个命名空间下的哪一个服务了。之后就可以利用这些信息来进行权限管理了。

8.2.2　服务发现

将服务注册到服务注册中心的目的是让服务的实例之间能够发现彼此，这样就可以通过点到点的方式完成相互调用。

1．服务发现原理

图 8-3 所示为一个服务发现的示例。在服务 A 和服务 B 的实例都注册到服务注册中心后，当服务 A 需要访问服务 B 时，流程如下。

（1）向服务注册中心索取服务 B 的可用实例列表。

（2）从可用实例列表中选择一个，点对点地完成调用。

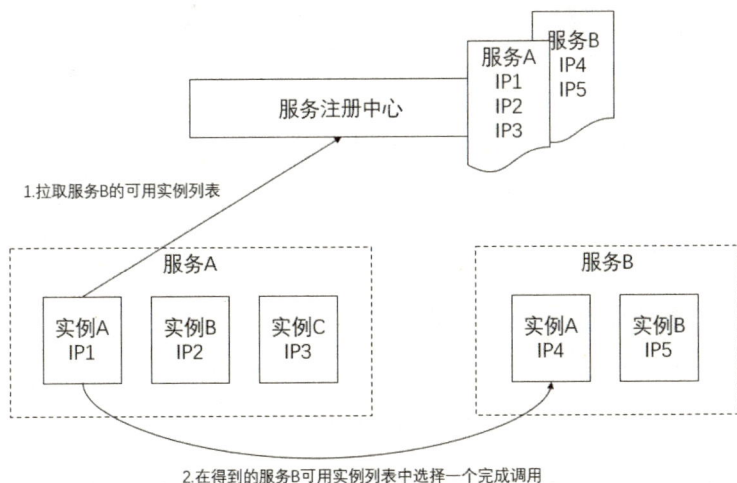

图 8-3

2．心跳上报

在服务注册中心注册后的实例一段时间后可能会下线，也可能会因为突发性的异常而终止服务。因此，需要一种机制来保持服务注册中心中的可用列表的有效性。

心跳（Heartbeat）就是这样一种机制。通常，服务注册中心会要求实例定期地向自己发送心跳请求，以此证明该实例目前的状态是正常的。当服务注册中心经过几个周期都没有收到实例发来的心跳请求时，则会将该实例的状态设置为不可用；如果又经过几个周期依然没有收到心跳请求，则一些服务注册中心会将该实例下线。

> 上一段中所描述的"几个周期"需要依据实际情况而定。不过，通常不会设置为 1 个周期即判定服务不可用，这是因为，在网络环境中突发性的抖动和丢包是比较常见的，需要为此预留一些余量。

不过，即使使用心跳机制，也存在从服务注册中心中获取到不可用的实例信息的可能性。下面用三个场景来说明这一情况。

- 场景一：服务注册中心正常地收到了实例发来的心跳，认为其状态是正常可用的，于是反馈给了服务的调用方，但服务调用方向该实例发送点对点的调用时，目标实例不可用了。
- 场景二：由于心跳机制是定时上报的，因此其存在窗口期，如果上一个窗口期正常地发送了心跳请求，则在下一个窗口期到来之前，服务注册中心会一直认为实例是正常可用的。在这段时间内，如果实例不可用，服务注册中心也会将其包含在可用列表之中。
- 场景三：服务注册中心使用的是 AP 系统，虽然保证了高可用性，但在数据一致性方面有所舍弃，因此可能会从服务注册中心中获得未及时更新的数据。

为了保证业务的连续性，需要对服务发现进行一些优化。

3. 优化：用重试避免访问到不可用实例

重试是避免访问到不可用实例的最佳处理方式。当发现调用到不可用实例后，可以在获得的可用列表中重新选择一个目标实例，再次尝试调用。

不过，重试并不是一个简单且通用的机制，通常需要考虑以下几点。

- 接口的幂等性：幂等的含义是无论调用多少次，调用的结果都是一致的。重试机制只能用在被调接口支持幂等调用的接口上。当使用 HTTP 协议调用接口时，当 Method 为 Get、Put、Delete 时通常是支持幂等调用的。
- 超时设置：调用中的超时分为 ConnectTimeout 和 ReadTimeout。前者是连接建立过程的超时，后者是数据传输过程的超时。根据经验，在同一个机房中，

ConnectTimeout 可以设置为 3～5s，ReadTimeout 则和实际业务的处理时长和数据量有关，需要依实际情况而定，但不应设置得过大。

- 目标服务是否有多个实例：使用重试的前提是目标服务提供了多个实例的支持，如果目标服务只有一个实例，则重试一次的意义不会很大。
- 重试的次数：即使目标服务有较多的实例，也不应将重试的次数设置得过大，通常 1 次、2 次的重试已经能够达到预期的效果。

4．优化：用长连接避免每次调用都访问服务注册中心

从服务发现的原理中可以看出，调用方在每次调用时都需要向注册中心获取目的服务的可用实例列表，当微服务的数量较多时，这不但会对服务注册中心造成极大的压力，也会增加每个请求的整体响应时间。

优化的方案是使用长连接。在调用方第一次从注册中心获取被调方可用实例列表后，即与服务注册中心建立一个长连接。当注册中心中的数据发生变化时，立刻通过长连接向另一端发送变更信息。通过这种推（Push）的模式来解决问题。

5．优化：用本地缓存避免服务注册中心不可用

服务注册中心作为核心组件，在架构设计时，一定会有高可用性的方案，但并不能做到 100%可靠。尤其当使用的服务注册中心是一个 CP 的系统时，可用性会更加难以保证。

本地缓存是解决该问题的一个非常便捷和有效的方案。每次与服务注册中心交互后，都将结果在本地存储上缓存一份，当服务注册中心不可用时，就用本地缓存中的数据。

此时的数据虽然不是最新的，且可能包含已经不可用的实例，但大部分的实例依然是可用的，配合上重试机制，可以最大限度地保证正常调用。

当然，随着服务注册中心不可用的时间的延长，实例信息的过期会越来越严重，本地缓存的效果会越来越差。

6．优化：用零实例保护避免服务注册中心异常而冲刷本地缓存

试想这样一个场景：此时服务注册中心不可用，服务之间依靠本地缓存维持着相互之间的调用，当服务注册中心恢复后，数据尚未恢复。各个服务实例此时自动与服务注册中心建立了连接，但获取的实例列表是空的，本地缓存机制将会用最新

获取的空列表覆盖原本有数据的本地缓存列表。这时绝大多数的服务调用都会失败，随着服务注册中心数据的恢复，调用会逐渐恢复正常。

为了避免上述情况的发生，需要对本地缓存进行零实例保护，即若本地缓存中有数据，而服务注册中心返回的列表为空，此时不应刷新本地的数据，而应认为服务注册中心存在异常，继续采纳本地缓存的数据。

8.2.3　服务通信

服务之间的通信协议目前比较常见的是 RPC、RESTful，以及轻量级的消息队列。其中，笔者并不推荐使用 RPC 协议（虽然 RPC 协议在一些微服务技术栈中被大量使用）。

> 不推荐 RPC 协议的原因：RPC 协议通常用在方法级别的调用上，这会存在一些误导。人们可能会将原本应用程序中的方法简单地转换为 RPC 调用来实现微服务，甚至会使用这种方法将单体应用直接改造为一个微服务。这种做法会导致微服务之间产生烦琐的通信，使系统变得更糟。

图 8-4 所示为 Spring Cloud 中服务通信相关的组件。

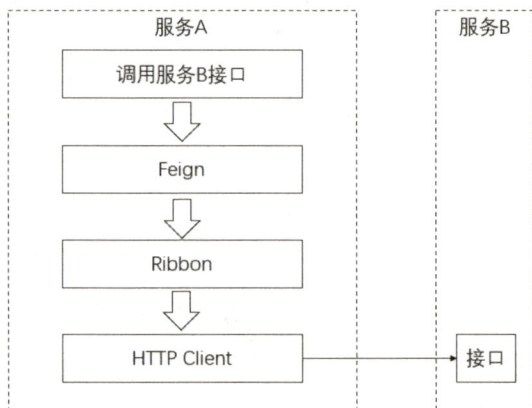

图 8-4

其中，

- Feign：可使用程序接口的方式调用服务接口。

- Ribbon：一种客户端负载均衡组件。
- HTTP Client：实际完成 HTTP 调用的组件。

当服务 A 需要调用服务 B 的接口时，按如下步骤执行。

（1）服务 A 调用由 Feign 实现的程序接口，接口的注解中会有被调方服务的服务名。

（2）Feign 将请求交给 Ribbon，Ribbon 在被调方服务的可用实例列表中选择一个。

（3）Ribbon 将实例 IP 与接口地址拼接完整后，交给 HTTP Client 完成最终的调用。HTTP Client 有多种实现方式，常见的有 Apache HTTPClient 和 OkHTTP 等。

8.2.4　负载均衡

负载均衡分为服务端负载均衡和客户端负载均衡两种。例如，在 Nginx 上配置的负载均衡就是一种服务端负载均衡。

本节所说的负载均衡是指客户端负载均衡。微服务架构的分布式特性使得服务自身必须提供"智能端点"来实现点对点的交互。此处"智能"的含义之一，就是需要由服务自身实现负载均衡，即客户端负载均衡。

客户端负载均衡的工作原理比较简单：客户端负载组件首先会根据被调方服务的服务名从服务注册中心获取该服务的可用实例列表；然后根据负载策略，在其中选择一个实例的 IP 地址作为目标地址；接着将目标地址与 API 路径拼接，形成完整的访问路径；最后将访问路径交给底层的组件调用并得到响应。

从实现上来看，8.2.3 节中介绍的 Ribbon 是目前 Java 生态中用得比较多的客户端负载均衡组件。Ribbon 由 Netflix 开源，提供随机、轮询、重试、最低并发、可用过滤、响应时间权重、可用区权重等多种负载均衡策略。

8.3　微服务一般能力治理

基础治理能力是在搭建微服务架构时所必须具备的能力。本节介绍的一般治理能力在使用微服务架构的初期并非必须具备的，但应在尽可能短的一段时间内补充完整这方面的能力，否则微服务架构将在高可用性、规模等方面存在缺陷。

8.3.1 服务鉴权

5.6.5 节介绍过由于微服务架构部署在众多主机上，组件的离散性较大，因此可被黑客攻击的点较多。为了提升系统的安全性，目前业内常用的解决方案之一是零信任（Zero Trust）。

零信任的含义是系统中的各组件之间彼此互不信任，每个调用请求都需要经过被调方服务的鉴权和认证。服务鉴权就是在微服务架构层面提出的治理手段。

1. 可参考的实现方案

图 8-5 展示了服务鉴权的一种实现方案。

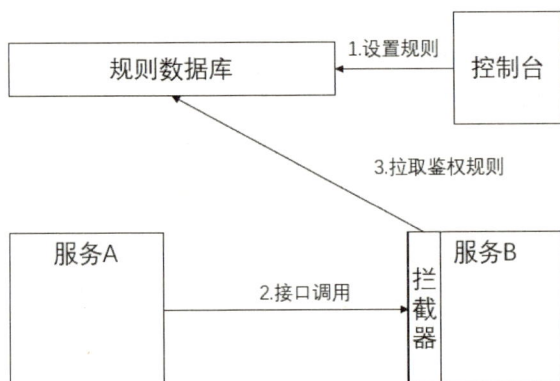

图 8-5

具体过程如下。

（1）用户在控制台上通过页面操作的方式，为每个被调方服务设置鉴权规则。设置好的签权规则存入规则数据库中。

（2）在被调方服务中加入拦截器。当服务 A 调用服务 B 时，请求首先被服务 B 的拦截器拦截。

（3）拦截器从规则数据库中获取当前服务 B 的鉴权规则，判断服务 A 提交的请求是否符合预定的规则。

（4）若满足可访问规则，则将请求放行至目标接口，否则返回 HTTP 状态码 403
（在 HTTP 的状态码中，403 表示 Forbidden，即禁止访问）。

2. 鉴权规则的设计

从满足规则后是否放行这个维度来讲，规则可分为以下两种。

- 黑名单：当请求满足规则时，拒绝调用，否则允许调用。
- 白名单：当请求满足规则时，允许调用，否则拒绝调用。

> 黑名单和白名单在同一时刻只能有一个生效。

对于一个服务来说，可以设置多个鉴权规则，此时规则之间是逻辑或（OR）
的关系。在一个规则中，可以设置多个规则项，规则项之间是逻辑与（AND）的
关系。

在规则项的设置上，可以使用以下几项。

- 主调服务名：调用方服务的名称。
- 主调 IP：调用方服务的 IP 地址。可配置为 IP 地址段。
- 请求的 HTTP Method：HTTP 请求中的 Method。
- 请求的 API 路径：通过设置 API 路径，可针对特定的 API 进行规则设置。
- 请求头中的参数：调用方和被调方可以约定鉴权参数，将其放入请求头中。

在设置规则时，每条规则项的值可设置"等于""不等于""包含""不包含""正
则表达式"等逻辑关系。

3. 优化方向

本节所提出的参考方案还可以继续优化，举例如下。

- 方案中的第（3）步。如果每次请求都要去拉取规则，则性能会受到较大影
  响；如果定时拉取，又存在规则更新不及时的问题。可通过建立长连接的方
  式，通过推（Push）的方式在规则数据库发生变化时将信息推送至服务中，
  其他时候服务可用自己内存中的缓存信息。

- 为了避免规则数据库宕机，服务实例可将规则信息存储在本地。
- 使用 SSL/TLS 协议提供 HTTPS 协议支持，保证请求信息在传输过程中的安全。

8.3.2　流量控制

流量控制也被称为服务限流，用于防止因瞬时请求量激增而造成服务崩溃。

流量的瞬时激增可能并非由业务激增引发的，而是由恶意攻击或程序异常造成的。有些流量的瞬时激增可能在很短的时间内就恢复正常，此时，流量控制就会起到很好的保护作用。如果确实是由业务激增引发的，则流量控制会在保证服务不被负载拖垮的前提下尽量提供服务，这也起到了保护作用。

下面是几个实现流量控制的方案。

方案一：固定窗口。

该方案比较简单，只需要设置单位时间内允许访问的次数即可，这里的单位时间可以理解为窗口期。在窗口期内，用一个计数器累计访问的总次数，当超过预设值后，拒绝后面的请求。当进入下一个窗口期后，计数器归零。

例如，每分钟最多允许 100 次访问请求。此时，窗口期即 60 s，在第一个 60 s 内，计数器开始累计访问的总次数。假设在 20 s 时，计数器累加和达到 100 次，则之后的 40 s 内拒绝新的请求，当 60 s 结束后，窗口期进入下一个 60 s 时，计数器归零，开始允许新的请求。以此类推。

固定窗口的优点是实现非常简单，但缺点也是显而易见的。如上例所示，20 s 内消耗完设置的次数后，即使请求压力很小，此时系统也拒绝提供服务，这被称为"突刺现象"。因此，在请求分布不均匀时，该方案在提供保护的同时，也削弱了系统的服务能力。

固定窗口的另一个缺点是"临界问题"。假设依然设置 60 s 内最多 100 次请求，第一个窗口期的后 30 s 内发生了 100 次请求，第二个窗口期的前 30 s 内发生了 100 次请求。这样一来，60 s 的时间共有 200 次请求实际地调用了服务，这就可能使得原本设计为 60 s 最多 100 次请求的系统因为压力倍增而瘫痪。

方案二：滑动窗口。

滑动窗口可以在一定程度上解决固定窗口的问题，其原理：将窗口平均分割为若干段，每一段拥有一个独立的计数器；每当时间超过一段的时长时，窗口即向前滑动一段；在判定是否需要限流时，将所有当前段的计数器相加。

例如，每分钟最多允许 100 次访问请求。窗口期是 60 s，将这 60 s 划分为每 6 s 一段，共 10 段，每一段都有一个计数器。每当请求到来时，需要将 10 段计数器求和，判定总次数是否小于 100 次，若是，则放行，否则禁止访问。每过 6 s，窗口会向前滑动一段，当一段的计数器超过 60 s 时，就清空，如图 8-6 所示。

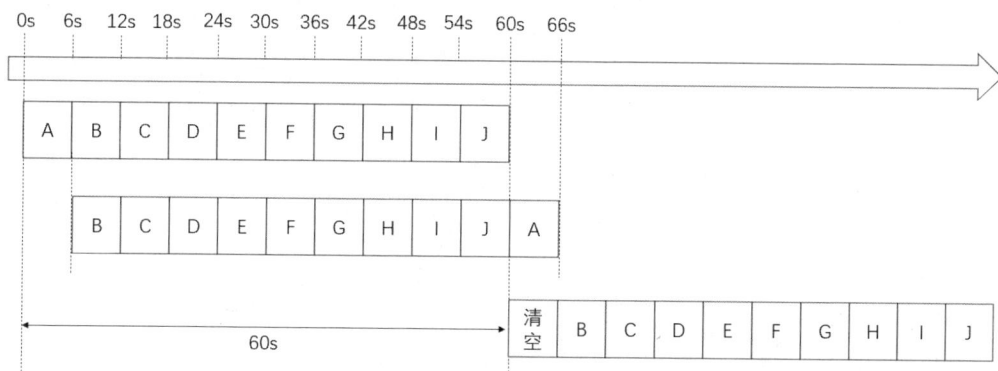

图 8-6

在图 8-6 中，A～J 是分割出的 10 段，每段的时长为 6 s。假设 0～6 s 请求了 100 次，第 6 s 窗口向右滑动一段，将原本的 0～6 s 的 A 段移动到最后，在计算总次数时，依然要算上 A 段原有的计数器。当经过一个窗口期的 60 s 后，将 A 段清空，在 66 s 时将 B 段清空，以此类推。

假设 0～6 s 的 A 段发生了 100 次请求，那么在一个窗口期内，B～J 段的请求都会因为请求数量超标而被拒绝，只有在 60 s 后，A 段因超过一个窗口期而被清空后，才会接收新的请求。

下面分析固定窗口的"临界问题"。假设 A～I 段都没有请求，在 59 s 时，窗口序列为"JABCDEFGHI"，在 J 段突发 100 次请求。在 61 s 时，窗口序列为"A（清空）BCDEFGHIJ"，此时虽然 A 段被清空，但总次数依然是 100 次，只有等 J 段清空后，才会继续接收新的请求。

滑动窗口解决了"临界问题",但依然存在"突刺现象"。

方案三:漏斗算法。

漏斗算法是一个解决"突刺现象"的方案。想象一个上面大下面小的漏斗,无论是快速还是慢速地从上方的大口向其中倒入液体,下面的小口都会以固定的流速将液体流出。当漏斗中的液体堆积满后,就会溢出,此时小口依然按照固定的流速流出液体。

在实现时,可以将小口的流速看作允许的最大请求数量。具体如下。

(1)用一个变量设置漏斗的总容量。

(2)用另一个变量设置漏斗的流速,即单位时间内可以处理多少次请求。

(3)用一个变量设置当前漏斗上方的液体量,即当前堆积的请求。

(4)每当新的请求过来时,根据漏斗上方的液体量、流速和距离上一次加入新请求的时间计算出当前是否还有剩余的容量。如果有,则将本次的新请求加入,否则拒绝。

漏斗算法虽然解决了"突刺现象",但只能按照固定的流速处理请求,当请求的总量并不大,但超过流速时,只能按照流速慢慢处理。

方案四:令牌桶算法。

令牌桶的原理如图 8-7 所示。

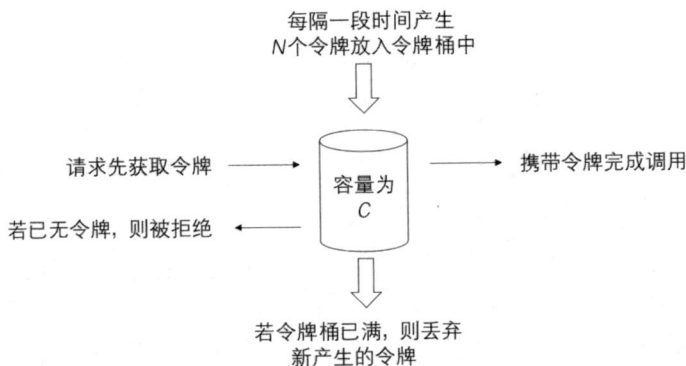

图 8-7

每一段时间产生的 N 个令牌可以类比为"漏斗算法"中的流速，产生的令牌会放入令牌桶中。令牌桶的容量是有上限的，当达到上限后，新产生的令牌就被直接丢弃。

当请求过来时，从令牌桶中取出一个令牌，若能取出，则允许调用；若令牌桶中已无令牌，则拒绝调用。

与"漏斗算法"相比，"令牌桶算法"中的令牌可以在短时间内被全部取出，这样就可以应对一定程度的突发流量。

令牌桶算法可以进一步优化。例如，不同类型的请求占用的处理时间和带宽不同，可以根据请求的特点每次取出不同数量的令牌，如可以取出与请求的数据包的字节数相同的令牌。

8.3.3　服务路由

一个服务可能会有多个不同的版本，也可能会有为不同地区的用户提供特定服务的不同实例，还有可能为了实现灰度发布需要将流量分发到不同的服务实例上。这些需求在服务治理过程中是很常见的，服务路由就是为此而生的。

1. 适用场景

灰度发布是服务路由的主要应用场景。当需要上线新功能时，为了避免新功能不稳定、有缺陷等带来的影响，通常需要在正式环境中选择小范围的用户进行试用。若无问题，则全面启用新功能；若有问题，则可能需要回滚或下线。

- 服务路由的其他适用场景包括蓝绿发布、A/B 测试、账号内测等。
- 服务路由的实现方式分为路由规则的设置和流量转发，下面对这两方面进行简要介绍。

2. 路由规则的设置

一个路由规则由以下两部分组成。

- 流量来源：用来识别服务的调用方，可以是调用方的服务名、IP 地址、调用的 API 路径等。
- 流量目的地：用来识别目的地的实例信息，可以是被调方服务实例的服务名和版本号。

3．流量转发

与其他治理方式不同的是，服务路由应用在服务的调用方上，其他治理方式大多应用在服务的被调方上。因此，服务的调用方需要先获得设置好的路由规则，再根据路由规则从服务发现列表中选择符合规则的目的地实例。

在实现方式上，8.2.3 节介绍的客户端负载均衡组件 Ribbon 可以在经过改造后实现这一治理能力。

8.3.4　熔断隔离

服务熔断是一种服务调用方的自我保护机制，熔断规则设置在服务的调用方上。

1．适用场景

当被调方服务长时间不响应，处于"半死不活"的状态时，调用方服务依然会不断地向该被调方服务发起请求，每个请求都会占用一个调用方服务的线程，得不到返回的线程不断累积，最终将被调方服务自身的资源"吃光"，调用方服务逐渐变得不可用。以此类推，整个系统开始逐渐瘫痪。这种现象被称为"雪崩效应"。

为了应对"雪崩效应"，需要一种机制，让调用方服务识别出"半死不活"的被调方服务，随后迅速失败，效果类似被调方服务完全"挂掉"时立刻返回 Connection Refused 异常。这就是服务熔断机制要做的。

2．熔断器

熔断器安装在调用方服务内部，作用就是识别被调方服务是否需要被熔断。可以将熔断器类比为我们日常生活中常见的保险丝，当保险丝闭合时，可正常访问；当保险丝熔断打开后，请求就不会向被调方服务提交了，而会立即失败。

熔断器有以下 3 个状态。

- 关闭：默认状态。此时请求会正常地提交给被调方服务。
- 半开：此时会尝试放行一部分请求。
- 全开：此时不会将请求提交给被调方服务，而会立刻返回 Connection Refused 异常。

图 8-8 展示了 3 个状态的转换关系。

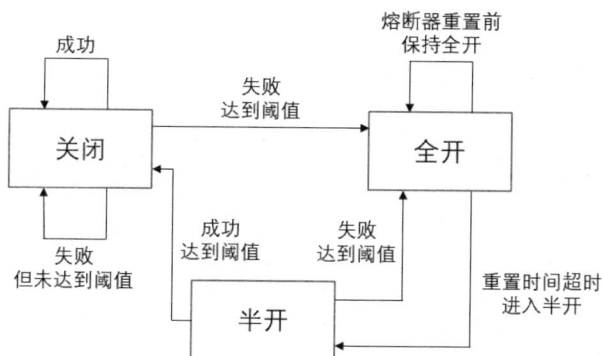

图 8-8

阈值通常是根据单位时间内请求的错误率或慢请求的比率设置的。

3. 熔断器的实现

开源社区中已经存在比较成熟的熔断器组件。在 Java 中,用得比较多的有以下两个熔断器。

- Hystrix:该组件由 Netflix 开源,是最早融合到 Spring Cloud 中的熔断器组件。但该开源项目目前已经进入维护阶段,不再进行后续的开发了。
- Resilience4j:在 Hystrix 停止更新后,其官方推荐的替代产品就是 Resilience4j。相比 Hystrix,Resilience4j 更加轻巧灵活,并且性能更高(有测试报告显示,单个 Resilience4j 实例的 QPS 可以达到百万次)。

4. 优化方向

大多数熔断器的默认的隔离级别是服务级的,即熔断器统计的是单位时间内调用被调方服务所有实例和接口的指标项。

假设某服务有 4 个实例,其中 1 个实例发生异常,该实例的失败率是 100%,其余 3 个实例的失败率均为 0%。在熔断规则中设置了如果单位时间内的错误率达到 50% 则触发熔断。此时会发现,总失败率为 25%,没有达到 50% 的阈值,但是请求总会有 25% 的失败率。

这个问题可以通过将隔离级别设置为实例级来解决。具体的做法是,对熔断器和客户端负载均衡组件的能力进行扩展，让熔断器统计实例的指标，随后在负载均衡组件中对实例可用列表进行选择。

除实例级外，还可以扩展到接口级。

8.3.5　服务容错

服务容错是调用方的一项保护机制。当被调方服务不可用时，虽然可以返回立即失败的异常信息，但这从业务角度来说，依然是难以接受的。服务容错的目的是尽可能地保证调用成功，即使失败，也应优雅地返回响应信息。服务容错也被称为服务降级。

服务容错有以下几种实现方式。

- 重试：调用失败后，重新尝试调用或更换一个被调实例。重试是常用的服务容错机制。
- 异常功能下线：可通过技术手段，主动发现被调方服务的状态，当被调方服务不可用时，将相关的页面功能进行屏蔽。
- Fallback：为调用增加备用方案，当调用失败时，使用备用方案返回响应的信息。
- 并行调用：同时向多个实例发送请求，最先成功返回的结果被接收，其余结果被丢弃。

服务容错在实际的微服务治理中用得并不多，不过如果可以用好，则可以极大地提升用户体验。

8.4　微服务高级能力治理

本节将介绍微服务治理中的高级能力，这部分能力并不是必须具备的，在没有相关需求的情况下，甚至可以长期不关注。不过，若企业具备了这些能力，则企业对微服务的治理水平将提升到一个新的高度。

8.4.1　单元化

单元化部署是一种高可用性的微服务部署方案。通过对数据进行水平拆分，将同属于一个完整业务领域的服务拆分为一个独立的部署单元，一个单元处理一个数据分片的全部逻辑。

1. 单元化部署的优势

（1）故障隔离。

每个单元都被独立地部署在一个云上可用区中，当一个单元出现故障时，虽然该单元涉及的数据分片相关的业务无法适用，但其他单元依然可以正常处理各自数据分片中的业务。甚至当一个可用区出现整体故障时（如施工时挖断了光缆），也不会影响到其他可用区中的单元。

> 大家应该经常从新闻上看到某互联网企业的应用程序发生异常，影响了部分人的正常使用，但几乎没有听说过受影响的是所有用户。这就是因为大部分互联网产品都是使用单元化部署的。

（2）异地多活。

高可用性一直是大规模系统在设计时需要重点考虑的因素，在行业中，比较通用的方案是"两地三中心"。

- "两地"是指为了避免自然灾害对系统的影响，系统需要部署在两个相聚200km 以上的异地机房中。
- "三中心"是指同城双中心和一个异地灾备中心。

身处两地的机房因为距离较远，网络延时较大，因此无法做到两地多活，异地灾备中心通常是以异步的方式进行数据的冷备的。

单元化部署方案是可以做到异地多活的。例如，假设全国的社保业务是完全一致的，一个业务单元内包含 20 个微服务。通过单元化的方式，根据人口规模，在各个省、市或地区中部署完整的一个单元处理该地域内的人口数据。这样一来，所有的单元都是"活"的，就达到了异地多活的效果。

（3）弹性伸缩。

可根据每个单元负责的数据量的大小，有针对性地对单元内的资源进行弹性伸缩。

2. 部署架构

部署架构如图 8-9 所示。

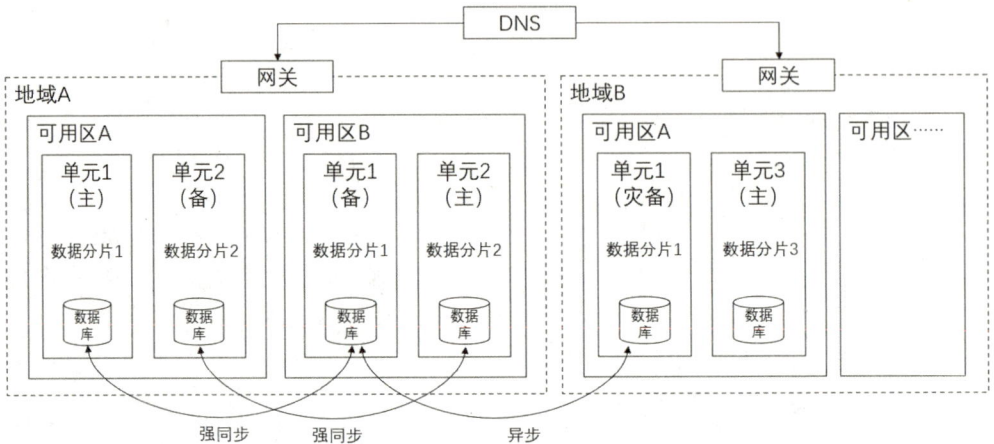

图 8-9

根据请求的域名，DNS 确定应将请求发送到哪个地域。相应地域的网关在接收到请求后，根据请求中所涉及的数据，判断应交给哪个单元来处理。最后通过负载均衡策略分别调用不同可用区中的对应单元服务。

为了保证单元的高可用性，每个单元都采用"两地三中心"的方案部署。在同一个地域内，可用区之间的网络延时是可以接受的（若使用光纤，则延时通常是毫秒级的），因此主单元和备单元的数据库可以进行强同步，单元内的服务本身是无状态的。

为了避免地域 A 整体出现问题，在地域 B 中对地域 A 中的单元进行了异地的灾备。异地灾备在正常情况下是不处理业务的，只有当地域 A 整体出现问题时，地域 B 才会提供服务，考虑到地域 A 整体出现问题通常意味着发生了重大事件，此时虽然异地灾备的数据因为异步的原因可能存在少量数据丢失，但这已经足够了。

8.4.2　滚动更新

当一个服务有多个实例并需要更新时，如果同时对所有实例进行更新，则业务可能会出现一段时间不可用的情况。这时可以使用滚动更新的方式。

Kubernetes 本身就具备容器滚动更新的能力。在设计微服务的滚动更新时，可以参考 Kubernetes 的实现方式。

简单说来，滚动更新的原理是通过先启动部分实例再关闭相应数量的实例，保证服务时刻拥有一定数量的可用实例的方式来完成更新。

> 在使用滚动更新时，新旧版本的实例会同时对外提供服务，因此必须做到版本之间的兼容，否则将引发混乱。

8.4.3　优雅下线

当服务的实例下线时，对于服务注册中心来说，只能通过心跳的方式检测实例的状态，而心跳是有延迟的，因此在以秒为单位的一段时间内，服务注册中心由于还没有意识到实例的下线，而继续将该实例包含在服务的可用实例列表中发送给其他实例。

那么，如何能够实现优雅下线呢？

一种简单有效的方案是反注册。当实例准备下线时，首先向服务注册中心发起反注册请求，让服务注册中心从可用实例列表中移除自己。为了避免临界情况，在发送出反注册请求后，服务应继续运行一小段时间再停止运行。

> 为了避免网络抖动造成实例与服务注册中心的连接中断，实例在发现服务注册中心中没有自己时重新向其发送注册请求，但这会与反注册发生冲突。因此，在自动重新注册前，应先判断是否已发出了反注册的请求。

8.4.4　健康检查

在传统的运维过程中，判定一个服务是否健康的方式通常是检测该服务在主机上的进程是否存在。但对微服务来说，即使进程存在，也不能说该服务就是健康的。

一个服务是否健康通常取决于如下方面。

- 程序进程是否存在。
- 是否成功注册到服务注册中心。
- 服务实例是否可被访问。

需要保证的是，不健康的服务实例不应被其他实例发现。

微服务的健康检查可以参考 Kubernetes 提供的探针机制。

Kubernetes 提供如下两种类型的探针。

- 存活探针（LivenessProbe）：程序已经正常启动。当存活探针检测失败时，Kubernetes 会通过自动重启来尝试恢复。
- 就绪探针（ReadinessProbe）：程序已经做好对外提供服务的准备。如果就绪探针检测失败，则 Kubernetes 自身的服务发现机制会移除该实例。

8.4.5　自动伸缩

微服务的特性之一就是便于弹性伸缩，但如果每次都需要人工操作，则一方面烦冗易错，另一方面人工较慢的响应速度会让过程显得后知后觉。

在实现方面，业内已经有了较为成熟的方案。以容器编排技术 Kubernetes 为例，其本身支持对服务实例的弹性伸缩，可以通过人工输入命令的方式，对 Deployment 对象使用 Scale 命令来设置期望的实例个数。这时，Kubernetes 的控制平面就会确保运行的实例数量与期望的保持一致。

那么，如何自动化地实现弹性伸缩呢？通常需要考虑以下几点。

1. 扩缩容指标

自动扩缩容需要让系统知道在什么条件下需要进行扩缩容的操作，这就需要定义出指标。常见的指标包括 CPU 使用率、内存使用率、磁盘使用率等。

2. 状态持续时长

当指标达到所设置的阈值时，并不需要立即对实例进行扩缩容操作。一些时候，指标的阈值可能会因为资源遭遇突发性的事件而产生抖动，这种抖动发生的频率是比较高的，而且会在很短的时间内恢复正常。因此需要在扩缩容条件中增加持续时长的设置，只有在指标达到阈值且持续了一段时间后，才应触发自动扩缩容操作。

3. 扩缩容数量

当扩容或缩容的条件满足后，自动扩缩容需要知道应增加或减少多少个实例，因此需要提供响应的设置。另外，当操作结束后，指标的阈值可能仍然超出状态，这会继续触发新的扩缩容操作。但这个过程不能无限循环下去，所以需要设置一个最大的扩容或缩容的数量，以保证资源不会因为突发情况而被个别服务耗尽。

4．冷却时间

正如在"扩缩容数量"中谈到的，一次扩缩容操作可能并不能将指标改善到阈值以下，不过这种情况在很多时候是正常的。例如，当扩容操作完成，但扩容后的应用程序还未完成启动时，负载依然留在原有的实例当中，在这个过程中指标是不会得到改善的。为了避免这类情况导致不正确地执行扩缩容操作，需要设置一个冷却时间，即每次扩缩容操作与下一次操作之间的间隔时间。

8.4.6　故障注入

与传统单体应用不同的是，微服务架构很难保证不同环境之间没有差异，即几乎不可能模拟出一个与生产环境一模一样的环境，对于大规模的、高可用性的微服务系统来说更是如此。

因为无法 1∶1 地模拟生产环境，高可用策略、容灾策略和压力测试等方面的设计只能停留在理论上，所以实际效果很难评估。

为了解决这个问题，近些年，微服务领域中对人为地向系统中注入故障以观测系统状态的做法进行了大量的尝试。比较著名的是 Netflix 使用的"Simian Army"，Netflix 的工程师开发了许多主动引发系统某些组件混乱的组件，称其为"xx 猴子"，如以下几种。

- 混乱猴子（Chaos Monkey）：随机地终止在生产环境中运行的虚拟机实例和容器。
- 延迟猴子（Latency Monkey）：人为地引入延迟来模拟服务熔断和容错，实现服务降级。
- 看门猴子（Janitor Monkey）：自动搜索未被使用的资源，随后将其关闭。

这种在生产环境中主动引发混乱并观察相关设计是否达到预期要求的方法被称为混沌工程，现在已经被越来越多的互联网企业重视。

不过，目前对混沌工程是否应该在生产环境中使用依然存在争论。一些人建议混沌工程应只在非生产环境中使用，还有一些人则认为只有在生产环境中使用混沌工程才能达到预期的目的。对此，笔者的观点是，在生产环境中使用混沌工程的效果确实是最好的，但必须做好应急预案，同时必须得到业务方的支持，否则不建议在生产环境中使用。

8.5　本章小结

本章主要涉及微服务基础设施的治理和微服务能力的治理。

8.1 节对基础设施治理进行了讨论，内容更多的是如何治理微服务的运行环境。8.2 节、8.3 节、8.4 节将微服务能力的治理按照基础治理能力、一般治理能力和高级治理能力进行了介绍。

从经验上看，微服务基础设施的搭建和系统的开发占据一半的工作内容，另一半就是服务治理。但现实中的情况是，很多人在将微服务发布到微服务平台后，就认为微服务的建设工作已经结束，忽略了治理过程。

缺乏治理的微服务系统就好比一个未经探测的雷区，不知何时在何地就会引爆一个雷。

第 9 章　微服务架构实践指南

前面已经介绍了微服务的理论知识和微服务的拆分方法。在实际工作中，要想使用微服务架构开发应用系统并让其上线为企业产生价值，还需要面临很多决策和挑战。

本章根据笔者对微服务的理解，以及在为客户建设微服务架构系统时积累的经验，介绍如何真正地在企业中把微服务用起来。

9.1　微服务应该如何开始

万事开头难，本节是对准备开始或正在开始应用微服务架构的读者的一些建议。

9.1.1　正确认识微服务

笔者观察到这样一个现象：大部分人认为微服务是一项软件技术，微服务在开发人员中传播得非常广泛。不过，这种理解带来了一些问题。

1. 常见的两类认识不足

（1）企业决策者对微服务缺乏认识。

笔者接触到的很多决策者对微服务的理解大多来自各种推广微服务优势的资料，以及提供微服务平台的厂商宣传。这些资料大多是比较空泛的介绍，尤其在厂商的宣传中，更多的是强调其平台可以帮助企业快速建设微服务架构。

这种"快速"在很多时候就是在暗示可以在不变更企业现有组织架构、流程规范、开发模式和已有系统的前提下，让现有系统运行在厂商提供的微服务平台上。这非常符合企业决策者的意图。

不过，经过前面的介绍，相信读者已经认识到上述的"前提"是不现实的，但仍然有大量的决策者对此深信不疑。加上目前确实缺乏衡量指标来判定一个架构是不是微服务架构，这导致很多在笔者看来不像微服务的微服务架构的出现。例如，将原本的单体应用直接加上 Spring Cloud 的相关依赖后形成的"巨型微服务"。

> "巨型微服务"这个名词来源于一次与客户不成功的交流。那是一次与客户高层的汇报会议，背景是我们提供的微服务产品未能很好地发挥能力。
>
> 我们调研后发现，产品之所以表现不佳，是因为客户的微服务应用程序设计得不好，几乎是将原有的单体应用直接加上我们提供的 SDK 而形成的。
>
> 在会上，我们给出了调研后的结论，以及解决方案。但客户高层在听到我们将他们的系统形容为单体应用时勃然大怒。从那以后，我们创造了"巨型微服务"这个名词。

（2）开发人员对微服务的认识比较片面。

据笔者了解，现在几乎所有的 Java 培训机构在课程中都会涉及以 Spring Cloud 为代表的微服务实现技术，这让初学者认为只要学会了 Spring Cloud，就学会了微服务。甚至许多企业中的技术骨干、技术经理等也抱有这种思想，认为微服务是通过几个开源框架就可以实现的。

这种观点可能是误导决策者认为可以通过采购商业微服务平台的方式快速实现系统的微服务化的原因——就好像资源"上云"那般简单。

2. 笔者的建议

笔者认为，目前正在使用微服务或打算使用微服务的企业，有很大一部分实际上并非真正需要使用微服务架构，更多的可能是"跟风"。因此，上述两类认识不足的情况非常普遍，这很可能在微服务建设的过程中引发混乱和内部矛盾等，甚至微服务建设最终会不了了之。

企业的微服务化改造决策不应是单纯从上往下的，因为高层决策者可能有认识上的偏差；也不应是单纯从下往上的，不能因为团队中的开发人员都说"我们应该用微服务"，就开始用微服务的方式开发系统。

> 笔者建议，企业中的架构师、技术经理等角色应充分发挥自身的能力。
>
> 首先，通过深入地学习，正确地理解微服务。
>
> 然后，通过自身的影响力来帮助高层决策者和开发人员理解微服务。

> 最后，在确实需要并获得高层决策者的支持的前提下，开始在组织中应用微服务。

9.1.2　调整组织架构

康威定律在本书中多次出现——通过频繁地提及，笔者希望这个定律能扎根在读者的脑海中。使用微服务架构的第一步就是调整组织架构，让相关方之间的沟通模式与微服务架构相匹配。

1. 调整范围

部分人可能认为调整组织架构就是对开发人员的组织方式进行调整——这里所说的"开发人员"在企业中多指的是前端程序员和后端程序员。不过，这个调整范围对于微服务来说并不够。笔者认为这种调整可以包含以下两方面。

（1）重新定义"开发人员"。

"开发人员"是指所有与系统开发相关的人员，包括产品经理、需求调研员、各类程序员、数据库管理员、测试人员、运维人员等。

（2）纳入相关方。

由于微服务是围绕业务开展的，因此在进行组织架构的调整时，除开发人员外，业务部门的划分也应该调整为与微服务的拆分相匹配（反向也成立）。建议在开发团队中应有业务领域专家的存在。

2. 数字孪生

笔者曾在建筑行业中听到一个概念　"数字孪生"，其含义是现实中的一栋建筑在数字世界中有一个与之对应的模型，现实建筑中的任何组件在数字建筑中都有与之对应的模型。借用这个概念可以很好地表达组织架构和微服务架构的关系。

当组织架构和微服务架构形成"数字孪生"后，微服务架构的特性需要在组织架构上体现出来，反之亦然。例如，微服务的独立自治、依赖关系等。这要求企业更新相关的制度和流程予以支持。

通过正向和逆向地使用康威定律，真实世界的优化可以反映在数字世界中，数字世界的特性可以改变真实世界的工作模式，双方相互促进，形成良性的互动和同步的演化。

9.1.3 充分授权

组织架构调整意味着，企业从原本的职能型架构开始向矩阵型或敏捷型架构发展。在原本的职能型组织中，一个部门中拥有数量庞大的职能相同的人员，为了便于管理，职能部门内部往往有着严格的汇报层级和汇报流程。

1. 流程带来的阻碍

当变为矩阵型或敏捷型组织后，每个团队由 10 人左右的跨职能的人员构成，汇报层级变得扁平化，但原有的汇报流程依然存在。笔者在一些企业中看到，小团队的日常决策仍然需要一层一层地向上汇报，直到获得有权限的决策者的审批才能够执行。这让微服务带来的优势大打折扣。

在第 2 章介绍"架构师电梯"时提到，越接近问题的人的决策越可靠，更何况是一支拥有跨职能技能的团队。

"永远不要让领导做填空题，而为他提供多个选项，让他做选择题"，这是工作中的一个常识。小团队向上的审批通常都带有选项，并且基本上都会有推荐选项，在笔者看到的大部分情况中，领导都是会审批通过的。有些领导可能会让团队解释每个选项的利弊，以及为什么推荐其中一项，在得到团队的解释后会审批通过。审批单兜兜转转了一大圈，大部分情况仍然选择团队最初制定的方案。

在大规模的微服务应用中，小团队的数量比较多，如果每个团队的日常决策都需要层层审批、层层解释，可想而知，不但无法实现微服务的独立自治性，而且在效率上很难做到快速交付价值。

> 建议应用微服务架构的企业向服务开发团队充分地授权，这不仅涉及技术决策的授权，在行政、财务、后勤等多个层面也应提供必要的权限。

2. 对待犯错的态度影响着授权

为团队授权，在企业中（尤其是比较传统的企业中）是有难度的，最大的难点源自企业对待犯错的态度。

多数企业是厌恶犯错的，认为犯错意味着给企业造成了损失，因此，对待犯错最常见的做法是追责和处罚。基于这个原因，企业会制定严格的权限责任体系及处罚制度。要想实现授权，企业高层领导必须在文化、战略、制度层面予以支撑。

> 微服务架构诞生于互联网企业，互联网的一个特点就是"快速试错"。因此微服务架构天生就是适应快速迭代、不断试错这样一个场景的。微服务架构一直宣称的快速响应业务变化也基于此。

因此，企业对待犯错的态度应该转变，将犯错视为经验上的收益。只有这样，企业才愿意授权、敢于授权，服务开发团队才敢于行使自己的权力，这才是微服务架构在应用中该有的样子。

9.1.4 提升团队技能

微服务的实现技术这些年处于井喷式发展的状态。

1. 实现技术发展快

从以 Spring Cloud 为代表的第二代微服务技术，到以服务网格为代表的第三代微服务技术，再到以 Serverless 为代表的新一代微服务技术，相关的新技术不断地涌现，加上开源社区的助力，技术的迭代更新频率非常快。一些技术新版本推出的速度不但快，而且在使用方式上与旧版本差异较大，甚至完全颠覆。还有一些技术诞生没多久就停止更新或另起炉灶。

除微服务技术外，微服务技术依赖的相关技术（如容器技术、编排技术、观测技术、持续部署技术等）的发展特点和微服务技术类似，快到让人应接不暇。

2. 团队需要"一专多能"的技术专家

在接触微服务之前，笔者作为架构师，经常以"全栈工程师"的身份自诩。那时，从前端到后端再到数据库，可以说笔者都有着较为深入的研究。而现在，笔者已放弃"全栈工程师"的名号，甚至无暇顾及技术细节，越来越像一个设计者。

将架构师视为"技术领袖"和"问题终结者"的时代已经过去，现在需要团队中的每个人都成为"一专多能"的人才，和架构师共同实现微服务架构对技能的要求。原本依赖架构师的团队成员，在微服务时代，需要成为能够让架构师依赖的技术专家。

3. 提升团队技能的途径

为了能够有效地提升团队技能，从企业层面来说，授权、培训和学习文化的建设都是可用的选项。下面提出几点建议。

- 培训和学习应当符合企业 IT 战略，不能各自为政。
- 架构师应当充分发挥"导师"的作用，放下原本的"技术大拿"包袱，赋能团队成员，为员工的技能提升做好服务和保障。
- 团队中的"强者"要开放心态，与人多交流、多学习。
- 团队中的"弱者"要时刻保持紧迫感，让自己变得更强。

在微服务架构中，无论是业务变更，还是技术变更都会非常频繁，几个月的时间就足以在技术上掉队，无论是企业还是个人都应为此付出努力。

9.1.5　建设基础设施

分布式的微服务架构给部署和运维带来了极大的挑战，第 8 章介绍了一些服务治理的技术。除必要的治理技术外，至少在系统正式上线前，企业应为系统搭建如下基础设施能力。

- 日志聚合：用于将散落在各个主机或容器上的应用服务实例产生的日志收集在一起进行展示和检索，否则上线后无法快速获得异常日志。
- 链路追踪：服务之间会有频繁的接口调用，链路追踪可以用可视化的方式查看每一次调用过程途径哪些服务实例，并且能够显示每个环节的耗时，在客户请求返回异常时也能看到哪个环节出现异常。
- 自动部署：微服务对应用带来的好处之一是提供伸缩性和高可用性支持，因此线上环境基本需要为每个服务部署多个实例，并且涉及多个实例之间的配置同步等问题，单纯依靠人工的方式是很难保证线上部署的稳定性和及时性的。
- 持久化：每个服务的多个实例运行在多个主机环境中，这些主机可能是虚拟机，也可能是容器，云计算和容器的弹性会让这些主机环境动态地发生变化，应用不能像过去那样将信息持久化存储在主机的磁盘上，因此系统上线前一定要考虑清楚如何解决应用数据的持久化问题。

- **资源监控**：在单体时代，保障系统的正常运行主要依靠人工巡检和脚本巡检的方式，微服务架构中涉及大量的主机资源，人工方式和简单的脚本已经很难支撑，因此需要资源监控方面的基础设施为系统提供可观察性支持。
- **探活与重启**：复杂的网络和部署拓扑让系统变得脆弱，但很多情况下，这些"脆弱"都是临时的，如某个主机的网络抖动、某个主机的资源过载等，这些都是可以通过在另一个主机上重启服务来自动解决的。为此，首先要做的是提供探活的基础设施，及时地辨别出服务的实例是否存在问题，当判定确实有问题时，应提供自动重启的基础设施，这样会为运维人员减轻非常多的工作负担。

> 以笔者经验来看，如果微服务最初是技术经理或开发人员发起的，则容易忽视基础设施的建设，因为他们相信这些都是支撑系统运行的，优先级不高。
>
> 不过，由于技术架构的应用不能影响正常的业务功能交付，因此开发团队在实现微服务架构的同时需要保持业务交付的速度。基础设施的建设工作往往一拖再拖，后期依然没有精力和资金来建设基础设施。

系统一旦上线，就会面临缺乏基础设施带来的各种挑战，陡增的"技术债务"不仅会让愿望始终是愿望，还可能会影响正常的业务功能交付。

在系统上线前，上述所列基础设施能力，一个也不能少！

9.1.6　从试点开始

笔者不建议在企业决定使用微服务架构后，就大张旗鼓地将所有系统都改造为微服务应用。

1. 从试点开始的原因

应先从试点开始，这主要基于以下原因。

（1）微服务拆分相对容易。

企业的业务范围比较大，如果进行整体的微服务拆分设计，则难度会比较高，耗时会比较长。为了规避风险和减轻风险的影响程度，拆分结果往往需要经过反复的论证和层层的审批，这进一步增加了设计时间和提前决策所带来的风险。长时间得不到实际的落地，可能会让团队的斗志慢慢地被消磨殆尽。

> 一鼓作气，再而衰，三而竭。
>
> ——《曹刿论战》

（2）小范围的组织架构调整易于实施。

前面提到，微服务架构的应用必须要先对组织架构进行调整，但让企业决定对整体组织架构进行调整往往阻力是非常大的。通过试点的方式，小范围地调整组织架构与之匹配，这种做法通常可以获得企业高层的支持，在实际执行时难度会小很多。

（3）易于评估收益。

企业的最终目标是盈利，IT 架构是支撑这个目标的重要手段。那么如何评估 IT 架构是否达到了预期的效果呢？IT 部门一般被视为成本中心，要回答这个问题是非常困难的，当应用范围比较大时，更会因为"众口难调"等原因让人感到迷惑。相比之下，对小范围的试点进行收益评估相对要简单许多。聚焦，通常可以帮助人们看到事情的本质。

（4）容错度高可以快速积累经验。

在刚开始时，由于能力欠缺、经验不足等原因，犯错的概率和频率会比较高。错误可能来自各个方面：微服务拆分错误、技术选型错误、服务实现错误、团队组织错误、架构设计错误等。这些都是正常的且不可避免的。试点的范围较小，错误带来的影响是可控的，重新拆分、重新选型、重新实现等都是可以容忍的，这让团队成员可以大胆地实践，不但有助于系统的正确实现，而且可以让团队成员在过程中快速积累大量经验。

（5）树立标杆有助于推广。

标杆的作用通常会超出人们的想象，因为标杆不仅会给企业中的其他成员带来经验上的指引，还会让大家相信企业的决策是会带来成功的，这对执行力有着非常显著的促进作用。

有人说："因为相信，所以看见"，也有人说："相信'相信'的力量"。

2．如何选择试点

笔者的回答是选择那些重要但不核心的业务。理由如下。

- 太边缘的试点即使成功了，也说明不了什么。
- 太核心的业务一旦出错，带来的影响也许无法容忍。
- 使用频率高但不会让核心业务遭受影响的重要业务是比较合适的。

9.2　如何应用微服务

在应用微服务架构过程中依然会面临非常多的挑战。应该如何做出正确的选择？如何应对实际中的问题？本节将对这些问题进行讨论。

9.2.1　坚守原则

企业在 IT 活动中，会产出各种类型的原则，前几章介绍了微服务架构的相关原则。不过，根据经验来看，这些原则大都会在执行过程中被忽视，而且随着执行进程的不断深入，被忽视的程度会越来越大——开始时还遵守原则，越往后就越将原则置之不理。

微服务架构是一个复杂的分布式架构，更加适用于复杂度高的业务系统。技术和业务的双重复杂度让事情变得愈加棘手，缺乏原则的约束会让整个系统在不知不觉中走向混乱。

在实践中，为了保证原则能够落实到位，笔者有以下建议。

1．设置检查点进行合规性审查

建议在执行过程中频繁地设置检查点，在每个检查点对实现情况进行合规性审查。检查自上一个检查点至当前检查点过程中的决策依据、执行效果等。建议审查工作由专门的部门实施，这个部门可以是实体组织，也可以是类似技术委员会的虚拟组织。

2．决策需要依据原则

考虑到微服务对自治性的要求，不建议开发团队的日常决策都通过上级审批的方式获得授权。但团队自己的决策应使用原则作为检查清单（Checklist）进行自检，并且应留痕（形成文档，持久化管理）。在合规性审查时，这些留痕会给审查工作提供依据。

3. 加大原则的宣传推广力度

原则不应仅被少数人掌握，应通过各类宣传手段让团队中的每一个人都对其有清楚的认识，相互监督、相互督促，共同推动原则的演化和应用。宣传的手段可以是举办讲座、印发宣传册、张贴海报等。

4. 非正式的小测验

从经验来看，要想将浓缩的知识快速地记忆到脑海中，考试是最佳方法。

笔者曾经对考试极其反感，但随着工作后的多次考证经历，笔者现在认为，考试确实可以让人快速记忆核心知识。但仅仅一次考试是远远不够的，为了保证记忆的持久化，需要反复的测验。但这仍然不够。《刻意练习》中说，简单地重复是低效的，应有目的地重复，通过有目的的、具有一定难度的重复练习，在每次练习中收到反馈并纠正。因此建议频繁地举办小测验，每次更换不同的假设场景来帮助受测者记忆和理解原则。

为了避免给团队成员带来负面情绪和心理压力，建议这类小测验应采用非正式的方式，并且应尽可能地有趣。

> 人们眼中的天才之所以卓越非凡，并非天资超人一等，而是付出了持续不断的努力的。一万小时的锤炼是任何人从平凡变成世界级大师的必要条件。
>
> ——Malcolm Gladwell 提出的"一万小时定律"

9.2.2 管理例外

原则需要坚守，但总会有原则没有覆盖到的情况或例外的出现。在这些例外情况下，是可以酌情放松原则的约束力，甚至不应用原则的。但实际中的问题是，每个人都认为自己当前遇到的情况是例外。

为了避免组织内随时出现的以例外为理由而不遵守原则的情况的发生，笔者有以下建议。

1. 为每个原则增加例外情况

原则通常不止一个，而是一套，在一套原则中很可能会出现相互抵触的情况。因此在制定原则时，需要进行识别，为原则排定优先级，编写例外情况，以及在每种例外情况下原则的约束力程度。

2. 例外中尚不存在的需要审核

在原则制定和发布的早期阶段，原则的数量不应太多，例外条件的覆盖面也不应太广，因此总会有没有考虑到的情况。当这种情况发生时，建议团队尽量向上反馈，寻求帮助。需要强调的是，审核流程应尽可能简单，审核人可以是架构师，也可以是技术委员会。根据团队实际情况，审核人决定是否修改原则予以匹配，或者添加新的例外条件予以支持。

3. 加强合规性审查

很多时候，开发团队并不能分辨出他们遇到的情况是否是例外，也不确定他们的决策所依据的原则是否合理。因此，需要一个机制能够主动地为团队提供服务。合规性审查可以很好地承担这项任务，并且审查过程是原则制定者检视原则合理性和适应性的最佳途径。

4. 将反面案例作为经验

违反原则的情况是一定会发生的，没必要对其"上纲上线"，也没必要因此向团队开出罚单。这些反面案例是最好的培训素材，可以分阶段、有针对性地对不同类型的反面案例进行广泛的分析和讲解，也可以与 9.2.1 节中的培训、测验等实践经验相结合，获得更好的效果。

> 这里对于"坚守原则"和"管理例外"两节谈谈笔者的个人想法。
>
> 所谓"无规矩不成方圆"，原则既然制定了就一定要遵守，但在执行过程中往往存在两种极端的方式：要么将原则视为"圣经"，要么将原则视为形式主义的产物。
>
> 笔者对原则的看法更倾向于一个方向上的指南，以及各方沟通的桥梁，开放沟通和统一思想是其核心目的。

9.2.3 避免过早拆分

过早拆分是指在还没有完全理解领域知识时对服务进行拆分，这在初创团队和急于实现微服务架构的团队中非常普遍。那么问题来了，怎么样就不算"过早"呢？

这个问题确实很难回答，但"过早"拆分，有以下特征。

1. 团队中没有领域专家

笔者曾经帮助一个从事互联网 K12 教育的企业建设系统，在进驻企业后发现，在近百人的团队中没有一个人是教育领域的员工，需求是两个产品经理通过参考友商的产品提出的。在这种情况下进行拆分就显得"过早"了。

没有领域专家，意味着不知道系统功能未来的发展方向，刚刚完成的拆分结果可能面临大面积重做的情况，并且这种情况会频繁发生。虽然微服务的拆分是一个需要持续调整的动态过程，但如此频繁和大面积的调整是不合理的。

2. 未和领域专家之间建立统一语言

团队中也许有领域专家，但与架构师之间并未形成统一语言。在这种情况下，双方的理解可能是有偏差的，但他们以为已经相互理解了，拆分的结果大概率是不靠谱的。因此，在架构师和领域专家之间还未建立统一语言时的拆分是"过早"的。

3. 创新型功能

创新型功能意味着没有历史经验的参考，推出后是否能够达到预期的效果、是否满足用户的需求和使用习惯，这些都不得而知。拆分后的实现过程变数很多，甚至可能遭遇上线后因创新失败而迅速下线。对这些创新型功能进行拆分显得"过早"。

4. 对现有系统缺乏认识

微服务拆分的一个场景是对现有系统实施微服务化，因此需要花费大量的时间研究现有系统的业务知识和实现逻辑。不能因为开发团队是同一个，就认为可以忽略学习过程，这是因为开发是一个迭代的过程，开发人员仅关注与自己相关的部分。经过一段时期的迭代后，系统中的一些功能和逻辑可能已无人知晓其由来，这些都是需要重新梳理的，否则就可能成为"过早"拆分。

5．架构愿景和企业 IT 战略不清晰

拆分的结果是需要实现的，而实现离不开企业层面的支持，如果架构愿景和企业 IT 战略尚不清晰，那么在执行过程中就可能出现缺乏资源和资金而执行困难的情况。此外，在介绍架构开发方法和微服务拆分实践时，笔者都提到了架构愿景的重要性，如果这些尚不清晰，即拆分微服务就"过早"了。

6．对微服务架构认识不足

9.1.1 节讨论了认识微服务时常见的不足，若存在这些不足，则拆分微服务就"过早"了。

7．缺乏对自身能力的认识

还是那句话，拆分的结果是需要实现的。因此，只有清楚地认识自身的能力，评估开发团队能够实现到什么程度，才能在这个基础上确定微服务的拆分粒度和实现方式，否则就"过早"了。

总之，"过早"拆分会让团队陷入困难的泥潭中，从最初使用新技术时的兴奋慢慢地变为沮丧，越沮丧就越困难，进入恶性循环。

因此建议，宁可晚一点拆分微服务，也不要"过早"拆分——可以尝试使用 9.5.5 节介绍的模块化单体避免"过早"拆分。

9.2.4　建立开发环境

微服务应用的开发方式与单体应用的开发方式差别较大，如果开发人员缺乏帮助，那么今后会经常听到开发人员的吐槽。

总的来说，开发中的问题通常由以下原因引起。

1．微服务拆分不当

在微服务的拆分过程中，应尽可能地保证每个微服务都相对独立，这样才能减少本服务与其他服务的交互场景，进而一方面减少与其他团队的沟通协调，另一方面保证开发团队在本机上运行尽可能少的服务即可完成日常开发工作。

2．一个团队负责的服务数量过多

每个团队负责的服务数量应该尽可能少，如果数量超过 5 个，则需要考虑任务的分派是否合理了。一个团队维护太多服务，会对开发人员造成如下两个方面的影响。

- 需要经常在不同的领域上切换。这会导致开发人员的开发环境经常需要跟随切换，思想也需要跟随切换，降低开发效率。
- 开发人员有很大的可能性需要在开发机上同时运行所有自己管理的服务才能完成开发（将多个服务分配给同一个团队通常并不是没有理由的，大概率是因为这些服务在业务上有相关性），运行多个微服务不仅消耗了大量的启动时间，还会让开发人员的开发效率极速下降（资源的消耗有时会让开发人员每打一个字母就需要等待几秒，甚至开发工具频繁"卡死"）。

3．产生循环依赖

循环依赖有时很难察觉，如果在开发过程中遇到两个服务出现循环依赖的情况，则不管两个服务是否由同一个团队负责，都会形成类似程序中"死锁"的情况，即 A 等待 B，B 又在等待 A。这时的开发效率是非常低的，在调试时也会非常不方便。

4．未遵守"信息隐藏"原则

有时架构师会疏于对服务暴露的接口进行审查，如果接口设计得不够"柔性"，则调用方需要通过了解程序的实现细节来判断如何使用这个接口。在大部分企业内，每个团队都是可以查看其他服务的代码的（即使代码所有权有限制，借助开发工具自带的反编译能力也是可以看到源码的）。调用方通过源码解读接口能力和使用方式，很可能存在误解和曲解。

5．团队成员不稳定

微服务的开发建议使用产品化的思维，保证一个开发团队可以完整地负责一个服务的全生命周期，这样做的目的是保证业务领域知识能在团队中沉淀下来。这就要求团队成员必须是稳定的，如果成员经常变动，是达不到预期的效果的。有些企业可能会考虑工作饱和度而频繁地调配人员，但笔者认为工作饱和度可以用更好的方式来处理，如在团队负责的领域内为成员安排重构、学习和预研等工作。

6．开发方法不规范

微服务应用的开发与单体应用开发的差别是比较大的，大部分开发人员更熟悉后者的开发方式。当开发人员开始微服务应用的开发时，会碰到非常多的卡点和不便之处。能力强的开发人员可能会用自己的方式予以应对，他们的方式不尽相同；而经验较少的开发人员只能跟随，往往"知其然而不知其所以然"。

因此，建议架构师参与少量的编码工作，亲身去体验一下过程中可能遇到的问题，随后和开发人员一起制定规范。

9.2.5　适时地偿还"技术债务"

最优秀的团队也会有"技术债务"的存在，这是不可避免的。但现实中存在如下两种极端的做法。

- "技术洁癖"者只要发现不合理的编码就会进行修改，甚至随意进行可怕的批量修改。
- 与"技术洁癖"相反的是追求功能的发布，总将"技术债务"的偿还时间延迟到下一个迭代——日日待明日，或者寄希望于今后的某个不忙的时间集中处理。

> "技术洁癖"虽然出发点是好的，很多开发人员对这个词的评价是褒义的，但它更像一个威力可大可小的定时炸弹，威力小时团队可能不易察觉，但威力大时可能会影响整个系统。因此，不建议用这种方式来处理"技术债务"。

对"技术债务"采用消极的方式，寄希望于今后的某个时间点统一处理，这是不靠谱的。在绝大多数情况下，"今后"永远是"今后"，未来那个不太忙的时间点永远只存在于幻想中。即使听说过有企业为了解决"技术债务"，完全停止功能交付，几百个开发人员花费半年时间最终成功的案例，笔者也坚决地认为，这不是一个正确的选择。

建议的方式是，将敏捷开发思想和重构相结合。在 XP 敏捷开发方法中，提倡"够用就好"的思路，在实现时只要满足当前的需求即可，不需要考虑之后会有新的需求。这种方式很好地满足了功能交付上的需要，但积累了"技术债务"。

什么时候是处理这些债务的最佳时机呢？《重构》一书中探讨了重构的最佳时

机，其结论也可以用在处理"技术债务"时。

《重构》的作者 Martin Fowler 认为，代码重构不应该在专门的时间内进行，而应该随时随地进行（难道"技术洁癖"者是对的？不！），不应为了重构而重构。但无约束的"随时随地"会引发"技术洁癖"这个定时炸弹。因此，重构的具体时机如下。

- 添加新功能时。
- 修补错误时。
- 复审代码时。

这里介绍一下笔者的经验。前两个场景可以合并，即在需要对之前的代码进行修改，但发现新的代码不太容易加入时。

> 【举例】
> 在开发一个新功能时，我们秉承敏捷的原则——够用就好，即用最快速度实现当前需求；在第二次迭代时，需要加入新的功能，当发现新的功能和之前的代码有关时，先评估之前代码的书写情况是否可以让新功能快速实现，如果不能，则先对原有的代码进行重构，以便快速实现新功能。这种方式可以在交付速度和处理"技术债务"二者之间取得平衡。

9.2.6　信息隐藏

信息隐藏涉及两个方面。

1. 减少对外暴露的接口数量

假设一个极端情况——一个服务不提供任何接口，此时，这个服务无论怎么变化，都不会对其他服务造成影响，但同时失去了微服务架构的意义。为了尽可能地让一个服务能够独立演化，在对外暴露接口时，应遵守非必要不暴露的原则。

2. 隐藏接口的实现细节

当接口的实现变化会引起调用方的实现变化时，就说明它们之间发生了细节绑定。在实际工作中，开发团队往往为了避免修改调用方的代码而不敢修改服务方的接口实现，这不仅增加了实现上的难度，还会使得技术债务持续增多。

9.2.7　保持接口稳定

除信息隐藏外，接口的稳定性也会给调用方带来非常大的麻烦。

1．接口发布是"单向门"

只要服务的开发团队将服务能力通过接口的形式暴露出来，那么这个能力就可能被其他服务调用。这意味着接口的发布是"单向门"，即发布了就很难收回或在执行接口层面进行较大修改了。未经良好设计的接口和任意暴露的接口数量，都会让今后的集成工作非常困难。

为了保持接口的稳定性，接口在设计时就应该是与技术无关的，在因变更技术栈或编程语言而需要变更接口的实现方式时，接口的定义应保持不变。同时，接口不应要求被调方使用特定的技术栈。

2．变更接口定义的方法

在微服务的开发过程中，保持接口的稳定性是会遇到很多挑战的，而且很多时候变更接口的定义是具有合理的理由的，这时就需要使用一些机制来保证不影响已存在的调用方。例如，可以新增一个接口提供额外的能力，或者为原有接口提供新的版本，随后让旧版本的实现调用新版本的实现。笔者比较推荐新增一个接口，因为版本号的形式在语义上不够"柔性"。

一些对接口的变更是参数级别或具体实现上的，这些变更虽然不会影响现有调用方的调用方式，但可能会出现新的变更使得调用方在参数传递或结果解析过程中的特殊处理发生异常的情况。对于这个问题，笔者提出两个建议。

（1）为生产者编写测试用例。

具体做法：每个服务在编写测试用例时，不仅需要编写自己服务中的测试用例，还需要根据生产者提供的接口协议编写用于测试生产者接口是否满足自身需要的测试用例；在持续集成时，可以为这两类测试用例的执行编写两个 Pipelines 来分阶段运行。

（2）使用消费者驱动的契约测试（CDC）。

通常情况下，服务提供方的接口信息都是由服务提供方自己定义的。CDC 则将这个过程反转过来：由消费者定义接口信息，形成契约文件；生产者根据契约文件进行实现。这样就可以保证接口的实现能够满足所有消费者定义的契约。

9.2.8　管理代码所有权

在使用微服务架构之前的很长一段时间里，笔者都没觉得代码的管理有什么困难。

1．曾经代码的管理是粗犷的

在工作中，笔者用得最多的代码管理工具是 SVN。我们有时会为每个项目创建一个代码仓库，有时会为了方便管理只创建一个代码仓库，再用目录来区分项目。作为项目中的开发人员，每个人都可以访问一个代码仓库中的所有代码。

我们会创建一个代码仓库用来放置所有的公共类库代码，而这个代码仓库普通开发人员是没有访问权限的。不过随着开发人员经常游走在多个项目之间，慢慢地几乎每个开发人员都拥有了大部分代码仓库的权限。这似乎并未带来什么问题。

2．缺乏代码所有权管理让微服务变得混乱

当开始使用微服务架构时，代码的管理问题就出现了。

> 【举例】
> 某团队决定将过去采用单体架构开发的产品迁移到微服务架构上，他们将应用代码拆分为了多个服务，但是代码仍然在同一个代码仓库之中。这样做只是一种习惯而已，并没有过多地考虑，但当开始正常地迭代时，混乱就出现了。
> 大家都忙于自己所负责的功能，而在微服务中，一个功能往往需要调用其他服务完成。因为每个人都拥有整个代码仓库的权限，所以任何人都可以修改任何一段代码，混乱就出现了。
> 假设本次迭代张三负责 A 功能，他就会在 A 功能所在的工程目录中进行编码。这时张三发现要实现 A 功能，必须先在另一个服务中开发 B 功能并暴露接口供 A 功能调用，这时张三会直接进入另一个服务的工程目录中开发 B 功能，最终实现 A 功能的全部能力。

例子中的混乱，主要来自以下几个方面。

- 9.2.6 节中提到一个服务应尽可能少地对外暴露接口。但例子中的开发方法会让开发人员根据自己的需要任意暴露 API，这些 API 在实际中几乎不可能被

复用。这样一来，不仅会让服务对外暴露的 API 失控，还会让调用方难以分辨应调用哪个 API。

- 在开发过程时，开发人员为了复用已有的 API，会对别人的代码进行编辑，但他可能并不了解这个 API 的设计思路。这不但可能会破坏 API 的原有协议，甚至可能会改变 API 的定义。当调用方对这种情况不可见时，一旦发生就会引起很大的混乱。

- 当服务的负责人认为本次迭代所有功能都已经完成时，其他服务的开发人员可能会继续给这个服务添加新的代码，新添加的代码甚至可能是半成品。于是出现这样一种情况：昨天功能都开发完成，今天准备打包发布了，结果今天打包时发现编译失败了。

- 当功能出现 Bug 时，不同服务的开发人员会出现互相推诿的情况。因为很难说清究竟是谁提交的代码引发了 Bug，即使定位到了问题代码，两个服务的需求不一致也会导致双方开发人员都认为自己的代码是正确的。

上述可能产生的混乱仅仅是笔者在实际工作中遇到的一小部分，但已经足以看出在微服务架构中如果对代码没有有效的管理是非常不明智的。

3. 三类代码所有制

Martin Fowler 曾在他的个人网站中讲述了以下三类代码所有制。

- 强所有权：所有的服务都有拥有者。外部的人如果想要修改服务的代码，则必须将修改提交给拥有者，由拥有者判断是否采用。

- 弱所有权：服务有拥有者，但任何人都可以对服务进行修改。修改前可能会告知拥有者。

- 集体所有权：服务没有拥有者，任何人都能随意修改任何代码。

从这三类代码所有制的定义中可以发现，前面举的例子属于集体所有权。

> 《微服务设计》的作者 Sam Newman 认为，许多团队开始时规模比较小（20 人左右），使用集体所有权是有意义的。当人数变多，或者地理位置分散，沟通成本上升时，就无法全员统一思想，这时集体所有权就会引发混乱。他的建议是如果团队成员超过 100 人，就应该使用强所有权。

笔者的建议是只要使用微服务架构，就至少应该使用弱所有权，而且更加推荐使用强所有权。

9.2.9　内部开源

9.2.8节虽然建议使用强所有权，但强所有权会带来一些问题，如以下几点。

1．Bug 修复不及时

当开发人员发现上游服务提供的接口存在缺陷时，为了确保缺陷不是己方引起的，会对上游接口的实现代码进行分析，试图找到缺陷发生的原因。当定位对方服务中的缺陷位置后，却由于代码所有权的问题无法对其修改，跨团队的沟通往往又存在一些障碍，因此明明知道缺陷的位置，也知道如何修改，但受影响的调用方服务的开发人员只能一边等待服务提供方修改，一边不断地给自己的下游服务或测试人员解释功能不可用的缘由。当缺陷出现在线上环境时，越下游的服务开发团队，承受的业务方压力越大。

2．服务提供方得不到反馈

对于接口的定义者（服务提供方）来说，作为上游的它完全不知道下游是谁，也不知道下游数量，甚至有没有下游它都是感知不到的。

对于服务的开发团队来说，接口的定义完全凭借自身的经验或企业内更高层人员分派的任务来实现，自己是比较迷茫的。接口定义得好与不好，团队自己心里都没数，自然无法更好地服务下游。

3．经验无法分享

强所有权容易在组织内形成"各人自扫门前雪，休管他人瓦上霜"的风气，这对于团队之间的经验分享和相互学习是非常不利的。

4．引发开发团队之间的矛盾

上游服务开发团队由于远离终端用户而承受较小的客户压力，并且会因为服务提供方的身份而自视甚高。相对的是，下游服务开发团队的成员存在无能为力或妄自菲薄的思想，这样一来就容易引发团队之间的矛盾。"各人自扫门前雪"的风气会让开发团队之间习惯性地相互"甩锅"，矛盾容易因此升级。

> 基于上述原因，笔者建议，使用强所有权和弱所有权的组织可以使用开源项目的管理方式来管理内部的服务代码。

> 根据所有权的强弱，可以对内部开源的方式方法进行针对性的设计，目的是在保证开发团队拥有代码所有权的前提下，让服务外部的开发人员可以为服务贡献力量和交流经验，并且服务提供方可以在这个过程中接收反馈。

9.3　如何上线微服务

开发好的微服务需要发布到线上，这里所说的"线上"可能是测试环境、预发布环境、正式环境等开发环境之外的由非开发人员访问的环境。

对于开发人员来说，只需要在本地运行与当前工作相关的服务程序代码即可，但对于线上环境来说，需要将所有的服务都运行起来，并且保证它们之间的正常交互。在本节中，笔者会分享微服务上线时的经验。

9.3.1　测试左移

笔者刚学习 Java 时就知道了什么是单元测试，以及单元测试的实现方式。但真正重视单元测试且应用得很好的企业是比较少见的。

1. 尴尬的单元测试

开发人员甚至并不觉得单元测试是自己的本职工作，认为单元测试是白盒测试人员的工作内容。但至今为止，笔者周围从事白盒测试的人屈指可数，让白盒测试人员编写单元测试是一个美好的愿望。

软件质量大部分时候是依靠黑盒测试人员通过人工或脚本的方式模拟用户输入后，对比系统输出来完成的。这种测试被称为系统测试，只有在系统功能全部开发完成并发布到测试环境中后，才能进行。这时已经是开发生命周期的末尾了，如果将开发生命周期绘制在一个横向的时间轴上，右侧的时间晚于左侧，那么可以看到，系统测试在图中的位置是非常靠右的。

> 依靠集成测试保证软件质量的方式在开发单体应用系统时尚可，但在微服务架构中是不切实际的。因为系统中有大量相互独立的微服务，每个服务的迭代周期不会完全一致，并且服务之间的交互非常频繁，不可能等到所有服务都开发完毕后进行统一的集成测试再整体交付上线。

2. 无论何种测试都需要 "左移"

为了保证微服务软件系统的质量，测试 "左移" 成为了最佳实践，同时，为了保证测试效率，需要在不同的阶段使用不同的测试方法。

（1）单元测试。

单元测试应在开发时间轴的最左侧，即开发过程之初就需要使用单元测试。单元测试的特点是执行速度快（通常是几秒到几十秒）、独立性强（每个开发人员可独立编写）。单元测试是重构的基础，没有单元测试的重构都属于碰运气。

（2）服务测试。

服务测试发生在单元测试的右侧，目的是对服务暴露的接口进行测试。服务测试的边界限定在一个服务内部，任何需要与第三方服务或中间件交互的调用，都应该使用打桩或模拟的方式来实现，而不应该直接访问真实的第三方服务或中间件。服务测试需要编码，因此依然由开发人员负责。从执行效率上来看，大致与单元测试相似，总体略慢于单元测试。

（3）集成测试。

集成测试发生在服务测试的右侧，目的是用真实的第三方组件来验证正确性。集成测试在执行速度上相比服务测试会慢一些，在实际工作中可以筛选主要的测试用例从而在速度和覆盖率上进行权衡。如果测试涉及调用其他服务的接口，则可能会有沟通和协调过程，当遇到卡点时可以先进行本服务中的后续工作。

（4）端到端测试。

端到端测试发生在集成测试右侧，目的是模拟真实的用户操作来验证服务实现的正确性。由于要模拟终端用户，这种测试通常需要在用户界面上操作，因此相比上述的其他测试方法要麻烦一些，速度会慢一些。

（5）系统测试。

系统测试是针对整个系统的完整测试，这种方法在微服务架构中并不适合，因为每个服务都在不停地进行着各自独立的迭代和发布过程，不存在统一进行系统测试的执行点。不过根据最接近终端用户的真实体验，系统测试可用于对线上核心能力进行发布后的校验。

3. 测试金字塔

Mike Cohn 在《Scrum 敏捷软件开发》中绘制了一个测试金字塔，可以用来展示不同类型的测试方法的特点，如图 9-1 所示。

图 9-1

从图 9-1 中可以看出，越靠近金字塔的塔尖，测试用例执行的速度就越慢，但覆盖范围会越来越大，因此测试结果对质量的保证更有说服力。根据这个金字塔的提示，在测试用例的数量上，单元测试应该大量编写，服务测试需要有所取舍，而用户界面测试的用例数量相对较少，这样才能既保证测试速度，又保证软件质量。

图 9-1 同样可以用来说明上述微服务中常用的几种测试类型。

- 单元测试执行速度最快、独立性最好，在开发过程中应大量使用。
- 端到端测试虽然最接近用户的实际使用场景，对测试结果的信心最强，但执行速度最慢，不建议测试用例的数量太多。

即用例的编写数量：

单元测试 > 服务测试 > 集成测试 > 端到端测试

单元测试、服务测试和集成测试都可以在开发机上完成，端到端测试需要发布到线上环境中。这里所说的线上环境主要是指测试环境、预发布环境等。

> 笔者认为，在正式环境中频繁地执行端到端测试是非常有意义的，这样不仅可以避免环境不同引起的缺陷，还可以在第一时间发现正式系统中存在的问题。

9.3.2 自动化必不可少

微服务架构离不开自动化能力的支撑，常说的自动化能力包含以下几个方面。

- 自动化测试：自动化地执行各个阶段的各类测试用例。
- 自动化构建：开发提交的源码可以自动化地编译生成可用于部署的软件包。
- 自动化部署：自动化地将构建出的软件包部署在目标环境中。
- 自动化发布：自动化地向生产环境中发布能力，可能涉及灰度发布等。
- 自动化运维：自动化地监控系统中的各个资源和各个服务实例的运行状况，并且在发生异常时自动化地尝试自愈。

建议在开发微服务应用的过程中，不断尝试将人工操作变更为自动化方式。为了促进这个目的的达成，一种有效的做法是使用"谁构建、谁运行"的原则。开发人员为了能够不在半夜被叫醒去人工地重启服务，会自发地提出自动化的需求，企业只需要为其提供相应的指导和支持即可。

9.3.3 拥抱云原生

微服务细粒度的扩展方式是其优势之一，这种扩展方式和云原生相关技术的匹配度很高，使用虚拟化、容器、容器编排等技术，可以让微服务架构的系统很自然地运行在云环境中。

虽然不是必须的，但大部分使用微服务架构的系统都会使用容器和容器编排技术，越来越多的企业开始使用服务网格来建设微服务架构的系统。

此外，虽然云计算已经发展了多年，技术相对成熟，但企业对云计算的应用程度大部分还停留在资源上云的阶段。微服务架构可以推动企业的应用系统上云，同时让上云的系统能够充分地利用云上高弹性、高韧性的能力，帮助企业上云进入更高层级。

9.3.4 应用 DevOps

在应用 DevOps 时容易出现以下两个误区。

1. 认为 DevOps 就是采购各种自动化工具

在 DevOps 中的确需要使用很多自动化的工具，但正如 4.6.3 节所说，DevOps 需要人、流程和工具的共同协作。相比于流程和工具，与人相关的文化、思想和意识更加的重要，并且人的因素是最难控制和改变的。要想推动 DevOps，则需要高层决策者自身对 DevOps 有清晰的认识，并且提供在企业层面的大力支持。

2. 认为 DevOps 就是让开发人员承担运维工作

DevOps 本质上是开发人员和运维人员的闭环，因此，它对双方的工作方式和工作内容都有影响。很多企业在使用 DevOps 后，运维人员似乎就自我解放了，企业高层似乎认为不需要之前那么多的运维人员了。这不仅让开发人员开始抵触 DevOps，还会对运维人员今后的发展带来负面影响。虽然一些运维工作确实交给了开发人员，但运维人员应为开发人员赋能，将自身的运维能力以工具和方法的形式对开发人员输出。

9.3.5　不断提升系统的可观测性

微服务的线上运行离不开可观测性的支撑，9.1.5 节介绍的日志聚合、链路追踪、资源监控等实际上就是可观测性的实现方式。总之，需要用直观的方式在最短的时间内获得系统当前的各项运行指标。

> 在设计可观测性时需要注意：当基础的可观测性基本满足后，应根据各类系统相关方不同的关注点提供与之匹配的观测方式。

Sam Newman 在《微服务设计》一书中说到"我们收集这些数据是为了帮助不同的人完成他们的工作，这些数据会触发一些事件"。因此，可观测性的设计应考虑以下几点。

- 不同类型的相关方当前需要知道什么。
- 不同类型的相关方之后需要知道什么。
- 不同类型的相关方如何使用观测到的数据。

9.4 如何管理微服务

在微服务应用系统开发和上线的整个过程中，对架构的管理能力是区分企业对微服务架构使用成熟度的分级依据。

笔者对管理的理解：可能并没有意识到它的存在，没有它似乎也没有带来使用层面上的影响，但当意识到它时，就会越发地明白"大师为什么能成为大师"。

9.4.1 应用企业架构标准

第 1 章介绍了企业架构标准，从中可以看出，企业架构的设计、开发和演化是一项专业化、系统化的工程，特别适合在拥有较多 IT 资产的企业中应用。

较多的 IT 资产意味着系统从全景来看是比较复杂的，微服务架构的应用会进一步增加系统的复杂性，这更加能够发挥企业架构的优势。

虽然第 1 章重点介绍了 TOGAF 标准，但并不意味着必须使用 TOGAF 标准来管理微服务架构。读者可以根据各种企业架构标准的特点，结合自身的实际情况进行选择。

> 在标准的使用过程中需要注意：为了保证通用性，标准中每个阶段在设计和输入/输出物的定义上需要兼顾多种场景，企业在应用时，需要根据自身情况对标准内容进行裁剪和定制化。盲目地遵守完整的标准不仅会消耗大量的人力和资源，造成事倍功半，还可能因为抓不住重点而得不到预期的效果。

9.4.2 安装"架构师电梯"

第 2 章介绍了"架构师电梯"，一个好的企业架构师为了能够与处在企业各个层级中的相关方保持良好的沟通，每天都需要乘坐"架构师电梯"前往各个"楼层"去收集和反馈信息。

1. 架构师分层

在企业中应用微服务架构，会涉及组织架构、流程等管理方面的调整，还会涉及敏捷开发方法、DevOps 等文化和思想方面的转变，所以需要得到上至企业高层领导，下至基层的执行者的通力合作和支持。

> 微服务架构师作为连接各方的桥梁，需要频繁地乘坐"架构师电梯"去往企业层级中的各个"楼层"。

考虑到大型企业中的组织架构非常复杂，架构师的数量较多，因此建议在架构师内部进行分层管理，为每个架构师分配其负责的"楼层"，方便架构师之间频繁高效地沟通。

笔者建议，架构师应尽量避免关注技术细节，因为这可能让他们陷入细节的泥潭中而忽略全局的设计。细节可以通过授权的方式交给开发团队自行处理，或者交给熟悉相关细节的技术专家进行处理。

2．演化视角

微服务架构师需要具备演化视角，Sam Newman 在《微服务设计》中认为，具备演化视角的架构师应懂得成功需要不断地取舍才能实现，并且应承担如下职责。

- 远景：确保在系统中有一个经过充分沟通的技术愿景，这个愿景应该可以满足客户和组织的需求。
- 同理心：理解自己所做的决定对客户和同事带来的影响。
- 合作：和尽量多的同事进行沟通，从而更好地对愿景进行定义、修订及执行。
- 适应性：确保在客户和组织需要时调整技术愿景。
- 自治性：在标准化和团队自治之间需要找到一个正确的平衡点。
- 治理：确保系统按照技术愿景的要求实现。

9.4.3　拥抱敏捷

虽然不能要求微服务的开发团队必须是敏捷的，但敏捷的开发方法确实较完美地匹配了微服务架构中的各项要求。例如，团队规模、迭代周期、自治性、组织文化等在微服务架构的原则中理论化的要求，在敏捷开发方法中都有更接近实践的方案。

常见的敏捷开发方法有 Scrum、XP 和 KanBan 等，在此，笔者以应用广泛的 Scrum 为例介绍在微服务架构中如何实现敏捷开发。笔者认为应重点关注以下几点。

1. 敏捷的精髓

敏捷的精髓在于小团队，小团队具有高度的灵活性和适应性，团队之间通过开发架构和发布环境进行协作和交互。这与微服务架构中对服务的描述是高度一致的，这是笔者认为敏捷开发方法是开发微服务系统最完美的方法的原因。

2. 三大支柱

Scrum 基于"经验过程控制"（经验主义）理论，透明、检视和适应是该理论的三大支柱。

透明是指过程中的关键环节对相关方需要透明，Scrum 要求"所有参与者谈及过程时都必须使用统一的术语"。瞧！这难道不是 6.2.1 节讨论用 DDD 来拆分微服务时介绍的"统一语言"吗？检视和适应则体现了合规性审查和持续演化的思想。

3. 五大价值观

承诺、勇气、专注、开放和尊重是 Scrum 中的五大价值观，用来实现三大支柱。微服务系统提倡用充分授权来提升服务和开发团队的自治性，但如果没有正确的价值观，则授权会为结党营私等有损企业利益的做法提供便利。

4. 团队组织

一个 Scrum 团队由产品负责人、开发团队和 ScrumMaster 组成。这种团队结构可以作为微服务团队的参考，即一个微服务团队可以由服务负责人、开发团队和架构师组成。

ScrumMaster 是一个服务型领导，主要负责帮助每个人理解 Scrum 理论、实践、规则和价值，一个 ScrumMaster 可以服务多个团队。在微服务团队中，这个角色可以由架构师来担任。当然，如果企业中有专业的 ScrumMaster 更好，但架构师的参与是有必要的，架构师既可以为团队提供指引，又可以获得团队的反馈。

5. 迭代周期

敏捷开发方法提倡增量式地交付产品，迭代周期通常不超出 4 周，越短的迭代周期越能尽快地交付价值，不过，短于 1 周的迭代可能不足以交付能够上线正式环境的能力。敏捷开发方法中的迭代周期可以用于指导一个微服务应用的开发，根据迭代周期和团队规模，还可以用于衡量微服务应用的大小是否合适。

6."完成"的定义

在开发过程中，比较普遍的问题之一：在一个迭代的过程中询问开发人员进度，总是得到"计划完成的任务都已完成"的答复，但是在迭代结束日期的前一天，就会发现很多之前说已完成的功能实际还需要等待其他功能完成后进行集成。

在微服务架构中，每个服务都有自己的迭代周期，服务之间经常需要协调，如果出现开发人员声称完成但实际并未完成的情况，则影响范围较大，同时整个系统的进程会显得混乱。

Scrum 要求开发团队对"完成"有明确的定义。当任务涉及多个团队时，"完成"的定义应由所有相关的团队共同定义。

9.4.4　建立服务看板

建议企业将所有微服务的信息以看板的形式展示出来，这样不但可以站在更高阶的角度观测整个微服务系统的治理情况，而且有助于各服务开发团队之间了解彼此的各类信息。同时，这进一步地提升了系统的可观测性。

为了能够高质量地传递信息，在内容上需要在展示项和文字描述上做到精确和精炼，不要展示太多非必需的项目。建议每个服务提供以下信息。

- 服务基本信息：服务名称、开发团队、服务负责人、创立时间。
- 状态信息：当前生命周期的阶段是迭代中、运维中还是即将淘汰等。
- 领域信息：所在的业务领域，以及该领域是核心域、通用域还是支撑域。
- 相关方信息：核心利益相关方的信息。
- 代码信息：仓库地址、代码所有权类型等。
- 描述：精确而简要地对服务进行少量描述，可以包含服务使用的开发语言、技术栈等信息。

在确定好信息展示项后，接下来要做的是建立一个看板将所有服务的信息都通过看板展示出来。看板的形式可以是多种多样的，如可以在一面墙上使用人工的方式，也可以通过软件系统进行展示等。虽然形式可以多样，但是：

- 需要保证信息可以得到及时的更新。

- 信息必须被合理地组织，以帮助阅读者可以快速地获得。
- 需要在企业文化层面让看板融入日常工作。

9.4.5 建立技术委员会

笔者认为非常有必要建立一个技术委员会。

技术委员会可以是一个虚拟组织，其成员由各服务的负责人、开发团队技术负责人、CTO、架构师及企业高层领导等组成。技术委员会的职责是站在全局的角度对每个技术选择和应用进行审核，保证各个团队使用的技术在企业范围内是可控和持续发展的。

技术委员会是一种集中治理的方式，这似乎与微服务分散治理的原则相违背，实则是一个"度"的问题。过于分散的治理会让服务和开发团队更像"一盘散沙"。

技术委员会的职责如下。

- 防止技术栈的大范围不一致。
- 防止技术细节的大范围不一致。
- 提供跨部门的协调和审查。
- 站在全局角度衡量质量和成本。

9.4.6 建立团队分类机制

在 Spotify 的敏捷模式中，设计了一个用于分类团队的机制，以下进行说明。

1. 部落

部落是一个高层级虚拟组织。有时，一个领域对于一个团队来说太大了，需要拆分成多个部分由多个团队负责开发，这些团队处在一个相对完整的领域内，相互之间的交互会比较频繁，拥有一致的业务目标。

企业中的一些角色可能会在多个开发团队之间共享，部落可以成为这些角色的容器。在一个部落中，成员可以更换开发团队，但频率不能太高，通常是以年为单位的。

2．工会

自治型开发团队中常见的问题是每个成员因为被要求"一专多能""独当一面"而感到孤立无援，工会则很好地解决了这个问题。

工会是一个虚拟组织，成员是跨组织的，他们拥有共同的技术方向或兴趣。

3．俱乐部

俱乐部是工会的下级虚拟组织，相比工会，人员的技能会更加聚焦，如某一项具体的前端技术、项目管理等。企业内的员工可以加入符合自己工作和兴趣的俱乐部，相互分享、相互支持。

4．小队

小队就是服务的开发团队，是一个敏捷的、自组织的跨职能产品开发团队。

通过在开发团队之上建立部落、工会和俱乐部这 3 种虚拟组织（小队就是开发团队，是真实的组织，不属于虚拟组织），团队内的成员将不再感到孤立无援，当遇到自己难以处理的问题时，可以在这 3 种虚拟组织中寻找帮助。

建议团队的分类机制和技术委员会进行一定程度的关联，如让技术委员会成员负责管理一些虚拟组织，这样可以让思想和行动在企业范围内更加统一。

9.5　如何迁移单体应用

对于大多数企业来说（尤其是规模较大的企业），在决定应用微服务架构前，企业内部已经运行着大量的 IT 系统了，这些系统支撑着企业的核心业务，重新用微服务技术开发所有系统的方法从难度、成本和风险等角度来说都是不切实际的。通常的做法：对已有的单体应用进行微服务化的改造，将单体应用迁移到微服务架构中。

本节会介绍一些在迁移中可用的模式，这些模式主要来自 Sam Newman 和 Martin Fowler 的总结，笔者会用实际中的经验对这些模式进行一些说明。

> 迁移并不是简单地保证原有的系统可以运行在微服务平台之上的，而需要在不影响业务的前提下，逐步地将原有系统改造成符合微服务架构要求的模式。

9.5.1 明确迁移的目的

微服务架构的使用不应作为一个目标，单凭微服务架构也无法帮助企业获得业务上的成功，同时，微服务架构不是免费的且会带来了巨大的复杂性。因此，在决定从单体应用迁移到微服务应用时，应具备充分的理由，考虑清楚以下两点。

- 当前的单体架构的哪些方面无法达到要求，这些方面是否对业务成功起到关键性的作用。
- 在不使用微服务架构时，是否可以通过其他方式达到预期的要求。

为了回答上述问题，决策者应保持冷静的头脑，在清楚地了解微服务架构的优势和劣势的前提下，站在企业 IT 战略层面来考虑是否需要进行迁移。

> 万万不可为了使用微服务架构而使用微服务架构。

9.5.2 评估是否可以迁移

由单体架构迁移到微服务架构是一个非常困难的过程，绝对不是更换软件的开发框架或采购微服务平台就可以简单实现的，企业通常面临以下三大挑战。

- 技术变革：微服务架构的分布式特性需要更多技术予以支撑。
- 组织变革：组织架构和系统架构需要遵守康威定律和康威逆定律。
- 文化变革：拥抱敏捷文化，以交付价值为目标。

这三类变革带来的挑战需要企业高层和各个业务部门的支持与推动。

在实际中，笔者发现，企业的微服务迁移工作大多是由 IT 部门主导和推动的。从技术角度来说，IT 部门也许有能力规划和实施迁移工作，但当进入执行层面需要业务部门配合时，往往就难以推动了。这是因为，企业出于惯性思想依然将 IT 部门视作成本中心，因此 IT 部门在企业中的地位并不太高，而业务部门往往非常强势。即使 IT 部门能够推动业务部门配合迁移，但在过程中遇到问题时，不管是不是迁移带来的，IT 部门往往会受到业务部门的责难。对于组织变革和文化变革来说，IT 部门更是力不从心。

当企业决定进行迁移时，应评估是否可以承受上述的三大挑战。在实施阶段，企业高层应向实施部门充分授权，应不断地通过正式和非正式的方式在企业中强调实施部门的权力和义务，突显其地位。建议实施部门由企业高层级的领导担任负责人。

9.5.3　不要忘记数据库

实践中常见的一种现象：仅对单体应用进行微服务化的改造迁移，但仍然保留之前的单体数据库。这样一来就不知道哪些数据被哪些微服务应用共享了，最终很有可能会因为数据库的多应用写入而出现混乱。

相比拆分单体应用来说，拆分单体数据库的难度要高出很多，主要有以下原因。

1．缺少版本信息

软件的编码通常都有对应的需求任务，开发人员接收到需求任务后会从代码仓库中使用分支等方式进行编码，编码完成后会提交代码仓库。在这个过程中，需求管理、代码仓库等工具都可以留痕，因此程序中的代码或多或少都可以从相关工具中找到其业务逻辑和演化过程，而数据库不具备这些信息。虽然大部分企业都要求开发时编制数据库文档，但实际中这些文档大部分都得不到及时的维护。

2．表连接查询

单体应用会大量使用数据库的表连接技术查询存在于多张数据表中的数据。在数据库层面很难判断出应用中的各个表连接涉及哪些数据表，因此无法保证根据领域拆分后这些表连接涉及的表仍然存在于同一个数据库中。

3．不知道哪些代码使用了哪张表

与第 2 点类似，从数据库的角度无法判断应用程序中的哪些代码访问了哪些数据表，无法保证数据库拆分后一个微服务应用访问的数据表都在一个数据库中。

> 笔者在实际工作经历中，进行过将数据库拆分后通过对整个应用程序进行系统测试，随后观察报错信息的方法来识别哪些代码访问了哪些数据表。虽然这种方法并非很合理，但也算是一种方法。在 9.5.10～9.5.14 节中会给出一些更好的方法。

9.5.4　逐步迁移的重要性

迁移可以分为两种：逐步迁移和一步到位迁移。两种方式都有各自的支持者。

这两种方式笔者都曾亲身使用过。以笔者的经验来看，逐步迁移的方式会更好一些，并且 9.1.6 节提倡通过试点的方式来开始微服务架构的使用。

逐步迁移有以下好处。

- 便于定位问题和回滚：由于微服务架构的复杂性，系统的一些问题只有在正式环境中才会暴露出来，逐步迁移可以在问题发生后快速地定位问题产生的原因，在必要时可以快速地回滚到之前没有问题的版本。
- 犯错成本低：迁移的每一步工作内容的范围都较小，即使在过程中犯错，也不会给企业造成太大的影响。
- 便于决策权下放：因为犯错的成本较低，所以企业可以比较放心地将一些可逆的"双向门"决策下放到更靠近一线的个人或团队。
- 便于衡量成效：每次一小步的方式，可以比较容易地对每一步进行事前、事中和事后的评估，这样可以尽可能地避免"沉默成本谬误"——投入越大，回头越难。
- 便于偿还"技术债务"：每一步涉及的开发任务相对较少，因此在评估成效确定下一步的优化方向后，即可在后续的步骤中进行相应的重构和调整。
- 便于开展实验性工作：很多时候因为无法得到精确的反馈或缺少必要的技能等原因，决策者犹豫不决，逐步迁移可以快速地开展实验性的工作来验证各个决策选项。

本节之后介绍的模式全都是基于逐步迁移进行设计的。

9.5.5　模式：模块化单体

一种观点认为，迁移单体应用的第一步是将单体应用在代码级别改造成模块化的形式——这里的"模块"可以被理解为 DDD 中的"模块"。通过在代码上将每个服务用模块的方式进行分割，不但可以在一开始避免数据库拆分带来的影响，而且可以避免引入分布式技术和基于网络的交互，可以将关注点控制在微服务应用初期最困难的领域服务拆分工作上。

但也有人反对使用这种模式，理由是该模式通常会导致迁移过程止步不前。

从思想层面来看，这种模式是很不错的，但实际应用时比较容易因为陷入细节而盲目地追求完美，并且该模式容易让人们忽略数据库的拆分。

> 笔者的建议：如有可能，在开发单体应用时就使用模块化的思想来编码，这样在需要迁移到微服务架构时会比较方便。但如果在迁移时，已有的单体应用并不是模块化的，也不必非要先对其进行模块化的改造。

图 9-2 是模块化单体模式的示意图。

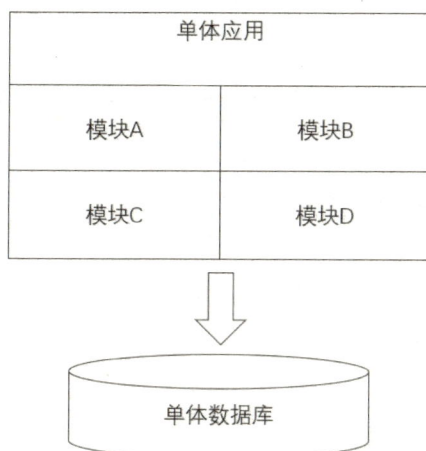

图 9-2

9.5.6　模式：扼杀无花果

现实中有一种无花果，其种子会首先落在树的上部分的树干上，然后慢慢下降到地面的树根上，逐步包裹原来的树，现有的树作为新无花果树的支撑架构，最终原来的树会死掉、烂掉，新的无花果树会自给自足地生存下来。

借鉴这个思想，在迁移时，用一个新系统将原来的单体系统包裹起来，两个系统共存，新系统逐步接管单体系统的能力分离出微服务应用，在能力迁移完成后，丢弃旧的单体应用。该模式被称为扼杀无花果模式，也被称为绞杀模式。这种模式在实际中应用得非常多，分为 3 步，如图 9-3 所示。

（1）识别单体应用中希望被迁移的部分。

（2）在一个微服务应用中实现这部分的功能。

（3）将这部分功能的流量从单体应用切换到微服务应用中。

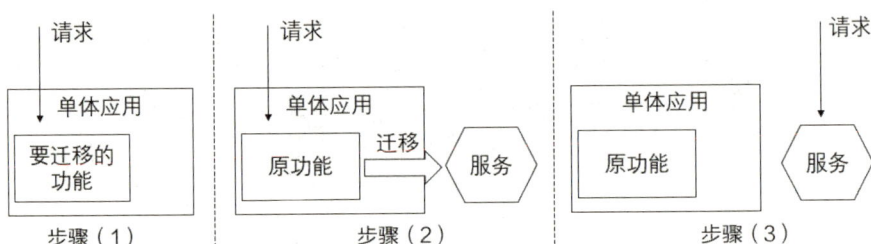

图 9-3

在实现方式上，可以使用代理来切换请求的流量目的地。

该模式有如下优势。

- 即使将服务发布到生产环境中，只要不切换流量就不会对系统产生影响，即部署而不发布。
- 通过流量切换，可以在很短的时间内实现发布和回滚。
- 新旧系统并存的方式非常适合于对黑盒应用（没有代码的应用程序）进行迁移。

9.5.7 模式：根据抽象建立分支

在对单体应用的代码进行调整时，通常的做法是从主干代码中迁出一个分支进行调整。如果调整涉及的范围比较大，则这个分支就会很长时间无法合并到主干。时间越长，分支与主干上的多个迭代产生代码冲突的可能性就越高，合入主干的难度和风险就会越大。

通过将扼杀无花果的思想应用于代码之中，就形成了根据抽象建立分支模式，分为 5 步。

（1）在希望改变的代码之上建立一个抽象层。

（2）将原本对这部分代码的调用修改为调用抽象层。

（3）创建一个新的实现，这部分代码由于是新增的，因此不会和其他分支代码产生冲突。同时，由于在实际中仍然调用原有的实现，因此新旧实现不会对系统造成任何影响，可以随时提交代码仓库进行持续集成。

（4）当新旧实现编写完成后，可以通过开关的方式将原有的实现切换成新旧实现。

（5）当新旧实现在生产环境成功运行并确认没有问题后，将原有实现的代码清理掉。

9.5.8　模式：并行运行

该模式与扼杀无花果模式非常类似，区别在于：扼杀无花果模式的流量只会发送给新、旧实现中的某一个；并行运行模式将流量复制成两份，同时交给新、旧实现进行处理。将旧实现的结果返回给用户，新实现的结果用来和旧实现进行对比。这样做的好处是可以通过对比来确认新实现的正确性，这对迁移高风险功能来说非常有必要。

该模式是灰度发布的一种，属于渐进式发布，目的是在客户无感知的前提下，将功能发布出去。该模式在对比结果时，不仅可以对比结果的正确性，还可以对非功能性指标进行比对，为优化提供指引。

9.5.9　模式：装饰者

该模式与设计模式中结构型模式之一的"装饰者模式"类似，目的都是在不修改原有功能的前提下，对功能进行扩展。在迁移中，该模式主要针对请求参数和返回结果进行扩展处理。例如，在原有功能调用时或调用后，将参数同步发给另一个服务实现扩展能力。

该模式的实现同样借助代理的能力，在接到请求或向调用方返回结果时，通过异步或同步的方式调用扩展服务——当需要对进入原有功能的请求参数和返回结果进行处理时,可以采用同步的方式;如果没有这种需求,则可以考虑使用异步的方式。

在实际应用中,比较容易出现在代理上编写大量处理逻辑的情况。这与微服务的思想相悖,应避免这种情况的发生。

如果扩展服务需要额外的信息,则可以通过在原有功能中新增访问点来向扩展服务提供访问,如图 9-4 所示。

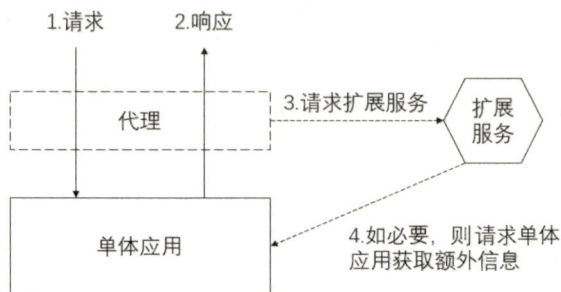

图 9-4

从图 9-4 中可以看出,如果扩展服务需要请求单体应用获取额外信息,则形成了循环依赖——单体应用功能的完成依赖扩展服务,扩展服务的实现又依赖单体应用。

此时最好的方法:对单体应用进行相应的调整,保证扩展服务不需要额外的数据。但这种方法并不是任何时候都可以做到的,这就需要进行权衡了。

9.5.10 模式:扼杀数据库

该模式的思想和扼杀无花果模式类似,步骤如下。

(1)建立一个新的服务数据库。

(2)从单体数据库中同步需要的数据。

(3)配合并行运行模式,不断地迭代和完善服务数据库,并且与微服务应用进行匹配。

(4)当匹配完成后,将新产生的数据的主存储介质切换为新数据库。

9.5.11　模式：数据视图

该模式可以有效地防止情况继续恶化——在迁移过程中，可能会遇到很多问题，并不是所有问题都能立刻得到解决的。但我们要做的是一点一滴地改进让情况不再继续恶化，给后面合适的处理时机提供基础。

在构建单体应用时，系统中的每个单体应用可能都在使用同样的数据库用户名和密码，此时很难辨别哪些应用在使用数据库，也不知道它们的使用方式是只读还是读写。

当进行微服务数据库迁移时：

（1）给每个单体应用分配不同的用户名和密码。

（2）辨别单体应用对单体数据库中的哪些表是只读的。

（3）创建一个新的 Schema，将只读的表创建成视图放入其中，并且交由应用程序访问。

（4）如果能进一步判断只读的数据列，则进一步缩小视图列的范围，这样有助于隐藏信息，便于后续的处理。

该模式在实际中应仅作为不得已时的备选方案，应清楚地认识到，该模式只能避免情况进一步恶化，而不能达成微服务化。

9.5.12　模式：数据服务

该模式也是一种避免情况恶化的方案。先使用一个"贫血"服务将数据库包装起来，再对外提供简单的 CRUD 接口。

这样做的好处：既可以将应用程序和数据库解耦，又可以达到通过服务访问数据的目标。相比数据视图模式，该模式还可以提供写的能力。

当数据库在拆分过程中遇到卡点或无从下手时，可以通过数据服务模式先进行解耦，再考虑如何拆分，将困难的数据库拆分逐渐地转变为应用拆分。

该模式的缺点很明显：必须修改调用方的代码，以便使用 API 的方式交互数据，这在很多实际情况中是无法满足的。

9.5.13　模式：接口数据库

现实中有很多报表类的场景，在这些场景中，报表工具是通过直接读取数据库的方式来进行数据采集的。在这种情况下，对数据库的任何改动都可能影响到外部系统的功能。

考虑到在这类场景中通常进行对数据库的只读操作，可以专门创建一个用于向外部系统提供数据的接口数据库，通过数据同步机制，将应用数据库中的数据同步到接口数据库中。这样一来，只要在调整应用数据库时，不影响接口数据库中的结构，即可满足外部系统的调用需求。

该模式的缺点：需要引入数据同步机制，并且无论使用何种同步机制，都会产生一定程度的延迟——接口数据库中的数据一定会落后于实际产生的数据。

具体实现可以参考以下方式。

- 使用成熟的 ETL 工具。
- 自行编写同步代码。
- 使用触发器。

该模式和数据视图模式非常类似，区别在于：数据视图模式通常只能用于同一类型的数据库中；而接口数据库模式没有这种限制，并且使用起来更加灵活，但使用和维护的成本相比数据视图模式会高一些。因此，可以优先考虑使用数据视图模式。

9.5.14　模式：在应用中同步数据

在扼杀数据库模式中，步骤（2）需要进行单体数据库和微服务数据库的同步，在接口数据库模式中提到过，同步的方式有很多，产生的延迟各不相同。一种延迟较小的同步模式是在应用中进行同步，具体做法如下。

（1）用旧数据库中的数据初始化新数据库。

（2）修改代码，同时向两个数据库中写入数据。

（3）保证代码从旧数据库中读取数据。

（4）在新数据库验证完成后，将读操作切换到新数据库中。

9.6　常见问题解答

本节原本想叫"最佳实践"，但想了想，在应用微服务架构的过程中，涉及的场景和特殊情况太多，因此本节仍然以笔者的个人经验为主，介绍笔者在实践中得出的经验。

Q：什么时候应该使用微服务

微服务在行业中的影响力之大和流行程度之广是显而易见的。不过，阅读本书中多个章节介绍的有关微服务的优势、特性及带来的问题的内容后，相信有些打算使用微服务的读者在看到微服务的复杂性和实现难度后，心里开始"打退堂鼓"了。

实际上，每当笔者和周围的人讨论微服务时，什么时候应该使用微服务这个问题一直是我们谈论的焦点。

Martin Fowler 在他的个人网站中声称："在大部分情况下，单体架构都是更好的选择"。而笔者对这个问题的回答通常是："如果你没有足够的理由，就不应使用微服务架构"。那么足够的理由是什么呢？

这个问题的答案仁者见仁智者见智，不过，在决定使用微服务前，至少应明确以下 3 个问题。

- 你希望从微服务中获得什么？
- 除了微服务，还有什么其他的解决方案？
- 你怎样衡量微服务带来的成效？

这 3 个问题看似简单，但实际决策时更多还是依靠人为判断的。这里，笔者很难列举哪些场景适合使用微服务，不过，5.7 节列出了不建议使用微服务的场景，希望这些场景可以给读者一些启发。

Q：微服务应该有多大

微服务系统由一组小型服务组成，这一点成为大家讨论的焦点，即一个微服务应用应该有多大？

思考：在笔者的工作经历中，笔者遇到过使用了微服务相关的全套技术，但其中每个微服务应用都有成千上万个 API 的系统，这样的系统算一个微服务系统吗？这些应用算微服务应用吗？

1. 大小的衡量

要对微服务的大小进行限定，首先需要为大小设置一个可量化的衡量指标。

在软件开发领域，有时会使用代码行数来衡量一个工程的大小，但它并不适合用来衡量微服务的大小，因为微服务是"技术不可知论"的，而代码行数只有在使用相同的开发语言的前提下才有意义。另外，同样的功能使用不同的实现方式或由不同的开发人员实现，甚至仅仅因为代码格式化的标准不一样，最终呈现的代码行数差距都会很大。因此，代码行数无法用来衡量微服务的大小。似乎很难找到恰当的指标来衡量微服务的大小。

虽然很难有一个量化的指标来衡量微服务的大小，但从微服务的思想来看，微服务应用中的功能越少，越能获得微服务所带来的优势。但是，微服务越小意味着整个系统的分布式程度越高。

微服务的开发团队需要具备开发该微服务的全部能力，当微服务小到只需要一个开发人员时，这个人很可能不具备开发该微服务的全部能力。

2. 可用于让大小适中的原则

微服务的大小既不能太大，也不能太小。总的来说，在考虑一个微服务应用的大小时，应该遵守以下原则。

（1）尽可能少地暴露接口。

微服务架构中存在大量的微服务应用，各个微服务应用之间存在频繁的相互调用。这些调用都是基于接口的，如果每个服务都提供非常多的接口，一方面，调用方会眼花缭乱；另一方面，服务在演化过程中会频繁地调整，对外暴露的接口越多，就越可能在调整时影响下游的调用方服务。

（2）适合一个敏捷型的开发团队。

在进行微服务应用的开发时，一个最佳实践是组建敏捷型的开发团队，因为敏捷开发方法本身就要求团队成员是跨职能且"一专多能"的。从目前比较主流的观点来看，Scrum 敏捷框架建议开发团队人数为 3～9 人；亚马逊的"两个披萨团队"认为人数不应超过 12 人。结合敏捷开发方法中每个迭代的持续时间大多为 2 周左右，最长不超过一个月，因此，微服务应用的规模不应超过敏捷型开发团队在一个迭代周期内的工作量上限。

（3）一个开发团队不应负责太多的服务。

在一些开发人员数量有限、业务单元很多的场景下，一个开发团队会负责多个微服务应用，这是正常的情况，但数量应尽可能少（通常是几个）。这时需要保证每个微服务应用的规模是一个开发团队完全有能力支撑的。

（4）服务可独立开发、部署、运维和演化。

为了能够让服务可以完全独立和自治，应尽可能减少服务之间的依赖关系，如果发现变更某个服务需要变更另一个服务，则应当考虑将两个服务合并在一起，或者分析根本原因后进行针对性处理。

（5）尽量避免分布式事务。

如果在系统中大量地使用了分布式事务，则可能意味着：①没有正确地划分业务边界；②服务规模太小导致一个服务无法完整处理一个业务能力；③没有使用正确的分布式处理机制。这时，应该首先考虑原因是否为②。

（6）满足对网络延迟的要求。

微服务的规模越小，则整个系统中微服务的数量越多，相互调用的频率和深度都会增加，这必然会带来网络延迟的增加。这时，需要结合实际情况评估微服务的大小是否合适。

通过以上几点原则，虽然没有指标可以精确衡量和评估微服务应该有多大，但可以知道本节开始的思考内容中提到的一个微服务对外暴露成千上万个 API 显然是不合理的，尽管那个系统使用了完整的微服务技术，但其中的微服务实在太大了。

Q：从新系统还是旧系统开始

这个问题实际上是说微服务应该在一个全新的系统上使用？还是应该先构建单体系统，再从单体系统迁移到微服务系统上？

上述的两种方式都有着各自的支持者，并且理由都比较充分。

- 从新系统开始的支持者认为，一个从零开始的系统不会出现需要迁就已有系统的情况，能够更好地实现微服务的思想。
- 先构建单体系统再迁移到微服务系统的支持者认为，对于系统早期的不确定性，单体系统的开发速度会更快，并且能够避免过早拆分带来的问题。

笔者对这个问题的理解：如果对系统所包含的领域知识非常熟悉，团队成员有着丰富的微服务实践经验，企业中遗留的相关 IT 系统不多，并且得到了企业高层领导的大力支持，那么可以考虑从零开始，直接用微服务架构来构建全新的系统；否则，应该先从单体系统开始，为能在今后快速地迁移到微服务系统上，应使用模块化单体模式来开发单体系统。

Q：前端如何处理

在一个系统中，有些服务只提供 API 供其他下游服务调用，不过用户是需要在前端界面上与系统进行交互的，那么这些前端界面是否应该纳入一个服务呢？

这里的困惑主要源于微服务思想中的对独立性和自组织团队的要求。

- 独立性要求服务尽可能少地依赖其他服务，保证自身可以持续地迭代和演化。界面的变更是非常频繁的，并且在很多时候并不意味着功能的变更。
- 自组织团队要求微服务的开发团队成员必须是跨职能的，其中包含前端人员。

有下面 3 种常见的做法。

（1）将界面放入最靠近用户的服务中，即最下游服务，并且由该服务的开发团队进行开发。

（2）将界面放入一个单独的服务中。

（3）认为界面不属于微服务系统，将其部署在微服务系统之外。

方法（1）的缺点：由于客户端的多样性，前端的展示效果是多种多样的，如果全部都放入最下游服务中，那么这个服务的代码量将会比较大，可能超出一个敏捷型开发团队可以应付的限度。

方法（2）的缺点：前端服务的能力大量依赖后端服务，任何一方的调整都可能会影响另一方，如果两个服务的变更频率不一致，则在时效性上会较差。

方法（3）的缺点：界面应用强依赖于后端服务，分开后将得不到有力的支撑。除此之外，界面是为用户服务的，理应使用微服务的特性对界面进行支撑。

笔者认为比较合理的方法：首先根据不同的客户端将前端界面放入不同的服务中，这类服务的实现可以加入 BFF（Backend For Frontend）技术，然后让这些前端服务和后端支撑服务形成一个部落或由同一个开发团队负责。

Q：先拆代码还是先拆数据库

如果先拆数据库，则需要对代码中的表连接 SQL 语句进行调整：通常先将一条语句拆分成多条执行，再将结果在内存中合并。这种方式的效率并不高，而且从成效上来看并不明显，很难在短期内看到改造的效果，无法通过快速成功来激发团队的士气。

先拆代码，虽然可以在短期内看到效果，但很可能会出现长期使用共享数据库而引发混乱的情况。同时，当代码拆分完成后会发现，如果继续拆分数据库，则会出现大量的报表问题和事务一致性问题，此时团队可能因畏难心理而让数据库拆分过程停滞不前。

现实中两种情况笔者都遇见过，总的来说，先拆代码的情况会多一些。笔者更倾向代码和数据库同时拆，或者"先初步对代码进行拆分，再立即进行数据库拆分"。

Q：整体优化还是局部优化

在讨论微服务的优势时，笔者多次提到微服务最根本的优势在于独立可部署性。由这一点出发，微服务无论是代码、数据还是开发团队都是独立和自治的。但笔者曾说过，去中心化绝不是无中心化，如果真的没有任何限制，那结果可想而知，一定不会太好，这一点在对系统进行优化时就可以看出端倪。

当系统运行一段时间，我们需要对其进行优化时，如果没有中心化的引导，则可能会出现以下两个问题。

1. 局部优化无法保证效果

假设在系统运行一段时间后，用户反映系统响应很慢，这种慢可能来源于个别功能，也可能是对系统的整体感受。在单体架构中，这种问题是比较容易处理的。请求提交后就会通过网络发送到程序中，程序可能会访问数据库等中间件进行相应的逻辑处理，随后将结果通过网络返回给用户。从描述中可以看出，可能引起响应慢的关键点如下。

- 用户提交请求到程序接收到请求的时长。
- 程序逻辑处理及中间件访问的时长。
- 程序返回响应到用户接收到响应的时长。

只需要判断响应慢出现在哪个环节，就可以进行相应的优化。

但微服务架构的网络拓扑要复杂得多，是哪个环节出现的问题很难定位。另外，每个服务和其开发团队都是自治的，而开发团队通常只会优化自己负责的服务，每个点的优化并不能保证整体指标得到了优化。

2. 局部优化难以积累经验

局部优化难以积累经验的问题可能让企业花费更多的成本。单体架构迫使企业内部采用中心化的方式管理和优化特定的技术栈，经过长期的深入使用，开发人员对企业中规定使用的技术栈的了解程度都比较深，企业也积累了许多的优化措施，如 JVM 内存参数、Tomcat 并发配置、数据库优化等。

在使用微服务架构后，开发团队自由地选择自己认为最适合实现服务的技术栈，其中很多选择的做出可能仅仅因为开发人员的个人喜好，并未经过深入的预研和论证，在使用过程中会存在各种问题。而团队间的相互独立，让彼此的信息难以共享，同一个问题可能会在多个团队之间反复出现，优化措施得不到有效的沉淀。

3. 优化建议

笔者的观点是，整体优化和局部优化都要做。整体优化应由技术委员会来指定标准和协调执行，局部优化应在技术委员会的审核和指导下由开发团队自行执行。优化案例应在工会、俱乐部等虚拟组织中共享和交流。

Q：如何处理一致性

微服务拆分后对开发最直接的影响是如何处理事务一致性。

1．问题出现的场景

设想这样一个场景：A 服务中的一个新增数据的操作同时需要调用 B 服务的接口向 B 服务的数据库中新增记录，只有当 A、B 两个服务的数据都新增成功，则该操作才能成功，否则就需要回滚。

在这个场景中，很自然地想到这是一个事务一致性问题。在开发一个单体架构的应用程序时，这个问题很好解决——利用大部分关系型数据库都支持的事务机制即可。但在微服务架构中，A、B 两个服务拥有独立的数据库，而数据库的事务机制只能在同一个数据库中生效，这就比较难处理了。

2．处理一致性的机制

分布式事务是分布式系统中最难解决的问题，微服务架构当然也不例外。通常可用的分布式处理机制有以下三种。

（1）两阶段提交（2PC）。

两阶段提交是应用广泛的分布式事务处理手段。两阶段中的第一阶段是请求阶段，这个阶段要求每个数据源都尝试执行操作并预留操作需要的数据；第二阶段是提交/回滚阶段，如果所有数据源的第一阶段都成功，则进入提交阶段，每个数据源将预留的数据进行提交并更新状态，如果第一阶段有数据源失败，则执行回滚操作，所有数据源释放预留的资源。

两阶段提交又被称为 TCC 方式，即第一阶段 Try，第二阶段 Confirm/Cancel。实际上，数据库的事务机制是基于两阶段提交的，大部分分布式事务产品都基于此方案。但这个方案并不完美，如在第二阶段发生异常时，事务就会被挂起，并且该方案的性能不是很好。

（2）分布式一致性算法。

Paxos、Raft 等分布式一致性算法是一种解决分布式事务的方式，但这种方式因为复杂性很少用在应用程序中，大部分应用在中间件中。算法的本质是将系统中的组件分为 Leader 和 Follower 两个角色。其中，Leader 只有一个，通过选举机制产生；Follower 可以有多个。当需要保证数据的一致性时，所有的写操作都提交给 Leader，Leader 将数据发送给 Follower。当大多数 Follower 都成功存储数据后，Leader 才会告诉客户端数据保存成功。

（3）超越分布式事务。

Salesforce 的软件架构师 Pat Helland 在 2016 年发表的文章《超越分布式事务》中提到："如果你不能使用分布式事务，那么你就只能使用工作流"。Pat 认为无论哪一种分布式事务都有缺陷和局限性，因此处理分布式事务的最佳方式就是不要使用分布式事务。

可以将一个完整分布式事务拆分成多个非分布式的小事务后，通过流程将它们串联起来，通过这种方式，每个小事务都可以在一个独立的事务体中利用数据源本身的事务机制实现一致性。基于这个思想，最终一致性越来越被人们接受，催生了像 SAGA（长事务）模式这样的最终一致性的实现方式。

3. 笔者的建议

对于上述的一致性处理方案，笔者更倾向于使用超越分布式事务。但这种方案会带来一些架构上的复杂性，在实现过程中需要引入更多的中间件，因此并不简单。总之，微服务架构中的事务一致性的处理是非常令人头疼的。

Q：该不该用分布式事务

在笔者遇到的实际案例中，大部分分布式事务的使用场景都可以通过业务上的变通来处理。

举一个简单的例子：用户注册页面分为账户信息和用户信息，假设二者属于不同的服务，则可以简单地通过将一个页面拆分成账户注册页和用户信息页两个页面来避免使用分布式事务。

但这种业务上的变通在实际工作中很难推动，最常见的就是难以得到产品经理的支持。产品经理常说："我就要在一个页面上填报"。相信听到这个话以后，开发团队只能乖乖地回去编写分布式事务的处理代码了。

发生这个问题的根本原因是产品经理和开发团队的目标并没有统一。使用变通的方式还是分布式事务的方式，是需要权衡的，而权衡需要各方认识到他们的目标是一致的——为企业创造最大化的价值。如果各方能够基于这个目标进行决策，那么无论使用哪种方式都会是合理的。如果原本可以通过简单地修改页面来实现一个能力，并且不会在使用上给用户带来负担，但最终决定引入昂贵的分布式事务处理组件来实现，笔者觉得就不太合理了。

Q：如何跨服务查询

微服务拆分后对开发的直接影响之一就是跨服务的查询操作应该如何处理。大部分软件系统的功能都是对数据源进行 CRUD（增加、删除、修改、查询）操作实现的。在 CRUD 中，最频繁的操作就是信息的查询。如果一个页面上看到的信息并不是存储在同一个服务中的，这时就涉及跨服务的查询操作。

1．问题发生的场景

在单体架构中，由于所有的组件都运行在同一个进程中，并且操作同一个数据库，所以跨组件的查询可以通过数据库中的表连接等方式实现。但在微服务架构中，每个服务都有属于自己的独立的数据库，当页面中的数据需要跨越多个服务时，数据可能来源于不同的数据库，这时就没办法通过一个数据库中的表连接来执行查询了。

跨服务查询常出现的场景是在需要展示报表时。几乎所有的报表中的数据都来自多个数据表，而在微服务架构的系统中，这些数据表有很大的概率分布在不同的服务数据库中。

某公司决定将之前用单体架构开发的产品迁移到微服务架构上。在原有的单体应用程序的代码中，充满了表连接。如何让架构实现快速迁移，同时不会为开发人员带来太大影响，是架构师所面临的问题。

为了用最快的速度达成目标，架构师做了以下两件事情。

- 在底层编写了一个多数据源的处理机制，保证可以在开发人员无感知的前提下，让他们的 SQL 语句自动地在不同的服务数据库中执行。
- 找出代码中所有表连接中存在其他服务数据表的 SQL 语句，把这些原本一条由表连接的 SQL 语句拆成两条，多数据源会自动将 SQL 语句发送给对应的服务数据库执行，随后在内存中完成数据的合并。

看起来这是一个不错的解决方案。但笔者不认为这是一个成功的解决方案，原因如下。

- 多数据源的方法突破了服务数据所有权的约束。在实际应用中，开发人员不仅会用多数据源执行查询操作，还会直接修改别的服务所拥有的数据。
- 直接从其他服务的数据库中获取数据是非常危险的。对于一个微服务来说，其认为数据是自身拥有的，因此会根据自身需要对数据结构进行修改，但这种修改方式无法通知连接该数据库的其他服务，在修改完成后，其他服务会发生异常。无法通知的原因在于：对于拥有数据的服务来说，它甚至不知道哪个服务会访问自己的数据库。
- 数据源的切换是对开发人员透明的，由底层的逻辑自动完成。这在实际中会引起频繁发生程序抛出"找不到数据表"的异常，开发人员甚至不知道需要访问的表具体所在的位置。
- 当两个服务中有相同的表，但字段不同时，这个方案的破坏性达到了巅峰。经过几个迭代后，谁也不知道某个字段中的值是由哪个服务维护的，原本正常的功能很可能因为数据源错误而显示异常，这种 Bug 极难排查。

总之，这个方案虽然实现了短时间内的架构迁移，最大限度地减少了开发人员对程序改造的工作量，但在使用中状况频发。

后来该公司试过通过数据库主从复制的方式，将需要跨库查询的表都同步到一个只读库中，在只读库中用表连接进行查询。但需要为每个服务的数据库都配置需要同步的表，这不但工作量大，而且易错，在使用过程中经常会因为各种原因出现主从复制失败的情况。

> 这个例子足以证明，在微服务系统中要进行跨服务查询是非常困难的。但这种操作是一个系统中最常需要的，因此这个问题的棘手程度不言而喻。

2. 一些可用的方案

下面提出一些可用的方案。

- 使用数据抽取工具（ETL）将需要跨服务查询的表抽取到一起。这个方案的好处是，可用的 ETL 工具很多，实现起来比较简单。但缺点是，数据库级别的操作是很容易出错的，任何一个表的字段发生变更都可能导致抽取失败或业务异常。
- 将报表和业务服务完全独立开。这个方案是上一个方案的一个变种，即将报表作为一个独立的服务，报表的数据库中的数据是从其他服务中获取的。获取的方式除数据库级别的同步外，还有接口调用。一旦获取数据，则报表服务就将数据视为自己独有的进行维护。

- 通过调用其他服务的接口获取数据后，在内存中完成数据的处理和合并，再输出成报表。这个方案除显而易见的资源消耗较大外，同步调用的方式还会增加报表异常的概率，在数据量较大时响应速度较慢。

- 通过业务优化，尽可能地让一次请求只返回一个服务中的数据。例如，可以将一个报表页面分为多个区域，不同的区域展示不同服务的数据，或者采用数据下钻的形式，用多个页面来展示不同服务中的数据。这种方式是笔者比较推荐的，但存在一些问题，当需要对页面上多个服务的数据进行聚合操作时（求和、求平均值等）只能依靠前端技术处理，这可能会存在精度和性能问题，而下钻的方式从用户体验上来说并不是太好。

上面列出了一些可用的跨服务查询方案。每个方案都有优缺点，因此在处理问题时，需要根据实际情况制定定制化的方案，并且据笔者所知，目前尚没有一个通用的方案。

Q：是否应以服务复用为重

一些人认为微服务的优势之一是服务复用程度高，但复用并不是微服务追求的目标。虽然 DRY（Don't Repeat Yourself）原则在软件开发中非常重要，但其真正含义并不是避免重复代码，而是避免系统行为和知识的重复。

微服务中重要的原则是"高内聚，低耦合"，如果要在低耦合和 DRY 之间选择，则应优先考虑选择低耦合。

> 可以得出这样一个结论：DRY 应该用于微服务内部，在跨服务的情况下可以适当地违反 DRY 原则。

Q：是否应该购买微服务平台

虽然可以通过使用开源技术来自行构建微服务平台，但笔者认为，对于以实现业务价值为目的的企业而言，自行使用开源技术搭建平台，短期看可能会节省一些成本，长期看则需要非常大的投入。

另外，微服务平台仅仅是一个工具，为了节省一个工具的成本而投入原本用于交付业务价值的资源并不划算。

通过采购的方式购买一个成熟可靠的微服务平台，可以让企业在前期将精力都放在业务功能上。但这并不是说实现微服务架构就必须采购一个微服务平台。当企业的资金并不足以负担采购成本，并且业务对可用性等的要求没有非常高时，是可以通过使用开源技术自行搭建平台的。

如果企业中的 IT 部门规模较大，有足够的人力和技能来搭建自己的平台也是可以的。自己搭建的平台会更加的灵活。

> 强调一下，微服务平台仅仅是一个工具。

Q：如何技术选型

技术选型主要涉及两个方面：微服务实现技术的选型、业务实现技术的选型。

对于微服务实现技术来说，目前以 Dubbo 和 Spring Cloud 为代表的第二代微服务技术的发展相对成熟，以服务网格和 Serverless 为代表的新一代微服务技术的发展势头非常迅猛。

如果现存大量异构系统，则建议采用服务网格的方式，否则建议优先考虑 Spring Cloud。相比 Dubbo 来说，Spring Cloud 更加接近微服务的定义和原则；而服务网格目前并不十分成熟，不过建议对其保持足够的关注度，可以在企业中尝试应用。服务网格和 Serverless 将是微服务发展的趋势。

对于业务实现技术来说，微服务的技术无关性使得业务在实现时可以使用任意技术。但这必然会带来人员技能、知识沉淀等方面的问题。因此，建议业务实现技术的选型必须经过技术委员会的审核和批准，技术委员会的评审依据需要结合企业当前的人员和资源储备情况。

> 笔者近些年信奉以下两句话。
> - 技术没有优劣。
> - 技术永远服务于业务。

Q：系统安全如何保障

5.6.5 节简单地介绍过微服务面临的安全问题。

在单体应用中，安全防护主要是基于访问边界（例如，防火墙、黑白名单等）来实现的。请求经过访问边界后就会进入系统的独立进程中进行处理。

微服务架构的系统由大量的微服务实例组成，实例之间通过网络相互连接。这样一来，遭遇攻击的攻击面和攻击点就增加了很多。单体应用基于边界的防护在微服务架构中不再适用。

微服务常用的安全机制如下。

- 零信任：持续验证、永不信任，不会因为服务之间的调用发生在系统内部就认为双方的交互是可靠的。可通过细粒度的授权、接口的访问控制、客户端证书等方式实现。
- HTTPS：服务接口均使用 HTTPS 协议交互数据，保证传输过程的安全性。
- 信息加密：对敏感信息进行加密。需要注意的是，不要使用自定义的协议和算法对信息进行加密，而应使用业界广泛使用的加密技术。

除常用的安全机制外，还需要根据微服务的特点指定一些安全规范。例如，微服务的日志散落于各个主机中，对这些日志的过期策略、访问策略等都应予以关注。另外，目前提倡安全左移的思想：将安全机制融入系统生命周期的各个阶段之中，并且尽可能早地融入。

Q：接口需要幂等设计吗

如果允许调用方开启重试策略，则被调接口必须按照幂等的要求进行设计。不过在实际中，这种情况并不是很多。

建议所有需要幂等设计的接口都经过技术委员会的审核后进行实现。在接口的文档中应特别注明该接口是否支持幂等调用。

Q：服务应该是无状态的吗

笔者的答案是应该。当然，在特殊情况下可以权衡考虑。

Q：异构系统如何管理

如果希望将异构系统纳入微服务架构之中，笔者的建议如下。

- 用一个"贫血"服务作为异构系统功能的代理。
- 使用服务网格对异构系统进行微服务化。

这两种方式都将整个异构系统视为一个服务，因此，不建议用在核心域之中。

Q：如何管理服务集

虽然微服务的核心思想是服务可以独立地迭代和演化，但在实际工作中，一个需求涉及多个特性，这些特性存在于不同的领域之中，由多个开发团队负责，涉及的服务被称为服务集。

服务集在一定程度上可以通过部落的方式来管理，但部落内的服务都是在一个领域下的，服务比较固定，而服务集会根据每次需求范围的不同而涉及不同的服务。

ThoughtWorks 的 Luiza Nunes 和 James Lewis 提出了他们认为的最佳实践，笔者对这些实践进行了归纳总结。

1．明确目标和职责

- 将服务集的相关方召集在一起，明确需求的原因、定义一致的工作方式。
- 为每个相关方分配角色和定义职责。
- 为整个项目集中的团队合作构建信任和理解。
- 告知相关方可能存在的风险及相互之间的依赖关系。

2．选择领导风格

可以使用情景领导模式来确定项目集中的领导风格，这些模式分别如下。

- 参与型：团队领导参与团队中指定目标和方向；沟通是多向的，领导作为团队中的积极分子参与其中。
- 澄清型：团队领导澄清团队的活动，调整角色和责任；沟通在领导和团队成员之间变得更加多向。
- 授权型：团队领导授权团队自己管理，让团队自行建立和修改工作流程；领导作为团队和组织中其他部门的通道。

- 决定型：中央集权型的，团队领导单方面告诉团队目标、角色和责任。

理想的微服务开发团队应是参与型和授权型的。但在项目集的管理中，可能需要使用另两种风格进行一些调整。

3. 持续管理依赖和风险

多个团队分别构建一个系统的一小部分，很自然地会有相互依赖的情况，这被称为待办事项耦合。消除这种耦合的方法如下。

- 构建一个大体的系统骨架。
- 约定好 API 接口。
- 在开发过程中使用打桩和模拟的方式来进行集成测试。

4. 强化沟通

沟通的目的在于：确保所有相关方都能获得项目集的信息，并且有机会发现问题和提出问题；促进团队间的沟通有助于缓解交付瓶颈；将阻塞暴露给项目集的领导团队，由他们解决问题。

5. 增强可视化

很多公司使用一个物理的项目集墙来公布信息，这不仅有助于项目相关方及整个公司对项目集的状态进行跟踪，也有助于收集大家的疑虑。一个理想的项目集墙包括足够的、看一眼就能了解项目状态的信息（参考 9.4.4 节：建立服务看板）。

6. 任命项目集经理

根据项目集的复杂度，团队之间的编排和协调可能需要项目集经理这个角色，其职责如下。

- 持续确保团队间的一致性。
- 确保团队间和团队外的相关方之间的沟通是平顺的。
- 保证信息的更新。
- 管理项目集的依赖和风险。

项目集经理的有些职责是和开发团队重叠的，为了让双方的工作效率最大化，应明确：项目集经理的关注点是战略层的，即谁做什么事；而开发团队的关注点是战术层的，即事情怎么做。

9.7　本章小结

第 6～8 章介绍了微服务的理论知识和微服务的拆分方法，本章则聚焦于如何在实际中应用微服务架构。

本章从如何开始、如何应用、如何上线和如何管理这几个方面来讨论微服务的应用实践经验。细心的读者可能已经发现，这几个方面是按照时间顺序排列的。

在实际应用中，并不是所有的系统都是从零开始的，可能企业中已存在大量的 IT 系统，甚至存在历史遗留的无法更新也无法淘汰的系统（这在规模较大的企业中是非常普遍的）。

本章用了一节的内容详细讨论了如何将一个单体架构的应用系统迁移到微服务架构中，并且提供了多种迁移模式。总的来说，迁移分为应用迁移和数据库迁移。往往数据库迁移的难度会更大一些，并且很多时候，人们会有意无意地忽略掉数据库迁移，仅仅完成应用迁移，这显然是违背微服务的思想的。

本章的最后一节罗列了笔者在实际工作中遇到的各种问题，并且对这些问题进行了一一讨论和解答。希望笔者的思考和经验总结可以为读者带来一些启发。

第 4 篇

企业云原生变革

本书的第 1 篇介绍了企业架构和企业架构师，讨论了怎样的架构才算是设计良好的架构；第 2 篇介绍了云原生的定义、云原生的代表技术，以及云原生架构的特点和优势；第 3 篇重点讨论了云原生代表技术中的微服务技术，包括微服务的定义、原则、特性、拆分方法、治理技术、实践经验等内容。

第 4 篇作为本书的最后一篇，将讨论如何在企业中引领云原生架构这场变革，主要分为以下 3 个部分内容。

- 不同类型的"云"。

美国国家标准和技术研究院（NIST）提出了云计算的定义，将部署模型的"云"分为私有云、公有云、社区云和混合云。其中，私有云、公有云和混合云是目前企业中常见的部署模型。随着云厂商数量的增加，"多云"的理念被越来越多地提及。恰当地使用不同类型的"云"是企业云原生变革的关键因素之一。

- 推动变革的 8 个步骤。

云原生是一场行业的变革。无论是在思想上还是在技术上，云原生中的企业都可能面临文化、战略和组织等方面的颠覆性改变。哈佛商学院的 John P. Kotter 教授出版了《领导变革》一书，书中提出了领导变革的 8 个步骤。笔者认为，这 8 个步骤非常适合用来指导云原生的实践。

例如，建立领导团队可以用于建立技术委员会；设定愿景战略可以用于微服务架构开发过程；授权和赋能是敏捷团队的重要特征；其余各项则能够用来推动云原生中的相关技术的变革。

- 云原生成熟度模型。

10.4 节将介绍笔者结合自身和行业经验后总结出的云原生成熟度模型。该模型从多个维度衡量企业在云原生变革中所处的位置，为变革的发展方向提供了指引。该模型是本篇中非常重要的内容。

第 10 章　企业云原生实践指南

企业在应用云原生的过程中，常遇到的问题是将云原生看作一次技术上的升级，甚至有企业认为这种升级仅仅是采购与云原生技术相关的基础设施。不过，云原生在企业中的应用，绝对算得上是一场影响全面且深远的重大变革。

在使用云原生构建企业级应用的过程中，无论是微服务、DevOps、敏捷，还是测试左移、混沌工程、零信任安全机制等，这些技术和思想，都是需要企业从文化、战略、组织等方面做出深层次的改变的。这是称云原生为"变革"的原因。

10.1　企业头上的"云"

云原生中的"云"指的就是云计算。对于企业级用户来说，要想在云原生中收益，首先要做的是拥抱云计算。近些年火热的"企业上云"让众多企业开始将资源和应用迁移上云，拥抱云计算变得自然而然。下面简单回顾一下云计算的相关概念。

10.1.1　云计算的定义

美国国家标准和技术研究院（NIST）对云计算的定义如下。

> 云计算是一个模型，这个模型可以方便地按需访问一个可配置的计算资源（例如，网络、服务器、存储设备、应用程序及服务）的公共集。这些资源可以被迅速提供并发布，同时最小化管理成本或服务提供商的干涉。

NIST 在提出云计算定义的同时，为云计算归纳出了 5 个特征、3 种服务模型和 4 种部署模型。

1．云计算的 5 个特征

- 按需自主服务：用户可以根据需要供应、监视和管理计算资源，无须管理员帮助。
- 资源池化：IT 资源以非专用方式为多个应用程序和多个用户所共享。
- 快速伸缩：IT 资源可以按需快速伸缩。
- 按使用量收费的服务：对每个应用程序和每个用户跟踪 IT 资源使用情况，特别是针对公有云计费或私有云付费跟踪 IT 资源使用情况。
- 广泛的网络访问：通过标准网络和异构设备提供计算服务。

2．云计算的 3 种服务模型

- 软件即服务（SaaS）：通常通过 Web 浏览器将应用程序作为服务提供给最终用户。
- 平台即服务（PaaS）：将应用程序开发和部署平台作为服务提供给开发人员，以便开发人员使用该平台构建、部署和管理应用程序。该平台通常包括数据库、中间件和管理工具，所有这些均作为服务通过互联网提供。
- 基础架构即服务（IaaS）：以服务的方式提供计算服务器、存储和网络硬件。通常这种基础架构的硬件是虚拟的，因此虚拟化、操作系统和管理软件是 IaaS 的组成部分。

3．云计算的 4 种部署模型

- 私有云：供单个组织独家使用，通常由组织的 IT 部门进行控制、管理和托管。私有云的托管和运营可能外包给第三方服务供应商，但是私有云仍被一个组织独家使用。
- 公有云：供多个组织（承租方）共享使用，由第三方服务供应商托管和管理。公有云是一种外包形式。资源共享的程度不尽相同，共享的资源包括部分或全部的设施、网络、存储、计算服务器、数据库、中间件和应用程序。
- 社区云：供希望利用一个公共云计算环境的一组相关组织使用。例如，一个社区可能由一些不同的军事机构、某个地区的所有大学或某个大型制造商的所有供货商组成。
- 混合云：单个组织对单个应用同时采用私有云和公有云，以便兼具两者的优势。例如，在"云爆发"的情形中，一个组织可能在私有云上运行某个应用的稳态负载，但是当负载骤升时，可以开始使用公有云的计算容量，当不需要某些资源时将它们退回。

10.1.2　是否要上云

在企业上云时，经常会遇到下面 3 个问题。

- 是否应该上云？
- 应该选择公有云还是私有云？
- 如何消除云平台的绑定？

下面针对这 3 个问题谈谈笔者的想法。

1．上云效果被夸大且缺乏战略

很多企业在将计算和资源迁移上云之后，可能会觉得并没有达到预期的效果。"架构师电梯"的提出者 Gregor Hohpe 认为原因有两个：①在迁移之前效果被夸大了；②没有采用合适的迁移战略。

上云效果被夸大是在现实中普遍存在的。很多企业上云的决策都是因为领导者在前期受到了供应商对云计算优势的大肆渲染，因此企业在迁移之前对效果的预期是非常高的。

然而，供应商的主要目的是售卖产品，这让企业的云计算产品的使用缺乏战略和迁移方面的规划。经过一段实践后，云计算实际为企业带来的效果往往与期望差距较大。

2．企业与云计算的 5 个特征矛盾

云计算的 5 个特征与企业级用户的传统 IT 策略是存在矛盾的，具体表现如下。

（1）按需自主服务。

根据 NIST 的定义：用户可以根据需要供应、监视和管理计算资源，无须管理员帮助。然而在企业中，传统的管理理念通常是集中式的，IT 资源的采购和使用也是集中式的。

例如，企业在购买一项 IT 服务时，通常会与供应商确定一个整体的价格，整

体的价格通常较大，这成为企业向供应商协商折扣的依据。当企业迁移上云后，虽然云计算的能力可以按需自主服务，但企业为了集中化的管理，在过程中仍然会加入大量的审批流程。于是，矛盾出现了。

（2）资源池化。

NIST 的定义：IT 资源以非专用方式为多个应用程序和多个用户所共享。然而，几乎所有的企业级用户都不愿意和别的租户共享资源。这通常是因为企业级用户对安全的顾虑。不过，笔者认为根本的原因是，企业级用户长期以来购买私有化产品形成了思想惯性。

于是，有能力的企业在上云时几乎都会采用建设私有云的方式，但这种方式并不具备广泛的池化能力。于是，矛盾出现了。

（3）快速伸缩。

NIST 的定义：IT 资源可以按需快速伸缩。从目前企业级用户的上云进程来看，其中相当大的一部分仅停留在资源上云的阶段。企业的应用系统绝大部分都并非使用云原生的思想和技术来实现。

虽然在计算和资源层面可以通过云计算实现快速伸缩，但应用系统本身无法支撑这个能力。于是，矛盾出现了。

（4）按使用量收费的服务。

NIST 的定义：对每个应用程序和每个用户跟踪 IT 资源使用情况，特别是针对公有云计费或私有云付费跟踪 IT 资源使用情况。企业传统的 IT 运营是集中式的管理，因此很难根据每个服务或每个实例来计算成本，加上很多企业使用自有的私有云，按使用量收费就更难上加难。于是，矛盾出现了。

（5）广泛的网络访问。

NIST 的定义：通过标准网络和异构设备提供计算服务。前面提到过，目前传统的企业级用户在上云时，更倾向于建设自有的私有云平台，并且企业规模越大，这种倾向越明显。在一个私有云平台当中，网络访问的广泛程度无论如何也无法和公有云平台相提并论。于是，矛盾出现了。

> 供应商的夸大描述固然是上云效果不及预期的原因之一，但根本原因是企业级用户的传统 IT 策略与云计算的本质存在矛盾，这让迁移效果大打折扣。

3．企业上云的几点建议

那么问题来了，既然两者之间存在本质上的矛盾，那么企业级用户还有必要迁移上云吗？答案当然是肯定的，因为这些矛盾并不是不可化解的，下面提出几点建议。

（1）校准期望。

首先要做的是清晰地了解云计算的本质，并且认识到企业级用户使用云计算将面临上述矛盾；然后对期望进行校准，避免因供应商的销售策略或自己对迁移结果的美好憧憬而将期望拉得太高。

（2）改变自己。

客观地讲，企业级用户的甲方意识是比较严重的。面对一个非常强势的甲方，过去的 IT 建设过程几乎都是通过甲方提需求，供应商对需求进行适配的方式进行的。当向云上迁移时，这种思想是要转变一下的。因为云计算是已经被证明的一个非常有优势的模式，企业是看到该模式所能带来的价值才迫切希望迁移上云的，所以，企业需要改变自身的运营模式，通过提升自身的自动化和服务化水平来适应云计算模式。

（3）明确目标。

供应商在介绍云平台时，会一股脑儿地将云计算的所有优势都极力描绘，其中并不是所有都适合企业，也不是企业能够在一时全部实现的。企业决策者需要清楚地明白，当前阶段需要实现的目标是什么，规划好迁移路线图，避免在过程中被眼花缭乱的特性迷惑。

（4）区分对待。

对企业级用户来说，上云确实是比较困难的。比较常见的是金融和政务领域，这些领域要么对安全性有着非常高的需求，要么现存大量长期稳定运行的历史系统，要么受到政策和法规的约束。但这并不意味着这些企业不能上云，企业内的业务场景众多，或多或少会有适合云上运行的场景和不适合的场景，不能一概而论。因此，企业自身需要对这些场景进行梳理，如果不适合上云，就不要勉强。

（5）改造应用。

> 将老房子的垃圾原封不动搬到新房子中的结果是，你仍然和以前的垃圾一起生活。
>
> ——Gregor Hohpe

正如在矛盾之一的"弹性伸缩"中所说的那样，因为应用没有经过任何为支撑弹性伸缩而进行的改造，所以迁移效果达不到预期。这种将原有的系统部署在云上的方式仅仅是资源上云阶段的副作用。

在经过资源上云阶段后，需要进入应用上云阶段。应用上云阶段的目的是使用云原生的相关思想和技术，构建符合云计算特征并能够在云平台上充分利用云计算能力的应用系统。

10.1.3　一朵又一朵的"云"

10.1.1 节介绍了云计算的 4 种部署模型，在企业中常见的有 3 种。下面将讨论在企业中，如何充分地利用这些部署模型。

1．公有云

与国外云计算发展状况不太一样的是，我国私有云的市场规模一直以来都是比较大的，但这种情况在 2019 年发生了变化。根据中国信息通信研究院 2020 年发布的《云计算发展白皮书》显示，在 2019 年，我国公有云的市场规模首次超过了私有云。

虽然我国的私有云占比很高，但笔者认为公有云才是真正符合云计算定义的云平台。因为云计算带来的最大的两个优势是速度快和成本低，而这两个都是公有云的核心优势。具体来说，公有云的优势如下。

（1）降低前期成本。

企业在使用公有云时，无须自己购买、安装和配置硬件，只需要在云平台上选择相应的规格即可开通服务。不想用时即可释放，释放后不产生任何费用，因此前期成本很低。

这里需要强调的是，降低的是前期成本。从目前各大云平台的收费模式上看，长期使用所产生的费用并不低。

（2）规模经济。

公有云使用多租户的方式，规模越大的云平台，采购的相关设备数量会越大，这让云平台自身的采购成本有所降低，促使云平台可能会让利给他们的用户。

（3）管理外包。

企业在使用公有云时不需要配备提供运维人员来对购买的资源进行管理。更新、打补丁、运行监控、异常处理等工作都可以依靠服务供应商来完成。这不但为企业节省了人力，而且服务供应商通常拥有更加专业的运维团队和完善的服务等级协议支撑，这些工作在效果上更加能够得到保证。

（4）费用管理。

在企业传统的 IT 管理中，IT 产品的采购费用通常由 IT 部门支付，作为成本中心的 IT 部门在申请费用时往往阻碍颇多。一些企业为了回收 IT 部门投入的成本，会向业务部门收取运营费用，但在传统的管理方式中，很难精确地计算出一个业务部门应该支付多少费用。

公有云有着非常完善的计费规则，业务部门可以自己直接购买所需的资源和服务。这对业务部门来说，支付的费用很可能比之前要少一些；对于 IT 部门来说，也是一种减负。

（5）云上服务众多且迭代速度快。

每个公有云的服务供应商都提供数量庞大的云上服务，这些服务涉及 IaaS、PaaS 和 SaaS 等多种服务类型。在为用户提供服务的同时，云平台自身是用云计算和云原生相关思想和技术构建的，可以通过服务化的方式将时下流行的中间件和服务融入云平台。为了能够快速适配每种产品的最新版本、修复漏洞，公有云平台的迭代速度非常快。

虽然公有云的优势很多，但一些企业级用户并不愿意使用公有云，主要原因是对其安全性存在顾虑，毕竟需要和其他租户共享资源。虽然在技术上已经有较多的应对方案，但由于惯性思维，企业从心底里难以接受公有云。

另外，企业还存在如下一些顾虑。

- 担心公有云无法提供专属的服务。
- 不知道在公有云环境下如何进行系统集成。
- 担心过于依赖某个供应商的云上服务。

从目前国内云计算的发展趋势上看，公有云会越来越得到大家的认可。但由于国情，私有云在短期内依然会保持较大规模，二者会共存较长时间。

2．私有云

简单地说，私有云就是将公有云的全套系统在企业自有的硬件环境中部署一套，即私有云上的功能都是在公有云上验证过的。但即使如此，由于私有云的迭代速度远远跟不上公有云，因此功能的完整性和易用性远不及公有云——笔者了解的某大型云平台供应商，其私有云的能力落后公有云至少半年。

除迭代速度的劣势外，相比公有云，私有云由于企业自身资源水平的限制，很难像公有云那样建立大量的数据中心和可用区，这让私有云的容灾能力极大削弱。同样，因为企业资源的限制，私有云与云计算的 5 个特征存在 10.1.2 节所述的矛盾。

不过，相比公有云，私有云的优势如下。

（1）安全性高。

私有云使用的硬件都是企业自有的，网络是与外界有着明显的界限的，传统的边界型防护设备依然可以较好地发挥作用，这种安全防护方式由于企业对其更加的熟悉，因此从心理上来说更加放心。从实际角度来看，相比公有云，在使用同等防护手段的情况下，私有云的安全性确实会好一些。

（2）企业对私有云的控制力强。

私有云的硬件和软件都是企业自有的，因此企业作为一个强势甲方来说，控制力是最强的，能享受到供应商的专属服务，甚至是深度的定制化开发。

（3）易于集成。

正是由于企业对私有云的控制力强，因此在系统集成方面更加的便捷。企业完全有能力要求供应商按照自己提出的集成要求实现系统。

（4）总成本低。

从长远来看，企业规模越大，使用公有云的成本就越高。当规模大到一定程度时，私有云的建设成本将会低于采购公有云的费用。

3．混合云

10.1.2 节提出的上云建议之一是"区分对待"。实际上，企业可以同时使用公有云、私有云，以及本地环境来应对各种不同的场景需求，企业不需要一次性地将所有应用都迁移到云上的数据中心中。

可以一部分使用公有云，一部分使用私有云，剩下一些确实不适合上云的软硬件则保持原有的运营模式。在规划良好的企业中，这三部分甚至可以相互交互，此时，三部分同时为企业提供服务，形成混合云。

混合云的定义是"从架构上将工作负载分别部署在云上环境和本地环境中，并且不同环境中的工作负载可以进行数据交互"。这里需要解释的是，云上环境既包括公有云，又包括私有云。

> 从定义上来看，如果企业仅仅将一部分业务在云上运行，而另一部分在本地环境中运行，二者没有产生任何数据交互，则不能称之为混合云。

混合云的关键是拥有跨环境的统一管理，这种管理可以让两个环境中的系统无缝结合。为了达到统一管理的目标，行业内经过多年的发展，形成了新的产业，即云管理服务。

根据云计算开源产业联盟在 2020 年发布的《云管理服务白皮书》的内容显示，在公有云、私有云、混合云等多种云模式并行快速发展的背景下，企业上云呈现出多样化和复杂化的发展趋势，为了能够更加有效地统一管理复杂的多云和混合云，越来越多的企业通过采购云管理服务实现平滑上云，以便可以更多地关注自身业务发展。

虽然云管理服务已经开始兴起，但从目前的实际情况来说，可优化的空间仍是巨大的。和微服务管理平台类似的是，云管理服务也只能被看作一个工具，要想用好这个工具，企业自身需要对统一管理的思想具有非常深刻的认识，需要主导完成混合云的划分问题（哪些系统需要迁移到云上环境，哪些需要留在本地）。

10.1.4　企业多云

多云，顾名思义，就是同时使用多种云计算模型。混合云是其中一个维度的实现，这种实现的主要目的是根据企业内部的业务特点，分阶段、分环境地迁移上云。可以说，混合云是企业全面公有云化的一个中间状态。

多云的另一个维度是消除厂商和平台的绑定。企业级用户通常不希望将自身绑定在一个或少数几个供应商身上，这在企业以往的 IT 采购中是比较容易实现的，但是在云环境中绑定会更加紧密。

从云计算的服务模型上来说，每个云平台供应商的 IaaS 服务基本上大同小异，如果企业仅仅将计算和资源上云，则可以比较容易地从一个平台更换到另一个平台中。但是，IaaS 服务只是云平台拥有的最基础、最通用的服务，差异主要体现在 PaaS 服务上。

各云平台厂商都会引入大量的中间件服务产品，有些是第三方的，有些则是云平台自研的。即使是企业中普遍使用的第三方的产品，云平台也会对其进行深度的定制化改造，每个云平台扩展出的特性都不尽相同。

为了能够消除厂商和平台的绑定，云管理服务一直在努力通过技术手段来实现统一管理不同厂商的云平台，让企业可以简单地从一朵"云"更换到另一朵"云"上，甚至同时纳管多朵"云"。不过，这并不是一件容易的事情。

虽然目前已经有一些云管理平台提供多云费用管理、多云资源管理、多云数据迁移等服务，但只要企业使用了某个云平台上的 PaaS 服务和 SaaS 服务，就很难迁移到另一个平台上了，更加难以做到系统跨越不同厂商的平台部署，难以通过将一个服务的不同实例部署在不同的云平台上实现多活和容灾。

不过，笔者相信，随着云原生技术的不断发展，以及多云需求的日益增多，这些难点都将被攻克，最终为企业提供真正意义上的多云协同和多云管理。

10.2　混合云的划分方法

10.1.2 节提出的上云建议中提到了"区分对待"，这使得混合云成为目前大部分企业青睐的对象。那么区分的标准如何制定呢？本节将就此展开讨论。

Gregor Hohpe 在他的博文《混合云：分解大象》中说，企业是不可避免地要使用混合云的，他认为可以使用 8 种策略来进行混合云的划分。结合笔者的实际经验，将在接下来的内容中讨论这些策略。

10.2.1　以前后端为界

以前后端为界的含义：将靠近用户的前端系统放在云上，将后端放在本地。严格上来说，这是一种"双速 IT"的实现方式。

这样做的好处如下。

- 前端应用通常承受了大量的负载压力，可以有效利用云上环境获得更大的带宽和处理速度。
- 前端的流量存在波峰和波谷，更加可以从云上的弹性能力中获得价值。
- 前端应用通常更加有可能使用比较新的技术实现。
- 前端的安全性要求要比后端低一些，不需要存储敏感信息。

但会带来一些问题，这些问题通常都是"双速 IT"惯有的，如下。

- 前端虽然可以从云上环境中获得弹性，但流量毕竟要交给后端处理，而后端可能无法承受压力。
- 当系统整体有高可用性的需求时，后端会拖后腿。
- 前端、后端分别在不同的两个环境中，网络延迟可能会让人难以接受。

> 考虑到"双速 IT"问题，不建议长期使用这种划分方式。

10.2.2　以新旧程度为界

以新旧程度为界的含义：让新开发的系统在云上运行，将历史遗留系统留在本地。

这样做的好处如下。

- 新系统可以按照云上环境的要求开发，避免麻烦的适配工作。例如，可以使用云原生技术对新系统进行实现。
- 新系统往往不会很快支撑企业的核心业务，因此试错成本低。

同样，该方法也存在问题。

- 企业所处的阶段可能不需要开发太多全新的系统，这就使得能够上云的系统比较少。
- 企业级的系统有着非常高的继承性，即使开发全新的系统，也需要和现有系统紧密集成，这可能导致新系统无法上云。

10.2.3　以关键程度为界

以关键程度为界的含义：用非核心系统尝试上云，将核心系统留在本地。

这样做的好处如下。

- 人员的技能可以在试点中得到逐步提升。
- 非核心系统运行在云上环境中可能会比本地环境在成本上更低。
- 可以在尝试中得到反馈，便于今后的优化和调整。

该方法存在一些问题。

- 9.1.6 节说过，太边缘的试点即使成功了，也说明不了什么。同样，云上提供了大量有价值的服务，只将非核心系统迁移上云，企业并不会从中获得太多的收益。
- 除获得的收益打了折扣外，非核心系统往往在安全性、可用性和扩展性等方面与核心系统的需求相差较大，因此上云效果难以作为核心系统的上云指引。

10.2.4　以生命周期为界

以生命周期为界的含义：开发、测试环境运行在云上，生产环境运行在本地。

好处如下。

- 非生产环境中没有任何敏感信息，因此不需要对其应用企业级的数据策略。
- 开发和测试环境等非生产环境都可以是临时的，因此可以用时开启，不用时关闭，这在公有云上是一种有效的节约成本的方式，在私有云中可以用于释放资源。
- 可以在云上环境申请较少的资源。非生产环境可以先通过抢占的方式使用这些资源，当资源确实不够时再进行动态的扩容，这又是一种节约成本的方式。

使用这种方法有以下几点注意事项。

- 非生产环境的运行环境和生产环境相差较大，因此难以模拟出生产环境中可能出现的问题。
- 云上环境和本地环境存在较大的技术和服务差异，这可能导致在本地生产环境中部署运行时需要额外的适配工作。

10.2.5　以数据类型为界

以数据类型为界的含义：将不敏感的数据放在云上，将敏感的数据放在本地。一种做法是"应用上云，数据留在本地"。

这种方法的好处如下。

- 符合企业对数据的安全、审计等要求。
- 如果发生安全事件，数据泄露的量不会太大。

存在的问题如下。

- 云服务供应商会频繁地对底层进行安全加固，而本地的加固频率比较低，因此本地的安全性可能不如云上环境。
- 有相当一部分安全事件并不直接攻击数据本身，而利用上层的漏洞。例如，应用程序存在漏洞会使得敏感数据丢失。

这种策略在安全性方面的提升幅度并不如想象中的大，加上一定会存在数据延迟问题，因此不建议长期使用。

10.2.6　以数据新鲜度为界

以数据新鲜度为界的含义：将冷数据和备份数据放在云上，将热数据放在本地。

该方法的优势如下。

- 数据备份和原始数据分离，更加安全。
- 冷数据的数据量通常是比较大的，放在云上一方面可以节约本地的资源，另一方面在使用成本上可能会有所降低。
- 该方法对现有系统没有任何影响。

该方法的劣势如下。

- 数据备份的容量巨大，在进行数据恢复时需要先从云上下载到本地，这使得恢复效率较低。
- 备份的数据可能存在敏感信息，为了上云需要额外的加密工作，这不但增加了工作量，而且加密会导致数据的压缩效率不高。

10.2.7　以运营状态为界

以运营状态为界的含义：容灾环境在云上，日常环境在本地。

在云上环境和本地环境部署完全相同的系统，平时云上环境不承接业务，云上的系统都是停机状态，这样可以节约成本。当本地环境因特殊原因或不可抗力而无法运行时，快速启用云上环境达到容灾的效果。

这种方法的问题如下。

- 数据同步问题。云上作为冷备，通常会使用异步的方式，并且会存在较大的延迟。
- 云上环境仅作为容灾使用，价值没有被充分利用。

10.2.8　以工作负载为界

以工作负载为界的含义：资源使用量大或波动大的放在云上，或者当需要更多资源时使用云上环境，否则使用本地环境。

优势如下。

- 云上的弹性能力和按需计费的方式既满足了扩展性要求，又具备了经济性。
- 大多数情况使用的都是本地环境，对企业上云的要求不高。

劣势如下。

- 若采用当有大量资源需求时向云上购买资源的方式，则必然存在数据同步的问题。
- 除数据同步外，还需要开发一个可以动态调整的管理平台或框架。
- 若采用将资源使用量大或波动大的系统放在云上的方法，则相应的预判往往难以决策。

通过上面 8 种划分策略不难发现，每种策略在拥有优势的同时，有明显的劣势。如何选择，则需要企业根据自身对混合云的理解，以及企业当前所处的状态来进行决策。

10.3 推动变革的"领导变革八步法"

大部分向云原生转型的企业级用户的规模都是比较大的,所谓"船大难掉头",在调整自身以匹配云原生时,无论是文化、战略、组织还是技术上的变革都是非常困难的。由于企业内的惯性思维——将 IT 部门视作成本中心,因此从下到上地推动是非常困难的。

即使一些企业采用从上到下的方式,由高层领导在战略层面推动变革,但大部分业务部门由于关注自身的绩效而倾向于避免发生变化,这让执行部门陷入战术层面难以推动的窘境。

10.3.1 领导变革

> 变革中的负面感受是不可避免的。当人们不得不改变自己以适应环境变化时,痛苦必然会相伴而生。
>
> ——John P. Kotter

企业变革如此之难,《领导变革》一书的作者哈佛商学院终身教授 John P. Kotter 认为原因来自以下 8 个方面。

- 未能消除自满情绪。
- 未能创建足够强大的领导联盟。
- 低估了愿景的力量。
- 对变革的愿景沟通不足。
- 没有及时清除变革的障碍。
- 没有创造一个又一个短期胜利。
- 过早地宣告胜利。
- 忽略了将变革融入公司文化。

John P. Kotter 教授认为,在实施变革的过程中,犯这 8 种常见错误中的任何一种,都会产生严重的后果,举例如下。

- 新战略得不到良好的实施。
- 收购公司后,无法实现预期的协同。

- 流程再造投入时间过长，成本过高。
- 人员精简未能达到成本控制的目标。
- 质量改善计划没有取得理想的成果。

于是，John P. Kotter 教授提出了"领导变革八步法"来解决上述问题，帮助企业达成变革。与其他方法论或框架不同的是，"领导变革八步法"中的每一步都是必选项，不可裁剪，并且步骤的顺序是有着严格的要求的，必须按序执行。

接下来的几节笔者会结合帮助企业开展云原生变革的经历来介绍"领导变革八步法"。

10.3.2　建立紧迫感

一种常见的惯性思维：如果没坏，就不用修理！

在推动变革的过程中犯的最大错误就是没有在员工中建立起足够的紧迫感。

1. 缺乏紧迫感的原因

某团队业绩相较上一年腰斩，领导层已经像"油锅上的蚂蚁"一样焦躁不安，但团队中的基层员工的工作方式和工作态度没有任何的变化。

缺乏紧迫感通常有以下原因。

- 领导层为了避免在团队中引起恐慌情绪刻意屏蔽负面消息。
- 自满。虽然企业中的部分人已经意识到企业存在这样或那样的问题，但他们总认为自己已经做得足够好，企业中的问题都是除己方之外的因素引起的；或者认为这些问题是普遍存在于任何一个企业中的，相比其他企业，自己的企业已经算是比较好的了。这种自满情绪会将变革扼杀在摇篮中。

除上述的两个原因外，下列因素也会导致员工缺乏紧迫感。

- 没有遇到重大危机。
- 企业营造奢华舒适的环境氛围。
- 目标低于应有的水平。
- 部门绩效与企业目标不一致。
- 优化措施只关注部门目标。

- 得不到外部和终端用户的反馈。
- 在文化上不接受负面反馈。
- 人们倾向于否定自己不愿意听到的事情。
- 领导营造虚假的安全感。

2. 增加紧迫感的方法

在了解了紧迫感不足的原因后，增加紧迫感的方法随之出现。

（1）主动创造危机。

在上文提到的团队中，需要在每个月的全员例会中公布当前的亏损情况，让全员都清楚地认识到团队并不安全。

（2）杜绝铺张浪费。

曾有这样一个企业，虽然已经遭遇资金链断裂，但老板为了营造安全的氛围，在现金储备已经不足的情况下，依然按照惯例在年中组织大规模的全员出游。这使得员工误以为企业运营状况良好，而没有一丝紧迫感。

（3）设定一个并非能够轻易完成的目标。

有这样的观点：目标不应设定在伸手就能够到的地方，而应设定在奋力一跳才能够到的地方。不过，笔者看到过很多企业将目标设定得过高，以至于员工根本不相信能够完成，也就不会努力地去实现的情况。因此，高目标固然没问题，但这个目标至少应能够让大多数人相信才行。

（4）让更多人为公司的整体运营状况负责。

某企业一直使用 KPI 来考核每个员工的绩效，出现过部门的绩效目标和企业整体的目标不一致的情况。为了解决这个问题，公司后来采用 OKR 的考核方式，这确实可以帮助各方的目标达成一致。但是，要想用 OKR 达成预期的效果，企业中需要有完善和开放的沟通机制和文化，否则会导致 OKR 变为一种无用的表态。

（5）让员工更多地了解外部的负面反馈。

IT 决策很多情况下都是技术部门主导的，但结果往往得不到业务部门的支持。这很大程度上是因为技术部门远离外部客户，和业务部门的沟通也比较少，所以他们的决策在很多时候并不是针对业务痛点做出的。在技术部门为新技术的应用而沾沾自喜时，业务部门可能并不认账。因此，在云原生的变革过程中，非常有必要让企业内的各相关方充分了解各自外部客户的反馈信息，尤其是负面反馈。

（6）让员工与不满意的外部客户定期交流。

笔者曾经认为，纯做技术的人可以远离业务，但后来发现这种思想可能是引发企业内紧迫感不一致的原因之一。当一线的需求或实施人员承受着客户方带来的巨大压力而拥有极强的紧迫感时，开发团队可能还在按照自己的节奏实现功能。甚至，很多企业为了能够让开发团队免于客户方的压力而刻意地阻断他们之间的联系，这就使得开发人员一直处在自满情绪当中。

（7）在文化上让人们可以开放和坦诚地讨论。

笔者是一个直来直去的人，但为此在工作中遇到了很多问题。似乎大部分企业中都流行着努力不反对他人的文化，这使得人们的内心越来越脆弱，似乎只要对方提出反对意见，就侵犯到了自己的自尊心。开放、坦诚和互相尊重应在企业文化层面予以平衡和支撑。

（8）避免发出粉饰太平的言论。

粉饰太平在企业中是非常普遍的：无论是领导还是员工，在阐述问题时，总会在问题阐述结束后加上一个"但是"，以此来表明这个问题并不严重。这样一来，即使听众认识到问题所在，也很难建立起紧迫感。

（9）大范围地宣贯企业未来的机遇，并且承认当前不具备相关能力。

通过能力上的要求和对比，刻意让人们认识到自身能力在面临未来机遇时的不足之处，这样可以更加有效地驱动员工自我提升。笔者的身边有很多自驱力很强的人，但其中有相当一部分并没有为企业带来与之匹配的价值，原因是企业并没有宣贯未来的机遇，以及能力上的差距。这让员工无法针对性地学习，员工在自我提升的过程中会常常陷入迷茫之中。

10.3.3　建立领导团队

很多项目都被称作"一把手工程"，因为这些项目只有企业的"一把手"能够推动，如果没有"一把手"的支持，项目就无法开展。似乎对于重大变革来说，没有领导的支持就不可能实现，那么这是真的吗？

领导在变革中的作用是巨大的，但要想顺利地实现变革，需要企业中更多人的参与，这些人通常包括各层级的管理人员和企业中的核心骨干成员。有了这些人的支持，变革才有可能实现。

通常情况下，最初支持变革的人并不会太多，这就需要支持者们通过自身的力量来促使变革得到更多企业关键成员的支持。为了达到这个目的，有如下建议。

1．选择合适的人

首先要做的是建立一个领导团队。

为了让领导团队的工作更加有效，成员应具备如下特征。

- 职权：回想笔者前面提到的"一把手工程"就可以理解，领导团队中成员的职权越大，变革中遭遇的阻碍就越少。
- 专长：不同的专长代表着不同的群体，当领导团队中拥有不同专长的人越多时，就容易得到企业中各个部门和各个层级的支持。
- 信誉：良好的口碑会让别人相信你所传递的理念和信息，别人才会认真地对待这些理念和信息。
- 领导力：职权是企业赋予的权力，用以推动变革固然可行，但难以得到各相关方发自内心的支持。因此，领导团队中成员自身的领导力是推进变革的重要因素。

领导团队的规模应与公司规模相匹配：当公司规模较小时，由 6 人组成的领导团队是比较合适的；在规模较大的公司中，可能需要由 20～50 人组成的领导团队。在变革的初期，可能只有 2、3 个支持者，其他成员则需要初始的支持者进行发展。

在发展领导团队的成员时，有两种人是不应被吸纳的：自负的人、圆滑的人。

还有两种人是需要加强管理的：搬弄是非的人、不情愿的参与者。

2．建立信任

企业中缺乏人与人之间的信任的情况是比较普遍的，尤其当部门之间存在利益冲突时，例如，测试部门和开发部门、业务部门和技术部门等。

为了建立信任，企业通常的做法是定期组织团建活动。不过笔者认为效果并不是很好。

团建分为如下两种。

- 频繁的小规模聚餐或其他下班之后的娱乐活动。
- 脱产的为期 3～5 天的拓展活动。

对于前者，由于时间太短，人与人的交流并不深入，无法打开彼此的心扉；而对于后者，似乎越来越多的人从心理上开始抵触这种拓展活动。

更好的办法是建设一种坦诚的企业文化（很多企业文化是虚假的家庭文化，渲染类似家人的情谊，但实际上大家互不信任）。在进行云原生的变革过程中，使用敏捷思想似乎是不可避免的，而在敏捷思想中，信任是非常重要的一部分。

3．统一目标

不能成功建立领导团队常见的原因是，人们并不认为变革是必要的，或者不认可需要建立领导团队来推动变革。因此，只有团队成员拥有共同的目标，才能组建成功的领导团队，才能在团队中展开有效的合作。

目标不统一的根本原因是各相关方之间不信任，人们担心问题出现时的责任划分，还担心其他部门抢了自己的风头等。因此，当信任度提高了，建立共同目标的工作就相对容易了很多。

> 一个有助于统一目标的因素是领导力。不过，通过职权强行统一目标的做法通常只能让表面看起来达到了统一，这是虚假的统一，只会让问题隐藏得更深。

4．推动变革发生

拥有了由合适的人组成的领导团队，并且团队成员相互信任、具有共同的目标之后，这个团队要做的就是想方设法地推动变革的发生，10.3.4 节会介绍具体要做的事情。

10.3.4　设定愿景战略

> 有效愿景的判断原则：如果我们在 5 分钟之内没有办法说清楚公司实施变革的原因，并且得到人们的理解与引发兴趣，那就有问题了。
>
> ——《领导变革》

1. 愿景要让他人快速理解

企业都会花费相当大的精力来制定愿景，但请想一想，你所在的企业的愿景是什么呢？相信大部分人都很难精确地回答这个问题，少数可以做出回答的读者可能也需要花费大量的时间来对愿景进行阐述，并且这些人很可能是企业的高层管理者。

有时，变革的推动者由于认识到推动变革可能遭遇的种种阻碍，因此会刻意地避免将愿景分享出来，或者愿景很难被众人简单地理解。管理者通过发号施令和控制细节的方式来强行推动变革，这样只会让执行者感到迷惑，以至于变革耗费更长的时间且效果不佳。

2. 愿景的 3 个作用

愿景不仅需要表达未来要做的事情，更重要的是需要表达出要那样做的理由，好的愿景有 3 个作用。

（1）明确变革的方向。

在变革的初期，只有少量支持者会认为变革是有必要的，但对于变革希望达成的目标会存在很多分歧。当愿景提供了明确的方向后，所有的决策都可以用明确的方向来评判，这会减少很多无休止的争论。

（2）激励人们前行。

变革的过程会让企业离开原本所在的舒适区，可能意味着需要牺牲一些短期利益，以及接受变革带来的阵痛，这些都会让企业内的成员感到沮丧。但当愿景可以解释决策的原因时，人们会理解这样做的必要性，并且对未来充满希望。

（3）让人们行动一致。

即使变革能够得到企业中大多数人的支持，也可能会因为各自为政、相互阻碍而无法顺利推进变革，此时可以通过制定良好的愿景来保证各相关方"劲儿往一处使"。

3. 有效愿景的 6 个特点

为了能够让人们简单、快速地记忆和理解愿景的内容，充分发挥愿景的上述 3 个作用，John P. Kotter 教授总结了有效愿景的 6 个特点。

- 可想象的：描述了一个未来是什么的美好画面。

- 值得做的：以员工、客户、股东等公司的利益相关方的长期利益为诉求。
- 可行的：现实的、可实现的目标。
- 聚焦的：对决策制定起到清晰的指导作用。
- 灵活的：允许在条件变化的情况下，推行个性化的创新计划，以及采取不同的应对措施。
- 易于沟通的：能够在 5 分钟之内解释清楚。

笔者将其总结成一句话就是：愿景的内容应简单易懂，既有理性又有感性，能够让人们相信、愿意并有能力为之努力，在决策时能够以之为准绳。这样的愿景就是有效的。在为愿景设置可行的目标时，这些目标都应符合 SMART 原则。

- 目标必须是具体的。
- 目标必须是可衡量的。
- 目标必须是可达成的。
- 目标之间应具有相关性。
- 目标必须有明确的截止时间。

10.3.5　沟通变革愿景

10.3.4 节提到，有时变革的推动者由于认识到推动变革可能遭遇的种种阻碍，因此会刻意地避免将愿景分享出来；有时愿景虽然被分享出来，但人们无法理解或认为与自己无关。这两种情况都会使愿景得不到大多数人的支持。

当变革的阵痛来临时，人们将不愿牺牲短期利益并会将失败的责任归因为变革的实施。这不仅会阻碍变革的进场，还会让变革的支持者承受巨大的压力。

有效沟通愿景的因素包括如下几点。

1．内容简单易懂

愿景需要被企业中的各个部门和各个层级的员工理解，因此在内容上不应出现某个领域的专业术语，应使用朴素和精练的语言进行描述。

2．举例、比喻和类比

使用众所周知的比喻或案例，不但可以让愿景的内容更加简练，而且可以更加有效地让人们理解其含义。在沟通过程中，还可以使用图表的方式对愿景进行解释，这通常要比文字或语言描述更让人印象深刻。

3．使用多种传播媒介

笔者见过的大部分愿景都是使用邮件或会议的形式发布的，但实际上还有很多正式和非正式的传播媒介可以被利用。充分地使用多种传播媒介可以让愿景传播的范围更加广泛，也更加符合不同人群的信息获取习惯。

4．重复

通过一定难度的重复练习，在每次练习中收到反馈，不断纠正自己的错误，不断提升大脑的适应能力。

——《刻意练习》

使用多种传播媒介的目的不单是提高信息覆盖的范围，更是在日常工作中对愿景进行重复、重复、再重复的传播。这样才能让愿景的内容在每个人的大脑中根深蒂固，才能让他们在决策时自然而然地用愿景作为准绳。

5．榜样的力量

如果变革的支持者们都不能践行愿景中的内容，那么其他人就更加不可能相信愿景，当然就不会为之付出努力。

6．消除不一致的理解

不一致的理解可能会出现在两种情况下：对愿景内容的理解偏差；因为不愿承受变革带来的阵痛而有意曲解。当不一致的情况发生时，必须及时地指出来，并且对发生的原因进行解释，这需要表现得足够坦诚。

7．善于表达和倾听

企业中大部分的信息传递都是由上而下的单向传递。企业经常会以各种手段来鼓励员工反馈建议，但这些建议通常都会石沉大海，对此笔者深有感触。虽然愿景由领导团队制定，但为了得到大部分人的支持，必须听取人们的建议，收集他们对愿景内容的反馈。让人们参与其中可以让一些原本持反对意见的人转变为支持者。

10.3.6　善于授权赋能

传统企业长期维护着一套复杂且层级严格的权限体系和授权流程，这通常会成为变革实施过程中的最大障碍。只要流程中任意一个节点反对变革，那么进程就会受阻。

笔者发现，现在越来越多的企业开始意识到授权赋能的重要性，在企业中不断地听到相关的言论，但真正实现的案例并不多见。

在本书中讨论微服务时，笔者不止一次地提到，没有充分的授权，微服务是很难进行独立、自治的迭代和演化的。

那么如何才能真正做到有效的授权呢？以下是 5 点建议。

1．扫除组织结构的障碍

回想一下康威定律和康威逆定律。在推进云原生变革的过程中，组织结构的调整是不可避免的，也是非常难以落地的。

在企业中，经常会看到以下两种情况。

- 企业为了变革而常常进行组织结构的调整。例如，一年之中调整 2、3 次。
- 企业长期以来形成的惯性思维和较大的企业规模导致调整难以进行。

发生这两种情况的根本原因都是没有一个良好的愿景。组织结构的障碍如果不扫除，不但企业变革无法推进，就连微服务、敏捷等领域内的调整都无法顺利地开展。

2．提供必要的培训

授权并不是简单的权限下放，给人们赋予更多的权限可能带来风险和混乱，因为他们可能在思想和能力上还没有准备好接受新的权限。这就需要企业对其进行必要的、针对性的培训。

> 培训中需要注意的是，让培训对象认识到培训的目的——让他们更好地行使权力。应保证培训方和受训方之间的相互尊重，培训方不应采用强硬的手段来强迫受训方按照他们提出的方式工作。

3．使组织制度和愿景相一致

大部分反对的声音都源自愿景的内容会损害一部分人的利益，这通常是制度与愿景不一致引起的。

假设公司在考核测试部门的工作绩效时使用的是提交缺陷的数量，当愿景的内容是提升系统质量减少缺陷数量时，那么测试部门一定会持反对的态度。

因此，让变革顺利执行的一个重要手段就是让组织中的流程和制度与愿景保持一致，让人们理解愿景的达成不但不会损害他们的利益，反而会让他们的利益越来越大。

4．处理麻烦的核心人员

如果反对者是企业中的核心人员，那么情况会变得非常棘手。有时，边缘化和辞退是解决这个问题的手段，但这样并不是双方希望看到的结果。

更好的方法是双方坦诚地沟通。这里笔者推荐一本书，即管理大师高德拉特博士编写的《目标2》。其中介绍了用于展示双方的冲突，最终使双方用统一的目标来化解冲突的方法。

需要注意的是，如果为了避免冲突而选择无视这些麻烦的核心人员，可能会让其他人感到不公平和沮丧。

5．发掘巨大的力量源泉

通过授权和赋能，员工会发现自己变得重要起来，这会提升员工的自驱力，从而获得更大的力量源泉。

10.3.7 积累短期胜利

在介绍微服务时，笔者介绍过逐步实施的重要性。通过"小步快跑"的方式，可以在降低风险、减少阻碍的同时，更快速地评估成效，让人们在短期内享受到胜利的喜悦，这种方式在变革过程中是非常重要的。

笔者见到过一些企业抱着"一步到位"的态度来开展变革，但任何变革都不是一个短期过程，云原生变革也是如此。这些企业中的很大一部分在长时间经受变革

带来的阵痛后，出现士气低落、人员流失等现象。也有一部分企业最终没有坚持到
变革的达成，半途宣告失败。

一个好的短期胜利至少包括以下 3 点。

- 可见性：大家可以亲眼看到这是真实的成果。
- 明确性：这个成果无可争议。
- 密切性：和变革最终目标密切相关。

通过这 3 点，人们可以频繁地看到企业是如何一步一步地接近变革的目标的。
这不但会进一步增强支持者们的信心，而且会使思想不坚定者、随波逐流者和一部
分反对者因为看见而相信、因为相信而变为支持者。

10.3.8　促进变革深入

10.3.7 节谈到的积累短期胜利，可能会引发一个问题，即过早地宣告胜利。

在笔者为企业级客户提供云原生化的系统改造时，企业往往会在一个云原生技
术平台的上线或完成架构上的升级后，就宣告变革成功。笔者对此并不认可。

真正的变革通常需要 3～10 年的时间才能深深地融入企业文化之中，否则新的
方法可能会很快退回成过去的样子。

过早地宣告胜利会使企业中原本为了变革而建立的紧迫感消失殆尽，这让后续
的工作陷入了变革前的困难时期，也让本次变革的继续深入和其他变革的全新开展
受到阻碍。

当大部分人沉浸在成功的喜悦中时，那些变革的坚定反对者则会伺机反扑，使
得变革功亏一篑。享受成功带来的喜悦固然重要，但企业应当持续建立紧迫感，让
一个变革推动更多的变革。

3.5 节讨论过架构持续演化的重要性，变革同样如此。

10.3.9　成果融入文化

如果变革不能融入企业文化当中，那么变革带来的各种新的思想和方法可能会很
快退回成过去的样子。这种情况最容易发生在领导层变动、战略调整和人员流失时。

企业文化的巨大作用主要体现在以下 3 个方面。

- 员工的挑选与文化宣贯是与企业文化相一致的。
- 企业文化通过成百上千名员工的行为发挥作用。
- 一切都是在没有太多意识的情况下发生的，因此很难提出质疑和讨论。

成果融入企业文化需要经过两个阶段。

- 第一阶段：新的行为融入传统的企业文化之中。虽然变革使新的行为被证明是有效且与时俱进的，但旧的行为早已形成习惯。这个阶段应正视这种情况，并且应强调新的行为是被提倡和鼓励的。
- 第二阶段：新的行为取代旧的行为。此时，变革真正地成为文化的一部分。

需要特别强调的一点是，文化变革是最后发生的，而不是最先发生的。

一些企业在推动变革时将企业文化的改变放在了第一步，在还没有通过短期胜利来证明愿景的正确性时，就通过先修改企业文化，再大规模地自上而下地单向宣贯来推动变革，这种方式可能并不奏效。

10.4 企业云原生成熟度模型

成熟度模型描绘了一个全景图，可以让企业清晰地看到自身所处的位置，以及今后的优化方向，可以辅助企业规划长期的行动路线图。

由于云原生涉及的维度较多，因此笔者用以下 4 个成熟度模型来共同描述云原生成熟度。

- 技术成熟度模型。
- 组织成熟度模型。
- 应用成熟度模型。
- 微服务成熟度模型。

在所有的成熟度模型中，0 级表示不具备，数字越大表示能力越成熟。

10.4.1　技术成熟度模型

技术成熟度模型从技术角度出发，以云原生的定义和原则为依据，展示在云原生的不同阶段应具备的技术能力。

技术成熟度模型包含以下 5 个指标。

- **应用架构**：是否使用云原生的相关技术构建应用程序。
- **弹性**：是否支持弹性伸缩。
- **可观测性**：是否能在复杂的云原生架构中快速获得信息。
- **韧性**：是否有保证可用性及抵御故障的能力。
- **自动化**：是否可以用自动化提升速度。

技术成熟度共分为 6 个级别（0～5 级），表 10-1 列出了每个级别中各个指标所对应的要求。

表 10-1

指标	0 级	1 级	2 级	3 级	4 级	5 级
应用架构	无倾向	SOA 及类似架构	初步微服务（使用范围和治理手段有待提高）	全面微服务（完整的治理手段）	服务网格和无服务器架构	架构包容性高，微服务已形成技术文化
弹性	容量规划	人工扩缩容（量少）	人工触发的自动扩缩容（开始使用容器）	可根据预设阈值自动扩缩容	更多自动扩缩容策略及数百个节点的规模	更智能的扩缩容策略及上万个节点的规模
可观测性	事后的人工搜集	定期人工巡检	零星的监控工具	系统性的、可扩展的监控体系	针对不同用户的定制化监控体系	基于大数据分析的智能诊断
韧性	依靠供应商	自定义的切流方案（风险高、耗时长）	开始使用容错技术（服务探活、容器编排、熔断、限流、降级）	多数据中心（两地三中心）	多数据中心的多活策略（单元化）	智能化的自愈能力
自动化	无	零星的脚本	开始使用专业 CI/CD 工具	DevOps 融入企业文化	自动化开始覆盖企业内各个领域	自动化向智能化发展

10.4.2　组织成熟度模型

云原生的应用离不开组织支撑。组织成熟度模型从企业运营角度出发，以云原生的定义和原则为依据，展示在云原生的不同阶段企业的组织模式和组织成熟度。

组织成熟度模型包含以下 5 个指标。

- 组织模型：组织架构的组织方式体现了企业与云原生思想的匹配程度。
- 组织架构与 IT 的匹配程度：满足康威定律的程度决定了云原生的应用效果。
- 能力储备：企业是否有能力实现云原生。
- 变革意识：企业是否正确认识到自身在云原生进程中所需面对的挑战。
- 变革进程：企业当前变革所处的阶段。

组织成熟度共分为 4 个级别（1～4 级），表 10-2 列出了每个级别中各个指标所对应的要求。

表 10-2

指标	1 级	2 级	3 级	4 级
组织模型	职能型或项目型	矩阵型	产品型	敏捷型
组织架构与 IT 的匹配程度	匹配单体架构	不匹配	小范围或部分匹配	全面且持续匹配
能力储备	不了解云和云原生	有能力使用部分技术	掌握实现云原生的核心技术	企业内核心成员对云原生思想和技术都有着深入的理解
变革意识	认为云原生不需要企业变革	认为 IT 技术可以让企业免于重大变革	开始认识到云原生并不仅仅是技术变革	认识到变革的必然性并为其做好准备
变革进程	未开始	初期或止步不前	虽有阵痛但依然坚持向前	持续变革（一个变革带动另一个变革）

10.4.3　应用成熟度模型

这里的"应用"不是应用程序的意思，而是从产生的业务价值的角度出发，以云原生的定义和原则为依据，展示出的在云原生的不同阶段对业务的支撑能力。

应用成熟度模型包含以下 6 个指标。

- **上云进程**：企业对云平台的使用程度。
- **功能上线频率**：企业交付价值的速度。
- **业务连续性**：平均无故障服务时间（MTBF）和平均故障修复时间（MTTR）。
- **沟通效率**：匹配云原生后的组织沟通效率的提升效果。
- **收益评估**：应用云原生后为企业带来的收益幅度。
- **主观感受**：企业内的成员对云原生的支持程度。

应用成熟度共分为 4 个级别（0～3 级），表 10-3 列出了每个级别中各个指标所对应的要求。

表 10-3

指标	0 级	1 级	2 级	3 级
上云进程	未上云	公有云或私有云	混合云	多云
功能上线频率	数周甚至数月级	数天或数周级	小时级	分钟级
业务连续性	无能力保证服务等级	可用性保证 90%，小时级的恢复时间	可用性保证 99%，小时级的恢复时间	可用性保证 99.99%，分钟级的恢复时间
沟通效率	无变化甚至变差	个别场景有提升	范围性的提升	全面提升
收益评估	无变化甚至变差	收益有增加但无法证明与云原生变革有关	收益有增加且可证明与云原生变革有关	收益持续增加
主观感受	无变化甚至变差	企业中的一部分人的主观感受变好	企业中的大部分人的主观感受变好	企业内氛围变好，员工开始主动参与变革

10.4.4　微服务成熟度模型

微服务是云原生技术中非常重要的一个，微服务成熟度模型从微服务的角度出发，以云原生的定义和原则为依据，展示在云原生的不同阶段中微服务成熟度的衡量依据。

微服务成熟度模型包含以下 6 个指标。

- **应用范围**：微服务架构的应用程度。
- **服务拆分**：微服务拆分的合理性和粒度。
- **技术能力**：微服务的实现程度。

- 治理能力：治理方式的应用程度，包括鉴权、路由、容错、自愈等。
- 监控能力：微服务系统的可观测性程度。
- 安全性：微服务架构中的安全加固程度。

微服务成熟度共分为 4 个级别（1～4），表 10-4 列出了每个级别中各个指标所对应的要求。

表 10-4

指标	1 级	2 级	3 级	4 级
应用范围	用边缘业务做试点	核心业务未广泛应用	广泛应用于企业内各级别的系统	全面应用
服务拆分	凭经验拆分，粒度较大	用简单的方法支持拆分，粒度不是重点	完整的体系化拆分方法，粒度适中	能够以业务为中心，持续优化和调整拆分结果和粒度
技术能力	依赖开源产品	根据最佳实践使用各类产品，有能力对开源产品进行扩展和封装	灵活地使用第二代和第三代微服务技术，支持多技术栈	有技术创新能力，通过开发和实践推动微服务技术的发展
治理能力	治理能力使用较少，并且没有统一的规划和最佳实践	全面使用各种治理能力，但缺少统一的规划和最佳实践	统一的治理策略，包括最佳实践和不同级别的治理粒度	进一步将服务治理能力与业务开发分离，保证开发团队专注于业务
监控能力	零星地使用开源监控产品	全面的监控能力	可自动化地对监控数据分析并告警	通过大数据分析，智能化地生成预警信息
安全性	未使用足够的措施应对安全性	传统的边界型安全加固	服务间有身份认证和授权（HTTPS）	使用"零信任"机制加固整个微服务系统

10.5　效果收益评估方法

如何衡量变革的效果，即如何衡量变更到云原生架构后为企业带来的成效。这是一个现实中比较难回答的问题。然而，如果没有衡量成功的标准，那么变革工作将永无止境，并且当面临众多的选择时，无法获知决策是否起到了预期的作用。

10.5.1　评估方法

在笔者参与编写的中国信息通信研究院发布的《微服务拆分设计规范指南》中，将评估过程分为以下 3 个阶段。

（1）事前：在微服务拆分设计阶段即对预期的效果收益设置相关目标，构建较为完善的指标体系。

（2）事中：在实现阶段中，通过设置若干检查点对指标进行评估，以确认趋势是否正确，是否需要调整现有的实现方式等。

（3）事后：应用系统正式上线运行后，对系统服务状态和团队组织管理进行考察，评估实际服务能力提升情况。

为了能够全面评估，以上 3 个阶段不仅应在研发设计、交付部署、线上运行等方面定义定量的衡量指标，如部署频率、失败率等，还应在组织管理等方面定义定性的衡量指标，如相关方的感受等。

10.5.2　设置检查点

在评估过程中，应设置定期的检查点，用来应用上述的评估方法。

检查点可以是正式的，也可以是非正式的。工作内容如下。

- 重新审查使用微服务的必要性。
- 再次明确需要从微服务中获得的能力。
- 审查定量指标。
- 接收定性反馈。
- 明确今后的改进方向。

10.5.3　避免沉默成本

变革是一个不断试错、不断调整的过程，在这个过程中最需要小心的是沉没成本谬误。

Sam Newman 在 *Monolith To Microservices* 一书中提到"沉默成本谬误发生在当

人们为之前的方法投入很多后，即使已经有证据显示这个方法行不通，但因为已经投入了很多，仍然继续执行"。

从描述上似乎很好理解，但在实际中很难识别沉默成本谬误。有时，坚定地走下去是会得到回报的，这是很多成功学提倡的思想：坚持就是胜利。但另一些时候只是浪费资源——另一种成功学的思想：学会放弃。

为了能够相对简单地识别当前情况，强烈建议变革过程应使用"小步快跑"的方式。

10.6　本章小结

本章的内容主要涉及 3 个方面：如何使用不同的云计算模式、如何推动云原生变革，以及如何衡量企业的云原生成熟度。

云计算有多种部署模型，通常任何一种都难以满足企业级用户的实际需求，因此需要将多种模型结合使用。当多种模型之间可以数据交互时，就称为混合云。混合云是企业上云过程中必然会经历的中间过程。

使用混合云的难点在于如何决策哪些系统和数据放在云上，哪些放在本地。10.2 节给出了 8 种划分策略。8 种策略中的每一种都有优势和劣势，这需要企业在深入理解云计算和云原生后进行选择或个性化的定制。

云原生并不是简单的一项技术，其中包含了思想、文化，以及大量的相关技术。企业要想利用云原生来获得收益，必须意识到需要从企业根本上进行变革，可能意味着调整企业的组织架构、修改企业的流程和制度、改变企业惯有的工作模式，甚至改变企业 IT 战略和长期以来形成的文化，而这些并不是一件容易的事情。10.3 节通过介绍"领导变革八步法"，为推动变革提供方法。

10.4 节提出的云原生成熟度模型，是本书除微服务之外的另一个核心内容。笔者从技术、组织、应用和微服务这 4 个方面建立了云原生的成熟度模型，方便企业判定自身当前所处的位置，也可以以此为未来发展的指引，准备好推动和迎接变革。

结　束　语

云原生目前仍然处在一个"百家争鸣"的时期,无论是从思想还是从技术上来说,都没有达到稳定的状态,行业中的新概念、新思想不断涌现,知识的更新速度非常快,这让人常常有一种眼花缭乱的感觉。因此,深入地理解云原生的本质并时刻用来作为决策的依据是在这一时期避免迷失方向的最好办法。

目前,企业级用户对待 IT 的传统态度暂未改变,其固有的强势甲方思维,以及长期以来形成的组织架构、工作模式和企业文化,都在一定程度上阻碍着企业云原生变革的推进。在此,笔者希望有越来越多的企业级用户能够用更开放的思想接受云原生、拥抱云原生和推动云原生的发展,能够通过变革的方式调整自身以适应云原生,而不要求云原生适应企业的惯有模式。

在编写本书时,笔者倾注了大量的精力,但受限于个人的知识结构和当前所能接触到的企业层级,一些个人的理解和经验可能并不十分正确,如有错误和遗漏还请各位读者谅解。笔者会以开放的态度积极听取各位的反馈,用 Scrum 的五大价值观来时刻鞭策自己,即承诺、勇气、专注、开放和尊重。

最后,借用曾看到的一个宣传片中的标语来结束本书:

云原生从实战中来,为价值而生。